N O T I Z E

Die Schriftenreihe des Instituts
und Europäische Ethnologie der Univ........ ....

Band 26: Mai 1987 | Satz: Georg Appl, Wemding | Druck: fm-druck, Karben

INA - MARIA GREVERUS

Kultur
und
Alltagswelt

Eine Einführung
in Fragen der Kulturanthropologie

CIP-Kurztitelaufnahme der Deutschen Bibliothek

Greverus, Ina-Maria:
Kultur und Alltagswelt : e. Einf. in Fragen d.
Kulturanthropologie / Ina-Maria Greverus. -
Sonderausg. - Frankfurt am Main : Inst. für
Kulturanthropologie u. Europ. Ethnologie d.
Univ., 1987.
   (Notizen / Institut für Kulturanthropologie
   und Europäische Ethnologie der Universität
   Frankfurt am Main ; Bd. 26)

NE: Institut für Kulturanthropologie und
Europäische Ethnologie ‹ Frankfurt, Main ›:
Notizen

Inhalt

I. Was ist Kulturanthropologie?

II. Das Schlüsselwort Kultur

III. Kultur und Alltagswelt

I. Was ist Kulturanthropologie?

1. Kulturschock und Konfliktlösung

„Kultur in ihrem weitesten Sinn ist das, was dich zum Fremden macht, wenn du von daheim fort bist. Sie umfaßt alle jene Überzeugungen und Erwartungen, wie Menschen zu sprechen und sich zu verhalten haben. Diese sind als Resultat sozialen Lernens eine Art zweite Natur für dich geworden. Wenn du mit Mitgliedern einer Gruppe zusammen bist, die deine Kultur teilen, mußt du nicht darüber nachdenken, denn ihr alle seht die Welt in gleicher Weise und ihr alle wißt, im großen und ganzen, was ihr voneinander zu erwarten habt. Jedoch, einer fremden Gesellschaft direkt ausgesetzt zu sein, verursacht im allgemeinen ein störendes Gefühl der Desorientierung und Hilflosigkeit, das ‚Kulturschock‘ genannt wird." So schreibt Philip Bock einleitend in seinem „Culture Shock" genannten Reader der modernen Kulturanthropologie (Bock 1970, IX).

Als Konfliktsituation löst der Kulturschock die Suche nach Konfliktlösung aus. Wir können uns dies am besten am Beispiel der Einwanderer in ein fremdes Land verdeutlichen. Indem sie ihre räumliche Umwelt verlassen, verlassen sie zugleich eine Mitwelt, in der sie sich auskannten und von der sie „verstanden" wurden. Man hatte nicht nur die gleiche Sprache, sondern auch das gleiche Verhalten im Alltagsleben, gleiche Wertorientierungen und Erwartungen. Kurz: man war auf die gleiche Wirklichkeit bezogen und wußte, was man von seiner Mitwelt erwarten konnte, und was diese von einem selbst erwartete. In der fremden Umwelt nun gilt dieses Wissen und Vermögen nichts mehr. Die Kommunikationsmöglichkeiten sind abgebrochen, die reziproken Verhaltenserwartungen bleiben ohne Resonanz oder führen zu Mißverständnissen. Der Einwanderer erkennt, daß sein „richtiges" Verhalten hier „falsch" ist und das für ihn falsche Verhalten der neuen Mitwelt offensichtlich richtig. Die aus diesem Kulturschock für den Einwanderer erwachsene Konfliktsituation kann er auf verschiedene Weisen zu lösen versuchen: 1. Gemeinsam mit anderen Mitgliedern seiner Kultur bildet er eine Enklave (Getto) in der fremden Umwelt, in der das alte Kulturverhalten beibehalten werden kann. 2. Er versucht, sich der fremden Kultur vollkommen anzupassen, indem er ihre Verhaltensmuster übernimmt und diejenigen seiner Ausgangskultur ablegt. 3. Er tritt mit den Mitgliedern der fremden Kultur in Kommunikation und Interaktion, um in einem wechselseitigen Prozeß kulturelle Erfahrungen und Verhaltensweisen auszutauschen. 4. Er versucht für die Erreichung seiner Ziele, die in der Ausgangsgesellschaft liegen und die Rückkehr bedingen, die notwendigen Verhaltensmuster (z. B. im Arbeitsbereich) zu übernehmen, ohne in anderen Bereichen (z. B. Freizeit, religiöses Verhalten) seine traditionellen Verhaltensformen zu ändern. 5. Er versucht, seine Kulturverhaltensmuster gegenüber den Einheimischen durchzusetzen.

Diese Konfliktlösungsmodelle sind in der Migrationsforschung sowohl für Persönlichkeitstypen, ethnische und soziale Gruppen, personale oder generationsablaufende Phasenentwicklung als auch für spezifische historische Konstellationen aufgestellt worden (Spencer-Kasdan 1970; Albrecht 1972, 261 ff.; Greverus 1972 a, 35 ff., 131 ff.; Greverus 1973).

Während die ersten drei Modelle insbesondere für die klassische amerikanische Einwanderersituation entwickelt (Child 1943; Handlin 1951; Taft 1953; Fjellström 1970; Lopreato 1970; Yoder 1973) und danach für Flucht- und Wanderungsbewegungen der Gegenwart diskutiert wurden (Eisenstadt 1954; Greverus 1972 a, 202 ff.; Viest 1977), wurde das Modell der partiellen Anpassung für die Verhaltensweisen ausländischer Arbeitnehmer als Zeitwanderer aufgestellt (Danckwortt 1959; Kurz 1965; Braun 1970).

Die fünfte Möglichkeit schließlich ist das eigentliche Kolonisationskonzept (Bitterli 1976, 81 ff.; Assion 1977). Trotz sicher verschiedener Prämissen gehören zu letzterem auch die heutigen wirtschaftlichen und sozialen Hilfsprogramme der Industrienationen für die sogenannten unterentwickelten Gebiete und Länder (Stummann 1976, 1 ff.) wie auch die zahlreichen internationalen Bemühungen um die Eingliederung von subkulturellen Gruppen (vgl. S. 200ff.).

Das Entscheidende an diesen Modellen ist das aktive Bemühen um eine Konfliktlösung, bei der jener Zustand der kulturellen Desorientierung, der durch den Kontakt der Mitglieder verschiedener Kulturen entstanden ist, durch Anpassung, einschließlich der angepaßten Isolierung, aufgehoben werden soll. Eine Prämisse für derartige Handlungsmodelle ist, daß der Zustand der Fremdheit als störend, verunsichernd oder gar als bedrohlich empfunden wird.

Diese Argumentation gilt auch bis zu einem gewissen Grade noch für den modernen Reisenden, wenn auch Bock sagt: „Es ist durchaus möglich, um die Welt zu fahren, ohne jemals irgendetwas direkt von Dingen zu erfahren, die von der eigenen Routine verschieden sind, gleichgültig wieviele seltsame Szenen auf Fotos festgehalten werden. Sorgfältige Planung (und genug Geld) können den Reisenden von den Unbequemlichkeiten einer unvertrauten Umwelt isolieren. Derselbe Zustand kann durch einen Bewußtseinsstand erreicht werden, der automatisch alles Fremde als unterlegen und/oder ekelhaft betrachtet" (Bock 1970, IX). Damit befindet sich Bock in Übereinstimmung mit den Kritikern am Massentourismus bzw. an den gesellschaftlichen Systemen, die diesen Massentourismus hervorbringen (Bloch 1967 I, 429ff.; Enzensberger 1969; Knebel 1960; Beutel, Greverus, Schanze, Speichert, Wahrlich 1978; Greverus 1978 b).

Im Rahmen obiger Modelle müssen wir allerdings diese objektiven (Touristen-Gettos) und subjektiven (zur Distanzierung „berechtigendes" Vorurteil) Konfliktumgehungen als Konfliktlösungsmöglichkeiten für das Subjekt Tourist einordnen.

2. Der Ethnologe als reisender Experte

Da diese Lösungen sowohl dem Trend der internationalen Entwicklungspolitik als auch den Völkerverständigungserwartungen, die in den Tourismus gesetzt werden (Hartmann 1974), entgegenstehen, hat die Tourismusindustrie nachgezogen und bietet nunmehr zahlreiche „Life-seeing-Programme" an, bei denen, und das ist für die Bestimmungen der gesellschaftlichen Rolle des Ethnologen und Kulturanthropologen wichtig, der wissenschaftliche „Land-und Leute"-Experte (sprich: Ethnologe) dem in der Fremde unerfahrenen und verunsicherten Touristen als „Schutzengel" angeboten wird. Diese Experten werden vorläufig allerdings nur bei Fernreisen eingesetzt, das heißt also bei Reisen in die als exotisch eingestuften Länder, und ihr Informationsangebot über den Alltag der Einheimischen wird leicht als Störung des eigenen Kulturbewußtseins der Reisenden empfunden (Wahrlich 1976).

Damit bietet sich das Bild des Ethnologen als eines, im Gegensatz zum Massentouristen, wissenden, vorurteilsfreien und zwischen den Mitgliedern verschiedener Kulturen vermittelnden Reisenden zunächst als Heterostereotyp (Fremdbild) der Tourismusindustrie an. Dieses Heterostereotyp allerdings hat eine lange Tradition und wurde und wird durch das Autostereotyp (Selbstbild) der Ethnologen mitgetragen und verstärkt.

Historische Einführungen in den Wissenschaftskomplex von Anthropologie, Kultur- und Sozialanthropologie, Ethnologie, Völkerkunde und Volkskunde setzen den Beginn dieser Wissenschaften häufig in der fremde Völker beschreibenden Reiseliteratur an. So wird vor allem Herodot (5. Jh. v. Chr.) häufig als Vater oder Vorläufer der Ethnographie genannt (Mühlmann 1968, 25 f.; Kohlenberg 1968, 11 ff.; Barnouw 1971, 23 ff.; Tullio-Altan 1973, 13 ff.; Voget 1973, 3 ff.; Weber-Kellermann 1969, 1). Im Gegensatz zu der Aufgeschlossenheit der Antike für eine Darstellung und Erkenntnis fremder Völker – auch die Germania des Tacitus wird als „höchste Leistung der römischen Ethnographie" bezeichnet (Mühlmann 1968, 27) – wird das Mittelalter als ethnographiefeindlich gesehen (Mühlmann 1968, 29).

Epochal wird der Beginn der Neuzeit als ein erneuter Aufschwung für ethnographische Darstellungen und anthropologische Fragestellungen gesehen. In nüchterner Wissenschaftssprache wie bei Mühlmann (1968) und Tullio-Altan (1973) oder unter illustrativen Überschriften – Die Märchen des Messer Milione, Begegnung mit Kannibalen, Ein Missionar wird zum Pionier, Paradies in der

Sonne, Anderswo sind die Menschen anders, Unsere grauenvolle Kultur, Unendlichkeit ewiger Harmonien – und biographisch ausgeschmückten Details wie in der populären Völkerkunde Kohlenbergs (1968) werden in die Wissenschaftsgeschichte sowohl die großen Entdeckungsreisenden wie der venezianische Kaufmann Marco Polo, der „Entdecker der Neuen Welt" Columbus, der Weltreisende James Cook, als auch die in alle Welt entsandten Missionare einbezogen, denen wir vielfach die ersten ethnographischen Darstellungen aus den in das wirtschaftliche und politische abendländische Interesse gerückten fremden Ländern verdanken: so die „Reise zu den Mongolen 1235–1255" des Franziskaners Rubruck, den „Florentinischen Codex" über die Azteken und die Eroberung Mexikos aus der Feder des 1529 als Missionar nach Mexiko gekommenen Franziskaners Bernardino R. de Sahagún, „Die Geschichte der Indianer" des spanischen Dominikaners Bartholomé de Las Casas (1474–1566) oder die vergleichende ethnologische Arbeit des Jesuiten J. F. Lafitau „Mœurs des sauvages Amériquains comparés aux mœurs des premiers temps" (Paris 1724), die er aufgrund seiner fünfjährigen Missionstätigkeit bei den Irokesen schrieb (vgl. Mühlmann 1968).

Bis zum 18. Jahrhundert standen diese ethnographischen Erhebungen im Vorfeld einer anthropologischen Wissenschaft. Sie waren „Nebenprodukte" der in wirtschaftspolitischer und kirchenpolitischer Mission im Rahmen imperialer Expansion entsandten Reisenden. Erst das 18. Jahrhundert baute die Begegnung und Darstellung der fremden Menschen in eine auf empirischen Daten aufbauende Wissenschaft vom Menschen ein, die nicht mehr von der Gewißheit des christlich-abendländischen Menschenbildes ausgehen konnte. Wenn auch die Anthropologen des 18. Jahrhunderts, für die man unsere heutigen fachwissenschaftlichen Grenzen nicht anwenden kann und die man vor allem in der Geschichte der Philosophie wiederfindet, „Schreibtischgelehrte" waren, so beriefen sie sich doch immer wieder auf die Berichte der Reisenden und forderten wie Kant in seiner „Anthropologie in pragmatischer Hinsicht" (1798) eine Erweiterung des eigenen Horizonts durch Reisen. „Zu den Mitteln der Erweiterung der Anthropologie im

Umfange gehört das Reisen, sei es auch nur das Lesen der Reisebeschreibungen" (Kant 1917, 120).

3. Die Vielfalt der Kulturen

Herder, der bereits in seinem Reisejournal (1769) das Programm einer globalen Völkerkunde entwickelte, forderte „gute Reiseberichte" und kannte die wichtigsten Werke seiner Zeit über die nichteuropäischen Völker. Johann Reinhold Forster und sein Sohn Georg, die als Naturwissenschaftler die vierjährige zweite Weltreise von James Cook begleiteten (Forster 1783), werden von Herder ebenso gepriesen wie von den Folgegenerationen der Anthropologen und Ethnologen, wenn bei letzteren auch vielfach der Erkenntniswert jener ethnographischen Reiseschilderungen für das 18. Jahrhundert verlorenging. Es war die Frage nach der Bedeutung der kulturellen Vielfalt für die Geschichte der Menschheit in die Gegenwart hinein und damit eine tatsächlich vorrangig gegenwartsbezogene Problemstellung nach den Entwicklungsmöglichkeiten des Menschen, nach seinen „Glücksmöglichkeiten". So schrieb Herder im „Journal meiner Reise" von 1769: „Die menschliche Seele, an sich und in ihrer Erscheinung auf dieser Erde, ihre sinnlichen Werkzeuge und Gewichte und Hoffnungen und Vergnügungen, und Charaktere und Pflichten, und alles, was Menschen hier glücklich machen kann, sei meine erste Aussicht. Alles übrige werde bloß beiseite gesetzt, solange ich hierzu Materialien sammle, und alle Triebfedern, die im menschlichen Herzen liegen, vom Schreckhaften und Wunderbaren, bis zum still Nachdenkenden und sanft Betäubenden, kennen, erwecken, verwalten und brauchen lerne. Hierzu will ich in der Geschichte aller Zeiten Data sammeln: jede soll mir das Bild der eigenen Sitten, Gebräuche, Tugenden, Lasten und Glückseligkeit liefern, und so will ich alles bis auf unsere Zeit zurückführen, und diese recht zu nutzen lernen." (Herder 4, 364).

Diese auf der Schilderung fremder Völker basierende Frage nach der Verwirklichung ihrer spezifischen menschlichen Möglichkeiten bringt bereits Aspekte kulturanthropologischer Fragestellun-

16

gen des 20. Jahrhunderts hervor: Die Frage nach der relativ, das heißt nur aus sich heraus zu betrachtenden, geglückten aktiven Anpassung einer Bevölkerung an ihre Umwelt: „ein jedes Volk für sich betrachten, es nach seinen Verhältnissen beschreiben und genau untersuchen, wie es an die Stelle hinpaßt, die es auf dem Erdboden ausfüllt", forderte Georg Forster (Forster 5, 384). Ein zweiter Aspekt, an dem sich die anthropologischen Fragestellungen unseres Jahrhunderts wieder entzünden, ist das Problem der Glücksverwirklichung durch kulturelle Kreativität als Antwort auf die Widersprüche des menschlichen Daseins in einer ihn fordernden und herausfordernden Umwelt („Vollkommene Anpassung ist die Ruhe des Todes; Leben aber besteht in einem dauernden Ringen verschiedener Kräfte." G. Forster 4, 240). Schließlich, und eng damit zusammenhängend, wurde die Frage der Selbsterkenntnis durch Fremderkenntnis nicht nur damals schon gestellt, sondern auch positiv beantwortet, was zu dem Begriff „Kulturschock" zurückführt.

Der Kulturschock wird von Bock insbesondere unter dem positiven Aspekt gesehen, daß er zur Auseinandersetzung mit der fremden Kultur, zur Reflexion ihrer Bedingungen, zur Überwindung einer ethnozentrischen Perspektive und schließlich zu neuen Einsichten auch über das eigene, selbstverständlich genommene Kulturverhalten führen kann. Die Kulturanthropologen aber sind gewissermaßen die Entdecker und Vermittler dieses so betrachteten Kulturschocks. Ähnlich drückten es auch – in Anlehnung an Freuds (Freud 1917, 1970, 283f.) drei und Burkamps (1938, 19ff.) vier große Desillusionierungen der Menschheit – Hermann Wein (1963, 96ff.) und Wilhelm Mühlmann aus. Nach ihnen hat die Anthropologie durch ihre Erkenntnis der Pluralität von Kulturen das bisherige Weltbild nachhaltig erschüttert: „Hierzu könnte man als fünfte Demütigung [des Menschen] fügen die Erschütterung des europozentrischen und christozentrischen Weltbildes, oder noch allgemeiner: daß der Mensch seine je eigene Kultur, Religion, Gesellschaftsordnung, seine gesamte sozio-kulturelle Seinslage als nur eine unter vielen erkennt, und keineswegs mehr als die selbstverständlich gegebene oder gar beste aller möglichen Lebensformen" (Mühlmann 1968, 147). Auch Lepenies bescheinigt der ethnologischen Anthropologie, allerdings mit der Einschränkung, daß „eine progressive Gesellschaftstheorie oder zumindest eine Gesellschaftskritik damit nicht begründet werden kann" (Lepenies 1971, 56), daß ihre zum Kulturrelativismus (Rudolph 1959; Rudolph 1968; Van den Berghe 1973) führende Entdeckung der „Kohärenz des Fremden" aufklärerisch motiviert war und einen Beitrag zur Überwindung des Ethnozentrismus geleistet hat.

4. Der Ethnologe als „touristischer Eroberer"

Während Lepenies den Kulturrelativismus als eine Folge der – durch Reisen – gemachten Entdeckung des Pluralismus menschlicher Kulturverhaltensweisen sieht und ihn als wissenschaftliche Anschauung bereits im 18. Jahrhundert nachweist, wird der Kulturrelativismus des 20. Jahrhunderts in der Kritik von Stanley Diamond als eine bloße „Umstilisierung" des Ethnozentrismus des 19. Jahrhunderts mit seinem Fortschrittsglauben und seiner angenommenen Inferiorität der primitiven Völker bezeichnet. Auch bei Diamond finden wir wieder das übertragene Bild des reisenden Anthropologen, wobei er hier allerdings nicht mehr „Entdeckungsreisender", sondern „Tourist" ist: „Relativismus . . . ist bestenfalls eine liberale Antwort auf und die ‚menschliche' Reflexion über die Gesellschaften, die in Anschauung oder Vorstellung dem Anthropologen lebensfähig erscheinen. Im schlimmsten Fall ist dieser Relativismus nicht deshalb populär, weil er innerhalb der Anthropologie eine korrektive Rolle spielt; er findet sich vielmehr mit dem Zeitgeist in Übereinstimmung, paßt zur Perspektive einer herrschenden Zivilisation, die von ihrer Macht überzeugt ist. Jede primitive oder archaische Kultur wird als eine menschliche Möglichkeit begriffen, die man ‚probieren' kann; sie bleibt ja harmlos. In unserer Mußezeit verwandeln wir die Erfahrung anderer Kulturen in eine Art sportliche Betätigung, ebenso wie Veblens moderne Jäger eine Tätigkeit nachahmen und ihrer Bedeutung berauben, die einst eine bestimmte Form des Lebens darstellte. Relativismus ist also der miese Glaube eines Eroberers, der so sicher ist, daß er sich als Tourist geben kann" (Diamond 1975, 229).

Der Anthropologe als Relativist ist für Diamond ein Tourist, für den die Reise nicht selbstfinanzierten „Auszug aus dem Alltag" unter Umgehung des Kulturschocks bedeutet, sondern für den die Suche nach dem Kulturschock zum profitablen Job wird: „Die Suche nach Selbsterkenntnis, die, wie Montaigne als erster festgestellt hat, die Aufgabe der Vorurteile voraussetzt, wird zur Erfahrung eines kulturellen Schocks verniedlicht ... Vom Kulturschock erholt man sich wieder; er wird nicht als eine authentische Neudefinition der eigenen Persönlichkeit erfahren, sondern allenfalls als Toleranztest ... Das Resultat, das der Relativismus logischerweise anstrebt, wenn auch nie ganz erreicht, besteht in der Distanzierung des Anthropologen im Hinblick auf alle besonderen Kulturen. Er versieht ihn nicht mit einem moralischen Kern, sondern vermittelt ihm einen Job. Er kann sich bestenfalls bemühen, ein reiner Profi zu werden ... Die Teilnahme an allen Kulturen erscheint letztlich – und dies wird wissenschaftlich gerechtfertigt – als die Teilnahme an keiner. Mehr noch: diese Haltung wird als der Weg zum Verständnis der menschlichen Situation gepriesen" (Diamond 1975, 229 f.).

5. Ist der ethnographische Horizont komplett?

Wie konnte es zu dieser differierenden Einschätzung des Erkenntniswerts aus der direkten Konfrontation mit fremden Kulturen kommen? Liegt es nur daran, daß „unser ethnographischer Horizont im großen und ganzen komplett ist, ... daß uns ganz große Überraschungen, Funde, die unser Gesamtbild der lebenden ‚primitiven Menschheit' entscheidend verändern würden, nicht mehr bevorstehen ..., der ethnographische Kosmos entzaubert ist, alles seinen Platz gefunden hat oder im Begriffe ist, ihn zu finden"? (Mühlmann 1972, 266 f.) Kann also direkte Konfrontation mit fremden Kulturen, deren Existenz als solche unbestritten ist, uns keine neuen Erkenntnisse mehr bringen? Oder ist es der Verlust einer theoretischen Perspektive für das gesammelte und noch zu sammelnde ethnographische Datenmaterial aus aller Welt? So konstatierten es sowohl Mühlmann als auch Diamond, wenn auch unter verschiedenen Prämissen.

Für Mühlmann, dem das Verdienst zukommt, als erster die kulturanthropologische Orientierung der amerikanischen Forschung und ihrer Verbindung zur deutschen phänomenologischen Richtung der „Lebenswelt"-Forschung (vgl. S. 97 ff.) bei uns bekanntgemacht zu haben, ist der empirische Pluralismus der Kulturen die Ausgangsbasis für die Kulturanthropologie als „Lehre von den kulturbedingten Modifikationsunterschieden des Verhaltens", das heißt als anthropologische Disziplin zielt sie auf Erkenntnis des Menschen über seine Kulturbedingtheit, wobei Kulturen als „typische Chancen menschenmöglichen Verhaltens" bezeichnet werden (Mühlmann 1966, 17). Moderne Kulturanthropologie knüpft hier nach Mühlmann bewußt an die Fragestellung der philosophischen Anthropologie nach „dem Menschen" an und bringt als empirische Wissenschaft durch ihre vergleichenden Materialien in historischer und geographischer Dimension die Chance zur Überprüfung seiner Kulturbedingtheit ein. Folgerichtig kann diese Anknüpfung an eine allgemeine Anthropologie auch nicht bei der Erforschung sogenannter „schriftloser" oder „primitiver" Völker, das heißt dem Gegenstand der Völkerkunde, haltmachen, sondern integriert die Analyse aller historischen und gegenwärtigen kulturellen Daseinsformen einschließlich derjenigen heutiger komplexer Gesellschaften. Gerade für letztere aber, die aus dem „exotischen" und „romantischen" Rahmen ethnographischer Reise- und Wandererfahrung in der fernen Fremde der sogenannten „Naturvölker" oder in der nahen Fremde der „natürlich" lebenden einheimischen bäuerlichen Bevölkerung herausfielen, fehlen die Feldforschungsdaten: „Wir können über Leben und Kultur etwa der Aranda, der Feuerländer, der Eskimo und vieler anderer ‚Naturvölker' exaktere Aussagen machen als über die Lage der Neger-Pächter in den Südstaaten oder die Rolle proletarischer Klassen in Spanien oder Süditalien" (Mühlmann 1972, 267).

6. Ansätze und Intentionen systematischer Feldforschung

Der Feldforschungsanthropologe wird hier also weder abgelehnt noch als „Initiant" der elitären Zunft der Schreibtischethnologen

(Stagl 1974, 101 ff.) gesehen. Vielmehr geht es einerseits um eine Erweiterung seines Arbeitsgebiets in die komplexen Gesellschaften hinein und andererseits um die Forderung nach einem „Plan" für die Felderhebung, wie es auch bereits Kant in seiner pragmatischen Anthropologie für den reisenden Anthropologen gefordert hatte: „Man muß aber doch vorher zu Hause durch Umgang mit seinen Stadt- oder Landesgenossen, sich Menschenkenntnis erworben haben, wenn man wissen will, wonach man auswärts suchen solle, um sie in größerem Umfange zu erweitern. Ohne einen solchen Plan (der schon Menschenkenntnis voraussetzt) bleibt der Weltbürger in Ansehung seiner Anthropologie immer sehr eingeschränkt. Die Generalkenntnis geht hier immer vor der Lokalkenntnis voraus, wenn jene durch Philosophie geordnet und geleitet werden soll: ohne welche alle erworbene Erkenntnis nichts als fragmentarisches Herumtappen und keine Wissenschaft abgeben kann" (Kant 1917, 120).

Von einem Philosophen, dem Franzosen Joseph-Marie Degérando, wurde auch bereits 1800 eine erste Feldforschungsanleitung für die Beobachtung „wilder Völker" geschrieben, die er für die afrikanische und australische Expedition der Société d'Observateurs de l'Homme entworfen hatte. An seine Kritik bisheriger Beobachtung schließt er, unter Forderung der Sprachkenntnisse als Voraussetzung für den Forscher, detaillierte Vorschläge für die zu beobachtenden Phänomene an. Dabei stehen weniger die materiellen und immateriellen Produkte – Häuser, Geräte, Kleidung, Lieder, Erzählungen – im Vordergrund als vielmehr Fragen nach Wertorientierungen und sozialen Interaktionen, zum Beispiel: „Hat der Vater irgendeine Autorität? . . . Vereinigen sich die Mitglieder einer einzelnen Familie zur Arbeit, zur Jagd, beim Speisen? Wenn ja, welche Gesetze und Regeln sind unter ihnen zu beobachten? . . . Welche reziproken Pflichten sind zwischen den Ehepartnern festgelegt und welche Sanktionen gibt es? . . . Wie lernen die Kinder ihre Sprache? Wie werden sie in die Wertvorstellungen ihrer Eltern eingeführt? . . . Was sind die internen Bindungen der Gruppe und die Fundamente, auf denen die Einheit ihrer Mitglieder beruht?" (Degérando 1969, 88 ff.)

Diesem auf die totale Erfassung der gesamtkulturellen gegenwärtigen Lebensweise ethnischer Gruppen außerhalb der Hochkulturvölker gerichteten Programm können wir gleichzeitige ähnliche für die europäische Landbevölkerung entgegenstellen, die im Rahmen der Kameralistik erschienen sind, so die immer wieder als vorbildlich zitierte (Sievers 1968; Schenda 1970 c) „Skize zur Beschreibung eines Landdistrikts" von 1802 des Schleswig-Holsteiners August Christian Heinrich Niemann. Auch in dieser kameralistischen Anleitung finden wir den Versuch, den ganzen Bereich der Umweltbedingungen und Lebensweise einer Bevölkerungsgruppe abzustecken. Niemann sagt dazu: „Aber es ist kein so leichtes Geschäft, das bürgerliche Zusammenleben der Menschen in allen Verhältnissen und Beziehungen vollständig zu vereinzeln und man wird die Lücken eines solchen Entwurfs oft dann erst gewahr, wenn er einem gedruckt vor Augen liegt. Auch Plan und Ordnung wird nicht Jedermanns Sinn sein. Das macht nichts, wenn dieser Abriß nur Männer, die zu solcher Arbeit sich weniger vorbereiten konten, oder oft davon abgerufen werden, zu Ideen veranlasst und ihnen zum Leitfaden dient; wenn der eine diesen, der andere jenen Abschnitt für seine Neigung, und seinen Beruf interessant, und zur örtlichen Ergänzung und Bearbeitung desselben darin Aufforderung findet. Daß eine solche Bearbeitung nicht bloß eine Gefälligkeit gegen den Sammler sei, daß Vieles Bürgerpflicht und nicht Wenige Amtspflicht zu dieser Nachforschung und Rechenschaft ihres Ortes berufen sollte, läßt sich schwerlich ableugnen. Erst wenn unser Vaterland aus so mannigfaltigem Gesichtspunkte teilweise bearbeitet ist, dürfen wir behaupten, es zu kennen; und können diejenigen, die ihm dienen sollen, zu dem vollen Besitze der erforderlichen Kunde desselben gelangen" (Niemann 1802, V f.).

Trotz dieser auch heute noch so positiv besprochenen Anfänge und einer quantitativ erdrückenden Fülle von seither gesammelten Fakten – die „geradezu masochistische Sammelwut" der Volkskunde (Schöck 1970, 101) dürfte derjenigen der Völkerkunde entsprechen – und dafür geschaffenen umfangreichen Fragekatalogen (Schenda 1970 c), verstummen die Klagelieder über den unterentwickelten Stand volks- und völkerkundlicher Empirie nicht. Sie kamen vor allem aus der Richtung einer an den gegenwärtigen Kulturprozessen interessierten anthropologischen Forschung, deren Fragestellungen durch die Entwicklung des 19. Jahrhunderts zurückgedrängt worden waren.

Sowohl für den Evolutionismus als auch für die universalgeschichtliche Kulturkreislehre, sowohl für die nationalen Volks- und Altertumsforschungen als auch für die völkervergleichenden Sprach- und Glaubensforschungen waren jeweils nur bestimmte Typen von Daten wichtig, vor allem die Produkte der menschlichen Tätigkeit, um Epochen der Kulturgeschichte, die Ursprünge kultureller Einzelphänomene, ihre Wanderung und ihre Verbindung in Kulturkreisen sowie kulturelle Elementarphänomene aufzuweisen. Die Kontaktpersonen der Felderhebungen waren Informanten (Gewährsleute, Experten) für die gesuchten Phänomene und nur als solche für den Befrager interessant.

Ob es sich um Fragebogenaktionen handelte, für die – damals noch – eine Vielzahl von freiwilligen Helfern sich einsetzten, oder ob der Forscher selbst die Informanten aufsuchte, immer wurden diese aus ihrem eigenen Alltag herausgelöst, um ihr Wissen zu referieren. Wenn der Mythologe Mannhardt, der für seine Arbeit über die „Wald- und Feldkulte" (1875/77) einen Fragebogen mit mehr als 2000 Fragen in 15000 Exemplaren verschickte, Antworten wie „ist mich nicht bekannt" zurückbekam (vgl. Weber-Kellermann 1965, 32), so fielen diese Antworten, einschließlich der Beantworter, aus der Dateninterpretation heraus, da es ausschließlich um die Erfassung von Vorstellungen und Handlungen ging, aus denen sich Glaubensphänomene der Vergangenheit herauskristallisieren ließen. Fragen wie „Gibt es Redensarten, Kinderspiele und dergleichen, in welchen das Wort Roggenwolf vorkommt? Wie lauten sie?" dienten nicht der Erfassung der gegenwärtigen Funktion von Kinderspielen, sondern als Grundlage für die Arbeit über den „Baumkultus der Germanen und ihrer Nachbarstämme" (Teil 1) und die „Antiken Wald- und Feldkulte" (Teil 2) des Mannhardtschen Werks.

Aber auch die oft in langen Sitzungen vom Forscher selbst interviewten Experten waren nur als solche wichtig. Pelto gibt als beredtes Beispiel dafür eine Briefnotiz von Franz Boas über seinen Forschungsaufenthalt 1886 bei den Kwakiutl: „Ich hatte heute einen miserablen Tag. Die Eingeborenen hielten wieder einen großen Potlatsch ab. Es war mir nicht möglich, irgendjemanden zu erreichen, und ich mußte das aufnehmen, was ich gerade bekommen konnte. Erst spät in der Nacht bekam ich etwas [eine Erzählung] nach dem ich gesucht hatte – ‚Die Geburt des Raben' . . . Die großen Potlatschfeiern wurden heute fortgesetzt, aber die Leute fanden trotzdem Zeit, mir Geschichten zu erzählen . . .“ (Pelto 1973, 243).

Zwar gilt für Boas, der als einer der Begründer der amerikanischen Cultural Anthropology angesehen wird (Kardiner-Preble 1974, 136 ff.), gerade jene Suche nach weltweiten theoriebestätigenden kulturellen Einzeldaten nicht mehr. Er hatte sich als erklärter Kontrahent der diachronen Entwicklungs- und synchronen Klassifizierungsschemata von „Kultur" ganz dem Studium von Einzelkulturen zugewandt (vgl. Rudolph 1968, 15 ff.), aber der historische Aspekt einerseits und die Fixierung auf die „Dinge" der Kultur andererseits mußten es als störend empfinden lassen, wenn der Informant durch seinen kulturellen Alltag, der für den heutigen Kulturanthropologen ein wesentliches Phänomen für Beobachtung und Befragung gewesen wäre, aus der Berichterstattung herausgerissen wird.

7. Der Rettungsgedanke und der kulturelle Kanon

Sowohl die großen Fragebogenaktionen des 19. und 20. Jahrhunderts als auch die detaillierten Informantenbefragungen standen, gleichgültig, ob sie unter dem völkervergleichenden oder dem kulturenspezifischen Aspekt durchgeführt wurden, unter dem Druck des schwindenden Ertrags. Das Sammeln von Fakten, das heute häufig als bloßes L'art pour l'art-Spiel dargestellt wird, ist keinesfalls als solches zu sehen, sondern war dem Rettungsgedanken verpflichtet. 1881 schrieb Bastian, der Lehrer von Boas: „Wenn ein Gebäude in hellen Flammen steht, wie gegenwärtig das ethnologische der rapid dahinschwindenden Naturvölker . . . wo es vor allem hastig zu retten gilt, was noch übrig sein mag" (1881, 28). Mit ähnlich beredten Worten wurde in den nationalen Volkskunden der Rettungsgedanke propagiert (vgl. Bausinger/Volkskunde, 30 ff.; Weber-Kellermann 1969, 10 ff.; Greverus 1969; Schöck 1970).

Die Frage danach, was nun eigentlich gerettet werden sollte, das Gebäude, die darin lebenden Menschen oder die darin aufbewahrten Dinge, wird häufig mit der bloßen Objektrettung als Anliegen beantwortet. Das greifbare und sichtbare Ergebnis dieser Rettungsaktionen allerdings legt diese Antwort nahe. In Museen und Archiven wurden jene geretteten Schätze – religiöse Kunst, Arbeitsgeräte, Möbel, Trachten, Lieder, Märchen – gestapelt, die die enthusiastischen Reisenden und Wandernden unter dem von den Gelehrten ausgegebenen Motto „Später könnte es immer zu spät geworden sein . . . zu retten suchend, was zu retten ist . . . halten wir nicht länger zurück, unsern Plan allen Freunden der Literatur ans Herz und hiermit vorzulegen" (aus J. Grimms Plan zu einem Altdeutschen Sammler, vgl. Steig 1902, 133) zusammentrugen.

Wenn der von Bastian ausgegebene völkerkundliche Rettungsruf tatsächlich vor allem den Objektivationen galt, die der Analyse der Menschheitsentwicklung und des Völkervergleichs als Materialien zugrunde gelegt wurden, bezog sich der Rettungsruf in den nationalen Volkskunden stärker auf das „Gebäude": ein Gebäude, das als Ganzes, nämlich als Nationaleigentum, in die neue Zeit versetzt, nicht nur Denkmal sein sollte, sondern Bollwerk gegen einen sozialen und kulturellen Wandel.

Wilhelm Heinrich Riehls Kritik an der volkskundlichen Sammelleidenschaft – „Diese Studien über oft höchst kindische und widersinnige Sitten und Bräuche, über Haus und Hof, Rock und Kamisol und Küche und Keller sind in der Tat für sich allein eitler Plunder" – war keine Kritik am Sammeln überhaupt, sondern am Verlust jener Perspektive, die er als „ihre wissenschaftliche wie ihre poetische Weihe durch ihre Beziehung auf den wunderbaren Organismus einer ganzen Volkspersönlichkeit" bezeichnete (Riehl 1858, 15). Riehl versuchte, die Volkskunde als eine politische Wissenschaft zu begründen und sie gleichzeitig im Sinne praxisorientierter konservativer Kulturpolitik einzusetzen (vgl. Weber-Kellermann 1969, 31).

Standen die Rettungsaktionen zunächst auch im gesamtethnographischen Bereich unter verschiedenen Intentionen, so wandten sie sich doch, gleichgültig in welchem Kontinent sie durchgeführt wurden, den Objektivationen solcher Bevölkerungsgruppen zu, die möglichst „unberührt" von den sozialen und wirtschaftlichen Strömungen der jeweiligen Gegenwart lebten. Dabei gewann das formalistische Prinzip des Sammelns kombiniert mit ästhetisch-exotischer Entdeckerfreude (zu der auch der Binnenexotismus gehört) für ein eben dafür aufgeschlossenes Publikum allmählich die Oberhand: „Es scheint, als ob man über dem Sammeln, Registrieren, Archivieren, Numerieren und Rubrizieren den Sinn dieser an sich löblichen Tätigkeiten vergessen hätte, als ob die gesammelten Daten sich aus ihren sozialen und politischen Bedingungen gelöst hätten und begännen, ein Eigenleben zu führen" (Schöck 1970, 86 f.).

Und die Völker- und Volkskundler übernahmen ihre Rolle als „Entdecker der schönen und seltsamen Fremde" eben nicht nur als Sammler und Archivare, sondern ebenso als Vermittler in Museumsdarbietungen und in Publikationen. Nicht nur in den Museen – vom völkerkundlichen bis zu den regional-ethnographischen und kulturhistorischen Museen –, sondern auch in den Publikationen gewannen die Dinge Eigenleben, ausgewählt nach den Kriterien der Schönheit und Seltenheit und dargeboten in ihrer gegenständlichen Zugehörigkeit, aber nicht in ihrem soziokulturellen Beziehungs- und Bedeutungsgefüge (zur Kritik und zu neuen Konzeptionen vgl. z. B.: Geschichte als öffentliches Ärgernis 1974; Museumsdidaktik 1976; Spickernagel, Walbe 1976; Weber-Kellermann 1974; Herrscher und Untertanen 1974; Frankfurt um 1600). So wie die Säle mit Bildern, Skulpturen, Keramiken, Trachten, Arbeitsgeräten und Webereien unverbunden nebeneinander stehen, bieten sich die Bücher über diese Dinge dar, zu denen dann noch die Flut von immateriellen Produkten wie Märchen und Lieder kommt. Und selbst in den Ethnographien einer Region entsprach und entspricht weitgehend noch heute die Einteilung dem „Kanon" der kulturellen Produkte, der gleichzeitig zum Definitionskriterium der beiden Disziplinen Volks- und Völkerkunde geworden war (Scharfe 1970).

8. Der Rückzug in die Vergangenheit und der Verlust des anthropologischen Erkenntnisziels

Diese produktorientierte Betrachtungsweise verstärkte nicht nur die Loslösung der Ethnographie von einer allgemeinen Anthropologie im 19. Jahrhundert, die durch die Vormachtstellung der naturwissenschaftlich arbeitenden physischen Anthropologie eingeleitet wurde, sondern auch die Spaltung der Ethnographie in Völkerkunde und Volkskunde (Lutz 1969; 1971/72; 1973) und schließlich die heutige Krisensituation beider Disziplinen, die ihren Gegenstand – beziehungsweise eben ihre „Gegenstände" – einem allgemeinen Nivellierungsprozeß zum Opfer fallen sehen. Kennzeichnend für den Versuch, bei den „farbigen" Objekten beharren zu können, ist der sowohl in der Völkerkunde als auch in der Volkskunde herrschende Trend, sich als historische Wissenschaft zu verstehen, wobei „historisch" weniger die anthropologische Reflexion auf die historische Bedingtheit des Menschen, auch des gegenwärtigen, als Kulturwesen meint (vgl. Lepenies 1975), sondern Sammeln und Interpretieren in historischen Epochen, die „noch" die Vielfalt kulturspezifischer Produktionen aufweisen.

Für die Gegenwart bliebe dann nur die Reliktforschung, wobei die nahezu zu Schlagwörtern gewordenen Wendungen in den volks- und völkerkundlichen Beschreibungen „noch vorhanden", „bald vorbei" unter dieser Blickrichtung sicher bald dem „endgültig vorbei" weichen müssen. Wenn der Objektrahmen der Völkerkunde „die gesamten kulturellen Äußerungen der Naturvölker bzw. der schriftlosen oder ehemals schriftlosen Völker vor deren abgeschlossener Umwandlung in Kulturnationen abendländisch zivilisatorischen Zuschnitts" (Contag 1971, 45 f.) sein sollte (wobei das eurozentrische Postulat dieser voraussichtlichen Entwicklung hier nicht diskutiert werden soll), dann allerdings bleibt nur die rückwärts gewandte Blickrichtung, bei der man nicht weiß, ob der nostalgische Unterton des Völkerkundlers den „aussterbenden"

Kulturen – und gemeint sind ihre Gegenstände – oder der Infragestellung seines Berufs gilt.

Die folgenden, aus dem verbreiteten und von führenden Völkerkundlern geschriebenen Fischer-Lexikon „Völkerkunde" stammenden Passagen sind kennzeichnend für die Widersprüche zwischen dem Totalitätsanspruch eines Faches einerseits und der realen Rückzugsposition in die kulturelle Vergangenheit sogenannter „Naturvölker" einschließlich des nostalgischen Tenors andererseits: „Völkerkunde ist die Wissenschaft von den menschlichen Kulturen . . . Obwohl im Sinne unserer Wissenschaft unter ‚Völker' alle Völker . . . verstanden werden, befaßt sich die völkerkundliche Forschung doch herkömmlicherweise aus praktischen und anderen Gründen bevorzugt mit den weniger komplizierten und daher der Untersuchung zugänglicheren Naturvölkern . . . Es ist bekannt, daß, abgesehen von dem natürlichen Wandel, in dem sich ja alle Kulturen ständig befinden, in besonderem Maße die Naturvölker durch den Kontakt mit der Zivilisation einem rapiden Verfall ihrer traditionellen Kultur unterworfen waren und noch sind; ein Verfall, der soweit geht, daß viele dieser Völker ihre kulturelle Eigenart nahezu verloren haben . . . Es ist daher für den Benutzer dieser ‚Völkerkunde' wichtig, sich grundsätzlich darüber im klaren zu sein, daß der hier dargestellte Zustand der Kultur dieser Völker heute im allgemeinen entweder ganz oder weitgehend der Vergangenheit angehört. Das hier entworfene Bild der Kulturen ist also in den meisten Fällen ein historisches, auch wenn dies die Art der Darstellung nicht ausdrücklich erkennen läßt." (Tischner 1969, 7f.)

Trotz dieser hier aufgezeichneten Trends, die aus einer historischen Situation, in der auch die Wissenschaftler standen, erwachsen sind, verkürzt sowohl die als „wissenssoziologisch" bezeichnete Pauschalcharakterisierung der Intentionen von Ethnographen als Suchern nach den Qualitäten „Abgelegenheit, Primitivität, Vielfältigkeit, Exotismus, Überschaubarkeit und statisches Erscheinungsbild" (Stagl 1974, 68ff.) als auch die Pauschalabwertung eines als nur dilettantisch bezeichneten Sammelns und Interpretierens die Perspektive.

Allerdings – und darin liegt ein weiteres Kennzeichen für den Auseinanderfall der Ethnographien und ihre Entfernung von den anthropologischen Fragestellungen, unter denen sie in der Aufklärung angetreten waren – konzentrierten sich Sammlungen und Interpretationen so ausschließlich auf die Objektivationen, daß nicht nur Völkerkunde und Volkskunde ihre gemeinsame Basis verloren, sondern ebenso die Gegenstandsbereiche der einzelnen Disziplinen in sich. Es entstanden umfangreiche Forschungsbereiche aus diesen Disziplinen, wie zum Beispiel Mundartforschung, Erzählforschung, Musikethnologie, Hausforschung, die engere Beziehungen zu den Methoden und Verfahrensweisen der speziellen Kultur- und Sprachwissenschaften oder auch technischen Wissenschaften hatten, als daß sie noch einen gemeinsamen theoretischen und methodischen Bezugspunkt gefunden hätten.

So schreibt der russische Ethnograph Tokarev: „Überhaupt ist das Studium verschiedener Seiten der materiellen Kultur – der Siedlung, der Behausung, der Landwirtschaftsgeräte, der Verkehrsmittel, der Tracht, der Nahrung usw. – schon lange ein Lieblingsgegenstand der Ethnographen geworden, besonders der europäischen. In den meisten Ländern Europas hat sich eine umfangreiche Literatur angesammelt mit den Beschreibungen dieser Dinge, und diese Beschreibungen sind meistens sehr präzise und mit zahlreichen Fotos, Zeichnungen, Verbreitungskarten usw. versehen. Immerhin – nicht stets gelingt es den Verfassern, Ziel und Mittel richtig zu unterscheiden. Die Ethnographie ist eine Wissenschaft von den Menschen, nicht von den Sachen. Ihr Ziel ist die Erkenntnis des Menschen und der menschlichen Beziehung, die von den materiellen und historischen Bedingungen abhängen. Die Erforschung der materiellen Sachen ist nur ein Mittel für die Erreichung dieses Zieles" (Tokarev 1972, 163).

9. Die funktionalistische Wende zu einer Alltagsweltanalyse

Kritische Stimmen zu derartiger Anhäufung von Daten und ihrer isolierten Interpretationen kamen in unserem Jahrhundert vor allem zunächst aus dem Kreis der Funktionalisten (Milke 1937; Möller 1954; Harris 1968, 514 ff.). 1922 erschienen zwei berühmt gewordene Bücher von englischen Ethnologen – Radcliffe-Brown: The Andaman Islanders; Malinowski: Argonauts of the Western Pacific –, die dieses Jahr zum „eigentlichen Geburtsjahr der Social Anthropology" (Stagl 1974, 50) stempeln, oder, sollten wir besser sagen, zu einer anthropologischen Wiederbesinnung der Ethnologen in Europa führten, wie sie in Amerika von den Kulturanthropologen getragen wurde, wobei die Rivalität der Vertreter der beiden großen englisch sprechenden Länder zu der bis heute anhaltenden Namensdifferenzierung in Cultural und Social Anthropology beigetragen hat (Eggan 1969). Die Funktionalisten betonten erneut, daß Kultur nicht als Akkumulation isolierbarer Fakten betrachtet werden kann, sondern als ein strukturiertes System gesehen werden muß, in dem alle Einrichtungen ineinander verschränkt sind und für das Kulturganze „leistenden" Charakter haben. Ob diese Leistung, wie bei Radcliffe-Brown (Hatch 1973, 214 ff.) als Integration sozialer Gruppen gesehen wird, oder wie bei Malinowski (Hatch 1973, 272 ff.; Kardiner-Preble 1974, 163 ff.) als Befriedigung der Bedürfnisse der Subjekte, so ist dieser Richtung doch zunächst eine Absetzung von jeder historischen Ursprungs- und Verbreitungsforschung einzelner Kulturphänomene ebenso gemeinsam wie die Konzentration auf eine intensive Feldforschung. Diese lag auch der bereits 1921 veröffentlichten Studie „Die Gemeinde der Bánaro" des deutschen Ethnosoziologen Richard Thurnwald zugrunde, dessen Arbeiten (Thurnwald 1931–35; 1966) ebenso zum Funktionalismus gerechnet werden, obgleich seine Fragen mehr dem Prozeß als der Struktur der Kultur galten.

Einerseits entwickelten die Funktionalisten einen neuen methodischen Zugang zur Kulturanalyse in Auseinandersetzung mit den großen entwicklungsgeschichtlichen und völkervergleichenden anthropologischen Arbeiten ihrer Vorgänger, zum anderen ergab sich zunächst aus der Forderung einer grundsätzlich theoriebestimmten Feldarbeit eine Absage an die Tätigkeit jener Sammler, die ausgesandt wurden oder sich „berufen fühlten", wie der Salzburger Fachlehrer Karl Adrian es 1905 ausdrückt, „die Bausteine

... zu liefern", damit „aus der Summe der durch Beobachtung gewonnenen und verzeichneten Tatsachen . . . der Gelehrte durch Vergleichung der Erscheinungen die Gesetze des Volksgeistes suchen" kann (Adrian 1905 nach Scharfe 1970, 88). Diese Absage galt natürlich auch der vergleichenden Auswertung jener voraussetzungslos gesammelten „Bausteine": „Der Ethnologe hinwiederum, der die Kenntnis lebender primitiver oder auch fortgeschrittener Kulturen nutzen will, um die Menschheitsgeschichte als Entwicklungs- oder Ausbreitungsvorgang zu rekonstruieren, kann seine Schlüsse nur dann auf sicheren wissenschaftlichen Gegebenheiten aufbauen, wenn er versteht, was Kultur in Wahrheit bedeutet. Der Ethnograph bei der Außenarbeit endlich kann nur beobachten, wenn er weiß, was relevant und wesentlich ist, so daß er zufällige Nebenumstände übergehen kann. Daher ist bei der Beurteilung der Kultur als Prozeß und Produkt, wie in bezug auf die Methode der Feldbeobachtung der wissenschaftliche Anteil jeder anthropologischen Arbeit ein Stück Kulturtheorie" (Malinowski 1941. 1975, 47). „Die Mengen von ‚Tatsachen', die wegen ihrer Masse nicht analysiert und veröffentlicht werden können, sind bekannt. Man muß ebenso genau wissen, wieviel Tatsachen man braucht, wie, auf welche Weise man sie am schnellsten erkundet. Sonst entartet das Sammeln von Tatbeständen leicht zu einer Sammelmanie . . . Bleiben die Dinge in der Völkerkunde wie bisher, so wird sie in ihrer scheinbaren Unpäßlichkeit verharren, ja sie wird unter dem Gewicht der Tatsachen ersticken, wenn sie nicht daran geht, ihren theoretischen Hintergrund zu befestigen und sich zu organisieren" (Shirokogoroff 1937, 3,5).

Durch die funktionalistische Betrachtungsweise, die Frage nach dem Zusammenhang der einzelnen Kulturelemente, nach der „leistenden" Funktion von Kultur für ihre Mitglieder, durch die Wendung von der bloßen Gegenwärtigkeit von Kulturphänomenen als Beweisstücken für die Rekonstruktion der Vergangenheit zu ihrer existentiellen Gegenwart für ihre Träger, wurde für die Anthropologie eine neue Dimension – die des Alltagslebens – erschlossen, die in der Folgezeit zu einer der wesentlichsten Dimensionen kulturanthropologischer Analysen werden sollte. Erst dadurch eigentlich wurde der Anthropologe vom Reisenden in Sachen Exotismus oder Überlieferung zu einem Feldforscher oder auch „Marginal Native" (Freilich 1970; Pelto 1973, 248ff.), der sich wie ein Einwanderer mit den Alltagsgegebenheiten einer fremden Kultur, mit der Bedeutung ihrer Wörter, Gesten und Dinge für eben dieses alltägliche Leben auseinandersetzen mußte.

10. Feldforschung als Interaktion

Die Suche nach Funktion und Bedeutung der kulturellen Tatsachen im je gegenwärtigen Alltagsleben einer Gruppe und ihrer Einzelmitglieder verlagerte die Blickrichtung von den Dingen erneut auf den Menschen. Erst jetzt konnte wieder die Frage gestellt werden, welchen „Wert" Kulturphänomene für ihre „Besitzer" haben. Die Dinge an sich verloren ihren Wert als Zeugen der Vergangenheit, als Glieder einer historischen Entwicklungskette, als ästhetische Museumsschauobjekte und als Trophäen des Forschungsreisenden. Indem der Forscher fragte, welche Relevanz sie für denjenigen haben, der mit ihnen umgehen muß, konnten sie auch für ihn keine andere Relevanz mehr haben als eben diese. Der Kulturanthropologe mußte sich mit seiner Untersuchungsgruppe identifizieren, das heißt, er mußte versuchen, in einem Verstehensprozeß in die Intentionalität der Fremden einzutreten. Damit ist nun allerdings nicht jene scheinbare totale Identifikation gemeint, die gern als typische Anthropologenidentifikation beschrieben und je nach dem Grad der „Pikanterie" des Befremdlichen vom Außenstehenden belächelt oder genüßlich kolportiert wird: vom Trachten tragenden und Volkslieder singenden Volkskundler bis zur Völkerkundlerin, die zwecks Analyse des Geschlechtslebens eines Eingeborenenstammes dessen Häuptling heiratet.

Wenn bei diesen Verhaltensweisen von Rollenübernahmen gesprochen werden kann, die aus der Bedürfnislage des Forschers von der eigenen, nostalgischen Umkehr in das einfache Leben bis zur positivistischen methodischen Konsequenz der totalen teilnehmenden Beobachtung motiviert sind, bedingt die hier gemeinte Identifikation über einen Verstehensprozeß eine andere Art von

Rollenübernahme: einen symbolischen Prozeß, bei dem eine Person „sich an die Stelle des anderen versetzt, um Einsichten in dessen voraussichtliches Verhalten in einer gegebenen Situation zu gewinnen" (Coutu 1951, 180). Als Voraussetzung für eine solche symbolische Rollenübernahme wird in interaktionistischen Identitätsentwürfen (vgl. S. 242 ff.) eine bereits vorhandene eigene „balancierende Identität" vorausgesetzt, die in Rollenerwartung als kreativen „Ich-Anteil" ihre eigene Interpretation einbringt und zu vermitteln vermag (Krappmann 1973).

Feuchtwang beschreibt in seinem Feldreport den auch wissenschaftlichen Gewinn dieses Vorgehens: „Je mehr ich von mir selbst gab und offenlegte, desto vertrauter und vertrauenswürdiger wurde ich und desto mehr wurde mir gegeben und offengelegt" (Feuchtwang 1968, 5). Erst wenn der Beobachtete das Recht hat, Partner einer Interaktion und nicht nur Objekt zu sein, wird er sich selbst darzustellen versuchen und nicht nur Fragen beantworten.

11. Individuum und Kultur

Das interaktionistische Identitätskonzept ist ein auf Distanz angelegtes, das heißt einerseits auf Rollendistanz hinsichtlich der eigenen Rollen und andererseits auf Distanz zu den Interaktionspartnern hinsichtlich der Rollenerwartung. Wenn wir dieses Konzept als Grundlage einer verstehenden Interaktion des Anthropologen mit den Mitgliedern einer fremden Kultur ansehen, dann müßte der Anthropologe in die teilnehmende Beobachtung sowohl seine eigene Identität als Individuum mit einbringen (also „kein Anpassungsartist" sein) als auch bei seinen Interaktionspartnern diese individuelle Identität als den kreativen Anteil des Subjekts bevorzugt gelten lassen. Hier allerdings ergibt sich ein Dilemma für den Kulturanthropologen. Auch wenn sein jeweiliges Studienobjekt ein einzelner Gesprächspartner sein mag, so richtet sich sein Erkenntnisinteresse doch nicht, wie beim Individualpsychologen oder Psychoanalytiker, auf das Individuum und dessen Ich-Identität, sondern auf ihn als Mitglied und Vertreter einer Kultur, und das heißt, auf seine kulturelle oder ethnische Identität (vgl. S. 229 ff.). Das beobachtete und befragte Individuum wird also eigentlich seines kreativen Anteils an der Identitätsbildung, der für die Interaktion notwendig war, wieder benommen und auf seine „Gruppenidentität" reduziert. Besonders deutlich zeigt sich dies in der „Kultur- und Persönlichkeits"-Forderung (vgl. S. 234 ff.), die auf die Herausarbeitung einer Modalpersönlichkeit zielt, auf einen Personentypus, der in der jeweiligen Gesellschaft als „Durchschnittstypus" betrachtet werden kann und aus der Relativität seiner jeweiligen Kultur beurteilt werden muß.

Durch Ruth Benedict (Hatch 1973, 75 ff.; Kardiner-Preble, 210 ff.), die als die extremste Vertreterin eines kulturellen Relativismus bezeichnet wird (Rudolph 1968, 29 ff.) – eines Relativismus, der Kultur nur noch aus ihrer je eigenen Seinsqualität beurteilen will –, kam eine bisher über aller Kritik ihrer angeblichen Nichtbewertung und ihres „ästhetischen Ordnungsbedürfnisses" (Stagl 1974, 76) nicht genügend gewürdigte und wohl auch nicht anerkannte Qualität in die Betrachtung des identitätgebenden Anteils von Kulturen, für die erst heute in den Ländern einer industriellen Einheitskultur wieder ein Sensorium besteht. Wir könnten es durchaus mit dem Stichwort „auf der Suche nach Identität" bezeichnen. Wenn wir Eriksons Definition der Ich-Identität als eines „definierten Ich" in einer sozialen Gruppe, die ihre Identität gefunden hat (Erikson 1971, 12 ff.), heranziehen, dann besteht nicht nur ein dialektischer Zusammenhang zwischen dem Individuum, das zur Identität der sozialen Gruppe beiträgt, und eben dieser Gruppe, die ihm Identität zuerkennt, sondern auch zwischen den Gruppen – oder Kulturen –, die sich ihre Identitäten bestätigen.

Daß Ruth Benedict, und viele andere Kulturanthropologen sind ihr darin gefolgt, in ihren Darstellungen gewissermaßen den einzelnen Menschen ausklammerte, heißt nicht, daß sie ihn vergessen hätte. Ihr Buch „Patterns of Culture" (1934) beginnt als Motto mit der Erzählung eines Digger-Indianers, die sie in einem Einleitungskapitel „Die Ungleichheit der Kulturen" wiedergibt und kommentiert: „Eines Tages sagte Rámon ganz unvermittelt: . . . Zu

Anbeginn gab Gott jedem Volk eine Schale, eine tönerne Trink-schale, und aus dieser Schale tranken sie ihr Leben. Sie schöpften alle aus dem gleichen Wasser . . . aber sie hatten verschiedene Schalen. Die unsere ist jetzt zerbrochen. Jetzt ist es aus mit uns" (Benedict 1955, 21). In dem Buch von Dee Brown „Begrabt mein Herz an der Biegung des Flusses" wird die Äußerung eines Santee-Sioux zitiert: „Die Weißen haben immer versucht, die Indianer dazu zu bringen, ihr Leben aufzugeben und wie die weißen Män-ner zu leben – Land zu bebauen, schwer zu arbeiten und zu tun, was sie taten –, doch die Indianer wußten nicht, wie man das tut und wollten es auch nicht . . . Hätten die Indianer versucht, die Weißen dazu zu bringen, so zu leben wie sie, dann hätten die Weißen sich gewehrt, und das taten auch viele Indianer" (Brown 1970, 50).

Kulturverlust, der hier beklagt wird, ist der Verlust einer eige-nen Lebensform, das heißt der Verlust des kreativen Anteils, der Wahlmöglichkeiten, um sich seine je spezifische Identität zu geben. Wenn es in einer neuen politischen Ästhetik heißt „Kultur ist das, was man uns antut, Kunst ist das, was wir tun" (Luther 1973, 41) und auch hier nicht auf das vereinzelte Individuum, sondern auf das gesellschaftliche Individuum reflektiert wird, dann ist die hin-ter diesem Satz stehende Prämisse gar nicht so weit von der letzt-endlich anthropologischen Dimension einer vorausgesetzten schöpferischen Komponente der Identität entfernt.

Der Vorwurf, den Stagl gerade gegen Ruth Benedict vorbringt, daß der Mensch bei ihr keinen Wert habe, sondern nur das Material sei, „aus dem der Künstler sein Werk, die Kultur aufbaut" (Stagl 1974, 77) bezieht die dialektische Sicht in Benedicts Arbeit nicht ein: „Die Gesellschaft im wirklichen Sinne . . . ist niemals eine von den Individuen, aus denen sie sich zusammensetzt, trennbare Ein-heit. Kein Individuum kann ohne eine Kultur, in welcher es lebt, seine Fähigkeiten auch nur im geringsten auswerten. Umgekehrt verfügt eine Zivilisation über kein einziges Element, das sich bei genauer Untersuchung nicht als Beitrag eines einzelnen erwiese . . . Das Problem des Individuums wird nicht dadurch geklärt, daß man den Gegensatz zwischen Kultur und Individuum betont, son-

dern vielmehr durch Betonung der gegenseitigen Befruchtung"
(Benedict 1955, 193 f.).

Und weiter heißt es im Hinblick auf das einzelne Individuum,
daß die Kultur ihm das Rohmaterial liefere, „aus dem sich der
einzelne sein Leben aufbaut. Ist es dürftig, dann hat er darunter zu
leiden, ist es gehaltvoll, dann hat er Gelegenheit, es zu seinen Gunsten auszuwerten" (Benedict 1955, 192).

Die gehaltvollen Kulturen sind für Benedict diejenigen, „die ein
Gesicht haben", und das heißt für sie: ein Ziel, dem ihre kulturellen
Verhaltensweisen zugeordnet sind. Als „arme" Kulturen be-
schreibt sie Stämme, die sich Wesenszüge von allen benachbarten
Kulturen angeeignet hätten.

Die Kultur, die sich eine Identität gibt, die sich selbst darzustellen vermag, ist hier die Bewertungsgrundlage für eine gelungene
Kultur, wobei die gelungene Ich-Identität des einzelnen eben von
dieser gelungenen Kultur-Identität abhängt.

12. Kulturelle Ordnung

Der Begriff der „kulturellen Ordnung" (Greverus 1972 b) liegt den
gesamten ganzheitlichen Analyseansätzen von Kultur, ob nun als
superorganizistisch, funktionalistisch, strukturalistisch oder phä-
nomenologisch apostrophiert, zugrunde und wird im Zusammenhang mit Selektion gesehen. Dabei wird sowohl mit einer „überlieferten Ordnung" als Hauptformungselement menschlichen
Handels (Schmidt L. 1947) oder mit der „Notwendigkeit einer
Ordnung" für menschliche Interaktionen (Kramer K. 1974, 17), als
auch mit einem „menschlichen Grundbedürfnis nach Ordnung"
(Stagl 1974, 76) als einer transkulturellen Konstante (Mühlmann
1966, 20) oder mit Ordnung als Kulturreaktion auf organische
Grundbedürfnisse (Malinowski 1975, 123) argumentiert. Ist bei
einigen Autoren Ordnung als Organisation das notwendige Hilfs-
mittel zur Befriedigung organischer oder anderer existenzieller Bedürfnisse, so ist sie bei anderen als solche ein Grundbedürfnis. Am
deutlichsten spricht dies der Strukturalist Lévi-Strauss in seinem
Buch „Das wilde Denken" aus. Er betont, daß die selektive Um-

weltaneignung der Menschen nicht nur aufgrund der Befriedigung organischer Reproduktionsbedürfnisse zu sehen sei, nicht nur materiellen Zielen, sondern intellektuellen Ansprüchen genügen soll, die auf eine Reduktion der chaotischen Wahrnehmungen durch ordnende Einteilung und Benennung zielen (Lévi-Strauss 1973, 11 ff.).

Wie für Ruth Benedict sind auch für Lévi-Strauss nicht alle Kulturen zu dieser Ordnung fähig. Letztendlich bleiben bei Lévi-Strauss nur jene archaischen Gesellschaften einer „geordneten Anarchie", in denen die Gegenseitigkeit menschlicher Beziehungen konstitutiv ist. Bei ihnen hatte Ordnung nicht Zwangscharakter, sondern war Notwendigkeit gemeinsamer und dadurch menschlicher und identitätsgebender Ordnung von Umwelt.

In seiner Analyse der Stellung von Ordnung und Chaos im strukturalistischen Denkansatz schreibt Urs Jaeggi dazu: „Ordnung wird dem Chaos, der Auflösung gegenübergestellt; Geschichtslosigkeit der Geschichte. Während die ‚heißen' Gesellschaften das Partikulare fördern, die Arbeitsteilung, die Trennung der Lebensbereiche (und damit die Entfremdung), vollzieht der ‚Wilde' diese Trennung nicht . . . Es ist ebenfalls gewiß ein Verdienst der ethnologischen Strukturalisten, auf das Rationale in jenen Systemen hingewiesen zu haben, die in der europäischen Geschichte als primitiv und irrational deklassiert worden sind, und es ist nichts als die Kehrseite unserer Vorteile, wenn am Beispiel der ‚kalten' Gesellschaften gezeigt werden kann, wie irrational unsere geschichtsverhafteten Gesellschaften sind, die von unseren eigenen Interpreten immer als hochrationale Systeme bezeichnet werden" (Jaeggi 1968, 71).

Die Analyse dieser einfachen Gesellschaften bedeutet für Lévi-Strauss weder nur professionellen Selbstzweck noch „Verneinung der Möglichkeit der Selbsterkenntnis als ein Ziel seiner Untersuchung" (Diamond 1975, 215), wie ihm von seinen Kontrahenten vorgeworfen wird: „Wenn es uns aber gelingt, fremde Gesellschaften besser zu kennen, so verschaffen wir uns wenigstens die Mittel, uns von der unseren zu lösen, nicht weil diese als einzige absolut schlecht wäre, sondern weil sie die einzige ist, zu der wir Distanz gewinnen müssen. Dann wird es uns möglich sein, den zweiten Teil unserer Aufgabe in Angriff zu nehmen, nämlich unsere Kenntnis fremder Gesellschaften zur Herausbildung jener Prinzipien des sozialen Lebens zu verwenden, die uns erlauben, unsere eigenen Sitten und Gebräuche und nicht die fremder Gesellschaften zu reformieren. Es ist nämlich ausschließlich unsere eigene Gesellschaft, die wir verändern können, ohne dabei Gefahr zu laufen, sie zu zerstören; denn die Veränderungen, die wir einführen, sind immer in ihr selbst bereits angelegt" (Lévi-Strauss 1974, 363). Lévi-Strauss beruft sich bei diesen abschließenden Gedanken seines Buches „Traurige Tropen" auf Rousseau: „Rousseau verdanken wir es, wenn wir heute wissen, wie man nach der Zerstörung aller Ordnungen die Prinzipien entdecken kann, die den Aufbau einer neuen Ordnung erlauben" (Lévi-Strauss 1974, 361).

13. Anthropologie als Krisenwissenschaft

Rousseau hat bei den Anthropologen unserer Gegenwart eine erneute Aktualität und Zuwendung gefunden. Es ist nicht mehr die Rousseau-Rezeption des „Zurück zur Natur", sondern vielmehr die Frage nach der Qualität kultureller Ordnungen, und das bei so ausgesprochenen Kontrahenten wie Lévi-Strauss und Diamond, der seinen Aufsatz „Anthropologie am Scheideweg" (1975) mit dem Satz beginnt: „Anthropologie als die Wissenschaften vom Menschen bedeutet die Erforschung des Menschen in Krisenperioden durch Menschen, die in Krisenzeiten leben". Und in seiner „Strategie für die Anthropologie" fordert Diamond die Rückkehr zu den Fragestellungen von Rousseau und Marx an die „primitiven Kulturen", die im Marx'schen Sinne als noch nicht entfremdete gesehen werden: „Es ist klar, daß die Analyse der Bedingungen des Menschen sich nur im Kampf gegen die zivilisierte Verdinglichung des Menschen in unserer eigenen Gesellschaft und anderwärts konstituieren kann", fordert Diamond und beschreibt diese Gesellschaft als eine „Periode nie dagewesener Zerstörung von Sprachen und Kulturen, von Nationen unter dem Ansturm hochzentralisierter bürokratischer Staaten. Diese Staaten üben einen dauernden inneren und äußeren Druck aus und reduzieren Kultur zu einer Reihe technischer Funktionen. Oder anders ausgedrückt: Kultur, die Schöpfung allgemein geteilten Sinns und symbolischer Interaktion, löst sich in einen sozialen Mechanismus auf, der durch Signale gesteuert wird" (Diamond 1975, 233).

Anthropologie als „Krisenwissenschaft" und/oder Kulturanthropologie, Ethnologie, Volks- und Völkerkunde auf der Suche nach geordneten, gestalteten Welten? Neuer Humanismus oder beruflich legitimierter „Auszug" aus der eigenen Gesellschaft, der eigenen Schicht, dem universitären Alltag funktionaler Rationalität?

Beides stimmt, beides kann als Antagonismus gesehen werden oder als Interdependenz. Die Suche nach einer „besseren" Welt in dieser Krisenwissenschaft kann sowohl regressiv als auch progressiv sein und interpretiert werden, wobei auch diese Begriffe bereits wieder Werturteilen unterworfen sind und auf die internalisierten Werte der Suchenden und der sie Interpretierenden verweisen.

Diamond hatte für unsere Zeit auf die Jugendrevolte und ihre Suche nach Sinn gegen funktionale Rationalität als Folge hingewiesen. Jugendkulturen als „totale Subkulturen" werden von Gans im Zusammenhang seiner Forderung nach mehr kulturellem Pluralismus als kreative Kulturen beschrieben, bei denen einerseits alle kulturellen Züge in eine neue „Ordnung" des Lebens integriert werden sollen, andererseits die einzelnen Elemente außerordentlich starke Anleihen bei Volkskulturen zeigen: das reicht von Formen des Zusammenlebens und des gemeinsamen Wirtschaftens, einschließlich der Versuche, die Formen der eigenbedarfsdeckenden Subsistenzwirtschaft wiederzugewinnen, bis zu Kleidung und Musik (Gans 1974, 94 ff.). Ob wir diese jugendlichen Subkulturen nun in regressive und progressive einteilen (Schwendter 1973), so zeigt sich doch bei allen sehr deutlich der Rückgriff auf eine je einzigartig gestaltete Fremde, die in ihr eigenes Dasein eingebracht werden soll und gleichzeitig als Kritik an der eigenen Gesellschaft eingesetzt wird (vgl. S. 148 f.).

Diese Kritik an der eigenen Gesellschaft wurde im 18. Jahrhun-

dert unter Rückgriff auf die „Wilden" geführt: „Wurde Gesellschaftskritik zuerst durch Reisen in andere Länder, durch Kontakte
mit fremden Völkern befördert, so war, zumindest vor der Französischen Revolution, Kritik an der eigenen Gesellschaft nur durch
die positive Schilderung fremder Sitten und Gebräuche möglich"
(Lepenies 1971, 99). Auch hierzu hatten die Ethnographen und
Anthropologen nicht nur die Materialien gestellt, sondern waren
selbst an dieser Kritik beteiligt (Bitterli 1976, 367 ff.). Herder dann
gehörte zu den ersten, die in ihren Materialsammlungen, bei ihm
waren es insbesondere die Lieder als Ausdruck ethnischer Eigen-
tümlichkeiten, sowohl Objektivationen der fernen Stammeskulturen als auch der europäischen bäuerlichen Bevölkerung heranzo-
gen. Für Herder gehörten sie alle zu den „umpolicierten Völkern",
die als Kritik an seinem eigenen Zeitalter der „mechanischen Erfindung und Maschinen der kalten europäisch-nordischen Abstraktionen" (Herder V, 564) dienten, und durch die die Nationen durch
Besinnung auf ihre Eigenart wieder zu sich selbst zurückgeführt
werden sollten.

Im 19. Jahrhundert wiederum wurde diese Kritik an der eigenen
Gesellschaft in den „verspäteten Nationen" mit Hilfe des eigenen
„Volkes" oder desjenigen Teils der Bevölkerung, der noch als
Volk betrachtet wurde, der Bauern und ihrer Objektivationen,
geführt. Die nationalen Ethnographien entstanden und wurden
Bauernkunden (vgl. S. 161 ff.).

Im 20. Jahrhundert schließlich wurden die Subkulturen entdeckt
– „Subkulturen der Armut", „jugendliche Subkulturen", „ethnische Subkulturen in komplexen Gesellschaften" (vgl. S. 200 ff.).
Auch für diese Subkulturen, die aus der Randseitigkeit ihrer Mitglieder in unserer Gesellschaft entstehen, wird in vielfachen Schattierungen ihre schöpferische Komponente herausgearbeitet, eine
kulturelle Kraft, die selbst bei der Subkultur der Armut mit ihren
harten Situationszwängen noch als eine positive Möglichkeit gegen die „bürokratische Gesellschaft des gelenkten Konsums" (Lefèbvre 1972, 88) einbezogen wird.

Im 20. Jahrhundert erfolgt auch die Wendung zur Arbeiterkul-
tur, unter Betonung ihres objektiven Anteils am Kulturprozeß,

sowohl in sozialistischen als auch kapitalistischen Gesellschaften (Kramer, D. 1975; 1977). Im Gegensatz zu Marx und der sich als marxistisch-leninistisch bezeichnenden Ethnographie wurde von einigen Forschern auch das sogenannte „Lumpenproletariat" in die praxisorientierte Forschung wie auch in Strategiekonzeptionen einbezogen (vgl. S. 212). Ein deutscher Volkskundler forderte, sich den „Leiden der Außenseiter" zuzuwenden (Jeggle 1970, 35), und der letzte Internationale Anthropologen- und Ethnologenkongreß (Chicago 1973) war ganz den Fragestellungen und Problemen von Minderheiten gewidmet, was sich sogar in der Sektionsbildung niederschlug: Dabei ging es nicht nur um ethnische Minderheiten, sondern die Minderheitenfrage reichte von den Frauen bis zu den Drogensüchtigen.

14. Der Anthropologe als „Fremder"

Diese epochalen „Entdeckungen" bedeuteten zunächst, mögen ihre Entwicklungen auch in andere und oft gegensätzliche Richtungen gegangen sein, Kritik an der eigenen Gesellschaft und ihrer herrschenden Kultur, unter Bezugnahme auf diejenige Bevölkerung, die außerhalb dieser Kultur stand und eine eigene Kultur beibehalten oder entwickelt hatte. Für den Ethnologen trugen diese Menschen und ihre Kultur immer das Signum der Fremdheit, einer Fremdheit, die nur graduell, aber nicht grundsätzlich verschieden ist, ob er nun mit den Produkten und Verhaltensweisen einer Buschmann-Gesellschaft oder mit denjenigen der Arbeiter in seiner eigenen Gesellschaft konfrontiert wird. Und er, der Forscher selbst, ist ebenso ein Fremder in diesen Kulturen. Was hat ihn bewogen und was bewegt ihn, in diese Kulturen einzudringen, sich der „Fremdheit" auszusetzen?

Justin Stagl hat in seinem Buch „Kulturanthropologie und Gesellschaft" (1974), allerdings nur im Hinblick auf die Untersuchungen schriftloser Stammeskulturen, eine Hypothese der spezifischen Prädispositionen von Kulturanthropologen unter dem Aspekt der Marginalität aufgestellt. Der Kulturanthropologe ist „Reisender" und „Fremder" und tritt mit einer fremden Kultur in Kontakt:

darin dem eingangs beschriebenen Einwanderer in ein fremdes Land ähnlich (vgl. S. 11 f.). Nach Stagl gilt für den Kulturanthropologen nun allerdings keine der dort wiedergegebenen Konfliktlösungsversuche zur Überwindung der Fremdheit, da er erstens diese Fremdheit gesucht hat und nicht als „Schock" erlebt und zweitens seine Existenzgrundlage in der Ausgangsgesellschaft hat und behält, also keinerlei Anpassungszwängen ausgesetzt ist. Die von Robert E. Park übernommene Kategorie des „Marginal Man" (Park 1928, 1950) der an der Kultur zweier Völker teil hat, ohne einer von beiden ganz anzugehören, trifft hier also nicht in dem Sinne zu wie in dem vor allem für die zweite Einwanderergeneration entwickelten Modell der mit einer Ablehnung der eigenen Gruppe verbundenen Überanpassung, die situationsbedingt ist und keine Konfliktlösung darstellt, sondern ein Übergangsstadium. Deshalb wohl auch verlegt Stagl die marginale Situation der Forscher nicht in die Feldforschungssituation, sondern in die biographische Ausgangsposition – Immigranten und Verbannte, Herkunft aus Grenzgebieten, Sektierer, besondere ethnische Herkunft (d. h. also der Ethnograph selbst als „Randseiter" seiner Gesellschaft) – und selektiert aus der Liste bekannter Anthropologen und Ethnologen sein Beweismaterial. Diesen marginalen Biographien stehen dann die Faktoren der „Anziehungskraft primitiver Kulturen" – Abgelegenheit, Primitivität, Vielfältigkeit, Exotismus, Überschaubarkeit, stattliches Erscheinungsbild – gegenüber, die durch die „Abstoßung durch die eigene Kultur" als in gleiche Richtung wirkende Kraft ergänzt werden.

Die Interdependenz von biographischer Marginalität, Anziehung durch fremde Kulturen und Abstoßung durch die eigene erscheint allerdings zu vereinfacht, wenn die Anziehungs- und Abstoßungsfaktoren im Zusammenhang mit epochalen Ereignissen und Strömungen gesehen werden. Vor diesen wird die biographische Marginalität einzelner Kulturanthropologen zufällig, zumal auch viele Gegenbeispiele gebracht werden könnten.

Wesentlicher als die aus autobiographischen Notizen von Kulturanthropologen hervorgehobenen und vor dem Hintergrund der Publikumserwartungen zu sehenden Verwirklichungen von „Kinderträumen" (Stagl 1974, 70), die die ethnographische Reise motivieren, dürften für die Anfänge des Fachs wohl zuerst Reisen die Motivation für kulturanthropologische Fragestellungen ergeben haben, was wiederum aus den Biographien berühmter Anthropologen, die keine Fachwissenschaftler waren, hervorgeht (Kardiner-Preble 1974). Erst die Fremderlebnisse machten diese Forscher zu Anthropologen.

Selbst für die heutigen Lehrenden und Studierenden einer professionalisierten und an zahlreichen Hochschulen vertretenen Kulturanthropologie und Ethnologie scheinen teilweise die motivationalen Voraussetzungen zur Beschäftigung mit fremden Kulturerscheinungen noch zuzutreffen. Raymond Firth hatte Umfragen bei seinen Studenten veranstaltet, nach denen Auslandserfahrungen, Probleme der gesellschaftlichen Gegenwart und Hoffnung auf eine Förderung von Toleranz und Verständnisfähigkeit zu diesem Studium führten (Firth 1967, 117f.). Auch eine Umfrage 1976 bei Frankfurter Studenten der Kulturanthropologie und Europäischen Ethnologie hat ein aktuelles Engagement an Fragen gegenwärtiger Probleme der „Fremden" und Randseiter in unserer Gesellschaft ergeben.

15. Anthropologie als „Zuflucht oder Sendung"

Lévi-Strauss hat die Ethnographie als ein Studium bezeichnet, das „entweder eine Zuflucht oder eine Sendung" bedeutet (1955, 40f.). Lassen wir die Zuflucht – als individuelle Flucht in eine oft sehr ausgeprägte und Identität gewährende „Binnenkultur" kulturanthropologisch-ethnologischer Institute – hier außer Betracht und analysieren die „Sendung" und eine damit in Zusammenhang stehende Hinwendung zu eben jenen „Fremden". Wenn Anthropologie sich als „Sozialwissenschaft des Beobachteten" (Lévi-Strauss 1972, 388) versteht, das heißt, als eine Wissenschaft, in der der Forscher versucht, den Standpunkt des Beobachteten zu gewinnen, dann erfordert dieses eine intensive und teilnehmende Beobachtung und Analyse der Einstellungen und Verhaltensweisen eben jener Beobachteten, ein Eindringen in ihre Alltagswelt, wie sie in der kognitiven Anthropologie oder „neuen Ethnographie" zum methodischen Prinzip ausgearbeitet wurde (vgl. S. 102 ff.).

Die zahlreichen mehr oder weniger autobiographischen Reflexionen von Anthropologen über die Konflikte und die Verantwortlichkeiten, die sich für sie selbst aus dieser wissenschaftlichen „Neugier" ergeben, zeigen recht deutlich das Dilemma einer „Wissenschaft vom Menschen", die insbesondere in ihrer gegenwartsbezogenen Forschung immer die – oft sehr kontroverse – Frage nach der Verwirklichung ihres humanen Anspruchs gestellt bekommt und sich selbst stellt (Rynkiewich–Spradley 1976).

Die Feldforschung bei den Fremden ist keine „Feldforschungsideologie" (Stagl 1974, 101 ff.) oder „Flucht", sondern methodische Notwendigkeit, um aus der Analyse des Bestehenden Strategien für eine Wandlung zu entwickeln. Und „Sendungsbewußtsein" intendiert durchaus Wandlung: „Gegenstände zukünftiger volkskundlicher Befragung seien gegenwärtige soziale Probleme. Die Leitworte solcher Enquêten . . . müssen [lauten:] Individuum im sozialen Konflikt, gegenwartsbezogen und was morgen?" (Schenda 1970 c, 154). Wenn sich das Interesse – wie bei den Ethnologen häufig – den Randseitern und Unterdrückten innerhalb und außerhalb der fortgeschrittenen Industriegesellschaften zuwendet, dann ist es nicht nur ein Engagement gegenüber den „Unterprivilegierten", sondern auch eine, zunächst vielleicht nur als Ahnung vorhandene, Erkenntnis ihrer Fähigkeiten zu eigenen kulturellen Leistungen, die bei der breiten Schicht der Konsumenten der etablierten Kultur nicht mehr vorhanden sind.

Die Erkenntnis dieser Kompetenzen, ihre „Nutzung" zu Strategien gegen eine etablierte „Kulturindustrie", fordert eine interpretierende Analyse, die eben jene intensive Kenntnis fremder Alltagskulturen zur Voraussetzung und Berufsforderung für Ethnologen macht. Damit wird diese Forderung aber gleichzeitig zur Ausbildungsforderung. Sie entspringt kaum dem von Stagl kritisierten „Initiationsritual", durch das man die Aufnahme in einen Geheimbund erlangt (die elitäre Anthropologenzunft). Am Beispiel der Exkursions-, Projekt- und Forschungsreiseforderungen für Studierende zeigt sich am deutlichsten, daß jene nicht als „karrierefördernder Tourismus" gesehen werden, sondern als Lernfeld (Greverus 1975). Dabei sollten die großen ethischen Forderungen, wie sie von den Studierenden selbst gern aufgestellt werden, zugunsten eines aktiven Einstiegs in Feldforschungspraxis und einer Reflexion der Fremdkultur und ihrer Ursachen im Hintergrund stehen. Der Kulturanthropologe wird hier weder als ein seine Marginalität kompensierender Sektierer noch als Leitperson für eine restaurative oder revolutionäre Bewegung in der besuchten Gruppe noch als Initiant seiner Zunft, der bewußt einem „Kulturschock" ausgesetzt wird, aber auch nicht als Datensammler für Schreibtischgelehrte gesehen, sondern als Lernender. Für diesen Prozeß eines „forschenden Lernens" der Kulturanthropologen und Ethnologen sind inzwischen in Amerika (im Gegensatz zu Europa) zahlreiche Methodenhandbücher erschienen, die insbesondere die spezifischen kulturanthropologischen Forschungsstrategien in die allgemeine sozialwissenschaftliche Empirie einzubringen versuchen (Pelto 1970; Naroll-Cohen 1973).

„Sendungsbewußtsein" in Richtung eines neuen Humanismus, Hinwendung zu den Kulturen gesellschaftlicher Randseiter, Intensivstudien in derartigen Kulturen und Versuche, sie aus dem Bewußtsein ihrer Träger zu verstehen, Forderung nach kultureller Kompetenzerweiterung und einer neuen Vielfalt kultureller Möglichkeiten konnten als Anliegen einer nach wie vor auf die Erweiterung der „Glücksmöglichkeiten" der Menschen hinzielenden Wissenschaft Kulturanthropologie aufgezeigt werden. Diese Wissenschaft versteht sich allerdings nicht als eine neue Heilslehre: „Wer den ‚neuen Menschen' beschwört, ohne den alten zu kennen oder gar Denkverbote erwägt, um eine solche Erkenntnis zu verhindern, verhindert den Fortschritt der Erkenntnis selbst. Aufgabe der Wissenschaft aber ist nicht die Legitimation utopischer Programme, sondern die Kritik der Utopie – um ihrer Verwirklichung willen" (Lepenies 1971, 127).

16. Fremde Kulturen und transformierte Alltäglichkeit heute

In Auseinandersetzung mit Lévi-Strauss und dessen Distanzhaltung gegenüber den Möglichkeiten einer Wissenschaft, an gesellschaftlicher Veränderung mitzuwirken (wobei Lévi-Strauss die Anthropologie lieber „Entropologie" nennen möchte, d. h. eine Disziplin, die sich damit beschäftigt, den Prozeß der Desintegration in seinen höchsten Erscheinungsformen zu untersuchen: 1974, 367), fordert Urs Jaeggi eine über die Analyse der „archaischen Gesellschaften" hinausgehende Anwendung auf unsere Zeit: „Die Distanz des Subjekts, die Lévi-Strauss durchhält, wäre dann wieder aufzuheben, d. h., in disponierendes Denken und damit Handeln umzusetzen. Oder anders gesagt: die ‚Reife' jener Gesellschaft, die im schönen Bild der geordneten archaischen Gesellschaft beschrieben wird, wäre zu vergleichen mit der Unreife der gegenwärtigen Gesellschaften, wobei gleichzeitig nach den Transformationsmöglichkeiten gefragt werden müßte: nicht eine Theorie, die in reine Beobachtung und Meditation mündet, wäre gefragt, sondern ein theoretisches Konzept, das die Widersprüche der aktuellen Gesellschaften erhellt und zu überwinden trachtet" (Jaeggi 1968, 126).

Diese Frage nach den Transformationsmöglichkeiten entspricht der Forderung Lefèbvres an eine auf Praxis hin orientierte Kultur, das heißt „auf die transformierte Alltäglichkeit". Die Kritik des Alltäglichen setzt bei Lefèbvre bei dem „tiefen Bruch zwischen dem Alltäglichen und dem Nichtalltäglichen" ein, das den Verlust eines Stils mit sich bringt. Ziel ist die Wiedergewinnung eines Stils, in dem das Alltägliche „Werk" wird: „Tätigkeit einer Gruppe, die ihre Rolle und ihr gesellschaftliches Schicksal in die Hand und in Pflege nimmt, mit anderen Worten Selbstverwaltung" (Lefèbvre 1972, 276).

Wenn Lefèbvre die Analyse des Alltäglichen in historischen Epochen und der Gegenwart fordert, dann ist das gleichzeitig Aufforderung und Kritik an den ethnologisch-kulturwissenschaftlichen Disziplinen: „Für den Historiker, der sich nicht damit begnügt, die Ereignisse zu datieren, ist es wichtig, zu wissen, was die Leute aßen, womit sie sich kleideten, wie sie sich möblierten, je nach Gruppe, sozialer Klasse, Land, Epoche. Die Geschichte des Bettes, des Schrankes, der Brautgabe ist von größtem Nutzen. Uns ist jedoch daran gelegen, zu wissen, ob der Bauernschrank (seit die Bauern Schränke hatten) nicht des Stiles entbehrt, die gebräuchlichsten und die einfachsten Gegenstände (Gefäße, Vasen, Schüsseln usw.) je nach Ort und sozialer Schicht verschieden waren. Mit anderen Worten, die Formen, die Funktionen, die Strukturen der Dinge waren weder dissoziiert noch vermischt. Sie eigneten sich zu einer beträchtlichen, vielleicht unbegrenzten Anzahl von (übrigens erfaßbaren) Varianten. Eine gewisse Einheit von Formen, Funktionen und Struktur bildete den Stil. Für das Verständnis der vergangenen Gesellschaften (und für die Erkenntnis unserer Gesellschaft) ist es weder empfehlenswert, das Haus, die Möbeleinrichtung, die Kleidung, die Nahrung durch Klassifizierung nach getrennten Bedeutungssystemen zu dissoziieren, noch sie in einem globalen Einheitsbegriff zu vereinen" (Lefèbvre 1972, 47 f.).

Dies alles bleibt noch Forderung, solange nicht in einer Wissenschaft durch interkulturellen Vergleich die konkreten Möglichkeiten und die konkreten Barrieren menschlicher Kulturverwirklichung im Alltagsleben erforscht werden. Dabei geht es heute weniger um die exotischen Entdeckungen des „ganz Anderen", sondern vielmehr um die Vielfalt des Alltäglichen trotz der Zunahme der „Koexistenz von autoritärer Kultur und Massenkultur" (Zivotić 1972, 211) – und vielleicht, vorläufig noch in Ansätzen, gegen diese. Der interkulturell vergleichende Ansatz der Kulturanthropologie trennt auch nicht mehr rigoros in eine Disziplin, die schriftlose Stämme (Völkerkunde), und in eine andere, die „Volk", das heißt Reliktkulturen in komplexen Gesellschaften (Volkskunde), erforscht. Er ist sowohl geographisch als auch historisch zu verstehen und ebenso klassen- und schichtenspezifisch. Es geht immer darum, die gemeinsam praktizierte Kultur einer menschlichen Gruppe, deren Mitglieder in einem definierbaren Zusammenhang stehen, vergleichend zu anderen praktizierten Kulturen zu analysieren und zu hinterfragen, welche Kompetenzen sie entwickeln mußten und konnten und durch welche Mechanismen der gesamtgesellschaftlichen Entwicklung die Entfaltung eigenständiger Kulturen beschleunigt oder verhindert wurde.

17. Das tägliche Leben als Ort des Gleichgewichts

Wenn das „tägliche Leben" den „Ort des Gleichgewichts" – und das hieße einer aktiven Teilhabe an der Ordnung des Daseins – darstellt, wird es dadurch auch zum „Ort, wo sich die drohenden Gleichgewichtsstörungen zu erkennen geben" (Lefèbvre 1972, 51). Was bedeutet „Ort des Gleichgewichts" und Gleichgewichtsstörung in unserem Zusammenhang?

Wenn der Zoologe Ernst Haeckel (1866, 286) in Anlehnung an Darwins Ausführungen über den „Haushalt der Natur" für eine Wissenschaft, die sich mit den Wechselbeziehungen der Lebewesen untereinander und mit ihrer Umwelt befassen sollte, den Namen Ökologie vorschlug, dann brachte er über den zugrundeliegenden griechischen Begriff „oikos" (Haushalt) eine Komponente ein, die nicht nur den menschlichen Haushalt als Paradigma benutzte, sondern seine Ordnung als konstituierendes Element eben auch für jenen Gesamthaushalt der Natur betrachtete. Diese Ordnung des oikos oder des „ganzen Hauses" war eine auf das Funktionieren des wirtschaftlichen und sozialen Lebensraums einer Familie und darüberhinaus der Gesellschaft orientierte Verteilung von Rechten und Pflichten aller Mitglieder untereinander und gegenüber ihrem Lebensraum, deren Einhaltung das „ökologische Gleichgewicht" ausmachte. Von der antiken Ökonomik eines Xenophon und Aristoteles bis zu der erst im 18. Jahrhundert auslaufenden Hausväterliteratur (Hoffmann 1954; Brunner 1956) reichen diese Anleitungen für die Erhaltung des Gleichgewichts im alltäglichen Dasein. Die Störungen im Gleichgewicht des oikos sind die Abweichungen aus den „natürlichen" Rollen der Gegenseitigkeit sowohl in den Wechselbeziehungen der Menschen untereinander als auch in ihrer Umweltbeziehung. Diese „Gegenseitigkeit" in bezug auf die Umwelt, und das heißt hier vor allem die landwirtschaftlich genutzte, beruht auf einer Nutzung der Ressourcen im Rahmen des tatsächlichen Bedarfs zur Erhaltung der Autarkie des Hauses und bedingt gleichzeitig die Pflicht des Hauswirts als „Pfleger" (die ältere Bedeutung von Wirt) seines Grund und Bodens. Seit Aristoteles wurde die Chrematistik, die nach Vermögensumsatz und unbegrenzter Geldvermehrung strebt, als der Wirtschaftsmoral der Ökonomik entgegengesetzt betrachtet. Nach Brunner liegt in der Chrematistik die Vorgeschichte der Nationalökonomie, nicht in der Ökonomik (Brunner 1956, 36).

18. Für eine ökologisch orientierte Kulturanthropologie

Während die Sozial- und Wirtschaftswissenschaften sich im 19. Jahrhundert von der Lehre des „oikos" entfernt hatten und der Volkskundler W. H. Riehl in seinem Buch „Die Familie" (1855) das „ganze Haus" nur noch von der sentimentalen Seite des Handelns auf Gegenseitigkeit sah, wurde die oikos-Lehre von der Erhaltung des Gleichgewichts unter dem Begriff Ökologie zunächst eine zoologische Spezialdisziplin, die sich erst in diesem Jahrhundert zu einer übergreifenden Wissenschaft erweitert hat. Neben dem rein naturwissenschaftlichen Zweig der Umweltforschung, entstand in den 20er Jahren in den USA die Humanökologie (Bates 1953; Quinn 1955; Knötig 1972; Anderson 1973; Bennett 1976), die heute zu einem Dachbegriff geworden ist, unter den zunächst so different erscheinende Begriffe wie Wohnhabitat, Arbeitshabitat, Regenerationshabitat, Verkehrshabitat, Landschaftsökologie, Ressourcenökologie, Pädökologie, Probleme der Behinderten, Streßsetting, Ethik, Ökophilosophie, Ökopolitik, Urbanökologie, Autonome Siedlungsräume und Humanpalökologie subsumiert werden (Proceedings Human Ecology 1976; Vienna Meeting Human Ecology, 1977). Die Akkumulation menschlicher Verhaltensbereiche unter dem Begriff Humanökologie zeigt allerdings sehr deutlich den eigentlichen Brennpunkt dieser „Modewissenschaft": die Problematik der drohenden Gleichgewichtsstörungen in allen Bereichen des täglichen Lebens. Daß diese Forschungen von den amerikanischen Städten und Problemen der sozialen Desorganisation, des Bodenwert- und Bodennutzungsgefälles, der Statusdifferenzierung von Wohngebieten und der Segregation sozialer Klassen und ethnischer Gruppen ausgegangen sind (Park-Burgess-McKenzie 1925; Park 1952) und sich neuerlich auch auf die „kleinen Gemeinden" erstrecken (Greverus 1977b), dürfte sowohl für die Zunahme der Störungen als auch für das anwachsende Bewußtwerden dieser Bedrohung ebenso symptomatisch sein wie die über den Begriff der Kulturökologie (Steward 1955; Bennett 1976, 35 ff.; Daun-Löfgren 1971) eingebrachte Wendung von einer makroökologischen Analyse allgemeiner Prinzipien der Umweltanpassung zu der mikroökologischen Analyse spezifischer Umwelt-Verhaltens-Relationen. Begriffe wie Ethnoökologie (Vayda-Rappaport 1968, 489 ff.; Anderson 1973, 188 ff.), Wohnökologie (Leeuwen 1970; 1971) und Traditionsökologie (Honko 1975), hinter denen zwar jeweils verschiedene spezialwissenschaftliche Ansätze stehen, verweisen gemeinsam auf eine neue humanökologische Orientierung, die tatsächlich das „tägliche Leben" mit seinen kulturspezifischen Bedürfnissen, Werten, Erwartungen und Verhaltenschancen als möglichen oder gestörten „Ort des Gleichgewichts" ernst nimmt: „Für die kulturökologischen Richtungen der gegenwärtigen ethnologisch-anthropologischen Forschung korrespondiert der mit Werten besetzte Kulturraum zum menschlichen Verhalten in diesem Raum, und die wechselseitigen Beziehungen sind das eigentliche Erkenntnisziel" (Greverus 1976 b, 27).

Leitbild für eine praxisbezogene Umsetzung ist der Idealtypus des „oikos" als Lebensraum, in dem das Prinzip der Gegenseitigkeit des Handelns, auf dessen Relevanz für die Sozialsysteme der früheren einfachen Gesellschaften zahlreiche Ethnologen hingewiesen haben (Thurnwald 1921; 1936; Malinowski 1972; Mauss 1975 II, 11 ff.; Whitten 1972; Bennett 1976, 277 ff.), wieder als konstituierendes Moment betrachtet und über die sozialen Wechselbeziehungen hinaus auch auf den bewohnten Raum als solchen und seine Kulturgestalt ausgedehnt wird (Greverus 1976 a). Der Begriff der „Pflege" dieses Raums gewinnt in Begriffen wie Umweltschutz und Denkmalschutz wieder seine Bedeutung als lebenserhaltende Pflicht für das tägliche Leben der Wechselbeziehungen des Menschen mit seinem Raum, wobei auch dessen ästhetische Dimension (Müller 1976) in seiner Funktionalität wiedergefunden wird. Daß in der Gegenwart der alte „oikos" in zahreichen Wissenschaften neu reflektiert wird, daß nicht nur die Haushaltswissenschaften „vom Forschungsaspekt her der alteuropäischen Ökonomik näherstehen als die Wirtschaftswissenschaften des homo oeconomicus" (Schweitzer 1976, 80), sondern die anthropologisch-ökologische „Wende zur Lebenswelt" (Greverus 1971c; Marquard 1973, 122ff.), als einem interdepedenten Beziehungsgeflecht, in den Wissenschaften und in der Kulturpraxis allgemein zu dieser Perspektive tendiert, ist sicher ein Indiz für den gesellschaftlich bedingten „Krisencharakter" der Anthropologie.

Die Forderung Diamonds nach einer Rückkehr zu den Fragestellungen an die „primitiven Kulturen", die noch nicht arbeitsteilig und noch nicht entfremdet sind (Diamond 1975), hieße auch Rückkehr zu einem „oikos", hinter dem eine Ethik steht, in der „der Mensch, das Haus und der Staat oder der Kosmos als ganzes erscheint" (Brunner 1956, 46). Die Lehre vom „oikos", die in den arbeitsteiligen Wissenschaften als ein Komplex von Lehren oder als „eine Art Konversationslexikon" (Brunner 1956, 36) kritisiert wurde, gewinnt durch die Krise des segmentierten Menschen in der bis zur Totalität institutionalisierten und arbeitsteiligen Gegenwart eine tiefgreifende Relevanz für eine ökologisch orientierte Kulturanthropologie, die sich als Beitrag zu einer nur interdisziplinär zu bewältigenden praxisbezogenen Forschung über den Menschen in seiner Kultur und Alltagswelt – als „Ort des Gleichgewichts" – versteht.

II. Das Schlüsselwort Kultur

1. Standortbestimmungen

Kultur ist das Schlüsselwort ethnologisch-anthropologischen Selbstverständnisses. Weder Lehrbücher noch Monographien, weder Reader noch Lehrveranstaltungen kommen ohne diesen Zentralbegriff aus.

Auch neuere „Standortbestimmungen" der ethnologischen Disziplinen sind sich darin einig, daß „Kultur" im Zentrum ihrer Forschungen steht und ihre Bestimmung die theoretische Grundlage des Faches bildet:

„Seit Beginn ihres Bestehens als selbständige Disziplin hat sich die Ethnologie um zwei Problemkreise bemüht. Die eine Frage lautet: Was ist und wie funktioniert die Kultur? Die andere Frage lautet: Wie sind die Kulturen der einzelnen Menschengruppen zu dem geworden, als was wir sie heute vor uns sehen" (Schmitz 1963, 1).

„Die weitaus meisten Ethnologen befassen sich mit Menschengruppen, die durch eine gemeinsame Kultur charakterisiert sind, beziehungsweise mit Kulturen, die das Charakteristikum von bestimmten Menschengruppen sind, und im weitesten Sinne mit ‚dem' Menschen als einem durch Kultur charakterisierten Wesen beziehungsweise mit Kultur als dem Charakteristikum ‚des' Menschen. Der Untersuchungsgegenstand der Ethnologie ist damit Mensch(engruppen) und Kultur(en) in ihren Zusammenhängen" (Rudolph 1973, 41).

„Das Objekt einer Europäischen Ethnologie ist die populare Kultur. Als popular wird hier die Kultur aufgefaßt, die sich durch ihre Traditionsgebundenheit, durch ihre Gruppenprägung und durch ihre lokale Ausformung von der ständig schnellen Veränderungen unterworfenen internationalen Kultur (‚Hochkultur', ‚Mobile Kultur') unterscheidet. Diese Charakterisierung ist zweifellos fließend, aber sie hat sich als praktisch erwiesen" (Svensson 1973, 1).

„Die Formulierung des volkskundlichen Erkenntniszieles . . .: Erforschung der Wesensmerkmale und Entwicklungsgesetze von Kultur und Lebensweise der werktätigen Klassen und Schichten in den Gesellschaftssystemen des Feudalismus, Kapitalismus und Sozialismus unter besonderer Berücksichtigung der Rolle und Bedeutung der Werktätigen sowie ihres Anteils am Kulturfortschritt" (Jacobeit 1971, 6).

Mit diesen Zitaten ist nun zwar das Schlüsselwort Kultur belegt, aber was Kultur „des Menschen", „einer bestimmten Menschengruppe", der „werktätigen Klassen und Schichten", in „lokaler Ausprägung", ausmacht, ist damit noch nicht gesagt.

Kultur muß zunächst allgemein bestimmbar werden, um über diese Bestimmung den Schlüssel für die Erkenntnis von „Menschen und Kulturen in ihren Zusammenhängen" zu liefern.

2. Kultur und Zivilisation

Zunächst müssen wir die in der gesamten kulturanthropologisch-ethnologischen Diskussion abgelehnte Entgegensetzung von Kultur und Zivilisation hervorheben, die als eine für die deutsche Entwicklung bezeichnende herausgestellt wird (Kroeber-Kluckhohn 1952, 15 ff.; Pflaum 1967; Thurn 1976, 21 ff.). Norbert Elias nennt sein großes Werk über die Wandlung des Verhaltens im Abendland „Prozeß der Zivilisation". Er erklärt diese Titelgebung in einem Kapitel über die „Soziogenese der Begriffe Zivilisation und Kultur" (Elias 1969, 1 ff.) aus eben der Fixierung des Kulturbegriffs auf Statisches, auf Gewordenes, auf die Produkte des Schönen, die Produkte eines autonomen Geistes. Diese Entwicklung des Kulturbegriffes in Deutschland wird funktional als Versuch zum Aufbau eines politisch nicht vorhandenen nationalen Selbstbewußtseins erklärt. Kulturnation ist die Kompensation einer nicht existenten Staatsnation; deutsche Kultur, das heißt, die sichtbaren geistigen Leistungen, soll das Wertbewußtsein stärken. Die

Tendenz, Kultur auf die „höheren" Leistungen zu beschränken, wird auch durch die Gegenüberstellung von Kultur- und Naturvölkern unterstützt, die der anthropologischen Konzeption der Aufklärung entgegensteht, daß auch die „rohesten Völker" Anteil an der Kultur haben, daß die Art der Umweltaneignung durch Kultur nur in der Entwicklung und Gradation, nicht aber in der Motivation einer Lagebewältigung verschieden ist. Schließlich hat die kulturpessimistische mittelständische und damit auch wissenschaftsdominant werdende Phase seit der Wende des 19. zum 20. Jahrhundert den Antagonismus zwischen Kultur und Zivilisation endgültig verhärtet und festgelegt. In Spenglers „Untergang des Abendlandes" wird dies paradigmatisch: Kultur ist das Organische, Kreative, Eigentümliche und wird als Zivilisation unproduktiv, unorganisch und allgemein. (Spengler 1918, 22)

Diese Polarisierung von Kultur und Zivilisation bei Spengler entspricht derjenigen von Tönnies in seinem Werk „Gemeinschaft und Gesellschaft", das zuerst 1887 erschien und vor allem die deutsche Volkskunde lange Zeit äußerst stark beeinflußt hat (Bausinger/Volkskunde 88 f.; Emmerich 1971, 72 ff.). Für Tönnies ist Gemeinschaft ein „lebendiger Organismus", Gesellschaft ein „mechanisches Aggregat", und die Entwicklung geht von der Kultur des „Volkstums" zur Zivilisation des „Staatstums", wobei Kultur vor allem Sitte, Religion und die Künste umfaßt und Zivilisation das Recht und die Wissenschaften.

Auch in der deutschen Kultursoziologie des beginnenden 20. Jahrhunderts wird eine strenge Unterscheidung zwischen Kultur und Zivilisation vorgenommen. Für Alfred Webers soziologischen Kulturbegriff ist Kultur die geistige, emotionale und idealistische Seite menschlicher Lebenstätigkeit, deren Produkte einmalig und nicht additiv sind, während Zivilisation die technologische, subsistentielle und materiell-utilitaristische Seite der menschlichen Entwicklung betrifft (Weber 1927). Kultur wurde zum geistigen „Reich der Freiheit" und Zivilisation zum materiellen „Reich der Notwendigkeit", wie es sich noch in Herbert Marcuses Gegenüberstellung von Zivilisation und Kultur ausdrückt (Marcuse 1968 II, 150):

Zivilisation	Kultur
materielle Arbeit	geistige Arbeit
Arbeitsalltag	Feiertag
Arbeit	Muße
Reich der Notwendigkeit	Reich der Freiheit
Natur	Geist
operationelles Denken	nichtoperationelles Denken

Marcuse sieht die „traditionelle Kultur" dabei als die nichtoperationelle Dimension der Gesellschaft, die aufgrund ihrer Abgehobenheit vom Reich der Notwendigkeit „den geistigen Raum schaffen und erhalten konnte, in dem kritisches Überschreiten, Opposition und Absage sich entfalten konnten" (Marcuse 1968 II, 153f.), während Zivilisation „die produktive Rationalität der gegebenen Gesellschaftssysteme zu akzeptieren, diese zu verteidigen und zu verbessern, aber nicht, sie zu negieren" verlangt (152). Kultur („höhere Kultur") sind für Marcuse die authentischen Werke der Literatur, Kunst, Musik und Philosophie, die in unserer Gesellschaft durch die Zivilisation „übernommen, organisiert, gekauft und verkauft" werden, „mehr Leuten" zugänglicher als je zuvor sind mit dem Ergebnis, daß „die autonomen, kritischen Kulturgehalte pädagogisch, erbaulich, zu etwas Entspannendem, ein Vehikel der Anpassung" werden (155). Die in Zivilisation integrierte Kultur ist für Marcuse das gleiche wie für Adorno die „Kulturindustrie", nämlich Negation von wirklicher Kultur, die „als Ausdruck von Leiden und Widerspruch die Idee eines richtigen Lebens festhalten wollte" (Adorno 1970). Ihre Überführung in „eine riesige Volksbildungs-Anstalt" mit dem „Recht aller Volksgenossen an den Kulturgütern", wie es Marcuse in Auseinandersetzung mit dem Programm der Sozialdemokratischen Partei Deutschlands von 1921, der Sächsischen Volkspartei von 1866 und K. Kautsky formuliert, führten nur zu einem affirmativen Kulturbegriff, der nichts anderes bedeute, „als die Massen wieder einmal für jene gesellschaftliche Ordnung zu erobern, welche von der ‚gesamten Kultur' bejaht wird" (Marcuse 1968 I, 100).

3. Kultur und Kulturpolitik heute

Der eingeschränkte Kulturbegriff, die Dichotomie von Kultur und Zivilisation, von Kultur und Kulturindustrie oder Massenkultur prägt in Deutschland nach wie vor auch die öffentliche Kulturpolitik (vgl. Greverus 1977 c). Selbst in der Denunziation der als herrschend bezeichneten bürgerlichen Kultur und ihrer versuchten Überwindung wird immer wieder auf diesen eingeschränkten Kulturbegriff zurückgegriffen, der Kultur letztendlich mit „wertvollen" Produkten – Kunstwerken – und der Fähigkeit zu ihrer Rezeption gleichsetzt. In den „Perspektiven der kommunalen Kulturpolitik" wird unter Bezugnahme auf Thomas Mann gefordert: „Wenn die herrschende Kultur als die Kultur der Herrschenden zur Kultur der Massen entfaltet werden soll, dann muß Kunst zu den Massen finden, die Kultur nicht haben" (Hoffmann 1974, 12).

Die Unterscheidung zwischen Menschen, die „Kultur haben" und solchen, die sie „nicht haben", aber bekommen sollen, impliziert insbesondere im Bereich politischer Kulturpraxis, daß Kultur in einem unilinearen Entwicklungsprozeß gesehen, an Wachstumsraten von Schul-, Volkshochschul-, Universitäts-, Museums- und Theaterbesuchern gemessen und aus der Perspektive eines einzigen, letztendlich des überlieferten und noch herrschenden Bildungs- und Kulturbetriebs festgeschrieben wird. Kultur bleibt *die* Kultur oder, wie es amerikanische Kulturanthropologen spottend betonen: „German Culture with capital K", das heißt, Kultur als etwas aus dem profanen Alltag des Normalverhaltens Herausragendes. Auch wenn in Programmen der DDR von einem „weiten Kulturbegriff" gesprochen wird und es heißt, „wir wollen die sozialistische Kultur in allen Lebensbereichen entwickeln, wir brauchen sie in der entwickelten sozialistischen Gesellschaft in ihrer ganzen Breite und Tiefe" (Hager 1972, 14), so richtet sich diese Kulturarbeit doch „ganz bewußt an alle wertvollen geistigen Fähigkeiten und Eigenschaften der Menschen der sozialistischen Gesellschaft: an die politischen Überzeugungen und ethischen Wertvorstellungen, an den Intellekt und das Gefühl, das sachliche Urteilsvermögen und die Phantasie, die Genußfähigkeit und das

Schönheitsempfinden", wobei im Gegensatz zu der „verfaulten imperialistischen Massenkultur" konstatiert wird: „Erscheinungen geistiger Anspruchslosigkeit sind unserem Kulturleben ebenso fremd wie spießbürgerliche Prüderie". Zwar beginnt das Programm mit der „Kultur der Arbeit", aber wenn es dann heißt, daß die „Arbeitskultur, das heißt die zweckmäßige, angenehme und schöne Gestaltung aller Arbeitsbedingungen" (Hager 1972, 17) untrennbarer Bestandteil der sozialistischen Kultur sei und nicht nur als technisch-ökonomisches Problem angesehen werden dürfte, da sie „Voraussetzung für das Wohl und die schöpferische Aktivität der Werktätigen" wäre, zeigt sich auch hier wieder, daß Kultur als „Verschönerung des Daseins" von der eigentlichen Produktivität durch Arbeit, für die sie nur die Voraussetzung bildet, abgetrennt wird. Solange Kultur nur als Überschreitung der Grenzen des Notwendigen, als Gegenpart oder als Voraussetzung dieses Bereiches oder als Überwindung von Unkultur (sei diese „Natur", Zivilisation, Massenkultur oder „imperialistische Unkultur") definiert wird, werden nicht nur ganze Menschengruppen, sondern auch weite Bereiche menschlichen Verhaltens aus einer Kulturforschung ausgeklammert.

Wenn „die Anthropologie zu einer wissenschaftlicheren Betrachtungsweise ihres eigentlichen Hauptgegenstandes, der Kultur, beitragen" und „allen anderen Wissenschaften vom Menschen einen unersetzlichen Dienst leisten" soll (Malinowski 1975, 47) und „Kultur als der umfassende Zusammenhang menschlichen Verhaltens" bezeichnet wird, dann kann sie mit diesem eingeschränkten Kulturbegriff nicht arbeiten.

4. Kultur als Entwicklungsprozeß

Von Anthropologen wird vielfach der britische Ethnologe Edward B. Tylor mit seiner Kulturdefinition in „Primitive Culture" (1871) – „Cultur oder Civilisation im weitesten ethnographischen Sinne ist jener Inbegriff von Wissen, Glauben, Kunst, Moral, Gesetz, Sitte und allen übrigen Fähigkeiten und Gewohnheiten, welche der Mensch als Mitglied seiner Gesellschaft sich angeeignet hat" (Tylor 1873, 1) – als Begründer der anthropologischen Kulturreflexion bezeichnet. Sein Konzept ist von deutschen Kulturwissenschaftlern des 19. Jahrhunderts beeinflußt, die Kultur im evolutionistischen Sinn als „allmähliche Entwicklung der Menschheit von den rohesten . . . Uranfängen bis zu deren Gliederung in organische Volkskörper nach allen ihren Richtungen, also in Bezug auf Sitten, Kenntnisse und Fertigkeiten, häusliches und öffentliches Leben in Frieden und Krieg, Religion, Wissen und Kunst" (Klemm 1843, 21) definierten. Als „Kultur oder Kulturgeschichte der Menschheit" (so z.B. Klemm 1843–52, Lippert 1886/87, Kolb 1869) werden die Entwicklungsstufen menschlicher Kultur anhand ihrer materiellen Objektivationen herausgearbeitet. Nach Klemm sind diese seit der Zeit der jagenden und fischenden Stämme folgende – für museale Darbietungen klassifizierte – Charakteristika: 1. körperliche Konstitution, 2. Kleidung, 3. Schmuck, 4. Jagdgeräte, 5. Land- und Wasserfahrzeuge, 6. Wohnungen, 7. Hausgeräte, 8. Behälter, 9. Werkzeuge, 10. Totenkultgegenstände, 11. Denkmale öffentlichen Lebens, 12. Kriegswesen, 13. religiöse Objekte, 14. Kultur [sic!]: Musikinstrumente, dekorative Ornamente, Felsinschriften, Karten, Zeichnungen, Sammlungen der Sprache, poetische und rednerische Produkte der verschiedenen Nationen" (Klemm 1843, 357–58). Dieser evolutionistisch-kulturhistorische Ansatz einer Definition von Kultur soll die Entwicklung der gesamten menschlichen Kultur aus ihren Anfängen bis zu ihrem Fortschreiten in die Gegenwart erfassen, wobei Kultur als Fortschritt der Menschheit an ihren objektiven Leistungen meßbar wird. Besonders intensiv wurde er, wie schon von Klemm geplant, in der musealen Ausstellungstechnik völkerkundlicher Museen verwandt.

5. Kultur als menschliches Spezifikum

Ein anderer früher Ansatz, Kultur im Rahmen ethnologisch-anthropologischen Verständnisses zu definieren, kam von der Seite einer anthropologisch orientierten Philosophie (vgl. a. Roček-Schatz 1972), in der es weniger um die Bestimmung des Kulturfortschritts geht als vielmehr um die Bestimmung des Menschen als „Kulturwesen". Der Mensch wird, insbesondere wenn das *typisch Menschliche* gegenüber anderen Lebewesen hervorgehoben werden soll, gleichzeitig als Mängelwesen und als schöpferisches Wesen par excellence bezeichnet. Unter dem Begriff Mängelwesen wird er allgemein nur in seinen organischen Bedingtheiten verstanden. Da ist er im Vergleich zu den Tieren „hauptsächlich durch Mängel bestimmt, die jeweils im exakt biologischen Sinne als Unangepaßtheiten, Unspezialisiertheiten, als Primitivismen, das heißt als Unterentwickeltes zu bezeichnen sind: also wesentlich negativ" (Gehlen 1962, 33), das heißt es fehlen ihm gewissermaßen die „natürlichen" Mittel, um in seiner Umwelt überleben zu können.

Johann Gottfried Herder, der heute zu den Vorläufern vieler Wissenschaften gerechnet wird, so auch zur Kulturanthropologie (Grawe 1967), schildert diese Hilflosigkeit des Menschen in einem sprachgewaltigen Bild: „Als nacktes, instinktloses Tier betrachtet, ist der Mensch das elendste der Wesen. Da ist kein dunkler, angeborener Trieb, der ihn in sein Element, in seinen Wirkungskreis, zu seinem Unterhalt und an seine Geschäfte zieht. Kein Geruch und keine Witterung, die ihn auf die Kräuter hinreiße, damit er seinen Hunger stille! Kein blinder, mechanischer Lehrmeister, der für ihn sein Nest baue! Schwach und unterlegen, dem Zwist der Elemente, dem Hunger, allen Gefahren, den Klauen aller stärkeren Tiere, einem tausendfachen Tode überlassen, steht er einsam da! Einsam und einzeln!" (Herder 5, 93). Doch er fährt fort: „. . . So lebhaft dieses Bild ausgemalt werde: so ists nicht das Bild des Menschen – es ist nur eine Seite seiner Oberfläche und auch die stehet im falschen Licht."

Für Herder, und damit war er tatsächlich ein Vorläufer der modernen Kulturanthropologie, ist der Mensch, im Gegensatz zu Gehlen, nicht ein antinomisches Wesen aus Natur und – die Natur notwendigerweise überwindender – Kultur, sondern seine Kulturfähigkeit ist ein natürliches, aber eben nur menschliches Potential, sich in Umwelt einzurichten und in ihr zu existieren. Kultur stellt damit das nur menschliche Mittel der Umweltbewältigung dar.

Kultur, wie auch immer wir sie definieren, ist vom Menschen Geschaffenes, ist Produktion, schöpferisches Tun, durch das der Mensch sich aus seiner Abhängigkeit von der äußeren und inneren Natur zu befreien vermag.

Allerdings, und hier stoßen wir auf eine weitere wesentliche Fragestellung der Kulturanthropologie, der Mensch ist nicht nur Schöpfer der Natur, sondern auch ihr Geschöpf. Das heißt zunächst nur, daß Menschen nicht immer wieder von neuem ihre Mittel der Umweltaneignung schaffen müssen, sondern daß ihnen diese Mittel „geliefert" werden können. Wir sprechen von Tradierung oder Überlieferung, wenn wir den historischen Prozeß der Vermittlung kultureller Objektivationen materieller und immaterieller Art – vom Arbeitsgerät bis zu Werten und Normen – über Zeiten zwischen den Generationen der gleichen Kultur meinen, und von Diffusion oder Verbreitung bei der Vermittlung zwischen kulturellen Räumen und zwischen sozialen Schichten in historischer Gleichzeitigkeit. So werden nicht nur Geräte und Techniken, sondern auch Rituale und Erzählungen, Normen und Wertorientierungen – sie alle sind kulturelle Objektivationen – tradiert und verbreitet.

6. Vom Werkzeugcharakter der Kultur

In seinem „Grundmodell der Verhaltensforschung" bezeichnet Kilian (1965) diese materiellen und immateriellen Objektivationen als Mittel oder Werkzeuge der Umweltaneignung oder als Gestaltprinzip. Das Gestaltprinzip gehört zu den drei Grundkategorien, ohne deren Einbezug kein Vorgang menschlichen Lebens adäquat beschrieben werden könne:

1. Die Triebkräfte oder das energetische Prinzip;
2. Die Mittel und Werkzeuge oder das Gestaltprinzip;
3. Die Umwelt oder das Realitätsprinzip.

Die „Triebkräfte" oder das energetische Prinzip, wir können auch von „angeborenen Verhaltensmustern" wie in der naturwissenschaftlichen Verhaltensforschung sprechen (Eibl-Eibesfeldt 1969), treten allerdings immer in einem geschichtlich erworbenen

Gestaltprinzip auf. Dieses Gestaltprinzip aber sind die Mittel und Werkzeuge des Erlebens und Verhaltens, das vom Menschen Geschaffene, seine Kultur. Er kann sich als Mensch ihrer bedienen, um sich in seiner Umwelt zu orientieren und um seine Bedürfnisse in ihr zu befriedigen. Allerdings können diese Werkzeuge ebenso in Eigengesetzlichkeit umschlagen und den Menschen zum „Zauberlehrling" machen, der zum Gefangenen der Werkzeuge, eines Apparates „Kultur" wird (Kilian 1965, 188 f.). Kulturelle Objektivationen sind dann keine Mittel zur Umweltaneignung mehr, kein Gestaltungsprinzip für Umwelt, sondern selbst Umweltverhältnisse oder „Realitätsprinzip". Die Mittel haben sich so verdinglicht, sind so von ihrem Gestaltprinzip zur Befriedigung menschlicher Bedürfnisse entfremdet, daß sie nur noch als auf den Menschen Wirkendes existieren, aber nicht mehr als von ihm Bewirktes und durch ihn Wirkendes erkannt und benutzt werden können.

Wenn wir Kultur als das Mittel bezeichnen, mit dem der Mensch sich seine Umwelt zur Befriedigung seiner Bedürfnisse aneignen kann, dann hat Kultur tatsächlich Werkzeugcharakter.

Fraglos ist uns dieser Werkzeugcharakter im Bereich der Technologie, die in anthropologischen Einführungen in die Kulturbereiche der Menschen auch zumeist die erste Stelle einnimmt. Die Menschen entwickeln Geräte und Verfahrensweisen, um sich Nahrung zu beschaffen und sie zuzubereiten, um sich zu kleiden und Wohnung zu schaffen, das heißt, um die primärsten Bedürfnisse der Selbsterhaltung – Nahrung und Ausgleich des Wärmehaushalts – zu befriedigen. Mit diesen Werkzeugen aber eigneten sie sich aktiv die Umwelt an, machten sie sich und ihren Bedürfnissen verfügbar.

Über die im engeren Sinne technologische Kultur hinaus haben Menschen nun aber eine Vielzahl von kulturellen Objektivationen entwickelt, bei denen wir einerseits den kausalen Zusammenhang zwischen Bedürfnissen und ihrer Befriedigung durch Schaffung von Mitteln zur Umweltbewältigung und andererseits den Werkzeugcharakter nicht so deutlich erkennen oder vielleicht überhaupt bezweifeln.

7. Kultur und Ästhetik

Da ist zunächst der Bereich einer ästhetischen Produktion: „Wozu", formuliert Mühlmann (1966, 32), „diese unersättliche Produktivität in Märchen, Sagen, Dichtungen, Kunstwerken?" Welche Bedürfnisse werden durch sie befriedigt, inwieweit wird Umwelt durch sie angeeignet, sind sie als „Werkzeuge" zu bezeichnen?

Nun hat man viele dieser Schöpfungen aus dem Bereich des Ästhetischen – im Sinne des „nur" Schönen – auszuklammern versucht und sie unter dem Wort „Gebrauchskunst" anderen Bereichen zugeordnet (vgl. S. 128 ff.). Vor allem die Ethnologen waren äußerst fruchtbar im Aufspüren von „funktionalen" Zuordnungen, und neuerdings stehen die Ethologen in ihrer Nachfolge. Diese Suche nach einem sinnvollen Zusammenhang zwischen ästhetischen Formen und materiell-existentiellen Bedürfnissen und Verhaltensweisen in einer sozialen Wirklichkeit ließ die Frage nach einem nicht unmittelbar zweckgebundenen Gestaltungswillen nicht mehr zu. Besonders im Bereich der Volkskunst ist durch ihre weitgehende Einordnung in den magisch-mythischen Bereich einer Schutzsuche der ästhetische Aspekt des Gestaltens weit in den Hintergrund getreten. Ob das „Urmotiv Auge" (Koenig 1975) vorrangig unter dem Aspekt des Abwehrzaubers behandelt wird, das Andachtsbild nur als „eine religiöse Objektivation, die allein durch Aufgabe und Wirkung determiniert ist" (Scharfe 1968, 3), forschungsrelevant wird, oder von Votivbildern – über den Meinungsstreit zwischen Anheimstellung und bildzauberischer Wirkung hinaus – gesagt wird, die unmittelbare Bedeutung dieser „zumeist bescheidenen Werke der religiösen Volkskunst" sei ihr „Zeugnis" für Hilfsbedürftigkeit und Tröstung des Menschen (Beitl 1973, 14 f.), so zeigt sich immer das Abstandnehmen von einer Interpretation der ästhetischen Funktion der Objekte. Diese „Abwehrhaltung" der Ethnologen wird verständlich angesichts des bürgerlichen Ästhetikbegriffs und der Diskussion um Kunst und Kitsch, ihrer Selbstkritik gegenüber der musealen und Bildband-Repräsentation „schöner" Gegenstände der Volkskunst, der kunst- und literaturwissenschaftlichen These von der Autonomie des Kunstwerks und der „Nostalgiewelle" für diese Werke, die verfremdet in den Alltag des nunmehr auch in Sachen Exotik und Binnenexotik reisenden und wandernden „Sammlers" einbezogen oder als Reproduktionen von einem anpassungsfähigen Markt für die weniger kaufkräftige Bevölkerung bereitgestellt werden. Daß diese „Kultursammlung" ein Indiz für Kulturverlust ist – als Verlust der Möglichkeiten, den eigenen Alltag und die Dinge des Alltags zu gestalten und mitzugestalten (Greverus 1977 c) –, wird erst neuerlich wieder in der interdisziplinären Diskussion um eine Alltagsästhetik (Eisenbeis 1977; Greverus 1978 a) und den Versuchen der Vermittlung ästhetischer Strategien für das Alltagsleben (Brock 1977) bewußt.

Zwar ist die Volkskunst niemals Kunst ohne Bezug auf die alltäglichen Bedürfnisse und damit immer „Gebrauchskunst" gewesen, aber ihre Faszination für uns Konsumenten einer industriellen Produktion von Gebrauchsgütern liegt eben gerade in der Durchdringung des Nützlichen mit dem Schönen in seiner kulturellen Vielfaltigkeit. Mit diesem „Schönen" ist hier weniger die Qualität des Produkts als vielmehr die Qualität des personalen Gestalten- und Wahrnehmenkönnens von Schönheit, die in ihrem kulturellen Dasein immer relativ zu sehen ist, gemeint. In einer Auseinandersetzung mit volkskundlichen Forschungen zu den Relationen zwischen Konfession und Kunst fordert Kriß-Rettenbeck für eine „emanzipatorische Praxis" auch eine neue Aktualisierung der Sinnenwelt, ein Anerkennen der ästhetischen Funktionen auf der Grundlage weiterführender Analysen zu dem Komplex von „Sensualität, Sensibilität und Welthaben und Weltproduktion" (Kriß-Rettenbeck 1973, 147) im Bereich der Bilder und Zeichen der Menschen. Denn die Kulturfähigkeit des Menschen beinhaltet mehr als eine utilitaristische Werkzeugherstellung zur Kompensation seiner mangelhaften „natürlichen" Ausrüstung, um seine physische Existenz zu gewährleisten.

Wenn wir trotzdem vom Werkzeugcharakter der Kultur sprechen, dann meinen wir damit, daß in Kultur auch ein nicht abgeleitetes Gestaltungsbedürfnis verwirklicht wird und daß die Kulturenvielfalt des Menschen geradezu aus der gestalteten Benutzung von Werkzeugen zu erklären ist. Kultur ist Gestaltung, Kulturfähigkeit ist die Kompetenz zur Gestaltung und kulturelles Handeln ist ein gestaltgebendes. Dahinter aber steht ein Bedürfnis zur Gestaltung, das weit über Existenzsicherung hinausgeht.

8. Symbolisierung

Zu dieser kulturellen Gestaltungsfähigkeit des Menschen gehört auch seine Fähigkeit zur Symbolisierung. Der Philosoph Ernest Cassirer hatte den Menschen als „animal symbolicum" (Cassirer 1944) bezeichnet, und einige Anthropologen sehen den Prozeß der symbolischen Umweltaneignung als den eigentlichen Kulturprozeß an, der als ein neuropsychisches Entwicklungsergebnis bezeichnet wird (Count 1970, 181 ff.; Burger 1973). Symbole im Sinne der Kulturanthropologie sind nicht nur materielle Gegenstände, sondern auch Worte oder Gesten oder Gerüche, denen ein Sinngehalt zugeordnet wurde, der nicht in der physischen Natur begründet liegt: „Der Mensch verleiht den wahrgenommenen Wirklichkeiten da draußen etwas aus ‚sich selbst', etwas, was die Dinge an sich nicht besitzen" (Mühlmann 1966, 32). Leslie White, der das Symbol als „Basis der Kultur" bezeichnet, erwähnt zahlreiche Beispiele für diese Symbolisierung: „Heiliges Wasser ist nicht das gleiche wie gewöhnliches Wasser. Es hat einen Wert, der es von gewöhnlichem Wasser unterscheidet, und dieser Wert ist für Millionen von Menschen bedeutungsvoll und signifikant" (White 1973, 1). Der symbolgebende Prozeß bringt für White aus Denken, Fühlen und Handeln vier umfassende Objektivationskategorien hervor: Ideen, Einstellungen, Handlungen und Objekte. Das Entscheidende ist ihre jeweilige Bedeutung in einem bestimmten Kontext. Das Wasser einer heiligen Quelle zum Beispiel in einem bestimmten Raum und zu einer bestimmten Zeit ist für die Gläubigen immer heilig, für Fremde ist es gewöhnliches Wasser, für Bildungsreisende und Wissenschaftler dagegen ist es das heilige Wasser der anderen. „Gewöhnliches" Wasser kann durch einen einmaligen Akt, der allerdings wiederum zu einem Symbolkomplex, wie dem Ritual der Taufe, gehört, zu heiligem Wasser werden.

Kilian brachte das Beispiel des Baums für das Verständnis der Funktion geistiger und psychischer Bilder und Erlebnisgestalten als Gestaltprinzipien: „Erst dadurch, daß wiederholte Wahrnehmungen von konkreten Bäumen in einem bestimmten Erlebniskontext in Zusammenhang gebracht werden, entwickelt sich das abstrakte Symbolwerkzeug ‚Baum', mit dessen Hilfe alle jeweils neu auftauchenden Gegenstände als Baum erkannt werden können, sofern ihre Beschaffenheit dem aufbewahrten Bild entspricht. Wir erkennen die uns umgebende Realität immer nur im Licht des bewußten und unbewußten Bildwerkzeugs, das durch unsere Erfahrungen entstanden ist. Es ist grundlegend, sich klarzumachen, daß jedes Bildwerkzeug . . . einen Anteil erhält, der der Erlebniswelt des das Bild verwendenden Subjekts angepaßt ist, und einen anderen Anteil, der auf die äußeren Objekte der Erkenntnis zielt. Der gleiche Baum kann daher auf der Subjektseite mit assoziativen Erinnerungsspuren wie dem Lindenbaum, der am Brunnen vor dem Tore steht, verbunden werden oder mit dem Borkenkäfer, der im Begriffswerkzeug eines Forstwirtschaftlers eine wesentliche Rolle spielt. Ein Psychoanalytiker, dem sein Patient einen Traum über einen kräftigen Baum erzählt, wird mit Hilfe seines Bildwerkzeugs vielleicht ein Sexualsymbol in diesem Traumbild erblicken" (Kilian 1965, 186).

Der Verhaltensforscher Jakob von Uexküll hatte am Beispiel eines Baumes – der Eiche – herausgearbeitet, welche verschiedenen Bedeutungen dem gleichen Subjekt als Objekt verschiedener Umwelten zukommt: Für den Förster ist die Eiche nichts anderes als einige Klafter Holz, für ein kleines Kind, das noch in einer „magischen Umwelt" lebt, kann sie ein gefährlicher Dämon sein. Für den Förster trägt die Eiche einen „Nutzton", für das Kind einen „Gefahrton", für einen Fuchs dagegen tragen die Wurzeln der Eiche, unter denen er seine Höhle hat, nur einen „Schutzton", wie die Äste für die Eule, die wiederum für das Eichhörnchen „Kletterton" bedeuten, während die Rinde für die Ameise das Beutefeld darstellt (Uexküll 1970, 94 ff.).

Wie Uexküll noch zahlreiche weitere Tierbeispiele bringt, können auch die Menschenbeispiele für die Relation Eiche/Mensch erweitert werden, die gleichzeitig die Skala der Bedeutungstöne im personalen und im kulturellen Kontext vervielfachen: so kann irgendeine zufällige Eiche für eine bestimmte Person einen Erlebniston tragen, der völlig kulturunabhängig ist, weil die Eiche als räumliches Merkzeichen mit diesem personalen Erlebnis assoziiert wird. Eine bestimmte Eiche kann, wie beim Pflanzen eines Eichbaumes bei der Geburt eines Kindes, einen „Lebenston" tragen, der zwar nur für die Familie Relevanz besitzt, aber verständlich erst aus dem kulturellen Kontext ihrer spezifischen Bedeutsamkeit wird. Bäume und insbesondere die Eiche weisen in der Geschichte der deutschen Volkskultur sowohl als Sympathie- und Lebensbäume, als heilige und als verfluchte wie auch als heilende Bäume die Vielfalt symbolischer Übertragungsmöglichkeiten auf das gleiche konkrete Objekt Baum auf (HDA Artikel Baum, Eiche). Schließlich kann die Eiche, wie in der deutschen Geschichte, zum nationalen Symbol werden und einen „Ideologieton" tragen, der vom Vaterlandslied bis zur Verleihung von mit Eichenlaub umkränzten Ehrenkreuzen seine Vergegenständlichung findet. Daß der Ideologieton wiederum bei den Mitgliedern dieser Kultur andere Bedeutung annehmen kann, die allerdings ohne die ideologische Prägung kaum verständlich sind, schildert Heinrich Heine eindringlich in seinem neunten Brief „Über die französische Bühne": „Aber dergleichen [der Aufenthalt in Italien] konnte einer deutschen Natur nicht lange genügen. Ein gewisses Heimweh nach dem Ernste des Vaterlands ward in ihm wach: während er unter welschen Myrten lagerte, beschlich ihn die Erinnerung an die geheimnisvollen Schauer deutscher Eichenwälder" (Heine III 1968, 289). Der Ideologieton ist zu einem kulturspezifischen Nostalgieton geworden.

Diese Beispiele können verdeutlichen, daß der Mensch fähig ist, Dingen Bedeutung zu verleihen, die weder durch die Wirklichkeit und Wirksamkeit der Dinge noch durch das artspezifische Verhalten der Gattung Mensch hervorgerufen werden, sondern durch seine spezifische symbolgebende Gestaltung der Dinge. Während die Selektion der Umwelt Eiche bei den Tieren artspezifisch angeboren ist, ist sie beim Menschen kulturspezifisch geschaffen und erlernt worden, und das Symbol „Eiche" kann sogar ohne das Subjekt Eiche erlebnis-, einstellungs- und verhaltensrelevant durch seine Bedeutung werden, sofern diese den handelnden Subjekten bekannt ist. Das kulturelle Phänomen sind die wechselnden Sinngehalte bei einem gleichbleibenden Gegenstand. Das gleiche ist der Fall bei von Menschen selbstgeschaffenen Gegenständen: so sind Kleider für den Menschen nicht nur Mittel zum Ausgleich ihres Wärmehaushalts, sondern sie sind immer gleichzeitig symbolisch zu verstehen. Sie können soziale Schichten differenzieren, Gruppenidentität darstellen oder den personalen Wunsch nach Ruhm, Prestige, Anerkennung und Beachtung in den zwischenmenschlichen Interaktionen zum Ausdruck bringen (Yoder 1972; Bausinger 1972/73; Gerndt 1974; Greverus 1976 c).

Dabei ist die jeweilige Form der Kleidung kulturspezifisch, das heißt in und für Raum, Zeit und soziale Gruppen begrenzt, und auch der Sinngehalt kann nur innerhalb dieser Grenzen „verstanden" werden und erst damit zur Erfüllung der symbolisch ausgedrückten Bedürfnisse führen, da mit der Bedeutung des Symbols seine Bewertung verbunden ist. In seiner Arbeit über das Votiv- und Weihebrauchtum im abendländischen Bereich fordert Kriß-Rettenbeck als „Voraussetzungen für ein wissenschaftliches Einsehen und endlich für ein Verstehen" (Kriß-Rettenbeck 1972a, 8) eine Analyse der „Schichten der Zeichenhaftigkeit" jener konkreten Objekte und verweist auf die Probleme, die sich für den Forscher bei seinem Versuch der Entschlüsselung ihrer symbolischen Bedeutung ergeben. Am Beispiel des „Kleideropfers", des am heiligen Ort dargebrachten Kleides, wird eine Mannigfaltigkeit von Intentionen gezeigt, die sich immer noch in dem gleichen materialen Gegenstand „Kleid" manifestieren, aber dessen Bedeutungsvielfalt nun nicht mehr nur den Bereich der interhumanen Kommunikation betrifft, sondern auf eine „Kommunikation des Irdischen mit dem Jenseitigen" verweist: „Es kann sein, einmal materiale Gabe an den Heiligen oder heiligen Ort; . . . eine materiale ‚Spur' dessen, der am heiligen Ort anwesend war; Zeichen einer erstrebten realen Anwesenheit am heiligen Ort; Zeichen mit Verweisungsfunktion entweder auf den ehemaligen Träger des Kleides bzw. einzelne Körperteile des Trägers oder auf eine besondere Verfassung oder Bewandtnis des Trägers; Symbol als stellvertretendes und kundgebendes Zeichen für die dauernde spirituale Anwesenheit am heiligen Ort. In diesen beiden letzten Funktionen kann das Kleideropfer bildhaften Charakter haben insbesondere, wenn das Kleid an sich schon im originären Bereich zeichenhafte Bewandtnis hat wie das Brautkleid oder Taufkleid. Die drei letztgenannten Bewandtnisse sind es vor allem, wodurch das Kleid oder das Kleidungsstück durch eine Abbildung ersetzt werden kann, sei es in Wachs, Silber oder Eisen" (Kriß-Rettenbeck 1972a, 17).

Was für die materiellen Dinge der natürlichen und der künstlich geschaffenen Umwelt des Menschen gilt, hat auch für seine immateriellen Werte Gültigkeit. Begriffe wie Pflicht oder Ehre, Anstand oder Mut haben ihre kulturspezifische Bedeutung und wechseln sowohl in sozialen als auch in räumlichen und zeitlichen Distanzen ihre Bewertung. Aus dem Nichtverstehen derartiger Bedeutung, selbst ohne direkt sprachliche Mißverständnisse, erwächst das sogenannte „kulturelle Mißverständnis", das bereits zwischen zwei Mitgliedern aus der gleichen Familie, die aufgrund ihrer Teilhabe an verschiedenen Bezugsgruppen unterschiedliche symbolische Bedeutung für den formal gleichen Ausdruck internalisiert haben, vorkommen kann.

Als wesentlich für die Relation zwischen Symbolen und ihrer Bedeutung für die Individuen in einer Kultur wird ihre Position als „Wert" in einer Gesellschaft betrachtet. Welte definiert Werte als „affektive symbolische Elemente einer dahinterliegenden kognitiven Struktur" (Welte 1973, 6). Er hält die kulturellen Werte in ihren spezifischen Formen für abhängig von allgemein menschlichen (pan-humanen) Standards oder Werten und Bedürfnissen. Unter Benutzung von E. H. Eriksons und Charlotte Bühlers Begriff des „Vertrauens" wird die Genesis der allgemein menschlichen Standards der Symbolisation in kindlichen Erfahrungen, die Satisfaktion von angeborenen Bedürfnissen erbracht haben, gleichgesetzt. Die Standards werden auf universellem Nievau als Vertrauen in andere, Vertrauen in die Umgebung, Vertrauen in sich selbst, Gebrauch von Talenten, Fähigkeiten und Selbstbestimmung beschrieben. Die biologisch vorprogrammierten und mit allen Primaten gemeinsamen Bedürfnisse der Menschen, denen durch die Symbolisation von Erfahrungen aktueller Bedürfnisbefriedigung kulturell entsprochen wird, beschreibt Welte im Zusammenhang mit ethologischen Studien als physiologischen Bedarf, Sicherheit, Zugehörigkeit, Aktivität und Kompetenz, Beachtung und Achtung (Welte 1973, 18). Die kulturellen Werte schließlich, die als symbolische Antworten auf die allgemein menschlichen Standards und auf die primatenbedingten Bedürfnisse zu verstehen sind, werden in drei konfigurative Muster (patterns) für menschliches Verhalten eingeteilt: Das ideationale für die Befassung mit Ideen und Abstraktionen, das soziale für die Interaktion mit anderen Menschen und sozialen Organisationen und das environmentale für die Auseinandersetzung mit der natürlichen und künstlich geschaffenen Umwelt.

9. Kulturelle Verhaltensbereiche

Wenn in den bisherigen Darstellungen die transkulturellen Gemeinsamkeiten von Bedürfnissen und Fähigkeiten der Art homo sapiens als biologisch kulturfähigem Wesen insbesondere aus der Entwicklungsgeschichte der Menschheit und des Menschen in seiner Personwerdung hergeleitet wurden, gehen andere Aufstellungen derartiger Konstanten vor allem vom horizontalen und vertikalen Vergleich der in allen Kulturen vorkommenden Verhaltensbereiche aus. Der Dreiteilung Weltes in ideationale, soziale und environmentale Wertmuster für menschliches Verhalten entspricht eine lange Tradition derartiger Einteilung, aus der sich wiederum drei Hauptbereiche herauskristallisieren lassen, die sich sowohl in Klassifikationsversuchen als auch in empirischen Fallstudien und Einführungsbüchern bis heute wiederholen.

Kroeber und Kluckhohn geben davon eine Zusammenstellung (1952, 98) und fassen diese Bereiche als:
1. Beziehungen des Menschen zur Umwelt, Sorge für die Existenz, Technologie: „Materielle" Kultur;

2. Beziehungen zwischen den Menschen, Statuswünsche: „Soziale" Kultur;
3. Subjektive Aspekte, Ideen, Attitüden und Werte und daran orientierte Verhaltensweisen, Einsichten: „Geistige" Kultur.

Der österreichische Ethnologe Meister bezeichnet in seinem Plädoyer für eine systematische Ethnologie die drei „Zonen" als Werkzeugkultur, Sozialkultur und Symbolkultur (Meister 1951, 191).

Diese dreiteilige Untergliederung hat sich trotz zahlreicher Überschneidungen, die sich selbst aus einfachsten Beispielen ergeben, insbesondere auch für die integrativen Untersuchungen ganzer Kulturen und Kulturkomplexe und ihren Vergleich als nützlich erwiesen. Die Überschneidung der Bereiche zeigt sich an einem Beispiel wie dem der menschlichen Wohnung mit ihrem Inventar sehr deutlich: so gehört sie sicher zur Sorge für die Existenz und ist ein technisches Produkt, gleichzeitig ist sie Raum für soziale Beziehungen und kann, zum Beispiel als Aussteuer – Haus, Möbel – integrativer Teil der Herstellung sozialer Beziehungen sein; die eingerichtete Wohnung kann als Objektivation eines sozialen Status gelten; schließlich können in ihr die Werte einer Kultur und die Attitüden der sie bewohnenden Subjekte als „Ästhetik des Wohnens" zum Ausdruck kommen. Um Wohnung und Wohnen in einer Kultur oder im Kulturvergleich darzustellen, genügt es also nicht, die Form zu beschreiben, sondern wir müssen immer ihren Symbolcharakter in den verschiedenen Bereichen zu analysieren versuchen.

Auch in der neueren Kulturdiskussion der sozialistischen Länder, die sich mit dem Schlagwort „bürgerlich" streng von allen kulturanthropologischen Kulturtheorien abzusetzen versucht, werden die drei Hauptbereiche der Kultur als schöpferische menschliche Lebenstätigkeit ähnlich definiert. Nach dem meistzitierten Kulturtheoretiker Dietrich Mühlberg sind diese:
1. die gesellschaftliche Produktion,
2. die gesellschaftlichen Beziehungen der Individuen untereinander und
3. die Reflexion dieser gesellschaftlichen Individuen über ihre Stel-

lung in Natur und Gesellschaft, wie sie sich in Weltanschauung und Lebensgefühl, Philosophie und Kunst widerspiegeln (Mühlberg 1974, 1045).

Der Volkskundler Jacobeit benennt in Anlehnung an sowjetische Ethnographen die drei Bereiche, in denen sich die Lebensweise einer Klasse oder Schicht in einer konkret-historischen Periode formiert, ähnlich den Bereichen der Lebenstätigkeit bei Mühlberg, als den materiell-ökonomischen (Befriedigung der materiellen Bedürfnisse wie Ernährung, Kleidung, Wohnung), den gesellschaftlich-kulturellen (Befriedigung der sozialen und ästhetischen Bedürfnisse) und den moralisch-zwischenmenschlichen (Familie, Produktion, gesellschaftliche Tätigkeit) (Jacobeit 1974, 280).

10. Kulturen statt Kultur

Die Erkenntnis der, trotz transkultureller Konstanten, außerordentlich differierenden Kreation, Bedeutung, Bewertung und Benutzung von Symbolen und anderen Mitteln der Umweltaneignung im zeitlichen, räumlichen und sozialen Vergleich hat schließlich im 20. Jahrhundert zu einer dritten dominanten Betrachtungsweise von Kultur geführt, wobei nicht mehr *die* Kultur in der menschheitlichen Entwicklungsgeschichte anhand der epochalen Leistungen noch die Frage nach der Kulturfähigkeit *des* Menschen im Zentrum anthropologischer Fragestellung stand, sondern vielmehr die Frage nach der menschlichen Lebensgestaltung in je spezifischen Kulturen. Das bedeutete vor allem eine Hinwendung zu Interdependenzanalysen sämtlicher Verhaltensbereiche in überschaubaren menschlichen Gruppierungen, die als Träger einer gemeinsamen Kultur betrachtet wurden.

Vielleicht läßt sich diese kulturanthropologische Richtung mit ihrer Hinwendung zu Kulturen als Untersuchungseinheiten am ehesten von ihren Absagen her verstehen. Es war zunächst eine Absage an die Sammlung, Deskriptionen und den Vergleich kultureller Produkte, die aus ihrem Kontext gelöst waren: das heißt Absage an den museal und archivalisch orientierten Charakter ethnographischer Studien, Absage auch an die Systematisierungsversuche von Kulturen nach den Ähnlichkeiten ihrer Objekte, wobei – wie neuerlich in einem Plädoyer für diese Systematisierung als Aufgabe der Völkerkunde gesagt wurde – „Speer bei Speer, sakrales Königtum bei sakralem Königtum, lunare Mythe bei lunarer Mythe" liegen würden (Contag 1971 II, 76). Weiterhin war es eine Absage an die vielfach ethnozentrisch gefärbten Evolutionstheorien, nach denen die „fortgeschrittenen" eigenen Gesellschaften zum Maßstab der Bewertung der Kulturhöhe wurden, und eine Absage an die kulturgeschichtlich orientierten Entwürfe von Kulturen als Stileinheiten, aus denen die Aspekte des Alltagsverhaltens ausgeklammert blieben.

Alfred Kroeber, der zu den Pionieren der amerikanischen Kulturanthropologie zählt, schreibt zu den großen ethnologischen und kulturhistorischen Klassikern wie Bastian, Jakob Burckhardt, Morgan, Tylor, Lang und Frazer: „Diese frühen Werke der klassischen Schule waren pseudohistorisch, evolutionistisch, vergleichend; sie waren belegt, aber durch außerordentlich selektierte Beweise. Sie wollten totale Antworten geben. Sie waren überzeugt im Aufweisen von Ursachen; aber sie suchten weniger unmittelbare Ursachen als endliche Ursprünge – ein sicheres Zeichen für die Naivität, die mit ihrem intellektuellen Eifer verbunden war" (Kroeber 1952, 145). Ähnlich äußerte sich Malinowski in „Eine wissenschaftliche Theorie der Kultur": „Die neue Wissenschaft [Anthropologie] wurde unter dem Zeichen der Begeisterung für Entwicklungslehre, für die anthropometrischen Methoden und für bahnbrechende Entdeckungen der Vorgeschichte geboren. So kann es nicht wundernehmen, daß sich ihre ersten Interessen auf die Rekonstruktion der menschlichen Anfänge konzentrieren, auf die Jagd nach dem ‚missing link' . . . Blickt man heute auf die Ergebnisse des letzten Jahrhunderts zurück, so kann man, wenn man will, in ihnen nicht viel mehr als eine Sammlung von allerhand antiquarischem Kunterbunt, vermischt mit ethnographischer Gelehrsamkeit . . . finden" (Malinowski 1975, 45 f.).

In dieser Negation des evolutionistisch-komparatistischen Ansatzes sind gleichzeitig die neuen Tendenzen und Impulse des Studiums von Kulturen zu sehen: Kultur oder besser Kulturen werden nicht mehr als Konglomerate aufgrund von Ähnlichkeiten vergleichbarer Produkte gesehen, sondern als strukturierte Einheiten. Nicht das Entstehen und die Verbreitung der kulturellen Produkte wird Gegenstand der Untersuchung, sondern Struktur und Funktion der Ganzheit Kultur. Die Bewegung geht dabei vom Schreibtisch zur Feldforschung, zur Beobachtung und Interpretation kultureller Systeme. Und diese Perspektive ergab auch neue Definitionen für das Schlüsselwort Kultur.

11. Der Mensch als Geschöpf seiner Kultur

Die in der Zusammenstellung ,,Culture. A Critical Review of Concepts and Definitions" (Kroeber-Kluckhohn 1952) wiedergegebenen modernen, vor allem von anglo-amerikanischen Kultur- und Sozialanthropologen stammenden Definitionen von Kultur sind vorwiegend unter dem Gesichtspunkt der kulturellen Vielfältigkeit als Kreations- und Prägungsmoment formuliert. Kultur als ,,menschliche Schöpfung" und Menschen als ,,Geschöpfe der Kultur" sind nur über Kulturen empirisch erfahrbar, wobei diese Kulturen nicht nur als historische Abfolge, sondern auch als zeitliches Nebeneinander gesehen werden. Kultur ist vor allem die erlernte, das heißt mit Hilfe der bereits integrierten Mitglieder einer Kultur enkulturierte Lebensweise (way of life) einer historisch bestimmten und bestimmbaren Gesellschaft, die sich von allen anderen in ihrem kulturellen Gesamtmuster, ihrer kulturellen Konfiguration, unterscheidet und gerade dadurch als ,,eine Kultur", das heißt als etwas Eigenständiges definiert werden kann. Der Nachdruck der Definition kann dabei auf den Objektivationen, dem historischen Erbe (der Tradition), dem Verhalten, der Bedürfnisbefriedigung, den Werten, der Umweltanpassung, dem Lernen und den Gewohnheiten oder dem ,,Muster" liegen.

Die Untersuchung des Musters (pattern) einer Kultur hat sowohl im Funktionalismus als auch im Strukturalismus und in der Kulturologie, die alle zum Kulturrelativismus tendieren, zu einer vorrangigen Betrachtung entweder der Prägekraft von Kultur auf menschliches Verhalten oder zu einer Abstraktion von menschlichem Verhalten überhaupt zugunsten der autonomen Kulturmuster und der Relation ihrer kulturellen Züge geführt. Besonders in der kulturologischen Richtung wendet sich das Forschungsinteresse von den kulturtragenden und -schaffenden Menschen einer als eigenständig betrachteten Wirklichkeit von Kultur zu, die Kroeber als das „Superorganische" beschreibt (Kroeber 1917; Kaplan 1965) und White als ein „superbiologisches und extrasomatisches System von Dingen und Ereignissen" (White 1949, 363 f.). Der Mensch als Schöpfer der Kultur, das große Thema der allgemein anthropologischen und der evolutionistischen Kulturbetrachtung und -definition, wurde zum Geschöpf.

Wenn wir allerdings bedenken, daß diese Kulturdefinitionen alle aus unserem eigenen Jahrhundert stammen und von den Erscheinungen des Alltags in kleinen Gruppen ausgehen, daß viele von diesen Definitionen unter dem Eindruck der imperialistisch-industriellen Expansion, unter dem Eindruck von zwei Weltkriegen, unter dem Eindruck einer sich ausbreitenden Kulturindustrie geschrieben wurden, kann man wohl verstehen, daß Kultur nicht mehr vorrangig als Potential und kreativer Prozeß menschlicher Selbstkultivation, als Emanzipation aus dem Zustand der Abhängigkeit von Umwelt, definiert wurde, sondern als Abhängigkeit des einzelnen von übergeordneten Institutionen.

Der Prozeß der zur Entfremdung führenden Verdinglichung findet sich in zahlreichen Schattierungen als resignatives Moment in diesen Definitionen. Der Praxisbezug wird dann zu einem hilflosen und unbeachteten Kulturrelativismus, der Toleranz für den entfremdeten Menschen fordert, für den seine jeweilige Kultur nur noch als „Anweisungsapparat" funktioniert, der bei angepaßtem Verhalten zwar Entlastungsfunktion für das alltäglich reibungslose Sichzurechtfinden garantiert, aber den Menschen um seine Fähigkeit zur eigenen Kulturleistung bringt.

Sehr deutlich wurde sowohl die politische Nichtbeachtung als auch die Utopie des Weltfriedens durch relativistische Tolerierung des jeweils Bestehenden in dem als „Statement on Human Rights" 1947 ausgearbeiteten Versuch der „American Anthropological Association", unter Führung des bekanntesten Kulturrelativisten

Melville J. Herskovits, auf die Deklaration der Menschenrechte, die die Vollversammlung der Vereinten Nationen 1949 verabschiedete, einzuwirken. Eine der Hauptforderungen in diesem Statement heißt: „Standards und Werte sind relativ zu der Kultur, aus der sie stammen, so daß jeder Versuch, Postulate, die aus den Vorstellungen oder Moralcodes einer Kultur erwachsen, zu formulieren, in eben jenem Umfang ihre Anwendbarkeit auf jegliche Deklaration von Menschenrechten für die Menschheit als ein Ganzes beeinträchtigen". In einer weiteren Erklärung dazu heißt es: „Weltweite Standards von Freiheit und Gerechtigkeit, die auf den Prinzipien basieren, daß der Mensch nur dann frei ist, wenn er so leben kann, wie seine Gesellschaft Freiheit definiert, . . ., müssen grundlegend sein. Und umgekehrt kann eine effektive Weltordnung nicht erdacht werden, wenn sie nicht die freie Persönlichkeitsentwicklung der Mitglieder ihrer konstituierenden sozialen Einheiten erlaubt" (Statement 1947, 541 f.). Wolfgang Rudolph schreibt dazu in seiner ausführlichen Stellungnahme, daß die Vollversammlung der Vereinten Nationen bei ihrer Deklaration der Menschenrechte diese Anregungen vollkommen ignorierte, und sagt: „Inwieweit damit auch eine größere Einsicht oder Weisheit verbunden war, bleibe im vorliegenden Zusammenhang dahingestellt" (Rudolph 1968, 103). Herskovits' Kulturdefinition ist ein Beweis für die Überbetonung des Prägungsfaktors Kultur gegenüber ihrem aktiven Gestaltungsmoment: „Kultur kann objektiv wie von einem Reisenden, der ein Volk besucht, dessen Lebensweisen von seinen eigenen abweichen, als eine Ansammlung institutionalisierter Verhaltensweisen gesehen werden, die ihm, wenn er sie kennenlernt, erlauben, wahrzunehmen, wie ein Mitglied der besuchten Gesellschaft in einer gegebenen Situation reagieren wird. Denn Kultur reguliert die Beziehungen jedes Mitglieds der Gesellschaft zu den anderen; sie verordnet die Weltsicht, die ein Volk hat; sie ordnet ihre ästhetischen Befriedigungen. Sie bestimmt die Weisen, nach denen sie Zeit und Raum wahrnehmen und darauf reagieren; sie gibt jedem Menschen die ethischen Normen, nach denen er seine eigene Lebensführung bestimmt und diejenige anderer beurteilt. Es gibt buchstäblich keinen Moment in dem Leben des Individuums, in dem der Einfluß seiner Kultur nicht vorhanden ist" (Herskovits 1973, 75 f.).

Die als „Kultur- und Persönlichkeitsforschung" bezeichnete Richtung innerhalb der Kulturanthropologie, nach der jede Kultur im Prozeß der Enkulturationen bestimmte Persönlichkeitstypen herausbildet, hat diesen Prägefaktor der Kultur besonders betont (vgl. S. 234 ff.). Der Haupteinwand gegen diese Theorie betrifft ihre Leistungsgrenzen gegenüber den komplexen, hocharbeitsteiligen, vielschichtigen und sich durch eine Vielzahl von Sozialisationsinstanzen und ein breites Angebot sekundärer Kommunikationen auszeichnenden modernen Gesellschaften. Trotzdem sind auch auf diesem Gebiet Versuche unternommen worden, von denen David Riesmans Studie des amerikanischen Charakters in seinem Buch „Die einsame Masse" am bekanntesten wurde. Er hatte für die gegenwärtige amerikanische Gesellschaft den „außengeleiteten" Typus herausgearbeitet, dessen Verhalten im wesentlichen durch „das Bedürfnis nach Anerkennung und Lenkung durch andere" gesteuert wird: „Die von dem außengeleiteten Menschen angestrebten Ziele verändern sich mit der veränderten Steuerung durch die von außen empfangenen Signale. Unverändert bleibt lediglich diese Einstellung selbst und die genaue Beachtung, die den von den anderen abgegebenen Signalen gezollt wird" (Riesman-Denney-Glazer 1958, 38).

Der Terminus der „Außenleitung" und seine Kriterien sind über die Darstellung des amerikanischen Sozialcharakters hinaus überhaupt auf bestimmte Verhaltensformen in der gegenwärtigen Gesellschaft übertragen worden: So spricht Knebel vom „außengeleiteten Touristen" (Knebel 1960). Bei Lefèbvre schließlich wird der Mensch der gegenwärtigen „bürokratischen Gesellschaft des gelenkten Konsums" als ein Mensch beschrieben, „der von außen her bestimmt und sogar vorfabriziert ist (durch Zwänge, Stereotypen, Funktionen, Modelle, Ideologien usw.), der sich jedoch immer noch und immer mehr für autonom hält, nur von seinem spontanen Bewußtsein abhängig, bis zur Robotisierung" (Lefèbvre 1972, 96).

12. Ideale und reale Kultur

Die Frage nach der Prägekraft der Kultur und ihrer „Werte" für die Individuen, ihre Einstellung und ihr Verhalten hat zu einer weiteren Differenzierung in der Definition von Kultur geführt, bei der zwischen den in einer Kultur apostrophierten Werten (wie Pflichtbewußtsein, Bildung, Besitz, Kinderreichtum, Solidarität usw.) und ihrer Realisierung im Denken und Verhalten der Kulturmitglieder unterschieden wird, wobei ersteres am häufigsten als „ideale" und letzteres als „reale" Kultur bezeichnet wird (Linton 1974, 41 ff.; Taylor 1969, 22).

Gunnar Myrdal spricht in seiner Kritik der amerikanischen Gesellschaft in Hinblick auf deren Werte Gleichheit und Gemeinschaft, mit der dahinterstehenden Anpassungsforderung an den „American Way of Life", von einem „sozialen Ethos, einem politischen Glauben", der zwar im aktuellen sozialen Leben wenig Effekt habe, aber: „als Prinzipien, die herrschen müssen, ist dieser Glaube jedermann in der amerikanischen Gesellschaft bewußt gemacht worden" (Mydral 1944, 3). In Myrdals „American Dilemma" geht es vor allem um die Beziehungen zwischen Weißen und Schwarzen in Amerika. Aus dem Verhalten der Weißen analysiert Myrdal ein Bewertungsdilemma, das sich aus dem amerikanischen Gleichheits- und Gemeinschaftsethos einerseits und aus den ethnischen Vorurteilen andererseits, die beide zur „idealen" Kultur gehören, ergibt und dadurch zu Einstellungskonflikten im Individuum und dissonantem Verhalten führen. Bei den unterprivilegierten amerikanischen Minderheiten führte das „Kulturideal" Gleichheit durch Anpassung an den American Way of Life, wenn es spätestens durch die Erziehung der zweiten Generation außerhalb der Familie internalisiert und einstellungsdominant wurde, häufig zu Verhaltensreaktionen, die als „Rebel Reaction" (gegen die ethnische Ingroup-Bildung der Elterngeneration) oder als forcierte Anpassung an die amerikanische Lebensweise bezeichnet werden. Die Unterschiede, die sich für die einzelnen ethnischen Gruppen aufgrund ihrer sozio-kulturellen Voraussetzungen einerseits und der Vorurteile der dominierenden Gesellschaftsschicht des Einwanderungslandes andererseits für die Immigranten in Hinblick auf die Annäherung ihrer realen Kultur an die ideale Kultur ergeben, haben sich am Beispielland Amerika besonders deutlich herausarbeiten lassen (Greverus 1973).

Die sich aus den empirischen Kulturforschungen ergebenden Erkenntnisse der Widersprüche und Dissonanzen zwischen dem kulturellen Konzept einer Sozietät und dem realen Kulturverhalten ihrer Mitglieder haben in der Kulturanthropologie sowohl in theoretischer als auch praktischer Hinsicht dazu geführt, das Kulturkonzept gerade auf diese Widersprüche hin zu betrachten.

13. Kulturelle Widersprüche und Kulturpraxis

Bidney fordert in seiner „Theoretical Anthropology" als Hauptaufgabe der Kulturanthropologie die Analyse der Übereinstimmung von aktuellem Verhalten und Denken der Mitglieder in einer gegebenen Kultur, was er als Praxis bezeichnet, und den geforderten und proklamierten Werten und Normen dieser Kultur, das heißt ihrer Theorie. Kultur soll von ihren praktischen und theoretischen Aspekten her verstanden und die Übereinstimmungen beziehungsweise die Widersprüche zwischen Theorie und Praxis sollen untersucht werden (Bidney 1968, 30f.). Das entspricht den Forderungen Kilians (1965) für eine komplexe Humanverhaltensforschung nach Aufdeckung der Widersprüche zwischen dem herrschenden und von den Individuen internalisierten Gestaltprinzip und den Realisationsmöglichkeiten des durch dieses Gestaltprinzip geforderten Verhaltens in Abhängigkeit vom energetischen Anspruch, den in historischer Prägung und Bedingtheit vorhandenen Bedürfnissen, und dem Realitätsprinzip, den je vorhandenen Umweltbedingungen für die Individuen. „Der Ansatz der kulturanthropologisch-ethnologischen Arbeit liegt", wie es die Frankfurter Studienordnung für das Fach Kulturanthropologie und Europäische Ethnologie zum Ausdruck bringt „bei der Analyse ‚praktizierter Kultur' [oder realer Kultur]. Ausgehend von universalen Kulturverhaltensbereichen, kulturellen Einzelphänomenen oder sozialen Gruppen und regionalen Einheiten werden die Zusammenhänge zwischen praktizierter Kultur und dem gesamtkulturellen Niveau und seiner institutionellen Vermittlung untersucht. Wesentlich ist dabei die Reflexion von Übereinstimmungen und Widersprüchen zwischen Normsetzungen und aktuellem Verhalten, kulturellen Angeboten und Bedürfnissen, kulturellen Forderungen und Kompetenzen, um Planungsmodelle ‚kultureller Praxis' auf einer realitätsgerechten Grundlage zu entwikkeln. Die vergleichende Perspektive des Fachs und der Einbezug anthropologischer Grundbedingungen als transkulturelle Konstanten sind dabei geeignet, Möglichkeiten ‚gekonnter' und ‚ungekonnter' Kulturpraxis aufzuzeigen und als prognostisches Vergleichsmaterial zur Verfügung zu stellen" (Studienordnung Frankfurt 1975, 11). Kulturpraxis umfaßt in dieser Konzeption sowohl die sogenannte „ideale" als auch die „reale" Kultur und versucht gleichzeitig, die Möglichkeiten fortschreitender kultureller Entfaltung aus der Perspektive der Individuen einzubeziehen. Sie wird verstanden

– in ihrem je gehandhabten Selbstverständnis als institutionalisierte kulturelle Normgebung und Kulturpolitik und aus dem Widerspruch zwischen Verbalisierung und Aktualisierung (Istzustand),
– als „praktizierte Kultur", das heißt als aktuelles Kulturverhalten von Menschen unter je spezifischen Gruppenbedingungen (soziale Schichten, Altersschichten, Ethnien, Regionen) und aus dem Widerspruch zwischen den Möglichkeiten der objektiven Kultur, einschließlich des kulturellen Anspruchsniveaus, und den Aneignungskompetenzen in subjektiver Kultur (Istzustand),
– als Möglichkeit der Kompetenzentfaltung der gesellschaftlichen Individuen, „kulturelle Praxis", das heißt fortschreitende aktive Aneignung von Umwelt, zu verwirklichen und sich damit aus Norm- und Konsumzwängen zu befreien (Sollzustand) (Studienordnung 1975, 10).

In diesen Konzeptionen wird Kulturforschung vorrangig als Kulturverhaltensforschung betrachtet, nach der, wie es Bidney darstellt, die Kulturtatsachen, als Arte-, Mente- und Soziefakten, abseits von ihren Trägern in einer gegebenen Sozietät weder konstituierende Elemente für „Kultur" noch für Kulturforschung darstellen. Sie sind auch bei bleibender Form stets relativ zu ihrer Funktion in einem kulturellen Prozeß zu sehen, der nur adäquat erklärt werden kann, wenn sowohl die Rolle der Sozietät als auch diejenige des Individuums darin gesehen wird. Da für Bidney die essentiellen Züge der Kultur weniger in der Kommunikation und Transmission des „sozialen Erbes", sondern in der Kombination von Erfindung und Erwerb durch Gewöhnung und Konditionierung zu sehen sind, richtet er sich auch gegen die nur passive Rolle, die dem Menschen in der kulturologisch-historischen Objektivationsforschung, die die Frage der kulturellen Prozesse an den Komponenten Tradierung und Diffusion von Kulturtatsachen aufzieht, gegenüber dem „sozialen Erbe" eingeräumt wird: „Menschliche Kultur ist historisch, weil sie Wandel ebenso wie Kontinuität, Kreation und die Entdeckung von Neuerungen zusammen mit der Aneignung von Traditionen einbezieht" (Bidney 1968, 27).

In diesen Äußerungen von Bidney steht dem Aspekt der nur passiven menschlichen Einordnung in ihre jeweiligen Kulturen eine neue Wendung zum Kulturpluralismus gegenüber, der aus dem ursprünglichen „Staunen" über die Verschiedenheit von Kulturverhaltensformen und ihrer Konstatierung und Deskription zu einer kulturpolitischen Forderung wird. Kulturen im Plural werden hier nicht nur als Umweltergebnisse, zeitliche Stufenfolge oder räumliche Ungleichzeitigkeit definiert, sondern als Fähigkeiten des Menschen, in und mit einer identitätgebenden Gruppe gestaltend in Umwelt einzugreifen oder sich durch eine eigene Kultur ein „Gesicht" zu geben. Der Mensch braucht keine „abgepackten Lösungen", keinen „Apparat, der für ihn arbeitet" und zu einer „Enteignung der Lebensfähigkeit des Menschen" führt, wie Ivan Illich es ausdrückt (Illich 1970, 136; 1975, 170), sondern „Werkzeuge", um sich selbst Umwelt anzueignen und dadurch seine Identität als Mensch, und das heißt als Kulturwesen, zu erlangen. Das würde allerdings eine Absage an die Ideologie der Weltkultur als eines erstrebenswerten Zieles – unter welchen Prämissen auch immer – bedeuten, sofern der Mensch zur Identitätsgewinnung über aktive Mitgestaltung und Teilhabe einer spezifischen – und von anderen abhebbaren – Kultur bedarf.

14. Kultureller Pluralismus in der Diskussion

Der 1973 in Chicago durchgeführte Internationale Anthropologen- und Ethnologen-Kongreß, zu dem ca. 4000 Teilnehmer aus allen Ländern der Welt erschienen waren, stand unter dem Motto „How to make cultures alive". Kultureller Pluralismus wurde hier unter den verschiedensten Perspektiven diskutiert, wobei die wirtschaftliche und politische Situation der Länder, aus denen die einzelnen Vertreter kamen, für ihre Perspektive deutlich sichtbar wurde. Das kam besonders in der offiziellen Abschlußdiskussion zum kulturellen Pluralismus in der Welt zum Tragen: während die Vertreter der Dritten Welt, in denen der kulturelle Pluralismus als ethnische Differenzierung noch eine Tatsache ist, die politische Aufgabe ihrer Länder nicht in deren Erhaltung, sondern vor allem in der gleichmäßigen Verteilung der Ressourcen sahen, plädierten die Vertreter sowohl der kapitalistischen als auch der sozialistischen Industrieländer für einen neuen und neu zu schaffenden kulturellen Pluralismus. Der Vertreter der Sowjetunion sprach von einer Vielfalt der Kulturen in seinem eigenen Land und der Forderung, daß sie zur Blüte der Nation und der Menschheit beitragen mögen.

Das entspricht weitgehend dem kulturpraktischen „Programm", das auch der russische Ethnologe Tokarev aus einer wissenschaftlichen Kulturanalyse zu entwickeln versuchte. Für Tokarev ist Kultur die künstliche Umwelt des Menschen, die als Schöpfung der sozialisierten Individuen zu verstehen ist. Diese Kultur hat zwei Aspekte, die Tokarev als integrative und segregative Rolle bezeichnet und an den Beispielen der kulturellen Verhaltensbereiche Wohnen, Religion und Kunst exemplifiziert (Tokarev 1973). Tokarev geht zum Beispiel von der primären Funktion der menschlichen Wohnung aus, die er in ihrer Schutzfunktion sieht. Als „Sicherheitszone" für ihre Bewohner zeigen diese Wohnungen und Wohnkomplexe ihren integrativen Aspekt „my home", in dem gleichzeitig der segregative Aspekt gegenüber den anderen, die außerhalb dieser Sicherheitszone stehen, zum Ausdruck kommt. Gleichzeitig zeigt Tokarev, wie innerhalb der Wohnung für die einzelnen Bewohner Integration und Segregation wirken und sich soziale Ungleichheit am Grad des Anteilhabens oder Ausgeschlossenwerdens aus bevorzugten Räumen erweist. Je komplexer die Gesellschaften werden, desto stärker wird schließlich die Segregation gegenüber ganzen Bevölkerungsgruppen. Nach Tokarev herrschen in der Klassengesellschaft, die die ethnischen Einheiten auflöst, die segregativen Elemente vor, erreichen in der Feudalgesellschaft ihre Klimax, und die kapitalistische Gesellschaft mit dem Vorherrschen integrativer Elemente auf ökonomischem Gebiet bereitet die sozialistische Gesellschaft mit der Demokratisierung der Kultur vor. In der klassenlosen Gesellschaft der Zukunft herrscht nach Tokarev Integration, die nicht Aufhebung der kulturellen Differenzierungen bedeute, die das kulturelle Erbe der Welt weiterhin bereichern; aber es seien keine wechselseitigen Entfremdungen, Tabus und Antagonismen mehr zu erwarten. Auch hier also eine Forderung nach kulturellem Pluralismus, dessen positive integrative Seiten für das Individuum hervorgehoben werden.

15. Marxistisch-leninistische Kulturtheorie und Ethnologie

Bis zu einem gewissen Grade widerspricht dies dem offiziell vertretenen materialistischen Kulturbegriff (vgl. Hund-Kramer 1972), an dem sich insbesondere die Kulturhistoriker und Volkskundler der Deutschen Demokratischen Republik orientieren: „Außerhalb der marxistischen Theorie hat sich ein Kulturbegriff herausgebildet, mit dem Archäologie, Frühgeschichte, Ethnologie u. a. die lokale Entwicklung bestimmen . . . Die Unterscheidung von Kultur (als gesellschaftlichem Gesamtprozeß) und Kulturen (als lokalen Erscheinungen) ist von der bürgerlichen Geschichtsphilosophie und der ‚deskriptiven Kulturforschung' übernommen worden, hauptsächlich mit dem Ziel, den geschichtlichen Fortschritt überhaupt zu leugnen, indem die Kultur in autonome, nur für sich verständliche, zeitlich begrenzte Kulturen aufgelöst wird . . .

Selbst wenn die Anerkennung der (mit der modernen Zeit immer geringer werdenden) relativen Geschlossenheit und Selbständigkeit lokaler Kulturentwicklung zuerst von bürgerlichen Wissenschaftlern ausdrücklich betont wurde, ist es für den Marxismus keine Neuigkeit, daß Kultur vor einer einheitlichen kommunistischen Weltkultur lokal begrenzte Kultur war und ist" (Mühlberg 1964, 1950f.). Die einheitliche Weltkultur wird hier also nicht nur als mögliches, sondern als in der Verwirklichung begriffenes und erwünschtes Entwicklungsstadium gesehen. Die marxistisch-leninistische Kulturtheorie geht von dem Postulat der geschichtlichen Entwicklung der Gesellschaft als einem objektiven, gesetzmäßigen Prozeß aus. Sie zielt damit vor allem wieder auf eine historische Erforschung der Kulturstufen der Menschheit. Kultur wird mit gewissen Differenzierungen als der Prozeß der bewußten und schöpferischen menschlichen Lebenstätigkeit definiert, deren Ziel die tatsächliche Veränderung der natürlichen und gesellschaftlichen Wirklichkeit ist. Mühlberg unterscheidet zwischen objektiver und subjektiver Kultur. Die objektive Kultur ist die Gesamtheit der schöpferischen Möglichkeiten, die sich einer Gesellschaft als Kulturleistung vergangener Generationen bietet, während die subjektive Kultur die Fähigkeit der gesellschaftlichen Individuen bezeichnet, sich die objektive Kultur anzueignen und schöpferisch weiterzubilden. Als Dialektik von objektiver und subjektiver Kultur wird die Lebenstätigkeit oder das Verhalten bezeichnet, bei dem der Mensch produktiv über die gegebenen Bedingungen hinausgeht. Für Mühlberg ist „Kulturwissenschaft als die Analyse der vielfältigen Beziehungen [zu verstehen], die im gesellschaftlichen Individuum zusammentreffen und seine schöpferische Existenz ausmachen" (Mühlberg 1964, 1043). Das schöpferische gesellschaftliche Individuum wird damit einerseits zum zentralen Bezugspunkt aller kulturellen Erscheinungen erklärt und andererseits zum Ziel der gesellschaftlichen Entwicklung. Den Gegensatz zwischen objektiver und subjektiver Kultur lasse die sozialistische Gesellschaft durch Überwindung sowohl der Klassenwidersprüche als auch der Widersprüche zwischen Individuum und Gesellschaft hinter sich.

In der Perspektive auf die mögliche schöpferische Kulturexistenz des Individuums in der Gegenwart weichen die Postulate der Kulturtheoretiker sozialistischer Länder am weitesten von denjenigen sowohl einer kritischen Kulturphilosophie als auch einer empirischen Kulturanthropologie der westlichen Länder ab. Im Gegensatz zu deren These von einem zunehmenden Entzug der schöpferischen Kompetenzen der Individuen konstatiert Mühlberg entwicklungsgeschichtlich eine zunehmende Entfaltung in die Gegenwart hinein: „Wenn auch Breite und Spannweite möglicher schöpferischer Entscheidung immer enger werden, ja gegen Null gehen, je weiter wir historisch zurückgehen, so entscheidet doch von Anfang an, auch unter erdrückendem Naturzwang, die relative Höhe der schöpferischen Fähigkeiten des Individuums über den Fortschritt der Gesellschaft. Nach einer langen Zeit, in der diese Fähigkeiten im Dienst der materiellen Bedürfnisse der ganzen Gesellschaft standen, wird schließlich (dazwischen liegt als Übergang die Klassengesellschaft) ein Zustand erreicht, in dem Entfaltung der Schöpferkraft der Individuen Zweck ihres sozialen Daseins ist. Die Gesellschaft hat ihre produktiven Fähigkeiten so in die Höhe getrieben, daß sich die Schöpferkraft von den sozialen Fesseln emanzipieren kann" (Mühlberg 1964, 1043f.).

Diese evolutionäre Utopie wird in der sozialistischen Kulturpolitik mit dem Postulat der „allseitig gebildeten sozialistischen Persönlichkeit" als weitgehend erfüllt betrachtet: „Die allseitig entwickelte sozialistische Persönlichkeit ist für uns kein fernes Zukunftsideal, ihre Züge bilden sich vielmehr hier und heute, im täglichen Kampf der Arbeiterklasse und der anderen Werktätigen um die Erfüllung der vielseitigen Aufgaben bei der Gestaltung der entwickelten sozialistischen Gesellschaft aus . . . Im Sozialismus sind die Interessen des einzelnen und die Interessen der Gesellschaft grundsätzlich in Übereinstimmung . . ." (Hager 1972, 10f.). Und der sowjetische Kulturtheoretiker Arnoldow schreibt in seinem Kapitel über „Sozialistische Kultur und Persönlichkeit": „Je mehr der kulturelle Reifegrad der sozialistischen Gesellschaft ausgeprägt ist, desto vollkommenere Züge erhält die Struktur des sozialistischen Typs der geistigen Produktion, desto mannigfaltigere Möglichkeiten eröffnen sich den werktätigen Massen, ihr Schöpfertum zu beweisen, ihr Bewußtsein zu entwickeln, Elemente der Unorganisiertheit und Spontaneität zu überwinden und die Aktivität der Persönlichkeit unter Beweis zu stellen" (Arnoldow 1975, 17).

In der kulturhistorischen Ethnographie (Volkskunde) der sozialistischen Länder wurde das Begriffspaar objektive Kultur – subjektive Kultur/Lebenstätigkeit durch die Forschungskategorie „Kultur und Lebensweise des werktätigen Volkes im Geschichtsverlauf" operationalisiert (Abochina-Krupjanskaja-Schmelova 1965, 16 ff.; Jacobeit/Mohrmann 1968/69, 94 ff.; Zur Geschichte der Kultur und Lebensweise 1972; Jacobeit 1974, 273 ff.; Weissel 1973, 9 ff.; Weissel 1977). Ausgehend von dem russischen Begriff ‚byt' (Zusammensetzung des Lebens, Gesamtheit der Gewohnheiten, zum Alltag gehörig) wird „Lebensweise im weiten Sinne als Alltagsspiegelung menschlichen Lebens, aufbauend auf ausgebildeten, zwischenmenschlichen Beziehungen, geschaffen im Prozeß menschlich-gesellschaftlicher Tätigkeit" definiert (Jacobeit 1974, 280). Die Lebensweise einer Klasse oder Schicht in einer konkret historischen Periode formiert sich im Rahmen der drei Hauptbereiche menschlicher Lebengestaltung, die durch den transkulturellen Vergleich herausgearbeitet werden konnten. Aufgrund der Abhängigkeit der Lebensweise einer menschlichen Gruppe von ihrer konkreten historischen Umwelt (Entwicklung der Produktivkräfte, Klassencharakter, Kulturniveau, überkommene Tradition) drückt sich in der Lebensweise die „Einheit oder Widersprüchlichkeit von Tätigkeit, Verhalten und Denken aus. Die sozialökonomisch sowie ideologisch kulturell determinierten wesentlichen Züge, die sich in den Lebensgewohnheiten verschiedener Individuen wiederholen. . . ergeben den jeweiligen Typus der Lebensweise einer Klasse, Schicht, Gemeinschaft oder Gesellschaft" (Kulturpolitisches Wörterbuch 1970, 340).

16. Systematisierungsversuche zu Kulturbegriffen

Die Vielzahl von Kulturdefinitionen hat zu einigen Versuchen ihrer Systematisierung und Trennung geführt, die allerdings meistens durch ihren polemischen oder bestimmte Schwerpunkte betonenden Ansatz einseitig interpretieren. Einseitigkeit und Polemik wird am deutlichsten in der Entgegensetzung von „bürgerlichem" und „sozialistischem" Kulturbegriff, bei dem bürgerlich mit idealistischer und sozialistisch mit historisch-materialistischer Definition gleichgesetzt wird und weitgehend bereits die Staatszugehörigkeit der Autoren als Kriterium genügt, wobei häufig eine wirkliche Erarbeitung der „anderen" Konzeption überhaupt nicht stattgefunden hat: „Hier ist nicht der Platz, um die Methodologie der Kulturanthropologie [Ethnographie] in der Sowjetunion zu diskutieren. Es ist eine Tatsache, daß das Studium der Kultur und der Kulturen in den Rahmen des marxistisch-leninistisch historischen Materialismus passen muß" (Meyer 1952, 217). „Es gehört doch gerade zur Zielstellung der anthropologisierenden Tendenzen in der heutigen bürgerlichen Philosophie und Wissenschaft, und insbesondere der Kulturanthropologie, materielle gesellschaftliche Verhältnisse ideell zu verflüchtigen und deren bestimmende Rolle für das soziale und kulturelle Leben der Menschen zu leugnen. Diese Kulturanthropologie will ,Menschenkunde' sein . . . Die kulturellen Manifestationen gelten lediglich als Hilfen, um zu Aussagen über das ,Potential' der so von ihrer gesellschaftlichen und historischen Wirklichkeit abstrahierten, entgegenständlichten ,natürlichen Verhaltensweisen des Menschen' zu gelangen" (Strobach 1973, 83).

Arnoldow, der die „Grenzlinie im ideologischen Kampf zwischen der marxistisch-leninistischen Kulturtheorie und den bürgerlichen Kulturkonzeptionen, von denen jede einzelne . . . die Perspektivlosigkeit, die Niedergangsstimmung und jene regressiven Tendenzen zum Ausdruck bringt, die im gegenwärtigen geistigen Leben der kapitalistischen Gesellschaft so deutlich zu Tage treten" (Arnoldow 1975, 105), in der Sphäre theoretischer Aspekte verlaufen sieht, beschränkt seine Kritik und Darstellung bürgerlicher Kulturkonzeptionen im wesentlichen auf Kulturphilosophen und Kultursoziologen, wie Oswald Spengler, Arnold Toynbee, Alfred Weber und Herbert Marcuse sowie auf den als „Vulgärmaterialisten" bezeichneten L. A. White, ohne auf die außerordentlich breit gefächerte Kulturdiskussion in der Kulturanthropologie der Gegenwart einzugehen.

Differenzierte Versuche der Unterscheidung von Zugangswegen zur Bestimmung und Analyse von Kultur und Kulturen sind in dem großangelegten Ansatz von Kroeber-Kluckhohn „Culture. A Critical Review of Concepts and Definitions" (1952) und von Bidney in seiner „Theoretical Anthropology" (1968) vorgenommen worden, wobei allerdings beide Arbeiten sich vorrangig auf die Ansätze der anglo-amerikanischen Kulturanthropologie beschränken.

Kroeber und Kluckhohn versuchen aus über 150 Definitionen von Kultur eine Klassifikation nach Schwerpunkten durch den Nachdruck, der auf bestimmte Merkmale gelegt wird. Das Definitionsschema umfaßt folgende Gruppen:

A: Deskriptiv (breite Definition durch inhaltliche Aufzählung von Objektivationsbereichen)

B: Historisch (soziales Erbe oder Tradition)

C: Normativ
   1. Regeln oder Lebensweise (way of life)
   2. Ideale oder Werte und Verhalten

D: Psychologisch
   1. Anpassung und Kultur als problemlösende Einrichtung
   2. Lernvorgang
   3. Gewohnheiten
   4. Rein psychologische Definitionen

E: Strukturalistisch
   Muster (pattern) oder Organisation der Kultur

F: Genetisch
   1. Kultur als Produkt oder Artefakt
   2. Ideen
   3. Symbole.

Mit Recht heben die Autoren hervor, daß die hinter den formalen Definitionen stehenden Orientierungen sich erst aus breiteren Kontexten erkennen lassen und insbesondere hinsichtlich der empirischen Forschung erst aus ihrer Anwendung und Überprüfung. Darüber hinaus ergeben sich gerade durch die Kontextanalyse trotz einzelner Schwerpunkte zahlreiche Überschneidungen im Ansatz der einzelnen Kulturdefinitionen. In einem weiteren Teil werden die mehr formalen Kriterien des Schemas durch ausführlichere Darlegungen zum Kulturbegriff ergänzt.

Bidney geht in seinem Kategorisierungsversuch von einem mehr philosophischen Blickpunkt aus (1968, 23 ff.). Für ihn ist der signifikanteste Unterschied der Definitionen in dem entweder idealistischen oder realistischen Zugang zu sehen. Die Realisten tendieren dazu, Kultur als Attribut des menschlichen Sozialverhaltens zu betrachten und sie durch erworbene Gewohnheiten, Bräuche und Institutionen zu definieren. So konzipiert hat Kultur keine Existenz unabhängig von der sozialen Gruppe, für die sie attributiv ist. Unterschiedlich innerhalb dieser Gruppe der „Realisten" wird die Frage des Individuums und seiner Rolle im Kulturprozeß behandelt. „Idealisten" dagegen tendieren dazu, Kultur als ein Aggregat von Ideen im Geist der Individuen zu sehen: als kommunizierte und kommunizierbare Ideen (subjektiver Idealismus). Gegen diesen subjektiven Idealismus grenzt Bidney den begrifflichen Idealismus ab, nach dem Kultur als Konstruktion des Geistes eine Abstraktion des aktuellen Verhaltens sei. In die Nähe dieser Idealisten rückt Bidney die Edukationisten, die vor allem den normativen Charakter der Kultur herausstellen, das heißt Kultur als Prozeß der Erziehung, als Resultat der Erziehung, als Status des Erzogenseins und als Inhalte der Erziehung definieren.

Von diesen Kulturkonzeptionen, die direkt vom Menschen ausgehen, unterscheidet Bidney die „impersonalen", bei denen Kultur als „soziales Erbe", als Summe der tradierten historischen Errungenschaften menschlichen Soziallebens definiert wird. Der Mensch wird in eine kumulative künstliche Umwelt hineingeboren, der er sich ebenso wie seiner natürlichen Umwelt anpassen muß. Bei diesen „Objektivisten" unterscheidet Bidney wiederum einen „objektiven Idealismus" und einen „objektiven Realismus", wobei bei ersterem das soziale Erbe als „superorganischer Strom von Ideen" gesehen wird, bei letzterem besteht das soziale Erbe sowohl aus den materiellen als auch den immateriellen Kulturtatsachen. Beim objektiven Idealismus haben die kulturellen Ideen eine transzendente, von Individuen unabhängige Existenz. Ein ebenso impersonales Konzept sieht Bidney bei dem historischen Materialisten verwirklicht, nur daß hier die materiellen Bedingungen des sozialen Lebens die primär determinierenden Faktoren der Kulturrevolution darstellen.

Für Bidney sind sowohl der objektive metaphysische Kulturidealismus als auch der historische Materialismus die Antithese zur humanistischen Position, in der der Mensch die bewirkende und die endliche Ursache seines soziokulturellen Erbes ist. Die Schwierigkeit, die sich für Bidney aus der „Konfusion" ergibt, daß ein Teil der Anthropologen die „dynamische humanistische Konzeption" mit der impersonalen Vorstellung, die in der Idee des sozialen Erbes liegt, kombinieren wollen, beruht nun allerdings gerade auf dem Ausschließlichkeitsanspruch seines Systematisierungsversuchs. Das Problem Kultur, das sich konkreten Menschen in einer konkreten Umwelt mit den drei Faktoren energetisches, Gestalt- und Realitätsprinzip stellt, kann nur über die verschiedenen Ebenen analysiert werden.

17. Für einen gemeinsamen Kulturbegriff

Kilian (1965) hatte mit seinem Grundmodell versucht, die Antagonismen zwischen sogenannter idealistischer und sogenannter materialistischer Betrachtung zu überwinden. Gleichzeitig hat er nachdrücklich auf der Relevanz der biologischen Bedingungen menschlichen Verhaltens für die Kulturforschung insistiert und gegen den Ausschließlichkeitsanspruch sich als „historisch" bezeichnender Richtungen Stellung bezogen, die entweder als „Güterforschung" im Bereich der Tradierung und Diffusion der Produkte bleiben oder in Frontstellung gegen eine „Anthropologisierung" der Kulturanalysen – die angeblich auf *den* Menschen ziele – die Frage nach der Relation von transkulturellen Konstanten und ihrer Verhaltensrealisierung in verschiedenen Kulturen ausklammerten.

Auch in der Konzeption einer „soziologischen Anthropologie" von Wolf Lepenies bahnt sich eine Überwindung zwischen den postulierten Antagonismen an. Insbesondere geht er auf die Relevanz anthropologischer Fragestellungen für die Sozialisationstheorie ein und verweist dabei sowohl auf die biologische als auch die ethnologische Anthropologie. Im Mittelpunkt steht der Kompetenzbegriff: Kompetenz im Sinne von „Dispositionen, Bedürfnissen, Fähigkeiten zur Stillung von Bedürfnissen und daraus entwikkelbaren Fertigkeiten; das heißt von anthropologischen (evolutionären) Vorgaben und ihrer Verwirklichung durch Lernangebote" (Lepenies 1971, 29). Auf den Kulturbegriff übertragen heißt das, daß der Mensch als biologisches Wesen Bedürfnisse und zur Stillung dieser Bedürfnisse auch Vorgaben oder Dispositionen hat, wozu insbesondere die Kulturfähigkeit gehört: die Fähigkeit zur Entwicklung von Mitteln und Werkzeugen im materiellen und immateriellen Sinn. Er entwickelt diese Kultur einerseits experimentell, das heißt durch Versuch und Irrtum, zum andern wird sie ihm durch gesellschaftliche Vermittlung zuteil. Beides sind Lernvorgänge. Damit ist aber der in eine gegebene Sozietät hineingeborene Mensch sowohl nicht mehr nur auf sich angewiesen, seine Kompetenzen zu entwickeln, als auch nicht mehr „frei", diese Kompetenzen zu entfalten, da seine gegebene Kultur ihm die Art der Bedürfnisbefriedigung weitgehend vorschreibt. Bedürfnisbefriedigung ist historisch und somit kulturspezifisch. Und nicht nur dies, auch die Bedürfnisse selbst sind historische. Lepenies beruft sich auf den Begriff der Bedürfnisproduktion in der Deutschen Ideologie von Marx und Engels, wonach die Erzeugung der Mittel zur Befriedigung der Bedürfnisse nicht von der Erzeugung neuer Bedürfnisse zu trennen sei (Lepenies-Nolte 1972). Die kulturschöpferische Leistung des Menschen könnte somit auch als eine bedürfnisproduzierende Leistung gesehen werden. Das schließt auch den negativen Aspekt der „Kulturindustrie" ein. Dieser Aspekt betrifft nicht nur eine Bedarfsweckung, die aufgrund des sozio-ökonomischen Ungleichgewichts ungleiche Befriedigung findet und in heterogenen Gesellschaften zugleich zu einem Kampf um die kulturellen Ressourcen führt (Gans 1974, 3), sondern auch – bei der Annahme einer kulturschöpferischen Disposition des Menschen – die totale Beschneidung der Möglichkeit, diese Disposition zur Kompetenz mit Handlungsrelevanz zu entwickeln.

Trotz der Vielzahl von Kulturdefinitionen, die in den ethnologisch-anthropologischen Disziplinen entwickelt wurden, lassen
sich drei fundamentale Aspekte für Kulturanalysen herausarbeiten,
die gleichzeitig jeweils bestimmte Forschungsschwerpunkte ab-
stecken (vgl. Greverus 1971b, 216):

1. Der allgemein anthropologische Aspekt, nach dem Kultur als
Fähigkeit des Menschen definiert wird, kulturell zu handeln, das
heißt Umwelt und menschliches Verhalten in dieser Umwelt gestaltend zu verändern und sich in einem Lernvorgang anzueignen.

2. Der historisch-anthropologische Makroaspekt, nach dem
Kultur als historisch-gesellschaftlicher Gesamtprozeß menschlicher Umweltaneignung definiert wird.

3. Der historisch-anthropologische Mikroaspekt, nach dem Kultur als „eine Kultur" in ihrem sozio-geographischen und sozio-
historischen Rahmen als besonderes konfiguratives Verhaltensmuster definiert wird, das die Antwort einer Sozietät auf ihre Umweltbedingungen und ihre spezifische Lebensweise (way of life)
beinhaltet.

Eben darin, daß dieser Mikroaspekt bisher wesentlich von den
ethnologischen Disziplinen vorangetragen wurde und weiterhin
werden sollte, dürfte weitgehend Einigkeit bestehen. Schon deshalb sollte und müßte gegenüber den pauschalen wechselseitigen
Aburteilungen mit Hilfe kulturpolitischer Schlagwörter wieder
jene gemeinsame Arbeitsebene gefunden werden, die für eine vergleichende Kulturenforschung als Grundlage kulturpraktischer
Arbeit erforderlich ist und für die sich der sowohl in der Kulturanthropologie als auch in der marxistisch-leninistisch orientierten
Ethnographie entwickelte Kulturbegriff in seinen Gemeinsamkeiten anbietet.

Wenn wir dem Begriffspaar „Kultur und Lebensweise" in seiner
inhaltlichen Bestimmung den Begriff „a Culture" (eine Kultur)
gegenüberstellen, ergeben sich die Gemeinsamkeiten aus folgenden Prämissen:

– Ziel der Forschung sind die Menschen als Kulturwesen in ihrem
Subjekt-/Objektverhältnis und nicht mehr die Dinge.

– Menschliche Kulturfähigkeit und Kulturabhängigkeit manifestiert sich in Kulturen, da menschliches Handeln und Denken sowohl von den differenten natürlichen als auch den differenten und sich wandelnden historisch-gesellschaftlichen Umwelten abhängig sind.

– Der Anteil der einzelnen menschlichen Gruppen (Klassen, Schichten, Stämme, Altersgruppen, regionale Gruppen usw.) an der Gesamtkultur einer Gesellschaft ist verschieden und abhängig von dem eingenommenen und zugebilligten Status innerhalb der gesellschaftlichen Machtverhältnisse.

– Die praktizierte Kultur (reale Kultur, lifeways, Lebensweise) sind die einer solchen Gruppe gemeinsamen Formen und Prozesse des Lebensvollzugs.

– Für diesen kulturellen Lebensvollzug sind drei umfassende und sich weitgehend entsprechende Verhaltens- und Gestaltungsbereiche herausgearbeitet worden, die wir als die Bereiche der materiellen Lebenssicherung, der sozialen Lebensordnung und Interaktionen und der ästhetischen und wertorientierten Umweltauseinandersetzung (Weltsicht, Weltanschauung, Wertwelt) bezeichnen können.

– Die Kultur (oder Kultur und Lebensweise) einer bestimmten Gruppe kann nur unter Beachtung der Gesamtheit und Verflochtenheit aller Bereiche ihres Lebensvollzugs adäquat analysiert werden.

Diese Gemeinsamkeiten in der Operationalisierung des Kulturbegriffs für interkulturell vergleichbare Mikroanalysen von Kulturen in historischer, räumlicher oder gruppenspezifischer Ausformung dürften trotz der Namensdivergenzen und der ideologischen Fronten eine Basis der Diskussionen und Zusammenarbeit darstellen, wie sie sich auf den großen internationalen Anthropologen- und Ethnologenkongressen auch abzeichnet, aber im Gefecht der intranationalen und interuniversitären Prestigekämpfe häufig ebenso leicht vergessen wird wie unter den Prämissen kulturpolitischer Parteilichkeit.

III. Kultur und Alltagswelt

1. Kultur und Alltag als Widerspruch

Was hat Kultur mit Alltag zu tun? Diese Frage werden die Leser dieses Buches vielleicht so jetzt nicht mehr stellen, aber im Gesamt unseres gesellschaftlichen Daseins, in den Strategien unserer Kulturpolitik und im populären Verständnis stehen sich Kultur und Alltag als Widersprüche gegenüber (Greverus 1977 c).

Zwei zwölfjährige Kinder einer bundesrepublikanischen Stadt stellen uns ihren Alltagsbegriff vor: „Der Alltag = langweilige Bewegung (lesen, schreiben); die Zeit totschlagen, doch manchmal, urplötzlich: ein Termin, ein festgesetzter Tag: plötzlich Hetze, die Zeit ist zu kurz, sie reicht nicht mehr. Der Alltag = Müll, ein Schrottplatz, kaputte Autos, Lärm, Maschinen, Schule, alles auf einmal. Schmerzen, Kopfschmerzen stellen sich ein. Der Alltag = graue Städte, von den Abwässern der Fabriken noch dreckiger, verpestete und verseuchte Luft, Unfälle, halbabgerissene Häuser, kaputte Fensterscheiben, unruhiger Schlaf und, und, und, eben eine Großstadt."

„Wenn ich an Alltag denke, fällt mir die Stadt, Autos und andere Sachen ein. Ich denke an Baustellen und schlechte Luft. Ich denke an frühes Aufstehen und in die Schule gehen und mittags Hausaufgaben machen. Ich denke an gleiche Häuser, immer die gleichen Straßen, die gleiche Wohnung und immer geht es so, tagein, tagaus" (Unterrichtsmodell Tourismus 1972).

Sind wir Erwachsenen von der Sicht dieses Alltags allzuweit entfernt? Ist es nicht vielmehr unsere Perspektive, die diese Kinder erlernt haben, und ist es nur unsere Perspektive, oder ist es die Realität, in der wir leben?

Diesem Alltagsbegriff, der sich auf eine deformierte Umwelt, auf Leistungen statt Produktivität und Kreativität, auf Herrschaft der Umwelt – einer von Menschen geschaffenen – über den Menschen statt auf aktive Umweltaneignung bezieht, steht ein „Kulturangebot" des öffentlichen Lebens gegenüber, das nur einen vom „Alltag" getrennten Freizeitbereich anvisiert. So argumentiert zum Beispiel sowohl die Tourismusforschung als auch die Tourismuswerbung nahezu ausschließlich mit dem Schlagwort vom „Auszug aus dem Alltag", wobei dieser Auszug von der notwendigen sozialen Hygiene für den unmündigen Bürger bis zur „vergeblichen Flucht aus der repressiven Wirklichkeit, mit der unsere Gesellschaft uns umstellt" (Enzensberger 1969) interpretiert wird (Greverus 1978 b).

2. Kritik der Alltäglichkeit

Dagegen setzt die Kritik der „Alltäglichkeit", wie sie Lefèbvre (1972; 1974/75) oder Kosík (1971) führen, bei dem Bruch zwischen dem Alltäglichen und dem Nicht-Alltäglichen an. Das Nicht-Alltägliche, wie Feste und die Kunst, wurde zum bloßen Ästhetizismus durch die „Entartung des Stils und des Festes in der Gesellschaft, wo sich das Alltägliche etabliert. Der Stil entartet zur Kultur, die sich in tägliche (Massen)-Kultur und hohe Kultur spaltet . . . Kunst kann nicht als eine Wiedereroberung des Stils und des Festes angesehen werden, sondern nur . . . als eine Verzierung des Alltäglichen, die es nicht verwandelt" (Lefèbvre 1972, 56).

Für die Kritik der Alltäglichkeit sind für Lefèbvre außer dem Bruch zwischen dem Alltäglichen und dem Nicht-Alltäglichen und der Schadhaftigkeit der Stile noch weitere Aspekte relevant: die Trennung „Mensch-Natur", das Beiseiteschieben der Symbole zugunsten der Zeichen und dann Signale, die Auflösung der Gemeinschaft, die Abschwächung, aber nicht das Verschwinden des Sakralen und des Verfluchten, die nicht durch Profanes ersetzt wurden, die Akzentuierung der Arbeitsteilung bis zur äußersten Zerteilung und die Unruhe vor dem Überhandnehmen des Unsignifikanten (1972, 60).

Was hier angesprochen wird, ist der Verlust von Lebenswelt als einer, in ihrer Totalität als konsistent und in ihren Elementen interdependent, erlebbaren und erfahrbaren Alltagswelt.

Berger und Luckmann, die das wissenssoziologische Konzept der Alltagswelt ausführlich diskutieren, sprechen von unserer Gesellschaft als einer „Gesellschaft, die konträre Welten öffentlich auf dem Markt feilbietet" (Berger-Luckmann 1971, 184). Als Folgeerscheinung für das Subjekt sehen sie eine Zunahme distanzierten und wechselnden „Rollenspiels" mit dem Begleitgefühl der Relativität „aller Welten", und die entstehende institutionale Ordnung charakterisieren sie als ein „Netzwerk reziproker Manipulationen".

Dieses Netzwerk aber bedeutet jenes Stadium der Verdinglichung, das dem Einzelnen und der Gruppe die Teilhabe an der Mitgestaltung ihrer Alltagswelt verunmöglicht – sie werden Konsumenten und nur Konsumenten.

3. Verdinglichung und Fetisch

Zwar ist Verdinglichung, und dieses darzustellen war insbesondere ein Verdienst der ethnologisch-anthropologischen Wissenschaften, auf die sich auch Marx in seiner Erarbeitung des Begriffs immer wieder bezieht (Krader 1972, Krader 1973; Erckenbrecht 1976), keine Erscheinung unserer Zeit – „Im Gegenteil: Was auch an ethnologischer und psychologischer Evidenz erreichbar ist, scheint anzuzeigen, daß die ursprüngliche Auffassung von der gesellschaftlichen Welt . . . im höchsten Maße verdinglicht ist" (Berger-Luckmann 1971, 96) –, aber an der von Marx herausgearbeiteten Kategorie des „Fetischcharakters der Ware" (vgl. Erckenbrecht 1976) zeigt sich der Umschlag von Verdinglichung in Enthumanisierung besonders gravierend.

War der Fetisch im ursprünglichen Sinn, in der Handhabung des „Primitiven" ein konkreter (und von ihm belebter!) Gegenstand, mit dem der Mensch in seiner Alltagswelt sich einen Bundesgenossen gegen die von ihm nicht verstandenen Mächte – vor allem der Natur – schuf, so ist der Fetisch Ware, mit dem ebenso wie beim Ding-Fetisch Vorstellungen eigenständiger Wirkungsmächte verknüpft sind, zwar auch in die Alltagswelt des Menschen integriert, aber er ist weder von ihm selbst geschaffen noch wie der versagende Fetisch verwerfbar.

Diese Verwerfbarkeit aber zeigt, daß letztendlich das Subjekt Mensch Herr über den von ihm selbst geschaffenen Dingfetisch bleibt. Die Erzählung eines afrikanischen Eingeborenen kann dies verdeutlichen: „Wenn einer der unsrigen eine wichtige Unternehmung geplant hat, geht er auf die Suche nach einem Gott, der sie begünstigen soll. Er wählt zu diesem Zwecke den ersten Gegenstand, welcher sich zeigt: Hund, Katze oder ein anderes Tier, oder auch einen unbeseelten Gegenstand, auf den er unterwegs stößt: einen Stein, ein Stück Holz oder ähnliches. Er bietet diesem neuen Gott sofort ein Geschenk an und legt das Gelübde ab, ihn für immer zu verehren, falls seine Unternehmung wohlgelingt. Wenn er Erfolg hat, ist es klar, daß er einen hilfreichen Gott entdeckt hat, dem er täglich mit Opfern seine Dankbarkeit zeigen wird. Schlägt seine Unternehmung fehl, so wird der neue Gott, als wertlos verworfen, wieder zu dem, was er ursprünglich war" (Van der Leeuw in: Holz 1972, 126).

Auch in dem von de Martino als „magisch akzentuiert" bezeichneten meridionalen Katholizismus (Martino 1959) werden die in einer Not- oder Hilfssituation versagenden Heiligenbilder und Heiligenfiguren verworfen: „Von folgenschwerer Bedeutung ist solches Verhalten in Situationen, in welchen sich die soziale Gruppe von Heiligen brüskiert fühlt. Hier reicht die Skala der möglichen negativen Sanktionen von Drohungen bis zu Patronatswechsel. Die Idole werden in ihren Kirchen mit dem Antlitz zur Wand gekehrt, in ein Büßergewand gekleidet, öffentlich beschimpft, bespien und ausgeprügelt, in versiegte Brunnen geworfen oder aber ausgewechselt gegen einen zuverlässigeren Konkurrenten" (Weber 1966, 103). Der Heilige war von den Gläubigen „in soziomorpher Projektion der bestehenden sozialen Verhältnisse zum Patron und als solcher zum Mitglied der sozialen Gruppe" gewählt worden (Weber 1966, 102). Diese „Wahl", die dem Heiligen einen hohen Status und Zuwendung garantiert, gilt allerdings nur, solange dieser seine Gegenleistungen erbringt; versagt er, kann er von der Gruppe, die ihn gewählt hat, auch wieder verworfen werden.

Die Fetische unserer Gesellschaft dagegen, die Erckenbrecht

(1976) neben dem ökonomischen einem sexuellen, ästhetischen und politischen Fetischismus zuteilt, sind vor allem von einer Kultur- und Bewußtseinsindustrie geschaffene Waren, deren käufliche Wirksamkeit so „garantiert" ist, daß nicht sie – diese Fetische des „glücklichen Lebens" – Versager sein können, sondern bei Unwirksamkeit nur ihr Benutzer. Damit tritt er in die Vereinzelung, denn hinter ihm steht kein „Gruppenbewußtsein", das das Verwerfen (oder Wegwerfen) eines versagenden Fetischs als kulturelle Möglichkeit akzeptiert, womit zumindest eine Möglichkeit der Entverdinglichung das notwendige „Bemühen des Menschen, sich im Fluß des Geschehens dauerhaft [durch Verdinglichung] zu orientieren" (Holz 1972, 128) relativiert und damit die Freiheit des Weitergestaltens und der Erfahrensbereicherung in Umwelt für das in einer Gruppe mit dem gleichen Lebensplan integrierte Individuum zuläßt.

Die Transformation der Alltäglichkeit meint also nicht Aufhebung der Alltagswelt, sondern Rückgewinnung der Alltagswelt als „Lebenswelt", in der die Handlungen des Menschen nicht mehr unverbunden nebeneinander stehen, nicht ferne und konträre Institutionen Werte feilbieten und diktieren, sondern Handlungen und Orientierungen wieder auf einen für den Menschen verstehbaren und mitgestaltbaren Sinn bezogen sind.

4. Das Konzept der Lebens- oder Alltagswelt

Das theoretische Konzept der Lebens- oder Alltagswelt, auf das sich eine empirische Kulturanthropologie in Europa (Mühlmann 1968, 152ff.; Mühlmann 1966, 16; Heilfurth 1970; Greverus 1971c; Greverus 1972a, 19ff.; Greverus 1977c) und insbesondere die amerikanische Ethnotheorie (oder kognitive Anthropologie oder neue Ethnographie) und Ethnomethodologie berufen (Alltagswissen 1973; Pelto 1970, 67ff.; Durbin 1973; Weingarten-Sack-Schenkein 1976), wurde im Rahmen der philosophischen Phänomenologie und der Wissenssoziologie erarbeitet.

Der Philosoph Edmund Husserl ist die „Vaterfigur" dieses Konzepts. In seiner Phänomenologie versucht er am Begriff der Lebenswelt, die er auch Alltagswelt oder beschränkte Umwelt nennt, herauszuarbeiten, daß diese für das erlebende und handelnde Subjekt eine vorgegebene Erfahrungswelt darstellt, in die der Mensch in einer „naiv-natürlichen Geradehineinstellung" aktiv hineinhandele (Husserl 1962, 144 ff.; Husserl 1954, 123 ff.). Wenn Husserl „das Subjektive in der Welt als objektives Thema" zum Gegenstand wissenschaftlicher Forschung erheben will, dann ist das kein neuer „Subjektivismus", mit dem „gerade entscheidende Realitäten der materiellen Basis verwischt werden sollen" (Strobach 1973, 83), sondern die Frage nach der subjektiven Aneignung und Gestaltung der objektiven Welt durch die handelnden Subjekte: „Die objektive Welt, die für uns alle da ist, ist . . . eine aus subjektiven Quellen der handelnden Subjekte sich immer neu mit objektiven Gehalten bereichernde, sich bereichernd durch immer neue Prädikate der Bedeutung. Sie ist eine immer neu werdende objektive Kulturwelt . . . Alles Kulturelle trägt . . . in sich historische Züge, seine Sinncharaktere sind zugleich als historisch gekennzeichnete, in die jeweiligen Zusammenhänge menschheitlichen Gemeinschaftswesens hinein verweisend . . . In der Einheit des historischen Lebens, in der Folge der durch Einheit der Tradition miteinander vergemeinschafteten Generationen erbt jede neue Generation die durch die Arbeit der früheren objektiv gewordene Kulturwelt und gestaltet sie nun selbst aus eigenem Können und Tun weiter fort" (Husserl 1962, 409 f.).

Zwar geht Husserl als klassischer Phänomenologe noch vom einzelnen, dem gewissermaßen isoliert einer Weltenform gegenüberstehenden und in sie hineinhandelnden Subjekt aus, aber in der Weiterentwicklung des Konzepts wird die gesellschaftliche und damit konkret-historische Situation oder „die gesellschaftliche Konstruktion der Wirklichkeit" (Berger-Luckmann 1971) der in einer Alltagswelt handelnden Subjekte geradezu zum Angelpunkt eben dieser eingeschränkten Umweltauseinandersetzung des Menschen.

Unter diesem Aspekt ist das Konzept der Alltagswelt insbesondere von Alfred Schütz und seinem Schüler Thomas Luckmann weiter ausgebaut worden: „Die Wissenschaften, die menschliches Handeln und Denken deuten und erklären wollen, müssen mit einer Beschreibung der Grundstrukturen der vorwissenschaftlichen, für den – in der natürlichen Einstellung verharrenden – Menschen selbstverständlichen Wirklichkeit beginnen. Diese Wirklichkeit ist die alltägliche Lebenswelt. Sie ist der Wirklichkeitsbereich, an der der Mensch in unausweichlicher, regelmäßiger Wiederkehr teilnimmt. Die alltägliche Lebenswelt ist die Wirklichkeitsregion, in die der Mensch eingreifen und die er verändern kann, indem er in ihr durch die Vermittlung seines Leibes wirkt. Zugleich beschränken die in diesem Bereich vorfindlichen Gegenständlichkeiten und Ereignisse, einschließlich des Handelns und der Handlungsergebnisse anderer Menschen, seine freien Handlungsmöglichkeiten. Sie setzen ihm zu überwindende Widerstände wie auch unüberwindliche Schranken entgegen. Ferner kann sich der Mensch nur innerhalb dieses Bereiches mit seinen Mitmenschen verständigen, und nur in ihm kann er mit ihnen zusammenwirken. Nur in der alltäglichen Lebenswelt kann sich eine gemeinsame kommunikative Umwelt konstituieren. Die Lebenswelt des Alltags ist folglich die vornehmliche und ausgezeichnete Wirklichkeit des Menschen. Unter alltäglicher Lebenswelt soll jener Wirklichkeitsbereich verstanden werden, den der wache und normale Erwachsene in der Einstellung des gesunden Menschenverstandes als schlicht gegeben vorfindet. Mit schlicht gegeben bezeichnen wir alles, was wir als fraglos erleben, jeden Sachverhalt, der uns bis auf weiteres unproblematisch ist. Daß freilich jederzeit das Fraglose in Frage gestellt werden kann, ist ein Punkt, mit dem wir uns noch zu beschäftigen haben werden" (Schütz-Luckmann 1975, 23).

Die „fraglosen" Gegebenheiten in der alltäglichen Wirklichkeit der Lebenswelt, die als Totalität für das handelnde Subjekt vorhanden ist, sind nach Schütz für das Ich in der natürlichen Einstellung des Alltags folgende:

„a) die körperliche Existenz von anderen Menschen;

b) daß diese Körper mit einem Bewußtsein ausgestattet sind, das dem meinen prinzipiell ähnlich ist;

c) daß die Außenweltdinge in meiner Umwelt und in der meiner Mitmenschen für uns die gleichen sind und grundsätzlich die gleiche Bedeutung haben;

d) daß ich mit meinen Mitmenschen in Wechselbeziehung und Wechselwirkung treten kann;

e) daß ich mich – dies folgt aus den vorangegangenen Annahmen – mit ihnen verständigen kann;

f) daß eine gegliederte Sozial- und Kulturwelt als Bezugsraum für mich und meinen Mitmenschen historisch vorgegeben ist, und zwar in einer ebenso fraglosen Weise wie die ‚Naturwelt‘;

g) daß also die Situation, in der ich mich jeweils befinde, nur zu einem geringen Teil eine rein von mir geschaffene ist" (Schütz-Luckmann 1975, 24 f.).

Die Lebenswelt ist somit vor allem eine intersubjektive Welt vertrauter Wirklichkeit, in der die Subjekte als Handelnde in einer täglichen Lebenspraxis gefordert und auf diese intentional ausgerichtet sind. Für diese ihre subjektive Lebenspraxis steht ihnen sowohl der kulturell ererbte und enkulturierte Wissensvorrat als auch die „Eigenerfahrung" situationaler Problemlösungen zur Verfügung. Diesen Wissensvorrat teilt Schütz in Fertigkeiten, Gebrauchswissen und Rezeptwissen ein (1975, 118 ff.).

Als das „wichtigste und schwierigste Problem, das es in der Beschreibung der Lebenswelt zu lösen gilt", nennt Schütz das Relevanzproblem (Schütz-Luckmann 1975, 186 ff.; Schütz 1961), das heißt die Frage danach, wie Auslegungen und Sedimentierungen des Wissensvorrats und das aktuelle Handeln von subjektiven Relevanzsystemen bedingt sind.

Die enge Verbindung von Relevanz und Wissensvorrat, seinem Erwerb und seiner situationsbedingten Aktualisierung zeigt sich am eindringlichsten dann, wenn die Lebenswelt im Sinne von Schütz als eine von pragmatischen Interessen der Lebenspraxis bestimmte interpretiert wird. Aufgrund der Relevanz für den jeweiligen Tages- und Lebensplan eignen sich die Subjekte Wissen in verschiedenen Gradationen der Intensität und Vertrautheit an. Diese subjektive Seite der Aneignung wird nun aber wesentlich mitbestimmt durch die gesellschaftliche Verteilung des Wissens, deren Ungleichmäßigkeit desto größer wird, je komplexer sich die Gesellschaft entwickelt. Hier erarbeiten sowohl Schütz als auch Berger und Luckmann nur formale Typen am Beispiel des Allgemeinwissens und des Sonderwissens in sowohl einfachen als auch komplexen Gesellschaften und verweisen auf die Aufgabe der empirischen Wissenschaften, diese Zuteilung von Wissen vergleichend in konkreten Gesellschaften einschließlich ihres historischen Wandels zu untersuchen.

Als entscheidendes Kriterium für die Unterschiede der ungleichen Verteilung des Wissens zwischen einfachen und komplexen Gesellschaften wird von Schütz für die einfachen Gesellschaften einerseits die Erreichbarkeit des für „jedermann" relevanten Wissens im Verlauf der Biographie (z. B. Jugendliche werden durch Initiationsrituale in das bisher nur den Erwachsenen zugängliche Wissen „eingeweiht") und zum andern das Wissen um die soziale Verteilung des Sonderwissens (z. B. für die verschiedenen Geschlechter, den Medizinmann usw.), so daß die Wirklichkeit noch verhältnismäßig überschaubar bleibt, hervorgehoben. Dagegen wird in den extrem arbeitsteiligen komplexen Gesellschaften nicht nur Sonderwissen immer spezialisierter, vielfältiger und undurchschaubarer für den Nichtspezialisten, sondern auch Allgemeinwissen überhaupt tritt in sozial außerordentlich differenzierten Versionen auf (Schütz-Luckmann 1975, 303 ff.). Unter dem Begriff der Legitimierung haben Berger und Luckmann nun jenen Vorgang zu umschreiben versucht, nach dem den pragmatischen Zielen institutionaler Ordnung die Würde des Normativen, das die kognitive Gültigkeit einschließt, verliehen wird: „Legitimation sagt dem Einzelnen nicht nur, warum er eine Handlung ausführen soll und die andere nicht ausführen darf. Sie sagt ihm auch, warum die Dinge sind, wie sie sind" (Berger-Luckmann 1971, 100). Legitimierung als „Prozeß des Erklärens und Rechtfertigens" wird also, je unübersichtlicher das Wissen wird, und je stärker es an Experten gebunden ist, zu einem Machtfaktor, der außerhalb der Alltagswelt und des Alltagswissens des einzelnen steht, aber diese entscheidend bestimmt. Aus dieser Bestimmung der Alltagswelt oder eingeschränkten Umwelt der handelnden Subjekte wird deutlich, daß ihre Interpretation nur aus der Dialektik zwischen objektiver und subjektiver Wirklichkeit möglich ist.

5. Die „neue Ethnographie"

Dieser phänomenologisch-wissenssoziologischen Theorie einer Alltagswelt stehen die Versuche ihrer empirischen Erfassung in konkreten Gesellschaften gegenüber. Im Rahmen der sogenannten „neuen Ethnographie" hat sich eine Zielsetzung herausgebildet, nach der die Aufgabe des Forschers darin besteht, die Perspektive der autochthonen Angehörigen einer Kultur zu erfassen, das heißt, daß „Kultur in der Gesamtheit der in einer gegebenen Gesellschaft verwendeten Alltags-Klassifikationen gipfelt, – in jener Ethnotheorie einer Gesellschaft, in der die spezifischen Arten und Weisen zusammengefaßt sind, in der sie ihre Objektwelt und sich selbst als ein soziales Universum ordnet" (Sturtevant 1964). Dieser Zugang wird als „emic approach" im Gegensatz zum „etic approach" bezeichnet. Die Begriffe, die einmal die Analyse einer Gesellschaft von innen, das heißt aus ihrem eigenen Selbstverständnis und Wissensbestand heraus, und zum anderen das Studium von außen, das heißt aus der „objektiven" Perspektive vergleichender Analyse, bezeichnen, sind aus der Linguistik entlehnt. Sie entsprechen der Phonetik, die einen universalistischen Katalog von in ihren Eigenschaften eindeutig meßbaren und artikulatorisch definierbaren Lauten entwickelt, bzw. der Phonemik (oder Phonologie), die aus dem „etischen Katalog" nur die lautlichen Einheiten auswählt, die für eine bestimmte Sprache relevant, das heißt bedeutungsvoll, sind (vgl. Alltagswissen 1973, 282f.).

Kenneth Pike, der „Erfinder" dieser Oppositionsbegriffe für die allgemeine Kulturanthropologie, beschreibt die Unterschiedlichkeit der Zugänge: „Im Gegensatz zum etischen Zugang ist der emische seinem Wesen nach nur für eine Sprache (oder eine Kultur) zu einer bestimmten Zeit gültig . . . Es ist eher ein Versuch, das Muster dieser besonderen Sprache oder Kultur unter Bezugnahme auf die Art und Weise zu beschreiben, in der die verschiedenen Elemente dieser Kultur zueinander in Beziehung stehen im Bewirken dieses besonderen Musters, als ein Versuch, sie unter Bezugnahme auf eine allgemeine Klassifikation zu beschreiben. Ein etischer analytischer Standpunkt kann ‚extern' oder ‚fremd' genannt werden, denn für die etischen Zwecke steht der Analytiker ‚weit genug entfernt' oder ‚außerhalb' einer bestimmten Kultur, um ihre separaten Ereignisse zu sehen, vor allem hinsichtlich ihrer Ähnlichkeiten und ihrer Differenzierungen verglichen mit Ereignissen in anderen Kulturen" (Pike 1954, 8, 10).

Zunächst mag diese Insistierung auf den emischen Zugang als eine seit der funktionalistischen und phänomelogisch-relativistischen sowie der historisch-pragmatischen Richtung in der Kulturanthropologie/Ethnologie und Kulturwissenschaft nur neuerliche Bestätigung alter Ziele angesehen werden.

Bei Franz Boas, dem Begründer einer historisch orientierten Kulturanthropologie in den USA, heißt es: „Wenn es unser ernsthaftes Anliegen ist, die Vorstellung eines Volkes zu verstehen, muß die gesamte Analyse der Erfahrung auf ihren, nicht auf unseren, Konzepten basieren" (Boas 1943, 314). Der Funktionalist Malinowski hält es für die wichtigste Aufgabe, „den Standpunkt und die Perspektive des autochthonen Angehörigen einer Kultur und dessen Beziehung zum Leben zu erfassen, sowie nachzuvollziehen, wie ihm die Welt erscheint" (Malinowski 1950, 396). Die Kulturrelativistin Ruth Benedict sagt in einer Auseinandersetzung mit der Unzulänglichkeit früherer anthropologischer Arbeiten, die nur Analysen kultureller Einzelerscheinungen waren: „Wenn wir uns für kulturelle Prozesse interessieren, so besteht der einzige Weg zur Erkenntnis der Bedeutung eines ausgewählten Kulturzugs ebenfalls darin, daß wir diesen zu dem Hintergrund aus Motiven, Gemütsbewegungen und Werten, die in den Einrichtungen der betreffenden Kultur zum Ausdruck gebracht werden, in Beziehung setzen. Das allererste Erfordernis ist, wie uns heute scheint, das Wissen um ihre Denkweise und um das Arbeiten ihrer Institutionen. Solches Wissen kann man nicht aus ‚Obduktionen' und Rekonstruktionsversuchen nach dem Erlöschen einer Kultur schöpfen" (Benedict 1955, 42).

Auch bei diesen „Schulen" ist die Analyse einer Kultur nur aus deren inneren Bedingungen und der Bedeutsamkeit ihrer Elemente für das Alltagsleben einer Gruppe möglich. Während den Kulturrelativisten und Historikern dabei der Vorwurf der Außerachtlassung des Vergleichs gemacht wird, richten sich die Vorwürfe bei den Funktionalisten auf die Reduktion der Kulturgestaltung auf Bedürfnisstrukturen ohne die historische, das heißt die Traditionsprägungskomponente, genügend zu beachten.

Gemeinsam ist diesen Richtungen allerdings weitgehend die ganzheitliche Betrachtung von Kulturen aus der versuchten Perspektive ihrer Träger und Mitglieder, wobei methodisch im wesentlichen qualitativ verfahren wurde und wird und sich die Verfahrensweisen von Verhaltensbeobachtung, Befragung und Dokumentenanalyse ergänzten.

Die „neue Ethnographie" dagegen, und daran zeigt sich ihre Abhängigkeit von der Linguistik, insistiert nahezu ausschließlich auf Sprachsystemen als Ausdruck von kognitiven Systemen, die mit „Kultur" gleichgesetzt werden. Das bedingt als Zugang langzeitliche intensive Befragung von Schlüsselpersonen und die Organisation der gewonnenen Daten in einer „zeitlosen" logischen Struktur, zumeist mit Hilfe der Komponentenanalyse, die definiert wird als „diejenige semantisch-pragmatische Technik der Analyse von Kennzeichnungen, Bedeutungen und Sprachanwendungen, welche die Merkmalsdimensionen aufdeckt, die ein terminologisch umrissenes Wissenssystem und die Anwendung seiner sprachlichen Kategorien strukturieren: d. h. die Kennzeichnungs-, Bedeutungs- und Gebrauchskomponenten der Termini einer sprachlichen Domäne und des entsprechenden Wissensbereiches" (Psathas 1973, 281). Die Nähe der ethnotheoretischen Komponentenanalyse zu der Wort- und Sprachfeldforschung in der Linguistik (Geckeler 1971) wird von Ethnotheoretikern betont (Psathas 1973, 281; Werner-Fenton 1973, 543). Zielvorstellungen dieser Strategie ethnographischer Beschreibung ist nach Frake, „zuverlässige Daten zu den problematischen Beziehungen zwischen Sprache, Wissen und Verhalten" beizusteuern und „wie die Grammatik der Linguisten bündig festzustellen, was man wissen muß, um entsprechend einem gegebenen sozio-ökologischen Kontext kulturell akzeptable Handlungen und Äußerungen erzeugen zu können" (Frake 1973, 37). Das methodische Verfahren, das Frake am Sprachverhalten bei der Auswahl in einer amerikanischen Imbißbar (und die Auswahlmöglichkeiten sind dort gering!) vorstellt, ist außerordentlich kompliziert: 1. Auflistung der vom Informanten verwendeten Bezeichnungen für ihm vorgelegte Stimuli; 2. Klassifizierung der Bezeichnungen in einer Taxonomie, die aus Segregaten und Gegensatzanordnungen besteht, mit denen der Befrager den Informanten konfrontiert, so daß „Hamburger" und „Schinkensandwich" als Segregate des Sandwich und dieses als Gegensatz zu Torte, beide aber in der taxonomischen Kategorie „etwas zu essen" und im Kontrast zu „etwas zu trinken" stehen; 3. Feststellung der Regeln, die die Informanten aufgrund ihrer spezifischen kulturellen Erfahrensweise zu ihren Zu- und Gegensatzanordnungen führen. Aus letzterem soll die Bedeutung der Dinge, ihre Position im Wissenssystem, das sich in dem sprachlichen Code niederschlägt, für diese Alltagswelt der Kulturmitglieder ermittelt werden. Über die Taxonomien der sprachlichen Objektivation einer Kultur soll schließlich ihr Weltbild erschlossen werden. Die Kritik aus den eigenen Reihen bezieht sich darauf, daß das ideelle Ziel „die vollständige ethno-wissenschaftliche Beschreibung einer einzigen Kultur" aufgrund der Kompliziertheit von Erhebung und Analyse ein bisher unmögliches Unterfangen darstellt (Sturtevant 1964, 123). Das Beispiel aus der amerikanischen Imbißstube von Frake war zwar insbesondere zur vereinfachten Exemplifizierung gewählt worden, aber auch die bisherigen systematischen Untersuchungen beschränken sich vorrangig auf verhältnismäßig enge Felder von Ausdrücken, wie Pflanzen- oder Farbsysteme und insbesondere Verwandtschaftssysteme (Wallace-Atkins 1960), die auch für den Strukturalismus, der wie die neue Ethnographie auf der Linguistik aufbaut, von besonderem Interesse waren, so daß Psathas sagen kann: „Das Verwandtschaftssystem scheint weiterhin die ‚weiße Maus' der Anthropologen zu bleiben, – ein handliches kleines Gegenstandsfeld, das wir auf vielfache Art und Weise untersuchen" (Psathas 1973, 266).

Die Kritik aus anderen Lagern wird vor allem an dem Mißverhältnis von verfahrensmäßigem Anspruch und Erkenntnissen geführt. So schreibt Burling: „Es ist immer verlockend, dem eigenen Werk etwas Bedeutenderes zuzuordnen als das Herumflicken an einer groben Ordnung operationaler Vorrichtungen. Es klingt sicherlich aufregender zu sagen, daß wir ‚das kognitive System der Menschen entdecken' als zuzugeben, daß wir nur mit einem Set von Regeln spielen, die uns erlauben, Begriffe in der gleichen Weise zu benutzen, wie andere es tun" (Burling 1964, 27). Burling argumentiert, daß die der Komponentenanalyse zugrundeliegende Vielzahl logisch möglicher Alternativen für die Gruppierung auch nur weniger Items astromische Zahlen annehmen würde und darüber hinaus der methodische Aufwand den Zielen nicht angemessen sei. „Wie wäre es", so fragt er, „mit einer vollständigen Analyse der amerikanischen populären Ausdrücke für Bäume?" (1964, 122) Dahinter steht die Frage nach der problemlösenden Funktion wissenschaftlicher Analysen, wie sie auch in anderem Zusammenhang gerade an methodisch besonders ausgefeilt vorgehende Sozial- und Kulturwissenschaften gestellt wurde.

Eine anderslautende Kritik, die vor allem von Marvin Harris geführt wurde, betrifft die generelle Annahme der kognitiven Homogenität einer Bevölkerung, obgleich die logische Organisation des semantisches Feldes (z. B. im Bereich der Verwandtschaft oder der Pflanzen) aus Expertenbefragungen gewonnen wurde. Harris kann einleuchtend nachweisen, daß auch in einer als „homogen" zu betrachtenden Kultur sowohl bei den verschiedenen Mitgliedern als auch bei dem gleichen Mitglied in verschiedenen Situationen die Termini verschiedene Bedeutung haben können (Harris 1968, 586). In diesem Zusammenhang wird eine breitere Erhebungsanlage gefordert, die sowohl das verbale als auch das nicht verbale Verhalten aller Kulturmitglieder in ihrer Alltagswelt einbezieht und auch die „materiellen Bedingungen, sozialen Beziehungen und die technologische Ausstattung als Teil des erklärenden Bezugsrahmens" (Pelto 1970, 76). Der Anspruch der „neuen Ethnographie", die für sich die empirische Einlösung des wissenssoziologischen Postulats der Analyse von Alltagswelt als kulturspezifischer Erfahrungs- und Bedeutungswelt erhebt, kann zeigen, wie methodische Vollkommenheitsansprüche, die sich an den „exakten" Wissenschaften orientieren, im Rahmen der Humanwissenschaften leicht in ihr Gegenteil umschlagen können. Zwar empfindet sich die neue Ethnographie sicherlich als eine „Wissenschaft des Beobachteten", hat aber mit der „Wissenschaft des Beobachters" der Soziologie, zumindest in deren positivistisch quantifizierender Variante empirischer Sozialforschung, die Gemeinsamkeit, daß mit Hilfe repräsentativen Materials Alltagswelt objektiv erfaßt werden soll und qualitative Zugangswege als „unwissenschaftlich" abgelehnt werden. Dadurch wird allerdings auch der Zugang zur Dialektik von objektiver Kultur und subjektiver Aneignung im Alltag im Hinblick sowohl auf Individuen als auch Subgruppen innerhalb einer Kultur erschwert.

Enger als die Ethnotheorie oder „neue Ethnographie" ist die von Garfinkel begründete Ethnomethodologie (Garfinkel 1967; Weingarten-Sack-Schenkein 1976) der phänomenologischen Betrachtung der Alltagswelt verbunden. Es geht dem Ethnomethodologen weniger darum, „die statische Dinghaftigkeit der untersuchten Phänomene hervorzukehren" [wie der Ethnotheoretiker], sondern die aktiven Prozesse, „durch die gesellschaftliche Dinge – vornehmlich Aktivitäten – in Interaktionen konstituiert werden" (Psathas 1973, 275). Diese Orientierung erfordert andere Zugangswege, die von Psathas als imaginative Selbstübertragung, kooperative Begegnung mit den Subjekten in ihrem gesamten Alltagsverhalten in verschiedenen Schritten und teilnehmende Beobachtung gesehen werden (1973, 278).

6. Relevanzsysteme und Interessendominanz in der Alltagswelt

Erst durch die Analyse der aktiven Prozesse und des aktuellen Handelns im Alltagsleben der Subjekte kann auch die Forderung nach Lösung des Relevanzproblems (vgl. S. 100) in der Lebenswelt eingebracht werden, das heißt die enge Verbindung von Relevanz des Wissensvorrats für eine bestimmte Lebenspraxis, dessen Erwerb und je situationsbedingte Aktualisierung. Dieses Relevanzproblem stellt einen anderen Ansatz in der ethnologisch-anthropologischen Erforschung von Alltagswelten dar.

Zielt bei Schütz die Frage nach Sedimentierung des Wissensvorrats und dem aktuellen Handeln stärker auf subjektive Relevanzsysteme des Individuums, so bezieht sich die Kulturforschung insbesondere auf die traditionellen Relevanzsysteme sozialer Gruppen. Im Rahmen der europäischen Ethnologie herrschen die beiden Bezeichnungen Interessendominanz und Referenzrahmen (bzw. Bedeutungs- oder Bezugsrahmen) vor. Beide Begriffe gehen auf sozialpsychologische Interpretationen zurück: „Die Grundlage, auf der die Organisierung, Deutung und Ergänzung des Wahrnehmungsmaterials geschieht, kann man ‚Referenzrahmen‘ nennen. Der Referenzrahmen läßt sich als eine Zusammenfassung der im Sinne des Menschen lebendigen Vorstellungstradition definieren . . . Die Vorstellungstradition ist in sehr hohem Grade von der Kultur geprägt, in der der Mensch lebt" (Honko 1962, 96). Als Aktualisierung des Referenzrahmens bezeichnet Honko den Prozeß, bei dem eine Vorstellung in einer relevanten Situation zu einem bewußten, Wahrnehmung und Verhalten beherrschenden Element wird.

Für den schwedischen Ethnologen Eskeröd „bilden die Probleme, die den Sinn erfüllen, mit anderen Worten die Interessendominanz, den Spiegel, in dem die Außenwelt wahrgenommen wird, oder vielleicht besser: in dem die Wahrnehmungen gesiebt werden und mit dessen Hilfe sie Bedeutung erlangen" (Eskeröd 1947, 71). Eskeröd hatte diese „Siebung" der Wahrnehmung aufgrund der Interessendominanz am Beispiel der Erntebräuche zu exemplifizieren versucht, wobei die emotionalen Faktoren Selbstschutz und Wunsch nach Glück den sozio-realen Faktoren des bäuerlichen Jahres, mit den Hauptperioden von Aussaat und Ernte, gegenüberstehen und als „dominante Interessen" das Denken und Handeln bestimmen. Dabei wird nicht das Vorhandensein überlieferter, regional spezifischer Symbole und Verhaltensmuster geleugnet, aber wesentlich ist nicht die „Ursprungsforschung" für diese Symbole, sondern ihre Funktion im aktuellen Interessenbereich. Diesen bezeichnet Honko als „dominanten Referenzrahmen": „Wenn der Fischer tagaus tagein das Wetter, verschiedene Naturzeichen, seine Fischplätze und den Zustand seiner Fanggeräte beobachtet, wenn er verschiedene Vorzeichen berücksichtigt und eine Menge Riten vollzieht, so ist der dauernde Gegenstand seiner Sorge die Sicherung des Fischfangs. Man kann sagen, daß das Fischglück sein dominanter Referenzrahmen ist; ebenso sind der Viehzüchter, die ihr Neugeborenes umsorgende Mutter, die heiratslustige Tochter, der mit der Aussaat beginnende Bauer usw. bereit, die Ereignisse in erster Linie vom Standpunkt ihres dominanten Referenzrahmens zu beurteilen. Die Beachtung der dominanten Referenzrahmen ist vor allem deshalb wichtig, weil man sich gerade mit ihrer Hilfe ein Bild von der Wertwelt des Individuums und der Gemeinschaft machen kann" (Honko 1962, 100f.).

Wie ein solcher dominanter Referenzrahmen „Gedeihen des Bauernhofes" in bestimmten Bedrohungssituationen zur Aktualisierung supranormaler Traditionsvorstellungen führen kann, schildert Honko am Beispiel eines Hausgeisterlebnisses: Honko geht von der Vorstellungstradition aus, daß es der Hausgeist nicht liebe, daß im Hause Trunksucht und Lärm herrschen. Er beschreibt zunächst den Prozeß der zur Aktualisierung des Phänomens führte: in einer Versammlung in einem Bauernhaus wird Schnaps getrunken, gehobene Stimmung auf der einen Seite, Besorgnis der Bäuerin auf der anderen. Als die Bäuerin nach draußen geht, „sieht" sie für einen Augenblick die Gestalt des Hausgeistes. Dazu schreibt Honko: „Als primären Reiz für die Aktualisierung des ‚Hausgeist'-Referenzrahmens kann man im obigen Beispiel den Umstand ansehen, daß die Bäuerin das Benehmen der Männergesellschaft als eine ‚Störung der rechten Ordnung' empfand, als eine Normverletzung, die den für ihren dominanten Referenzrahmen wichtigsten Wert bedrohte, nämlich die Erhaltung von Glück und Gedeihen des Bauernhofes. Da die Tradition der Bäuerin gerade für eine solche Situation passende Vorstellungen mitgegeben hatte (‚der Hausgeist wird erzürnt'), bedurfte es nur eines auslösenden Reizes, des ‚sonderbaren Geräusches', der ‚Gestalt einer Hauswand', und der Geist-Referenzrahmen aktualisierte sich, trat ins Bewußtsein ein. Die Kontrolle und die Rationalisierung des Erlebnisses geschah nicht durch Neuanalyse des Wahrnehmungsmaterials, sondern durch Reflexion vor dem von der Tradition gegebenen Hintergrund, wodurch die Echtheit des Erlebnisses endgültig bestätigt wurde" (Honko 1962, 98f.).

Im Zusammenhang mit der außerordentlich reichen und differenzierten Traditionswelt der Bergleute wurde sowohl der Begriff Referenzrahmen (Heilfurth/Greverus 1967, 42ff.) als auch Lebenswelt herausgearbeitet. Friedrich Sieber schrieb in seinem Aufsatz „Die bergmännische Lebenswelt als Forschungsgegenstand der Volkskunde": „Die Lebenswelt der Arbeitsgruppe verspricht dann ein ergiebiges Objekt volkskundlicher Untersuchung zu werden, wenn von der Arbeit her nicht nur die Stellung der Gruppe im Wirtschafts- und Gesellschaftsgefüge bestimmt wird, sondern wenn von Arbeitserfahrungen und Arbeitserlebnissen her auch die kulturellen Schöpfungen der Gruppe geprägt oder zum wenigsten getönt werden ... Der Berufskreis sowie die Lebenskreise der Familie, Gemeinde, Territorium werden von der Gruppe in ihr eigener Weise erfüllt ... Der Bergmann kündet in Selbstdokumentationen von seiner Lebenswelt, wie es nur Berufe mit ähnlichen erregenden Erlebnisabläufen tun: Seemann, Soldat, Jäger ... Die besonderen Gruppenerlebnisse drängen zur Aussage in Sondersprache, Lied, Fabulat, Spruch, in brauchtümlicher Gebärde, in Begehung und Fest, in bildnerischen Werken aller Art ... Aus dem dynamischen Zentrum des Arbeits- und Berufslebens baut sich die bergmännische Lebenswelt in Lebenskreisen und in der Teilhabe an Kulturbereichen auf. Als Teil der allgemeinen Volkskultur steht sie mit dieser im regen Austausch" (Sieber 1959, 237, 239, 242).

Auch in anderen ethnologisch-kulturwissenschaftlichen Untersuchungen, die sich den Verhaltens- und Überlieferungsbereichen bestimmter Berufsgruppen widmen, wird deutlich, wie stark das Wissen, die Einstellung und das Verhalten von dem beruflichen Dasein, das den dominanten Referenzrahmen des Alltags darstellt, geprägt wird. Besonders ausgeprägt ist der beruflich gebundene Referenzrahmen, dem sich alle Vorstellungen und Verhaltenweisen zuordnen, in Europa noch bei denjenigen Gruppen, deren Arbeit entweder in relativer räumlicher Isoliertheit, teilautonomer Selbstverantwortlichkeit und geringer Arbeitsteiligkeit abläuft oder auch besonderen Gefährdungen durch und Abhängigkeiten von der umgebenden Natur ausgesetzt ist. Es sind weitgehend die auch noch mit spezifischen Traditionsabhängigkeiten behafteten Berufe des primären Wirtschaftsbereichs wie Bauern, Hirten, Fischer, Bergleute (Heilfuth 1977). Allerdings sind Untersuchungen wie die von Jacobeit über die Schäfer in Zentraleuropa (Jacobeit 1961), in der der Versuch gemacht wird, alle Verhaltensmuster in der Alltagswelt dieser Schäfer vor dem dominanten Referenzrahmen der Schafhaltung zu überprüfen, in der europäischen Ethnologie selten. Selbst ein Kongreß, der vom Thema „Arbeit und Volksleben" her geradezu auf eine Analyse der Interdependenzen zwischen Wirtschaftsformen und den übrigen Lebensformen in einer Alltagswelt angelegt war, erbrachte als Ertrag nur eine Aufteilung der Vorträge in den „Güterkanon": Haus und Siedlung, Geräte, Volkskunst, Sprache, Erzählung, Lied, Musik, Tanz und Brauch (Arbeit und Volksleben 1967). Erst durch die neuerliche Orientierung der europäischen Ethnologie an kulturökologischen Fragestellungen unter Beeinflussung der anglo-amerikanischen anthropologischen Ansätze zeichnet sich eine Wendung zur interdependenten Betrachtung von wirtschaftlich-beruflichen Rahmenbeziehungen und Orientierungs- und Verhaltensmustern in der gesamten Alltagswelt ab, die vorerst vor allem in skandinavischen Arbeiten zum Tragen kommt und sich insbesondere den sozialen Gruppen der Bauern und Fischer zuwendet (Daun-Löfgren 1971; Daun 1972).

Die Untersuchungen im Rahmen der europäischen Ethnologie tendierten dazu, insbesondere die herausragenden Produkte des alltäglichen Verhaltens isoliert zu untersuchen. Dazu kommt die Vorliebe für historische Materialien, die weitgehend eine Beschränkung auf Dokumentenanalysen bedingt. Die tatsächliche aktuelle Bedeutung der als relevant oder interessendominant herausgearbeiteten Phänomene für das Alltagsverhalten der Betroffenen als Gruppe und Einzelne zu analysieren, wird dadurch außerordentlich erschwert. Daß es durchaus möglich ist, den dominanten Referenzrahmen für „Verhalten und Gruppenkultur" in einer historischen Epoche ausschließlich über die Dokumentenanalyse einleuchtend herauszuarbeiten, hat Möller in seiner Untersuchung über „Die kleinbürgerliche Familie im 18. Jahrhundert" gezeigt.

Er betont, daß das Orientierungssystem der „Ehrbarkeit" als Ableitung aus der bereits weitgehend in Auflösung begriffenen Ordnung des „ehrbaren Handwerks" für dieses Kleinbürgertum Formel der Selbstinterpretation und „Hintergrundserfüllung des Alltagsverhaltens" (Möller 1969, 203) darstellt. Diese Ehrbarkeit ist nicht nur ein abstrakter Wert, sondern ein aus der ursprünglichen beruflich notwendigen Totalität des Lebensstils entwickeltes Ordnungssystem für das „ganze Haus", den oikos (vgl. S. 48), das alle Verhaltensformen von der Arbeit bis zum Fest, von der Wohnung bis zur Kleidung beeinflußt. Auch die historischen Arbeiten zur Gemeindeforschung von Karl S. Kramer (1957; 1961; 1967; 1973) und Rudolf Braun (1960; 1965) versuchen das „Leben der Vergangenheit in seinen natürlichen Zusammenhängen aus zeitgenössischer Praxis und dem Alltagsleben entstammenden Zeugnissen darzustellen" und die Relevanz des wirtschaftlichen Daseins für die gesamte Prägung der Alltagswelt herauszuarbeiten.

7. Gemeindeforschung als Alltagsweltanalyse

Die historischen Ansätze zu einer Interdepenzerfassung gemeindlicher Verhaltensmuster leiten zu einem dritten Strang innerhalb der kulturanthropologisch-ethnologischen Forschung über, die dem Anspruch der Erfassung von Alltagswelten am meisten zu entsprechen scheint. Es handelt sich um die durch teilnehmende Beobachtung und Befragung ermittelte, als „holistisch" bezeichnete Totalanalyse des Gegenwartsverhaltens auf Mikroebene, die sich entweder auf kleine ethnische Gruppen (Stämme) oder räumliche Einheiten wie Gemeinden beschränkt. In diesen Untersuchungen, die sich teilweise direkt als Alltagsweltdarstellungen bezeichnen, wie „Dorf in der Vaucluse. Der Alltag einer französischen Gemeinde" von Laurence Wylie, tritt der Alltag als „alltägliches Handeln" in den Vordergrund (Wylie 1969). Ausgangspunkt der Untersuchungen sind weder einzelne Produkte noch einzelne Verhaltensbereiche, sondern die Totalität der Aktivitäten und der ihnen zugrundeliegenden sozio-ökonomischen Situationen, der Orientierungsmuster und Einstellungen. Daraus ergibt sich ein gewisses immer ähnliches Untersuchungs- und Veröffentlichungsschema, das sich an den drei umfassenden Verhaltens- und Gestaltungsbereichen des kulturellen Lebensvollzugs orientiert, die als materielle Lebenssicherung, soziale Lebensordnung und Interaktionen, sowie ästhetische und wertorientierte Umweltauseinandersetzung herausgearbeitet werden konnten (vgl. S. 92).

In der amerikanischen Cultural Anthropology liegen inzwischen eine Fülle derartiger Fallstudien vor, die zum Teil wie die Reihe „Case Studies in Cultural Anthropology" von George und Luise Spindler auch direkt für den kulturanthropologischen Lehrunterricht herausgegeben werden. In seiner als Ergänzung zu diesen Fallstudien geschriebenen Einführung „The Study of Cultural Anthropology" geht Ernest L. Schusky zunächst einführend von der Stellung des Individuums in Gesellschaft und Kultur und den Charakteristika kleiner Gemeinden sowie den Methoden ihres Studiums aus, um dann diese drei Verhaltensbereiche zu analysieren. Die sozialen Bindungen werden in Hinblick auf das Territorium, auf die Verwandtschaft, auf das politische System sowie auf die Spannungsfaktoren, Parteiungen, Minoritäten und soziale Klassen hin behandelt. Der Bereich der materiellen Lebenssicherung wird insbesondere hinsichtlich der ökologischen und der ökonomischen Ansätze in der Anthropologie abgehandelt sowie in Hinblick auf die vorrangig von der Ethnologie untersuchten Wirtschaftsformen des Jagens und Sammelns, der Hortikultur und der Weidewirtschaft sowie der bäuerlichen Wirtschaft. Der dritte Bereich der ästhetischen und wertorientierten Umweltauseinandersetzung, hier als „normative Ordnung" bezeichnet, beschäftigt sich vor allem mit der strukturellen Analyse von Sprache, Kunst, Mythos und religiösen Normen für eine moralische Ordnung; schließlich in zwei erneut allgemeineren Kapiteln mit der Vermittlung der normativen Ordnung und ihrem Wandel, wobei die Theorien des Wandels sowohl für das Individuum als auch für Dorf und Regionen überprüft werden (Schusky 1975).

Die hier ausgesprochene Forderung nach einer Untersuchung des sozialen und kulturellen Wandels auf der Mikroebene kommt in derartigen Fallstudien meistens zu kurz, es sei denn, daß in einer historischen Betrachtungsweise, die dann allerdings auch mit anderen Untersuchungsansätzen arbeiten muß, die Entwicklung bis in die Gegenwart hinein verfolgt wird oder, wie in der nunmehr bereits als klassisch zu bezeichnenden Studie einer amerikanischen Gemeinde durch Robert S. und Helen M. Lynd nicht nur der historische Hintergrund eines gegenwärtigen Zustandes entwickelt wird, sondern auch die gleiche Gemeinde von den gleichen Autoren nach einer längeren Zeit nochmals unter dem Aspekt des Wandels und Übergangs vorgestellt wird (Lynd 1929; 1937). Die Untersuchung, die von den Verhaltenskomplexen Gewinnung des Lebensunterhalts, Haushalten, Erziehung der Heranwachsenden, Benutzung der freien Zeit, Teilnahme am religiösen Leben und Teilnahme an Gemeindeaktivitäten ausgeht, wurde bei ihrem Erscheinen als eine Pionierarbeit in Hinblick auf die Mikrountersuchungen in komplexen und modernen Gesellschaften nach Art der Sozialanthropologie bezeichnet: „Für die meisten Menschen ist Anthropologie eine Ansammlung von kuriosen Informationen über Wilde. Das stimmt insoweit, als die meisten ihrer Beobachtungen bei den weniger Zivilisierten gemacht worden sind. Was nicht realisiert wurde, ist, daß die Anthropologie sich mit den Gemeinden der Menschheit befaßt, daß sie die Gemeinde oder den Stamm als eine biologische und soziale Einheit nimmt und in ihren Studien durch Vergleiche und Kontrastierung dieser Gemeinden eine Perspektive von Gesellschaft zu gewinnen versucht; was auch immer die Unzulänglichkeiten der Anthropologie sein mögen, so erreicht sie doch ein breites Maß von Objektivität, weil die Anthropologen von der Natur der Sache her, ‚outsiders‘ sind. Uns selbst gewissermaßen aus der Sicht eines Außenseiters zu studieren, ist die Basisschwierigkeit in der Sozialwissenschaft, und vielleicht ist sie unüberwindbar, aber die Autoren dieses Bandes haben einen ernsthaften Versuch gemacht, eine amerikanische Gemeinde so zu untersuchen, wie ein Anthropologe einen primitiven Stamm. Und darin liegt der besondere Beitrag, nicht nur ein Experiment in der Methode, sondern auch in einem neuen Feld zu sein: der Sozialanthropologie des gegenwärtigen Lebens" (Wissler, in: Lynd 1956, VI.).

8. Ethnologen als Künstler, Künstler als Ethnologen

Zuerst wurden diese Studien in schriftlosen Gesellschaften durchgeführt. Der Funktionalist Malinowski wird mit seiner Untersuchung der Trobriand-Insulaner „Argonauts of the Western Pacific" häufig als Leitfigur dieser Richtung beschrieben. Max Gluckman hob die besondere Qualität von Malinowskis Arbeitsweise aufgrund folgender Voraussetzung hervor: „. . . teilweise wegen seines langen Aufenthalts auf den Trobriand-Inseln, teilweise weil er in der Trobriand-Sprache arbeitete, teilweise weil sein Temperament ihn zu einer tiefen Einfühlung in die untersuchten Menschen führte . . . Diese Kombination führte ihn dazu, sowohl qualitative als auch quantitative Daten zu sammeln, die vollkommen verschieden von denjenigen anderer Wissenschaftler waren, die bereits Langzeitstudien bei spezifischen Stammeskulturen durchgeführt hatten. Malinowskis Daten gewannen so Verwandtschaft zum Rohmaterial des Novellisten, des Dramatikers, Biographen und Autobiographen, die sich alle direkt auf das soziale Leben statt auf die Art von Fakten stützten, die theoretische Anthropologen des 19. und frühen 20. Jahrhunderts für sie bereitstellten" (Gluckman 1967, XII.). Gluckman spricht in diesem Zusammenhang von professioneller Kunst, ein Begriff, der auch von anderen Anthropologen gebraucht wird, um langzeitliche qualitative Feldforschungen (Hofer 1975, 16) oder insgesamt jene in der anthropologischen Feldforschung als notwendig betrachtete und nicht lehrbare Sensibilität für die Erfahrung fremder Alltagswelten zu bezeichnen (Pelto 1970, 213ff.; Mead 1973).

Inwieweit Künstler tatsächlich die von den Anthropologen beneidete größere Sensibilität für fremde Kulturen haben oder ob nur größere Spontaneität und Aufnahmebereitschaft ihnen den Einstieg in subjektive Umwelten erleichtert, mag offen bleiben; es bleibt die Tatsache, daß oft vor den ethnologischen Analysen die literarischen Darstellungen von Alltagswelten der Gegenwart vorliegen. Das ist besonders auffällig in Ländern mit einer langen auf das eigene Volk konzentrierten Forschung, also insbesondere in Europa. Bringéus spricht von einer „Vorzeitperspektive" der schwedischen Ethnologie, die erst durch die Einführung der Folklivsforschung „eine Verschiebung auf eine umfassendere Nahperspektive" erfuhr: „Diese Perspektive war anfangs weniger wissenschaftlich als künstlerisch und literarisch" (Bringéus 1970, 88).

Am Beispiel süditalienischer Alltagsweltdarstellung kann das anfängliche Versagen der ethnologischen Wissenschaften gegenüber der engagierten Literatur sehr deutlich gezeigt werden. Während die italienischen Volksforscher große Werke über die europäische Forschung, prachtvolle Bildbände zur volkstümlichen Kunst und vergleichende Studien zu einzelnen Objektivationen herausgaben, wurde die alltägliche Welt des Lebensvollzugs der Italiener, und hier sind besonders jene in den marginalen Zonen Italiens lebenden Südländer gemeint, weder beachtet noch analysiert (vgl. Greverus 1971a). In seinem Forschungsbericht zur aktuellen italienischen Volkskunde kritisiert Schenda, der selbst eine auf teilnehmender Beobachtung beruhende Ortsteiluntersuchung in Sizilien durchgeführt hat (Schenda 1965), daß man in der italienischen Volksforschung „das Spektakuläre für das Echte und Wahre im italienischen Alltagsleben" hält (Schenda 1969, 261). Zwar ist diese Kritik direkt auf die „Tourismus-Volkskunde-Bilderbücher" von Toschi „Invito al folklore italiano" (1963) und „Il folklore. Tradizioni, vita e arti popolari" (1967) gemünzt, aber durch das Wörtchen „auch hier" werden die meisten Veröffentlichungen einbezogen.

Wenn der italienische Schriftsteller Ignazio Silone in seinem Roman „Fontamara" schreibt: „Diese Erzählung wird für den ausländischen Leser in schreiendem Gegensatz zu dem malerischen Bilde von Italien stehen, das ihm in der Literatur oft begegnet ist" (Silone 1969, 9), dann muß auch der italienischen Ethnologie der Vorwurf dieser Mitgestaltung eines falschen Bildes gemacht werden. Und Silone fährt fort: „Wie man weiß, erscheint in gewissen Büchern der Süden Italiens als ein wunderbar schönes Land, wo die Bauern fröhlich singend zur Arbeit gehen und Chöre von Landmädchen in malerischen alten Trachten ihnen antworten, während im nahen Wäldchen die Nachtigallen schmettern. Leider hat es diese Herrlichkeiten in Fontamara nie gegeben. Die Bewohner von Fontamara kleiden sich nicht anders als die armen Leute in allen Ländern der Erde, und es gibt dort keinen Wald. Die Berge sind grau und kahl ... Vögel sieht man selten, denn da erbarmungslose Jagd auf sie gemacht wird, sind sie scheu geworden ... Die Bauern singen weder im Chor noch einzeln, nicht einmal, wenn sie betrunken sind, geschweige denn, wenn sie zur Arbeit gehen. Anstatt zu singen, fluchen sie gern. Jede starke Gemütsbewegung, Freude, Zorn, sogar religiöse Inbrunst, wird durch Fluchen ausgedrückt ... Fontamara gleicht also in mancher Hinsicht jedem Dorf im Süden ... Aber Fontamara hat auch seine Besonderheiten ... Man darf sich nicht vorstellen, daß die Bewohner von Fontamara italienisch sprechen ... Es ist für uns eine Fremdsprache ..., ohne Beziehung zu unserer Art zu handeln, zu deuten und uns auszudrücken ... Wenn die italienische Sprache unsere Gedanken aufnimmt und wiedergibt, werden sie in ihrem innersten Kern verändert und entstellt ... Aber wenn auch die Sprache entliehen ist, so ist doch direkt zu erzählen unsere eigene Art ... Diese Art, Wort an Wort, Satz an Satz, Bild an Bild zu knüpfen, jeden Punkt gesondert zu behandeln, ohne Anspielungen und Nebenbedeutungen und jedem Ding seinen richtigen Namen zu geben, entspricht der alten Webkunst ..." (Silone 1969, 10f.). Es geht hier weniger darum, aus den letzten Sätzen Silones die Forderungen der „neuen Ethnographie" zu bestätigen und gleichzeitig ihren Anspruch infrage zu stellen, sondern vielmehr um die Konfrontation der das Volksleben ästhetisierenden Ethnographen mit der Sensibilität des Künstlers für die Ästhetik eines authentischen Lebensstils, dessen Enteignung in den marginalen Zonen des Fortschritts zur Konsumkultur ohne Ersatz führen muß.

Es waren die sozial engagierten und in diesen Alltagswelten beheimateten Dichter wie Giovanni Verga, Ignazio Silone, Elio Vittorini und Leonardo Sciascia oder wie der in der Verbannung nach Süditalien verschlagene Arzt Carlo Levi, die versuchten, die Wirklichkeit der Alltagswelt dieser einfachen Bevölkerung, ihre Probleme und ihre Einstellungen, die Versagungen der Gesellschaft und die daraus entwickelten hilflosen Kompensationsmechanismen in der Totalität des dörflichen Lebensvollzugs zu beschreiben.

An diesen literarischen Darstellungen zeigt sich der positive Aspekt der teilnehmenden langzeitlichen Beobachtungen für das Verständnis von Alltagsperspektiven ebenso deutlich wie derjenige eines sozialen Engagements für die Sensibilisierung des Verstehens.

Dieses Engagement ist auch die Wurzel der Arbeiten des ehemaligen Architekturstudenten Danilo Dolci gewesen, der sich – im wahrsten Sinne des Wortes teilnehmend – den Problemen der süditalienischen Armen widmete. Sein Ansatz war praxisbezogen, eine Entwicklung „dal basso" (von unten) einerseits und eine breite Aufklärungsarbeit andererseits. Das Scheitern von Entwicklungsprojekten führte ihn zu der Erkenntnis, daß eine wirtschaftliche Verbesserung der Situationen nur im Zusammenhang mit einer in der Bevölkerung einsetzenden Bildungs- und Aufklärungsarbeit möglich sei. Eine Arbeit, die den Menschen befähigt, sich der neuen Möglichkeiten und der neuen Mittel zu bedienen. Barrieren sah Dolci nicht nur in der technischen Ungeschultheit und im Analphabetismus, sondern auch in den fixierten und seit Generationen tradierten Wertstrukturen, die passives, personalistisches und fatalistisches Verhalten zur Norm machten. Seinen Bildungsbemühungen mußte eine Analyse des Vorhandenen vorausgehen: Teilnahme am Alltagsleben, Einzelbefragungen und Gruppengespräche erschlossen diese Verhaltensformen. Es geht in den Arbeiten Dolcis nicht nur darum, Armut von der politökonomischen Situation her zu erklären, sondern auch die Kompensation der Armut in andere „Werte" zu analysieren, die schließlich zu einer wirtschaftlichen Fortschritt verhindernden Internalisierung führen kann (Dolci 1962; 1965).

Außer den Schriftstellern und Sozialreformern waren es vor allem amerikanische und mitteleuropäische Kulturanthropologen, die die Wirklichkeit jenes süditalienischen Alltagslebens in der Interdependenz von Marginalisierung und dem Gesamt des täglichen Verhaltens zu analysieren versuchten (Banfield 1958; Friedmann 1953; 1960; Moss-Cappanari 1962; Weber 1966; Reimann 1969; Galtung 1971; Blok 1969; Lopreato 1961).

9. Für und wider die kulturanthropologische Gemeinde-forschung in Europa

Die Kulturanthropologen fanden für ihre gegenwartsbezogene, holistische Gemeindeforschung in Europa durchaus genügend „weiße Flecken", die nicht von den einheimischen Ethnologen wahrgenommen wurden. So enthält die 1976 vom „Anthropologisch-Soziologisch Centrum" in Amsterdam herausgegebene Bibliographie über die spanische Gesellschaft unter den vierundvierzig Titeln zur Gemeindeforschung, zu denen noch weitere unter Regionalstudien kommen, vor allem englische und amerikanische Arbeiten (Driessen-Meertens 1976, 59ff.).

Bei den einheimischen Ethnologen schwankt die Kenntnisnahme dieser Arbeiten zwischen dem Ruf nach dem kulturanthropologisch geschulten Forscher aus den eigenen Reihen und scharfer Kritik an den anthropologischen Gemeindeforschungen. So schreibt der Schweizer Ethnologe Niederer 1969 im Hinblick auf von französischen Anthropologen in der Schweiz durchgeführte Gemeindeanalysen: „Es ist zweierlei, ob sich ein Einzelforscher oder eine Forschungsequipe in einer Gemeinde aufhält, um Daten über die kulturelle Wirklichkeit im weitesten Sinne des Wortes zu sammeln, oder ob sich einer nur für abgestorbene oder absterbende Bräuche und frühere, jetzt von der Bevölkerung als rückständig empfundene Gepflogenheiten interessiert . . . der eine erzieht die Gemeinde zum Selbstverständnis, ja vielleicht sogar zur Selbstanalyse, der andere scheint nur für das Leben der Gemeinde in der Gegenwart relativ Unwichtiges wissenschaftlich aufwerten zu wollen" (Niederer 1969, 7).

Auch der schwedische Ethnologe Erixon, Begründer der „folklivsforskning" in Schweden, forderte für die ethnologische Gemeindeforschung eine stärkere Orientierung an kulturanthropologisch-sozialwissenschaftlichen Ansätzen (Erixon 1967). Seine eigenen Arbeiten zur Gemeindeforschung, die bereits 1912 einsetzten (Erixon 1946), gingen von einem Programm aus, das durchaus an die 1975 von Schusky aufgestellten Untersuchungsbereiche anklingt: „Das aktuelle Territorium in seinen physischen und demographischen Aspekten und die historische Besitzverteilung; 2. Wohnen und Bauten und Mobiliar; 3. Soziale Schichtung und Organisation, mit Bräuchen, Gewohnheiten und Glaubensvorstellungen; 4. Gewerbe und Industrie und die Alltagsbeschäftigungen sowohl bei Bauern als nichtlandwirtschaftlichen Arbeitern; 5. Die veränderte Situation des Dorfes durch gesetzliche Landparzellierung" (Erixon 1967, 163).

Der portugiesische Kulturanthropologe Jorge Dias, gemeinsam mit Erixon Mitbegründer der seit 1967 erscheinenden „Ethnologia Europaea", der selbst zahlreiche Gemeindeforschungen in Portugal durchgeführt hat (Dias 1948; 1953; 1973/74; Dias M. 1973/74) und 1968 eine Konferenz über die ländliche kleine Gemeinde organisierte (vgl. Niederer 1973/74), beklagte den Mangel an ethnologischen Gegenwartsuntersuchungen europäischer Dörfer, wie sie von den amerikanischen Anthropologen durchgeführt würden: „Das Interesse an der historischen Rekonstruktion der Vergangenheit, das viele Forscher absorbiert, ist sicher wichtig. Aber das Studium sozialer Gruppen, die als ein Ganzes reagieren, mit ihren eigenen Erwartungen, ihren eigenen originellen Weisen sich mit der Welt und dem Leben auseinanderzusetzen, die Träger eines Systems traditioneller Werte sind, die nicht im geringsten denjenigen gleichen, die ihnen allmählich von den modernen technischen und ökonomischen Vorstellungen aufgezwungen werden, ist eine außerordentlich bedeutende Quelle menschlichen Reichtums und bisher kaum von den europäischen Ethnologen angegangen worden" (Dias 1968/69, 110).

Den positiven Stimmen gegenüber der kulturanthropologischen gegenwartsorientierten Alltagswelterforschung in europäischen Gemeinden stehen skeptische bis ablehnende gegenüber: während Schenda inbezug auf Wylies „Dorf in der Vaucluse" nur etwas gönnerhaft von den Schilderungen des Alltagslebens „mit der unnachahmlichen Freundlichkeit des liebenswerten amerikanischen Kulturanthropologen" spricht (Schenda 1970b) und Nachforschungen zu dieser Fünfziger-Jahre-Untersuchung wünscht, um den gesellschaftlich bedingten Wandel zu erkennen, kritisieren beispielsweise italienische Soziologen, ausgehend von Banfields Gemeindestudien in der „backward society" sehr viel expliziter das Fehlen eines weiteren historischen und politischen Kontexts und einer Ursachenforschung für die von Banfield beschriebenen Verhaltensformen (Marselli 1965; Pizzorno 1966). Der ungarische Ethnologe Hofer, der selbst eine langzeitliche Gemeindeuntersuchung durchgeführt und in umfangreichen Veröffentlichungen vorgelegt hat (Fél–Hofer 1969; 1972; 1974) verurteilt aus ethnographischer Perspektive noch stärker den Mangel an historischer Tiefe und Quellenstudium und verweist darauf, daß die europäischen Ethnographen eben jene von amerikanischen Kulturanthropologen entdeckten Dörfer schon vor 100 Jahren untersucht hätten: „Im allgemeinen kann der Ethnograph seinen eigenen Kenntnissen wenig aus diesen von Amerikanern durchgeführten Gemeindestudien in Europa hinzufügen. Er kann höchstens den unbeschwerten Zugang und ihre Fähigkeit bewundern, Themen zu analysieren und darzustellen, die für den europäischen Ethnographen viel zu vertraut sind, um sie überhaupt zu erforschen" (Hofer 1968, 311). Mit dieser Feststellung aber wird genau jenes Untersuchungsziel negiert, das von Befürwortern der kulturanthropologischen Gemeindeforschung als besonders relevant hervorgehoben wird: der Aufweis eben jener Alltagswelt im alltäglichen Handeln und Denken oder die „bedrückenden nachbäuerlichen Sitten verschwindender Dörfer und rückständiger Gesellschaften", deren Analyse Hofer das „Bild des farbenprächtigen, reichen, verschlungenen Gefüges kultureller Prozesse hinzufügen möchte, die die Ethnographen erfaßt und beschrieben haben" (Hofer 1968, 311).

Im Contra gegen die amerikanischen kulturanthropologischen Gemeindestudien wird gern eine kritikunterstützende Selektion getroffen, mit der man Mißachtung des gesamtgesellschaftlichen Kontexts und der historischen Entwicklung, Beschränkung auf nicht überprüfbare teilnehmende Beobachtung, unvergleichbare Zufälligkeit des gewählten Ortes oder politische Insuffizienz nachweisen kann. Wie stark diese Selektion jeweils von einer Selbstwertverteidigung der Kritisierenden abhängig ist, wird aus den im Anhang der Neuauflagen des Buches von Vidich und Bensman „Small Town in Mass Society" (1971) herausgegebenen Reaktionen deutlich, wobei neben den Vorwürfen, die von methodischer Inkonsequenz bis zur Verletzung ethischer Prinzipien reichen, mir derjenige des Direktors eines Beerdigungsinstituts „Much Ado About Nothing" genau auf jene Position zu verweisen scheint, die von zahlreichen ethnographischen Gemeindeforschern Europas gegenüber der Analyse von „alltäglichen" Verhaltensformen eingenommen wird. Das zentrale Interesse der Autoren war nicht der Einzelfall einer ländlichen Gemeinde mit Relikten einer farbigen Tradition, sondern der Aufweis, wie diese kleine Gemeinde entsprechend allen anderen Segmenten der amerikanischen Gesellschaft „kontinuierlich und zunehmend in die zentrale Maschinerie, die Prozesse und dynamischen Entwicklungen der Gesamtgesellschaft gezogen wird" (Vidich-Bensman 1971, XI). Diese Gemeinde wurde durchaus als Paradigma für typische Probleme der heutigen Gesellschaft betrachtet, in der weder der einzelne noch territoriale Kleingruppen wie die Gemeinde Kontrollmöglichkeiten über jene Institutionen haben, die ihre Daseinsformen bestimmen und regulieren. Außer den Rahmenbedingungen der Beziehungen zwischen ländlicher Gemeinde und der modernen Industriegesellschaft sowie der sozialen und ökonomischen Basis ländlicher Klassenstrukturen versuchten die Autoren die Beziehungen zwischen dem Verhalten in öffentlichen und privaten Situationen, die Mechanismen der gemeindlichen Integration und der Techniken personaler Anpassung in sozialen, institutionellen und kulturellen Spaltungen und Konflikten zu analysieren, die jene Werte, die in der Vergangenheit als Basis für Integration und Anpassung gedient hatten, ständig bedrohen. Um diese Fragestellungen zu lösen, bekennen sich die Autoren zu einer anthropologischen Feldarbeit, die trotz aller Verfahrensvielfalt auf dem teilnehmenden „Tiefenstudium" beruht: „In seinen Tiefenstudien ist der anthropologische Feldforscher, weil er die Ausdehnung seines Untersuchungsfeldes begrenzt, fähig, in verschiedene Segmente der Gemeinde vertieft einzudringen und die relative Bedeutung von verschiedenen institutionellen Strukturen, Rollen und Individuen und die Verbindungen zwischen ihnen abzuwägen" (Vidich-Bensman 1971, 381).

Das Pauschal-Bekenntnis zu oder die Pauschal-Verurteilung von anthropologischen Gemeindeuntersuchungen amerikanischer Provenienz kann bei deren Verschiedenheit nur als Unkenntnis, Ideologie oder Minderwertigkeitskomplex gewertet werden. Inwieweit die beiden ersten Einstellungen für die europäischen Ethnologen „notwendig" sind, kann und will ich hier nicht beurteilen, die letztere auf jeden Fall ist aufgrund einer neuerlichen gegenwartsbezogenen problemorientierten Fülle von eigenen Forschungsansätzen, -projekten und abgeschlossenen Untersuchungen von Gemeinden, die nichts mehr mit der selektiven volkskundlichen Suche nach erhaltenen Märchen, Liedern oder Trachten in Dörfern zu tun haben, unberechtigt. Ob damit die namentliche Firmierung oder Berufung auf die Sozial- oder Kulturanthropologie vorhanden ist wie bei der schweizerischen Gemeindeforschung der „Groupe de Recherches en Anthropologie" (1965), den in der Gemeindeforschung außerordentlich aktiven Mitgliedern des „Anthropologisch-soziologisch Centrum" in Amsterdam (Boissevain-Friedl 1975), den schon lange an der angloamerikanischen anthropologischen Gemeindeforschung kritisch partizipierenden skandinavischen Ethnologen (Daun-Löfgren 1971; Daun 1972; Stoklund 1977), den Gemeindeprojekten des Frankfurter Instituts für Kulturanthropologie und Europäische Ethnologie (Greverus 1977b; Haindl 1977; Haller von Hallerstein-Teufel 1977), oder ob diese Gemeindeforschung unter der Fachbezeichnung empirische Kulturwissenschaft wie in Tübinger Studien (Bausinger-Braun-Schwedt 1959; Schwedt 1968; Illien 1977; Jeggle 1977), Volkskunde oder Europäische Ethnologie läuft, ist weniger entscheidend als die durchgehende Orientierung an den gegenwärtigen Problemen der Auswirkungen gesamtgesellschaftlicher Veränderungen auf das Alltagsleben in jenen „kleinen Gemeinden", die einst als „traditionsreiche Bauerndörfer" das nostalgische Studienobjekt der einheimischen Ethnographen waren.

Die Wende der europäischen Ethnologen zu einer neuen Gemeindeforschung zeigt sich nicht nur an der Fülle und an der Problemstellung bibliographierter Titel (Schwedt 1973), an Forschungsüberblicken (Weinhold 1956; 1968/69; Ethnologia Euro-

paea 1973), an der nationale und weltanschauliche Grenzen über-
windenden Zusammenarbeit in gemischtsprachigen Gemeinden
(Schenk/Weber-Kellermann 1973; Weber-Kellermann/Schenk
1977) und Kongressen, die diesem Thema gewidmet sind (Gemeinde im Wandel 1977), sondern insbesondere in der Bereitschaft, nicht mehr nur nach den traditionellen, farbigen Elementen
eines dörflichen Alltags zwecks Registrierung und Dokumentation
zu suchen, sondern in Zusammenarbeit mit anderen Wissenschaften und den Bürgern selbst sich sowohl der Analyse einer weniger
farbigen Alltagswelt zu widmen, als sich auch für kommunale
Planungen einzusetzen, um weitere kulturelle Autonomieverluste
der Gemeinden zu verhindern und vielleicht in einem Rückbezug
auf den „Stil" früherer Alltagswelten jene Alltäglichkeit überwinden zu helfen, die Kulturkritiker als Identitätsverlust in einer anonymen, vorfabrizierten Konsumwelt bezeichnen und zwölfjährige Kinder als „langweilige Bewegung" (vgl. S. 93).

10. Die Erforschung der programmierten „trivialen" Alltäglichkeit

Ein vierter Zugang der ethnologischen Forschung zur Alltagswelt
oder Alltagskultur geht wesentlich von der Analyse der „Alltäglichkeit" im Sinne von Kosíks oder Lefèbvres entfremdeter und
programmierter Alltäglichkeit aus, in der der Mensch in der „bürokratischen Gesellschaft des gelenkten Konsums" nur noch Kon-
sument von Angeboten ist. Aus der Einordnung der Menschen als
„von außen her bestimmt und sogar vorfabriziert . . . bis zur Robotisierung" (Lefèbvre 1972, 96) leitet sich allerdings nur bedingt
die in dieser Forschungsrichtung vorrangige Inhaltsanalyse von
vor allem massenmedialen Angeboten her. Vielmehr muß hier die
Abhängigkeit gerade der europäischen Volkskunden von den jeweiligen nationalen Philologien gesehen werden. In dieser Abhängigkeit wandten sich die Volkskundler des 19. und beginnenden
20. Jahrhunderts jenen sprachlichen und bildnerischen Überlieferungen zu, die von den Literaturwissenschaften und den Kunstwis-
senschaften ausgeklammert wurden: den Erzählungen, Liedern
und Sprüchen, die beim „Volk" im Umlauf waren, und der künst-

lerischen Gestaltung ihrer Gebrauchsdinge vom Werkzeug bis zum Votivbild. Allerdings wird die, zumeist sehr kritisch vorgetragene, Analyse der massenmedialen Produkte für das „Volk" als Gegenbewegung zur „alten" Volkskunde verstanden, der es um die Herausarbeitung der kulturellen Produktivität oder Reproduktivität des „einfachen Volkes" ging (vgl. Bausinger 1968). Das Prinzip der Selektion des „Echten", „Stämmigen" und „Tüchtigen", das, wie Goethe in seiner Rezension der Lieder in „Des Knaben Wunderhorn" (1806) schreibt, „der kern- und stammhafte Teil der Nationen ... faßt, behält, sich zueignet und mitunter fortpflanzt" (Goethe Bd. 36, 261), jener Poesie, die noch nicht „zum Schmutz und zur Leerheit der befahrenen Straße" (Arnim 1819, 447) herabgesunken war, klammerte die als minderwertig oder trivial bezeichnete alltägliche Konsumliteratur der Bevölkerung aus. Erst seit den 60er Jahren unseres Jahrhunderts setzte eine intensivere Hinwendung zu und Erforschung von sogenannter „Trivialliteratur" ein (vgl. Schenda 1970a, 22ff.), der sich die Erforschungen anderer Massenprodukte und ihrer massenmedialen Vermittlung, vom Schlager bis zum Wandschmuck, anschlossen.

Die Bezeichnung für diese Produkte ist äußerst heterogen (Foltin 1965), wobei sich der Ausdruck populär noch am besten als Oberbegriff eignet, weil er vom Rezipienten ausgeht, das heißt, die Charakterisierung nicht bei der Qualität des Produkts einsetzt, sondern bei seiner Verbreitung und damit „Beliebtheit" bei der Bevölkerung. In der amerikanischen Sozial- und Kulturforschung wurde „popular culture" geradezu zum Ersatzbegriff für Massenkultur (Löwenthal 1961; Rosenberg-White 1963; Gans 1974), umfaßt dabei allerdings nicht nur die Produkte, sondern auch und vorrangig den Gesamtkomplex internalisierter Wertorientierungen und Verhaltensweisen. Gewisse Schwierigkeiten ergeben sich mit diesem Begriff allerdings wieder in der internationalen Verständigung, da zum Beispiel in den romanischen Ländern „cultura populare" oder „tradition populaire" das bezeichnen, was im deutschen Sprachgebrauch als Volkskultur und im anglo-amerikanischen als folk culture gerade von einer sogenannten „Massenkultur" abgesetzt wird (vgl. S. 189ff.).

In Deutschland hat sich der Begriff populär für jenen Bereich von massenhaft produzierten literarischen, musikalischen und bildnerischen Werken durchgesetzt, die, trotz aller Beteuerung von „Wertungsfreiheit", entweder als künstlerisch minderwertig oder als im Sinne von Giesz' „Kitschkonsumenten" (Giesz 1971) minderwertig rezipiert betrachtet werden. „Populärer Wandschmuck" (Wandschmuckforschung 1970; Schilling 1971, Sturzenegger 1970; Brückner 1974), das ist die „Bilderfabrik" (Bilderfabrik 1973), Konsumgut: „ein Möbel im Haushalt des Kleinbürgers" (Brückner 1974, 7). Dieser „populäre Wandschmuck" reicht von den „Röhrenden Hirschen" bis zur Reproduktion von Dürers „Betenden Händen": „Popularisiert wird Kunst auf mehrfache Weise. Einmal, wenn beispielsweise Werke der Hochkunst (Der Mann mit dem Goldhelm, Betende Hände) preiswert reproduziert in die Wohnung gebracht werden, zu Menschen, die weder bereit noch fähig sind (hier ist kein Vorwurf versteckt!), über die Inhalte zu reflektieren" (Schilling 1970, 158). Ist hier wirklich kein Vorwurf versteckt, kein elitäres Sich-Absetzen? Die Reaktion der Presseleute auf die Ausstellung „Bilderfabrik" zeigte jedenfalls schon in den Schlagzeilen mehr „klebrige Genüßlichkeit" – als „süßliche Nachgiebigkeit des zustimmenden Lächelns" (Giesz 1971, 41) –, als sie je in eine emotionale Identifikation der sogenannten Kitschkonsumenten mit diesen Bildinhalten hineininterpretiert werden kann: „Und ewig röhren die Hirsche. Seit etwa hundert Jahren zieren Trivialbilder Bauern-, Arbeiter- und Kleinbürgerwohnungen" – „Für 50 Goldmark kam heile Welt ins Haus" – „Hausgreuel aus der Bilderfabrik" – „Bürger und Bauern geben ihre Schlafzimmergeheimnisse preis" – „Opas erbauliche Schlafzimmerkunst" – „Die Wonnen der Gewöhnlichkeit" – „Die Elfen tanzen im muffigen Heim" (Bilderfabrik Resonanz 1973, 20 ff.).

Die im Zusammenhang mit „populärer" Kunst, Literatur oder Musik gebrauchten schichtenspezifischen Zuordnungen wie „Die Lesestoffe der Kleinen Leute. Studien zur populären Literatur im 19. Jahrhundert" (Schenda 1976) suggerieren zumindest, daß diese Art von populärer „Kunst" nur von der Unterschicht – und warum dann jener undefinierte Euphemismus „Kleine Leute", der eben jene objektiven und nicht „selbstverschuldeten" Unterschichtkriterien in ihr Gegenteil verkehrt – konsumiert wird. Die „Selbstkritik" des Autors, daß er die eigenständige Gegenliteratur mit politischem Protest der Unterschicht nicht genügend beachtet habe und dieses als eine neue Forschungsaufgabe betrachtet (Schenda 1976, 10), entkräftet erstens die implizite Unterstellung der vorwiegenden Verbreitung von als minderwertig eingestufter Literatur und Kunst bei den unteren Schichten nicht und erkennt zweitens für diese Schichten nur politischen Protest als produktive oder reproduktive literarisch-künstlerische Leistung an. Die Herausarbeitung der oppositionellen Dichtung einer beherrschten Unterschicht, die insbesondere das Verdienst der Volksforschung in den sozialistischen Ländern war (Steinitz 1954; 1962; Burde-Schneidewind 1960; Neumann 1961; Strobach 1964), hebt allerdings weder die Frage nach dem durch alle sozialen Schichten gehenden Konsum von sogenannter „minderwertiger" Kunst und Literatur als „Fluchthilfen" für den Alltag auf, noch die Frage nach einem kreativen, aber „unpolitischen" Potential in den Unterschichten unserer gegenwärtigen Gesellschaft, wie es insbesondere in den Freizeitbeschäftigungen von der Sonntagsmalerei der noch nicht „entdeckten" Naiven bis zur „Kunst im Vorgarten" (Schwedt 1970, 96 ff.), mit dem die alltägliche Umwelt gestaltet und reflektiert wird, reicht. Elke Schwedt hatte für diese neuen künstlerischen Kreativitäten der Gegenwart die Begriffe „präformierte", „konditionierte" und „innovatorische" Kreativität geprägt (Schwedt 1970, 136 f.). Während auf die präformierte Kreativität des kommerziell erwerbbaren Bastelns mit vorfabrizierten Teilen durchaus die Gleichsetzung der Begriffe Massenkultur oder Konsumkultur mit Populärkultur zutrifft, handelt es sich bei der konditionierten und innovatorischen Kreativität um „populäre" kulturelle Ausdrucksformen, mit denen in graduell verschiedener Eigenständigkeit, aber immer in aktiver Umweltaneignung und -interpretation eine eigene Alltagswelt aufscheint: es sind Ausdrucksformen, die weder der „hohen" herrschenden noch der industriell produzierten Massenkultur hilflos hinterherhinken, sondern deren „Angebote" für den eigenen Bedarf produktiv umsetzen.

11. Gebrauchskunst für den Alltag

Im Zusammenhang der Alltagswelt- und Alltäglichkeitsdiskussion wird der Begriff der „Gebrauchskunst", der stellenweise für die populäre Literatur und Kunst benutzt wird, wichtig, insbesondere, wenn wir die pragmatische Orientierung des alltagsweltlichen Handelns auf Lebenspraxis als Charakteristikum anerkennen und uns der These anschließen, daß Kultur auch ein „Leit-System" darstellt, dessen Enkulturation erst die menschliche Orientierung und Verhaltenssicherheit im sozialen Feld ermöglicht, womit gleichzeitig auch ihre normative Kraft – bis zum Zwangscharakter – angesprochen ist.

Wenn „Gebrauchskunst" als „Massenkunst" der industrialisierten Gesellschaft bezeichnet wird, dann leitet sich sowohl ihre ästhetische als auch funktionale Bewertung aus einem Negativkatalog gegenüber der Alltagskunst vergangener Epochen her, der insbesondere aus dem funktionalen Heraustreten der Kunst aus der Totalität des Lebensvollzugs interpretiert wird. Für Holz führte der Funktionswandel der Kunst in der industrialisierten Gesellschaft zum Auseinandertreten einer „prinzipiell multiplikablen Gebrauchskunst und einer hochstilisierten Repräsentationskunst" (Holz 1972, 7). Der unmittelbare Gebrauchswert, entscheidendes Kriterium früheren Kunstschaffens und Kunstgebrauchs, geht dieser hochstilisierten Kunst zugunsten ihres Tauschwerts, ihres Warencharakters, verloren. Den Übergang vom Gebrauchswert des Kunstwerks zum reinen Tauschwert sieht Holz sich in einer Stufenfolge vollziehen. Zunächst hatte das Werk Instrumentalwert, war eingesetztes „Zauberwerkzeug" im Ritual: „Vom Objekt ging eine magische Wirkung aus – optische Benennung, Beschwörung, Analogiezauber als Vorbereitung von Jagd, Ernte, Krieg und anderen lebenswichtigen Vollzügen des Alltags" (Holz 1972, 11).

Im mythischen Denken löste sich die Instrumentalfunktion des direkten Bewirkens von der Darstellungsfunktion ab: die Bedeutung des Werkes ist hier nicht mehr Vehikel des Bewirkens, sondern selbst die Wirkung. Sein Gebrauchswert ist der Informationsgehalt über ein Ereignis, mit dem sich die Gesellschaft identifiziert:

„Die Gesellschaft versteht sich in bezug auf die dargestellten Inhalte, sie weiß sich ausgedrückt durch den Mythos, der Mimesis ihres eigenen Lebens ist, das sich erst in der Darstellung seiner selbst bewußt wird" (Holz 1972, 12).

Der Informationswert ist somit gleichzeitig ein Repräsentationswert im eigentlichen Sinne des Wortes, der die Objektivierung, die Vergegenwärtigung und Darstellung eines Bedeutsamen meint. Dieser Gebrauchswert ist dem Werk auch in seiner säkularisierten Form als Emblem politischer Macht und Integration geblieben. Die Integration des Werkes in gesellschaftliche Praxis einer bestimmten, hier eingeschränkten, Gruppe und damit die Singularität seines Gebrauchswertes sieht Holz als das entscheidende Kriterium dafür an, daß es primär nicht in die Sphäre des Austauschs eingehen, keinen Warencharakter annehmen konnte: weder das Kultbild einer Gemeinschaft noch die Fahne eines Heeres, noch das Porträtbild konnten veräußert werden, hatten für außerhalb der Identifikationsgruppe Stehende einen Gebrauchswert, der den Tausch interessant machte. Die Embleme einer fremden Gemeinschaft gewannen nur als „erbeutete", als Siegeszeichen der Überlegenheit, einen Gebrauchswert für die anderen. Erst in dem Moment, wo das Kunstwerk um nichts als seiner selbst willen begehrt wird, verliert es seinen Gebrauchswert und wird zur Ware, sein Marktwert bemißt sich an ästhetischen Kriterien, die von seinem vormaligen oder auch gegenwärtig intendierten Gebrauchswert abstrahieren.

Gebrauchskunst für den Alltag oder „Kunst mit Gebrauchswert" bleibt in dieser Kritik dann nur noch die multiplikable oder technisch reproduzierbare (Benjamin 1970), deren Gebrauchswert als ein „korrumpierender" (Haug 1972, 65 ff.) bezeichnet wird: Die „mehr oder weniger triviale ‚Alltags‘-Gebrauchskunst . . . will nichts bewirken, außer konsumiert zu werden, und sie bewirkt nichts als dies und Affirmation, das heißt unreflektierte Identifikation des rezipierenden Publikums mit den dargebotenen ‚Aussagen‘ des Kunstwerkes, die zu einer Selbstbestätigung des Konsumenten und zur Identifikation mit dem bestehenden Wert- und Gesellschaftssystem führt" (Schmidt-Relenberg 1969, 476).

12. Konsumentenbedürfnisse und Gebrauchswertversprechen

Für Haug liegt der korrumpierende Gebrauchswert vor allem in jenem ästhetischen Gebrauchswertversprechen, mit dem die Gebrauchsgegenstände als Waren „verpackt" werden, um über die Scheinbefriedigung existenzieller menschlicher Bedürfnisse den Marktwert zu steigern. Kunst sinkt als künstlerische Verpackung, als Verzierung, als Reklame zum Auslösereiz für den Kauf eines alltäglichen Konsumgegenstands über das Scheinversprechen individueller Glücksmöglichkeiten herab. Der primäre Gebrauchswert wird durch einen sekundären, und nicht einlösbaren, überlagert.

In vorrangig inhaltsanalytischen Untersuchungen populärer Literatur und Kunst, die als „Gebrauchskunst" (Schenda 1970; Brückner 1974) bezeichnet wird, wird nun auch insbesondere dieses uneinlösbare Gebrauchswertversprechen, das sich an die Bedürfnisse oder Exigenzen (Schenda 1970, 470 ff.) der Konsumenten wendet, herausgearbeitet und kritisiert. So führt Schenda in seiner Analyse der populären Lesestoffe des 18. und 19. Jahrhunderts folgende Exigenzen der Leser als ausschlaggebend für ihren Lesekonsum (und ihre Manipulierbarkeit) an: billige Lesestoffe; primär Bekanntes und Alltagsverbundenheit, d. h. einen Spiegel seiner selbst; Informationen als „Lebenshilfe" für seine Probleme; Varietät und Dosierbarkeit der Lesestoffe; Ereignisse statt Ideen; Fluchthilfen aus der Realität in die Vergangenheit oder in die Fremde; fiktiver Kontakt und Konsolation und Überhöhung der Wirklichkeit. Ähnliche Bedürfnisse und ihre Scheinbefriedigung werden auch für andere Literaturbereiche, den Schlager (Bausinger 1973; Mahal 1975; Mezger 1975) oder den Wandschmuck (vgl. S. 126) herausgearbeitet, wobei sich gerade in den am intensivsten von den Volks- und Kulturforschern untersuchten Objektbereichen, in die sie sich mit der Kultursoziologie, der Kommunikationsforschung und den speziellen Kulturwissenschaften wie Literatur-, Musik- und Kunstwissenschaft teilen, ein primärer materieller Gebrauchswert nicht mehr feststellen läßt und auch kaum diskutiert wird.

Andere Objektbereiche wie Kleidung, Wohnung und Wohnungseinrichtung oder alle mit dem Nahrungserwerb zusammenhängenden Objektivationen als alltägliche Gebrauchsgegenstände für den existenziell-materiellen Bedarf, die besser unter dem Aspekt von primärem und sekundärem Gebrauchswert diskutiert werden könnten, haben in diesem Zusammenhang im Rahmen der Volks- und Kulturforschung mit Ausnahmen (z. B. Tränkle 1972) wenig Analysen erfahren. Gerade an diesen Objektivationen ließe sich aber das Moment eines primär ästhetischen Gebrauchswertes herausarbeiten, der mit einer Entwicklung der Kunst aus ihrem magisch-rituellen Instrumentalwert bis zum Repräsentationswert allein nicht abgedeckt wird.

Die Unterstellung der ursprünglich ausschließlich magischen Funktionalität des Kunstwerks, und das heißt seines Werkzeugcharakters im Sinne materieller Bedürfnisbefriedigung, schließt die Befriedigung eines „bloß" ästhetischen Bedürfnisses oder eines immateriellen Bedürfnisses, wie Lévi-Strauss' „Ordnung im Chaos" (vgl. S. 36 f.), aus der schöpferischen Potenz des Menschen aus. Gebrauchswert hätten dann nur die Dinge, die Hunger und Durst, physischen Wärmeausgleich, Schmerzvermeidung und Sexualität – die vielzitierten Primärbedürfnisse – befriedigten: alles andere wäre bereits historische, manipulierte und sekundäre Bedürfnisentwicklung. Bei Schenda zum Beispiel werden, trotz seines berechtigten Protests gegen einen biologischen Bedürfnisbegriff (Schenda 1970, 470), Bedürfnisse auf physische Organismusbefriedigung reduziert, wenn er schreibt: „Der Leser fordert . . . die Vorwegnahme von Situationen, denen er sich nicht gewachsen fühlt . . . Zu den extrem physischen Lebenslagen gesellen sich die extrem psychischen – die Liebe (die freilich aufs engste mit dem physischen Bereich verbunden ist) und der Wahnsinn, der Haß und die Perversität . . . Der Mensch . . . will wissen, wie sich andere Menschen in diesen Situationen verhalten: wenn sie nichts zu essen haben, wenn sie bluten, wenn sie sterben, wie sie Liebe machen, wie sie rasen, wie sie rachgierig andere quälen . . ." (Schenda 1970, 475). Zu den „klassischen" Primärbedürfnissen, einschließlich der Liebe in ihrer Reduzierung auf den physischen Bereich, wird hier noch auf ein anlagebedingtes Aggressions- und Zerstörungsbedürfnis insistiert, das eher an eine ethologische „Liebe und Haß"-

Interpretation (Eibl-Eibesfeldt 1970) anklingt als an die These vom „Leser als Opfer seiner Lesestoffe" beziehungsweise an die hinter diesen Lesestoffen stehende Manipulation seines Denkens und seiner Präferenzen durch die gesellschaftlichen Verhältnisse (Schenda 1970, 467ff.). Allerdings widerspricht auch unter der Prämisse der Manipulation von Konsumentenbedürfnissen die Reduktion auf eine Scheinbefriedigung des materiell-physiologischen Bedarfs der vom Autor selbst durchgeführten inhaltsanalytischen Erschließung dieser „populären" Lesestoffe, deren Gebrauchswertversprechen viel stärker im Bereich eines „psychischen Erlebens" als eines „physischen Machens" liegt.

Diese Konsumentenbedürfnisse versucht Klusen (1969) in seiner anthropologischen Einordnung des Liedes als Gebrauchsgegenstand einer singenden Gruppe unter drei sich überschneidende Grundformen von Selbstdarstellung, Lebensverklärung und Lebenssicherung zu subsumieren, wobei die Instrumentalität der ich- oder gruppenbezogenen Reflexion, der Kooperation zwischen den Gruppenmitgliedern oder zwischen verschiedenen Gruppen und der Aggression gegenüber Fremden nicht das eigentliche Bedürfnis oder eine physische Grundveranlagung darstellen, sondern Mittel zur Satisfaktion jener außerhalb des physisch-materiellen Bereichs stehenden Grundformen. Das „gehandhabte" Lied ist für Klusen „Gebrauchskunst", wobei der Bezug auf eine Wir-Gruppe, das heißt der solitäre Charakter des Gebrauchswertes, der von Holz als Charakteristikum einer noch nicht Ware gewordenen Kunst des integrierten Alltagslebens gesehen wird, wieder zum Bestimmungsfaktor wird, obgleich es sich weder um genuine Schöpfung der Gruppe noch um einen Gebrauchswert im streng materiellen Sinn handeln muß. Das entscheidende Kriterium ist vielmehr die „Benutzung" und das heißt die subjektive Aneignung und gegebenenfalls Angleichung durch Umformung in der je spezifischen Alltagswelt einer Gruppe, um sich Selbstdarstellung, Lebensverklärung und Lebenssicherung zu verschaffen.

Wenn es, wie Scharfe allerdings kritisch und ironisch formuliert, bei anderen Autoren heißt, „die Kaufhauskunst ist die Volkskunst der Gegenwart" (Scharfe 1974, 219), dann wird damit auf den

Gebrauchswert einer Kunst insistiert, bei der weder, wie in der Volks- und Hochkunstdiskussion, die Qualitätsfrage eine Rolle spielt, noch die Frage der eigenen Produktion. Der „Gebrauchswert" wird hier auch nicht in primär, das heißt materiell, und sekundär, das heißt immateriell, unterteilt, sondern leitet sich eben aus der je spezifischen Benutzung her. Das allerdings erforderte nicht Inhaltsanalyse, sondern Rezipientenanalyse – und das heißt „Feldarbeit" mit all ihren Schwierigkeiten bei jenem wie auch immer zu bezeichnenden „Volk", den Konsumenten. Die Analyse von Bedürfnissen oder Exigenzen des „Volkes" wird kaum um eine Funktionsanalyse der konsumierten Objektivationen herumkommen, wenn auch Formulierungen wie „stabile Gebrauchskunst" (Erixon 1941, Hofer 1973), die aus dem Verwendungskriterium abgeleitet werden, oder daß „für den Volkskunstbegriff lediglich der Verbraucherstandpunkt maßgebend" sei (Spamer 1928, 10), durch die Verengung auf den materiellen Gebrauchswert nicht genügen.

Schilling, dessen Einstellungsinterpretation der unteren Sozialschichten zu ihrem Wandschmuck eine systematische Rezipientenanalyse zugrunde liegt, plädiert unter Berufung auf Klusen – „Wenn überhaupt ästhetische Kategorien . . .. oder ästhetische Urteile . . . gefällt werden, dann bedeutet dies keineswegs ein Urteil über die Schönheit des Liedes, sondern nur über seine Gebrauchsfähigkeit zu bestimmten Zwecken" (Klusen 1969, 37) – für den Begriff der „funktionalen Ästhetik" (Schilling 1971, 294).

Auch Scharfe, der mit einer „radikal historischen Betrachtung" den Funktionalismus in der Interpretation von Volkskunst überwinden will, verharrt letztendlich in der Reduktion des ästhetischen Wahrnehmens und Gestaltens auf einen materiellen Gebrauchswert. In Auseinandersetzung mit Leopold Schmidts Interpretation des Entstehens von Volkskunst aus den Vorstufen der symbolischen Interpretation von Naturdingen durch Affiziertsein und Fasziniertsein am Beispiel von „Bilwis und Alraun" (Schmidt 1966a, 16ff.) und den daran anknüpfenden Gedanken von Kriß-Rettenbeck über die passive und aktive Seite des ästhetischen Natur- und Umwelterlebens als „elementares Medium der Welterfah-

rung, der Orientierung und damit der Identifikationsmöglichkeit"
(Kriß-Rettenbeck 1972b, 10), heißt es: „Daß solches primäre
ästhetische Tun und Empfinden Grundlage für differenziertere
Sinneswahrnehmungen ist, wird niemand bestreiten wollen: ist es
doch Indiz dafür, daß alles in Auseinandersetzung mit der Natur
Erreichte – sei es in ihrer sinnlich-ästhetischen Bewältigung, sei es
in ihrer Gestaltung und im Bearbeiten zum Zwecke der Reproduktion des Lebens – ursprünglich als schön empfunden wird. Die
Axt, die scharf geschliffen ist und gut in der Hand liegt, ist schön,
auch die Maschine, welche die ihr zugedachte Funktion gut erfüllt"
(Scharfe 1974, 222).

13. Ästhetik des Alltags

Allerdings wird in dieser funktions-orientierten Erforschung der
alltäglichen Aneignung von „Gebrauchskunst" eine Ästhetik des
Alltags, die nicht unbedingt „zweckfreies" Wohlgefallen bedeuten
muß, aber den Gebrauchswert von Kunst auf ein genuines Bedürfnis nach schöner Gestaltung, nach Stil zurückführt, kaum behandelt. Gerade der Bereich der primären Bedürfnisbefriedigung des
Alltags im Wohnen und Sichkleiden, im Nahrungserwerb und in
der Haushaltsführung ergibt in seiner historischen Entwicklung
und seiner geographischen Differenzierung Perspektiven auf einen
Gebrauchswert, der nur mit einem Bedürfnis nach zweckfreier
Gestaltung des „Nützlichen" erklärt werden kann. Damit allerdings würde sich der „l'art pour l'art"-Gesichtspunkt, der im allgemeinen als eine „späte Erscheinung" der Trennung von Gebrauchskunst und Repräsentationskunst betrachtet wird, auch für
die Alltagsgebrauchskunst erweisen. Holz sagt dazu nur – und
einschränkend: „Die Säkularisierung der zunächst magisch-mythischen Dekoration von Gebrauchsgegenständen zum gefälligen De-
kor hat schon früh eingesetzt – die antiken Hochkulturen liefern
bereits schlagende Beispiele dafür. Der Gebrauchswert einer Sache
erhöhte sich mit dem Vergnügen, das ihre Form dem Benutzer
bereitete. – Über Jahrtausende hinweg zog das Kunsthandwerk
daraus seine Legitimation und seinen Gewinn. Ein hedonistischer
Zug in der Lebenseinstellung des Menschen setzt sich hier durch

und wird in der Anthropologie der Sinne fundiert werden können" (Holz 1972, 37).

Holz hatte sich hinsichtlich seines Konzepts des ursprünglichen Gebrauchswertes der Kunst auf die magische Funktion der Kunst zur materiellen Lebensbewältigung bei möglichst fernen Primitivvölkern zurückgezogen: Jagdzeichnungen als Beschwörung des Jagdglücks ist der nicht nur bei Holz immer wiederkehrende Topos für die Kausalität Produktionsverhältnisse – Produktivkräfte – Überbau – materielle Bedürfnisbefriedigung. Dabei wird der gesamte Bereich einer „Volkskunst" ausgeklammert, deren künstlerischer Gebrauchswert weder in ihrem materiell primären Gebrauchswert (als Arbeitsgerät, als Topf, als schützender Wohnraum, als wärmende Kleidung) noch in einem irrationalen sekundären Gebrauchswertversprechen des scheinbefriedigenden Surrogats (Liebesversprechen, Machtversprechen, Kontaktversprechen) liegt, sondern eben in der Gestaltung an sich, im „hedonistischen Vergnügen", das nicht nur den Gebrauchswert einer Sache erhöhen, sondern selbst Gebrauchswert sein kann. Die Fülle von Bildbänden zur Volkskunst im engeren Sinn, das heißt zur darstellenden Kunst an Gegenständen des alltäglichen Gebrauchs, spricht eine so deutliche Sprache, daß das Versäumnis der anthropologisch-ethnologischen Interpretation entschuldbar wird, weil die Dimension des ästhetisch-hedonistischen Vergnügens aus den Objekten selbst spricht und zum andern aus der Wiedergabe durch den Forscher, der vielleicht „nur" ein Liebhaber war und sich dort mit jenen für die Volkskunst engagierten Künstlern und den Verfechtern einer neuen Gebrauchskunst traf.

1902 schrieb H. Obrist in der führenden Zeitschrift für Gebrauchskunst, „Dekorative Kunst": „In unsere ethnographischen Museen muß man gehen, wenn man die Anfänge aller Kunst auf Erden erkennen will. Handwerk (Werk der Hand), Struktur (Gefüge und Ausdruck des Zweckes und des inneren Lebens des Gefüges), Ornament (Belebung, Steigerung dieses Lebens), das alles, dieses indirekte Leben, war oft in unglaublicher Schönheit vorhanden, ehe es sogenannte freie Kunst gab, d. h. direkte Darstellung des Lebens als Selbstzweck" (Obrist 1902, 86).

Was hier als „indirektes" Leben der Volkskunst bezeichnet wird, ist ein „Gebrauchswert", der sich auf die Totalität des Daseins, einschließlich der Erfüllung eines hedonistisch-ästhetischen Bedarfs, einer Sinnenlust des Wesens Homo sapiens (oder „Homo ludens"), bezieht und der der „Gebrauchskunst" oder der angewandten Kunst im engeren Sinne, das heißt den Gegenständen des alltäglichen materiellen Bedarfs, zurückgegeben werden soll, den Möbeln, Töpfen, Kleidern. Diese Bewegung, die aus den Reformbestrebungen des Kunsthandwerks im letzten Drittel des 19. Jahrhunderts hervorgegangen ist und in großen Weltausstellungen ihren nachhaltigen Niederschlag fand (Deneke 1964, 170 ff.), ist nicht die angewandte Richtung einer wissenschaftlichen Ethnographie. Sie entstand vielmehr, wie es Schwedt ausdrückt, „aus dem wachsenden Bewußtsein sozialer Verantwortung" bei den Künstlern: „. . . Die Einsicht setzt sich durch, daß der weitaus größte Teil der Menschheit mit diesen Künsten [Malerei, Bildhauerei, Repräsentationsarchitektur] kaum Berührung zu haben hoffen durfte. Der Gedanke an die Scharen der Kunstwaisen – der Gedanke an das Volk – war immer weniger abweisbar" (Schwedt 1964, 202).

Auch daß die Künstler und „Gebrauchskünstler" bald auf Anregung aus der Volkskunst zurückgreifen, ist nur sehr indirekt das Verdienst der wissenschaftlichen Ethnographie, die sich entweder von jeder „Anwendung" und Übertragung der Volkskunst fremder Ethnien, vergangener Zeiten oder anderer Sozialschichten distanziert oder „Echtheit" fordert und damit kreative Aneignung verhindert. Wenn Herbert Schwedt erklärt: „Das Verhältnis von Kunstgewerbe und Volkskunst stellt sich so relativ eindeutig dar: die geringen Beziehungen zur Volkskunst, die weitgehende Ablehnung von Pflege, Volks- und Heimattümelei, die deutlich erkennbare Übereinstimmung in der Meinung, daß die alte Volkskunst tot sei – das alles erklärt sich als Existenzbedingung der Gebrauchskunst, die auf ein Vakuum angewiesen war, das sie zu füllen hatte" (Schwedt 1964, 208 f.), so bezieht sich dies weniger auf die Einbeziehung von „Volkskunst" in das Kunstgewerbe, sondern stärker auf das, was Volkskunde aus Volkskunst gemacht hat. Das gleiche Phänomen zeigt sich jetzt wieder deutlich in der Distanzierung von allen sogenannten „nostalgischen" Aneignungen und Umsetzungen historischer Objektivationen (wie Bauten, Trachten, Bauernkunst oder exotische Kunst) bei einer auf Echtheit insistierenden Pflege und der Verweigerung einer Zusammenarbeit mit jenen Praktikern, die an der Front der Umsetzung in unserem heutigen Alltag stehen.

Wenn teilweise von einer „elitären Zunft" der Wissenschaftler gesprochen wird, dann trifft dies gerade auf jene Ethnographen (Volks- und Völkerkundler) zu, die als „historische" mit sicher nicht zu unterschätzender hedonistischer Lust die farbigen Relikte der Vergangenheit als „einmalige" ordnen, ohne an ihre Verwendbarkeit für die Gegenwart zu denken, ohne ihr eigenes „l'art pour l'art"-Spiel auch anderen zu genehmigen.

14. Ästhetische Codes und Volkskunststil

Daß die Wohnungen der Völker- und Volkskundler, ähnlich wie diejenigen der souvenirsammelnden Touristen, voll von jenen „schönen" Dingen einer fremden Kunst stehen und hängen, führt zu einer Frage, die Bourdieu mit seiner Ästhetik der verschiedenen sozialen Klassen angeschnitten hatte (Bourdieu 1970). Was in den Ethnologen-Wohnungen an „Volkskunst" zu finden ist, ist zumeist „echt", das heißt Produkt aus einer bestimmten Epoche und Region, das eben nicht als Ware für die Wohnung dieses Wissenschaftlers hergestellt wurde, sondern seine originäre Funktion in einem anderen Lebensraum hatte. Die mitgebrachte „Volkskunst" des Touristen dagegen ist von vornherein für ihn (und seine Wohnung) geschaffenes Produkt. Echt und unecht stehen sich hier zunächst diametral gegenüber. Der Ethnologe wird für sich von den „zwei entgegengesetzten und extremen Formen des ästhetischen Vergnügens" jenen „Genuß, den der gelehrte Geschmack bereitet, der nun einmal die notwendige (wenn auch nicht zureichende) Bedingung einer angemessenen Entschlüsselung bildet" (Bourdieu 1970, 168), in Anspruch nehmen, während er dem Touristen jenes Vergnügen zusprechen wird, „das der ästhetischen, auf die einfache aisthesis beschränkten, Wahrnehmung entspricht". Und das auch, wenn der Tourist zufällig ein echtes Stück erhandelt hat.

Beide aber – und darin hebt sich der Unterschied auf – versuchen, diese Dinge einer fremden Kultur in ihren eigenen Lebensraum, ihren Alltag, zu integrieren: und damit ordnen sie diese einem anderen, neuen ästhetischen Code zu. Wenn Bourdieu davon spricht, daß „die Ästhetik der verschiedenen sozialen Klassen . . . ausnahmslos nur eine Dimension ihrer Ethik (oder, genauer, ihres Ethos)" sei (Bourdieu 1970, 168), „die sich auch in anderen Bereichen ihres Daseins ausdrückt", dann ist damit eigentlich weniger die Fähigkeit zur Entschlüsselung des dem fremden Werk immanenten Codes gemeint, als vielmehr die ästhetische Kompetenz zu seiner integrativen Aneignung und Transformation in einen, den eigenen, Stil. Damit wird originäre Stilechtheit und -unechtheit des einzelnen Gegenstandes sekundär. Das entscheidende wäre die „Stilechtheit" im Zusammenhang eines neuen Alltags.

Was aber ist hier Stil? Für Scharfe ist Bourdieus Feststellung – „Als ein historisch entstandenes und in der sozialen Realität verwurzeltes System hängt die Gesamtheit dieser Wahrnehmungsinstrumente, die die Art der Appropriation der Kunst- (und allgemeiner der ‚Kultur'-)Güter in einer bestimmten Gesellschaft zu einem bestimmten Zeitpunkt bedingt, nicht vom individuellen Bewußtsein ab. Sie zwingt sich den einzelnen Individuen auf . . . und bildet daher die Grundlage der Unterscheidungen, die sie treffen können, wie auch derer, die ihnen entgehen" (Bourdieu 1970, 173 f.) – Forderung nach der Deskription eines bestimmten Stils von Volkskunst, womit er sich gegen funktionalistische Forscher wendet, die Volkskunst nicht als Stil definieren wollten: „Zunächst wäre festzuhalten, daß die Volkskunstproduktion als eine spezifische Art der Auseinandersetzung mit Natur und Umwelt nicht losgelöst von der Organisation der Arbeit gesehen werden kann, d. h. von einfacher Warenproduktion und manufakureller Produktion – wenn dann die Rede auf's Ende der Volkskunst kommt, wird das noch deutlicher werden. Das heißt aber in zeitlicher Hinsicht (und diese Aussage deckt sich mit den Beobachtungen fast aller Volkskunstforscher), daß die Existenz der Volkskunst im wesentlichen dem Zeitalter des Feudalismus zugeordnet werden muß; und das heißt zweitens in sozialer Hinsicht, daß es die den subalternen Klassen ‚verordnete' Kunst ist. Die Ähnlichkeit der Produktions- und das heißt der Eigentumsverhältnisse, die Vergleichbarkeit von Herrschaft und Unterdrückung einschließlich vorenthaltener Bildung, die verweigerte Einsicht in die Entwicklung der Künste, die vorenthaltenen Tauschmittel bei steigendem Tauschwert der Kunst, dazu von alledem bedingte traditionelle sinnliche Wahrnehmungsstrukturen, die gesellschaftliche Notwendigkeit der Herrschaftsabsicherung und -legitimation durch christliche Religion – all dies hat zu der frappierenden Ähnlichkeit der ästhetischen Empfindungstraditionen und zu der frappierenden Ähnlichkeit der Volkskunstproduktionen in vielen Teilen Europas über verschiedene Jahrhunderte hinweg beigetragen" (Scharfe 1974, 228 f.).

Damit wird Volkskunst als ein einheitlicher Stil beschrieben, der aus weder epochal noch regional, weder naturräumlich noch kulturräumlich, weder ethnisch noch arbeitsspezifisch bedingten differenten Umweltaneignungen erklärbar wird, sondern dessen einzige (und vereinheitlichende) Basis „Unterdrückung" ist: Volkskunst als die den subalternen Klassen „verordnete" Kunst? Volkskunst nur als kleiner gradueller und quantitativer Unterschied zur Massenkunst, zur verordneten Kaufhauskunst? Aufgehoben die Unterschiede zwischen Sizilien und Dalarna, zwischen Ungarn und der Bretagne; aufgehoben die der künstlerischen Umweltwahrnehmung und -gestaltung zwischen Schäfern, Fischern, Bauern und Bergarbeitern? Aufgehoben die Unterschiede zwischen den einzelnen Ethnien, wie wir sie jetzt noch allenthalben in der Dritten und Vierten Welt sehen können, wenn auch gerade diese ethnischen Differenzierungen eines Stils sowohl zugunsten der nationalen Identifikation als auch der wirtschaftlichen Prosperität (sprich: Tourismusindustrie) eliminiert werden (vgl. S. 178 ff.).

Das Stilkriterium für Volkskunst sehe ich nicht in ihrer Einheitlichkeit aufgrund der allen gemeinsamen Unterdrückung, sondern vielmehr in einer Differenziertheit, die nicht von Kunststilen abhängt, sondern von notwendig differenten Lebensstilen, bei denen Ästhetik nur, wie es Bordieu ausdrückt, eine Dimension einer

Ethik ist, die den gesamten Lebensplan und die Alltagsweltgestaltung einer Gruppe durchdringt und bestimmt.

Die von Scharfe angesprochene „vorenthaltene Bildung, die verweigerte Einsicht in die Entwicklung der Künste" in der Feudal-Ära hat nicht zu einer so gravierenden Enteignung der gestaltenden und gestaltwahrnehmenden Fähigkeiten der Menschen geführt, wie die heutige Gleichheitsideologie der bürokratischen Konsumgesellschaft, in der der Lebensstil nun tatsächlich von anonymen richtungweisenden Institutionen geplant, vermittelt, verkauft und „verordnet" wird und nur noch in oft unvereinbaren Stilen (Arbeitsstil, Freizeitstil, Wohnstil, Kleidungsstil usw.) einer segmentierten Alltagswelt konsumiert werden muß. In Bezug auf die „allgemeine Verfügung über Kunst bei gleichzeitiger Beibehaltung einer Klassengesellschaft" nennt Scharfe dieses Gleichheitspostulat Kitsch: „die in sinnliche Form inszenierte Ideologie, Kitsch als ästhetische Verpuppung von Ideologie, als gesellschaftlich notwendiger (weil den Eindruck von Gleichheit erweckender) Schein in ästhetischer Gestalt" (Scharfe 1974, 241). Was Broch als „das Böse im Wertsystem der Kunst, als Imitationssystem Kitsch" (Broch 1975) bezeichnet, entspricht der Enteignung des Menschen als Mitgestalter seiner Alltagswelt, in der Kultur „einerseits Anhäufung von rollenspezifischem Wissen und immer spezialisierteren Fertigkeiten hinsichtlich der ‚anerkannten' produktiven Tätigkeiten, die unter der Rubrik ‚Arbeit' laufen, und andererseits Zuweisung von für alle gleichen Mitteln einer konsumtiven Freizeitbeschäftigung" bedeutet (Greverus 1977 c). Zu den oft hilflosen Versuchen, aus diesem vorgefertigten Lebensstil auszubrechen, gehören auch jene aus einer „selbsterlebten" Fremde mitgebrachten und daheim aufgestellten Werke einer Volkskunst – „echter" oder „unechter" –, die für die Gestaltung einer erkennbar eigenen Alltagswelt, einer selbsterlebten, selbsterfahrenen und selbstgestalteten, angeeignet werden. Sie sind Bestandteile einer Alltagsästhetik, die sich gegen eine präformierte Scheingleichheit wendet. Echt und unecht sind in diesem Konzept keine an den Gegenstand, sondern an seine schöpferische Integration in einen Lebensstil gebundenen Kriterien.

„Vorenthaltene Bildung" ist in unserer Gesellschaft weniger die verweigerte Einsicht in die Entwicklung der Künste, in den „gelehrten Geschmack", sondern vielmehr die verweigerte ästhetische Selbstentfaltung der sozialen Klassen und Schichten in eigenen Alltagswelten. Damit wird die Kritik der Alltäglichkeit zu einer Kritik am Verlust oder der Enteignung autonomer Alltagswelten menschlicher Gruppen, in der die Dinge und Handlungen auf die Totalität ihres Lebensplans und Lebensraums bezogen sind.

15. Der anthropologische Stilbegriff

Wenn Lefèbvre in seiner Kritik des Alltagslebens den Verlust von „Stil" für den Auseinanderfall des Alltäglichen und des Nichtalltäglichen verantwortlich macht und die Wiedergewinnung von Stil als kulturrevolutionäre Aufgabe sieht, dann ist mit diesem Stilbegriff eine wesentliche Aussage gemacht, unter der die vorgeführten heterogenen Ansätze der Erforschung von Kultur und Alltag sich nicht nur wechselseitig ergänzen könnten, sondern auch ihre Anwendung für eine kulturpolitische Praxis Forderungscharakter erhält.

Stil ist für Lefèbvre nur dort vorhanden, wo er die Totalität des Lebensvollzugs umfaßte, wo er die „geringsten Kleinigkeiten: Gesten, Wörter, Werkzeuge, häusliche Gegenstände, Kleidung" (Lefèbvre 1972, 47) kennzeichnete, „den geringsten Dingen, den Handlungen und Tätigkeiten, den Gesten, einen Sinn" (58) verlieh: „Die alltäglichen häuslichen Gegenstände waren noch nicht in die Prosa der Welt gefallen. Die Prosa der Welt ließ sich nicht von der Poesie trennen" (47). Erst seit der Entfaltung der Warenwelt, in der die Werke durch das kommerzialisierte Produkt ersetzt werden, sind die Stile – als Lebensstile von Gruppen – endgültig zerfallen.

Dieser Stilbegriff, der sich nicht auf die Analyse der menschlichen Produkte, sondern auf den sinnerfüllten alltagsweltlichen Lebensvollzug der Menschen bezieht, hat sowohl in der philosophischen Anthropologie als auch in der empirischen Kulturanthropologie enge Parallelen.

Insbesondere hat der philosophische Anthropologe Rothacker sich mit dem Phänomen des Stils beschäftigt (Rothacker 1948; 1957; 1964). Kulturen sind für ihn die an eine menschliche Gruppe als Lebenstotalität gebundenen, in einem ständigen dynamischen Prozeß befindlichen Lebensstile mit verschieden hohen Integrationsgraden. Rothacker sieht den Menschen als ein auf Lagebewältigung mit Entscheidungsalternativen hin handelndes Wesen zwischen polaren Richtungsmöglichkeiten („Leitideen"). Jedoch handelt er – ebenso wie die „historisch gewordene Kulturgemeinschaft" – stets in einer bestimmten Haltung, die sowohl „eingeborene Grundveranlagung" ist als auch erworben, bewahrt und in immer neuen Entscheidungen modifiziert wird (Rothacker 1948, 63 ff.). Die Haltungen sind Kern der Lebensstile, die eine stilistische Geschlossenheit in Hochkulturen als Kulturstile erreichen können, denen alle Betätigungen des öffentlichen Lebens zugeordnet sind. Hochkulturen als die „großen Lebensstile" der wenigen erlesenen Völker, denen Rothackers eigentliche Zuwendung gilt, kennzeichnet er folgendermaßen: „Hier hat das Potentielle und Keimhafte einer elementaren Haltung ein Weltbild durchdrungen und hat Ordnungen, Anstalten, Ausdrucksformen des öffentlichen Lebens in seinem Geiste durchgeformt. Hier ist die Möglichkeit jeder Haltung, sich auszudehnen, auszuwachsen, sich in weiterem, reicherem, neue Widerstände bietenden Sein zu bewähren, sich auszureifen, sich auszuprägen, durchzustilisieren, zu differenzieren und damit zu bereichern: erkämpfte Wirklichkeit geworden. Hier hat sich das Thema in Variationen seines Geistes entwickelt" (Rothacker 1948, 68 f.).

Als Störfaktoren für die Einheit eines Kulturstils bezeichnet Rothacker
1. die autonomen Tendenzen seiner arbeitsteiligen Kulturzweige,
2. regional andersartige Stile,
3. ständische Stile,
4. benachbarte fremde Kulturstile,
5. epochale Stilkrisen durch äußere und innere Situationen im Rahmen der nationalen Lebensstile (Rothacker 1948, 78 f.).

Ausgehend von dem Uexküll'schen Umweltbegriff sieht Rothacker, ohne die Möglichkeit des Menschen zur Transzendierung der Welt zu leugnen, die „naiv gelebte Welt" in strenger Korrelation zum konkreten Menschen, der seinen „Weltaspekt" (sein Weltbild, seine Weltanschauung) aus seiner Kultur (seinem Lebensstil) empfängt. Die Selektion aus dem „Wirklichkeitsstoff" ist durch die „Artikulation" der Anteilnahmen oder Interessennahmen in seiner Kultur geprägt (Rothacker 1948, 162 ff., Rothacker 1964, 73 ff.).

Die Kennzeichnung von Kulturen als Lebensstilen geht sowohl auf Nietzsche zurück (Nietzsche 1922, 7) als auch auf Nicolai Hartmann, für den der Stil zu den Strukturen des objektiven Geistes gehört: „Stil im weitesten Sinne ist alles, was in der Art der Formgebung einem Zeitalter oder einem Menschenmilieu gemeinsam ist . . . Der Stil ist im Grunde eben dieses, daß sie [die Menschen] eine gemeinsame Art zu sehen, zu hören, zu denken, zu reden und sich zu gerieren haben. Er ist in ihnen selbst die Geformtheit ihrer inneren Haltung" (Hartmann 1962, 234). Als Lebensstil bezeichnet Hartmann die Stilprägung des alltäglichen Lebens, von dem sich der Kunststil abhebt. Gemeinsam ist ihnen ihre Geschichtlichkeit.

Von der Geschichtlichkeit des Menschen und seinem kulturvariablen Grundbestand geht auch Dilthey, auf den sich Rothacker bezieht, in seiner verstehenden Psychologie aus. Die Kunst gilt Dilthey als „erste Darstellung der menschlich-geschichtlichen Welt in ihrer Individuation, indem sie versucht auszusprechen, was das Leben sei. Die ganze Individuation der menschlich-geschichtlichen Welt kommt zuerst in der Poesie zum Verständnis . . . Das typische Wahrnehmen . . . ermöglicht der Poesie, Erfahrungen zu verdichten und gedanklich zu durchdringen" (Dilthey 1957, 273 ff., 280). Die Möglichkeit wird bei Dilthey der „unterhaltenden Fabrikware" abgesprochen, und während das lyrische Gedicht und das Volkslied zwar das Zustandsgefühl der Bedeutsamkeit schlicht aussprechen können, entsteht doch die „tiefste Wirkung . . ., wenn . . . die Ideen über das Leben . . . zu einer zusammenhängenden und allgemeinen Auffassung des Lebens" verbunden werden (Dilthey 1957, 395).

Auch die empirische Kulturanthropologin Ruth Benedict bezieht sich in der Einleitung zu ihren „Patterns of Culture" auf Dilthey. Ihr wesentliches Anliegen ist es, den Stil oder das Muster einer Kultur darzustellen, in dem in einer für sie „gekonnten" Kultur alle Einzelelemente auf ein bestimmtes Thema, ein Leitmotiv oder herrschendes Prinzip bezogen sind, wodurch die „Harmonie" einer Kultur entsteht. Dieses Thema oder Leitmotiv bezeichnet Benedict auch als Kulturziel, das durch den Prozeß der Selektion und Integration kultureller Möglichkeiten in einem Muster verwirklicht wird. Sie vergleicht diese integrativen Kulturen mit Kunststilen: „Was sich hier bei den bedeutendsten Kunstrichtungen vollzog, vollzieht sich auch in einer Kultur als Ganzem. All die vielseitigen Zielsetzungen . . . werden nach einheitlichen Mustern . . . umgebildet. Einige Kulturen entbehren ebenso wie einige Kunstperioden diese Einheitlichkeit . . . Aber jede in einem gewissen Grade ‚zusammengesetzte' Kultur, auch die primitivste, besitzt diese Integration. Solche Kulturen stellen mehr oder weniger geschlossen Versuche zur Erlangung eines in sich geschlossenen Wesens dar; das Wunderbare daran ist, daß es so unendlich viele Gestaltungsmöglichkeiten gibt" (Benedict 1955, 41).

Robert Redfield, der aus seinen empirischen Studien heraus (1930; 1941; 1955) die generalisierten Kriterien für eine „Folk-Gesellschaft" als Idealtypus zu entwickeln versuchte, die er von ihren Wesensmerkmalen her als der modernen Großstadtgesellschaft logisch entgegengesetzt sieht, arbeitete den integrativen, sinnbezogenen Charakter der Kultur als wesentlichstes Kriterium heraus: „Für das Mitglied der Folk-Gesellschaft bedeutet das Leben nicht eine bestimmte Handlung und danach eine andere andersartige; es ist vielmehr eine umfassende Handlung, von der kein Teil abgetrennt werden darf, ohne die übrigen zu beeinflussen . . . Die Folk-Gesellschaft drückt sich nicht so sehr im Wechselspiel zweckdienlicher Funktionen aus, sondern in dem von allen geteilten Verständnis in bezug auf den gegebenen Sinn des Lebens. Er ist nicht als Glaubensartikel festgelegt, sondern ist in den vielen Handlungen impliziert, die das Leben ausmachen, wie es sich in der Gesellschaft abspielt. Daher ist die Moral einer Folk-Gesellschaft – ihre Fähigkeit, über lange Zeitperioden hinweg konsistent zu handeln und

Krisen wirkungsvoll zu begegnen – nicht von einer gewaltsam aufgerichteten Disziplin oder der Hingabe an ein einziges Handlungsprinzip abhängig, sondern vom Zusammentreffen und von der Konsistenz vieler oder aller derjenigen Handlungen und Vorstellungen, die das Leben als ganzes ausmachen. Mit einem etwas abgegriffenen Ausdruck: Die Folk-Gesellschaft ist eine ‚Konstruktion zum Leben'." (Redfield 1966, 336 f.)

Zwar hat die „Harmonie"-Konzeption dieser Folk-Gesellschaft zahlreiche Gegenargumente und Revisionen gefunden, insbesondere hinsichtlich des Solidaritätskonzepts der Gruppenmitglieder (Möller 1964/65; König 1958, 109 ff.; Lewis 1951), andererseits findet gerade das Sinncharakteristikum, das als Grundlage des „Stils" eines alltagsweltlichen Lebensvollzugs gilt, in einer durch die Praxis angeregten neueren Erforschung von intendierten Sinnwelten im Lebensvollzug verschiedener Gruppen innerhalb der komplexen Gesellschaften Beachtung.

16. Die neue Suche nach einem Stil der Alltagswelt

Diese Suche nach einem „Stil" des Lebensvollzugs im Alltag hat zahlreiche Gruppen ergriffen und zu einer neuen Vielfalt von „Bräuchen" geführt. Auffällig ist der Rückgriff auf Historisches, auf Traditionen der eigenen Kultur und der Ausgriff auf Elemente fremder Kulturen, die als noch stilvoll und sinnerfüllt betrachtet werden. Auffällig ist weiterhin, daß diese Suche nach neuen Sinnbezügen vor allem im großstädtischen Bereich und bei Randseitern unserer Gesellschaft ihre ersten Ansätze zeigte und oft zu kultischer Überhöhung, wie besonders bei den emotionalen und spiritualen jugendlichen Subkulturen (vgl. S. 214 f.), tendierte.

In einem Beitrag „Die Wiederkehr des Volksglaubens" hat der österreichische Volkskundler Leopold Schmidt versucht, das Phänomen dieser in magisch-mythische Bereiche tendierenden Daseinsbereicherung seit den dreißiger Jahren unseres Jahrhunderts zu analysieren: „Äußerlich hatte freilich die technische Kultur weitgehend gesiegt. Die Zeit der Neuen Sachlichkeit hatte nicht nur der Architektur, sondern auch vielen anderen Lebensäußerungen ihren

Stempel aufgeprägt . . . Die Bildende Kunst begann jene Abstraktionsfreude darzustellen, die der technisierten Großstadtmenschheit von der Arbeit mit der Maschine zusammen längst in den täglichen Lebensrhythmus übergegangen war. Aus dieser verdoppelten Mechanisierung im Leben und in der Kunst war offenbar jede Spur von nächtlichem Dunkel, von einem Leben außerhalb dieses technischen Daseins geschwunden. Ein Fortschritt der ratio, der rechnerischen Vernunft, wie er seit den Tagen der ersten Aufklärer erträumt worden war, schien endlich und endgültig verwirklicht zu sein . . . Als die große Masse der Lebensgestalter, Architekten, Maler und anderen Verwalter des Zeitgeistes soweit gekommen war, hatte sich die Avantgarde der Kunst längst in andere Bereiche begeben" (Schmidt 1966 b, 276). Was Schmidt im Zusammenhang mit den Werken Alfred Kubins – „bot auch er jeder Zeit einen künstlerischen Spiegel dar, in dem nicht die angebliche Wirklichkeit, sondern deren Traumbild, vielleicht deren andere, nächtliche Wirklichkeit also, zu sehen war" (Schmidt 1966 b, 277) – als die Gegenbewegung zu dieser rationell durchstrukturierten, „hellen" Sachlichkeit des Lebens beschreibt, ist jenes Sichwehren gegen den Verlust einer auch emotional erfahrbaren Ordnung des Daseins, die Lefèbvre als „Stil" und „Poesie" bezeichnet.

Daß in diesen künstlerischen Neuordnungen den „Nachtseiten des Daseins", dem Traum, dem Geheimnis und kosmischen Bezügen eine besondere Zuwendung widerfährt, ist Ausdruck der bewußten Rückholung eines Bereichs, der aus dem rationalisierten Dasein eben nicht verschwunden, sondern nur verdrängt worden ist: „Sie waren rastlos beschäftigt, die Natur, den Erdboden, die menschliche Seele und die Wissenschaften von der Poesie zu säubern – jede Spur des Heiligen zu vertilgen, das Andenken an alle erhebenden Vorfälle und Menschen durch Sarkasmen zu verleiden, und die Welt alles bunten Schmucks zu entkleiden . . . man reformierte das Erziehungswesen, man suchte der alten Religion einen neuen vernünftigen, gemeineren Sinn zu geben, indem man alles Wunderbare und Geheimnisvolle von ihr abwusch; alle Gelehrsamkeit war aufgeboten, um die Zuflucht zur Geschichte abzuschneiden".

Diese Sätze sind keine Kritik an unserer gegenwärtigen Gesellschaft, sondern die 1799 geschriebene Kritik von Novalis (Novalis 1967, 325) an einer Aufklärung, die nicht zur erhofften neuen Sinnerfüllung des Daseins, sondern zu seiner Sinnentleerung, zum Verlust an Poesie, geführt habe.

Ulrich Conrads zitiert diese Sätze in seinem Beitrag „Die wohnliche Stadt – eine konkrete Utopie": „In solchen Brechungen des Denkens und Urteilens . . . drückt sich aus das tiefe Leiden des aufgeklärten Menschen . . . an der Aufklärung. Genauer: an jener Aufklärung, die, weil sie die optischen Eigenschaften des Lichts wissenschaftlich durchschaut und beherrschbar gemacht hat, nicht mehr mit Farben spielen will; die das Unerklärliche, das Wunder bestreitet, die kein Geheimnis mehr kennen will und die über dem Klassifizieren und Zählen die Welt von aller Poesie säubert. Von allem, was dem Rationalen nicht zugänglich ist; von allem, was seine Methoden der Welterfassung nicht fassen. Ist dies aber nicht auch – noch und wieder – unser Konflikt? Mit dem Unterschied, daß wir diesen Konflikt nicht austragen, sondern uns seiner schämen und also der Lächerlichkeit preisgeben? Aus Angst, man könnte selbst zu den Unzeitgemäßen – wie man meint – gezählt werden" (Conrads 1976, 85).

Die frühromantischen Versuche, diesen Konflikt auszutragen oder besser zu verinnerlichen, was vielfach mit der Abkehr von der Welt, in der sie lebten, überhaupt verbunden war, beschreibt Lion in seinen „Elementen der Romantik" als „die Nacht, Gebirge und Wald, Schwermut und Sehnsucht, die romantischen Götter, das Mittelalter, das Unbewußte und das höchste Bewußtsein, das Ich und das Wir um 1800, Wollust und Tod" (Lion 1963).

Die Parallelen, die diese Elemente der Romantik zu den Verhaltens- und Gestaltungsformen emotioneller und spiritueller jugendlicher Subkulturen unserer Zeit aufweisen und auch ihre auf Einsamkeit und Geborgenheit reduzierte Entsprechung in den „romantischen Motiven des Schlagers" (Malamud 1964), der „Poesie" für den jugendlichen Konsumenten der Warengesellschaft, haben zur anthropologischen Frage der adoleszenten Identitätskrise mit ihrer Sehnsucht nach Wandlung und Erneuerung und deren Vergleichbarkeit zu epochalen und situationsspezifischen Identitätskrisen geführt (Greverus 1972 a, 335 ff.). Zum anderen werden die Regressionen des modernen Menschen in subjektive Satisfaktionsräume eigener und fremder „Traditionen" in Geschichte und ferne Fremde, ihr emotionaler Subjektivismus entweder als direkte Folge der romantischen Kunst als einer Kunst ohne Wendung zur Gesellschaft bezeichnet (Hauser 1969, 672 ff.) oder es wird, in einer Gleichsetzung romantisch = emotional = irrational, „Romantik" zur Metapher für vorgespiegelte heile Welt und Eskapismusangebote degradiert.

Wenn Roszak die Gegenmodelle jugendlicher Subkulturen in einer technokratischen Gesellschaft mit Kapiteln wie „Reise gen Osten . . . und Positionen jenseits – Die nachgemachte Unendlichkeit – Die Erforschung von Utopia – Der Mythos des objektiven Bewußtseins – Augen aus Fleisch, Augen aus Feuer" (Roszak 1971) zu charakterisieren versucht, sind hier unschwer Parallelen zu erkennen.

Wie stark in diesen subkulturellen Ausgriffen auf fremde Kulturen, diesen Versuchen nach der Einbringung des Irrationalen und der Hoffnung auf eine neue Sinngebung des Alltags, ästhetische Ausdrucksformen einbezogen wurden, zeigt auch Schwendter in seiner „Theorie der Subkultur" und nennt als Aspekte der „Gegen-Kunst": „1. Verknüpfung von Information und Unterhaltung, 2. Kunst als Denkanstoß, Aha-Erlebnis, Provokation von Emotionen, Re-Inforcement-Effekt, 3. Agitation, Gegeninformation, 4. Propaganda, Antizipation, 5. Verbesserung der Kommunikation, Ritual, Solidarisierung, 6. Gegensozialisationshilfe, Bewußtwerden des Prozessualen, 7. Sensibilisierung, 8. Selbstverwirklichung, Aufhebung der Kunst im Spiele, Feste, herrschaftsfreie Kommunikation, 9. Aufhebung der Kunst in Aktionen" (Schwendter 1973, 241).

Wenn sich Schwendter auch skeptisch zu dem Anspruch äußert, daß diese Kunst zu einer gesellschaftlichen Veränderung beitragen könne, so muß jene Feststellung – „welche Bedürfnisse damit befriedigt werden, welcher Gebrauchswert (im Gegensatz zum bürgerlichen Tauschwert) ihr innewohnt, ist ungeklärt" (240) – hinsichtlich der binnenkulturellen Wirkung der Ästhetisierung des Alltags in emotionalen Subkulturen, die – im Gegensatz zu den „rationalen" Subkulturen – in der Gegenwart zugenommen haben, zu der Frage führen, warum wir uns nicht um die Analyse eben dieser Bedürfnisbefriedigung, dieser Einbringung sogenannter Irrationalität gekümmert haben, um, wie es Baacke in seiner Rekonstruktion von Gegen-Kommunikation formuliert, „das Irrationale nicht als Überbewältigung von unten, sondern als Fest, Projekt und Idee" (Baacke 1974, 249) zu sehen und ihm damit wieder Form und Platz in unserem Dasein zu geben.

Beispielhaft wird diese neue Suche nach einem Stil der Alltagswelt auch in jener Wende zum „alternativen Bauen", das seine Anregungen vor allem aus jenen einfachen Bauten einer „Volksarchitektur" nimmt, deren Faszination für uns eben nicht nur auf ihrer ökologischen und technologischen Angepaßtheit und Materialgerechtigkeit beruht, sondern auch auf dem in die Gestaltgebung eingegangenen Prozeß der ästhetischen Affektion und Faszination: „Dieses Bestimmtsein äußert sich nun auch im instrumentalen Werkschaffen . . . Betrachten wir die Trullis Süditaliens, die Steinkegelhütten Graubündens und der Südwestalpen, die in Trockenmauerwerk aufgeführten und mit Kalk- oder Lehmschlempe verputzten Wohnkonglomerate des östlichen Mittelmeeres, die aus Krüppelholz gefertigten und mit Zweigen und Laub abgedeckten bretonischen Ställe . . . so finden wir immer wieder Gebilde darunter, die von unerhörtem ästhetischen Reize sind, die schlechthin Offenbarungen sind über die Ausdrucks- und Darstellungswerte von Naturding und Formkraft, die aus den Dingen wirksam ist, wie aus der Zielsetzung, Zwecksetzung und souverän beherrschten manualen Tätigkeit des Menschen" (Kriß-Rettenbeck 1972, 9f.).

Auch hier waren es wieder die jugendlichen Subkulturen, die vor allem als Landkommunen (Houriet 1973) diese Formgebungen als alternatives Bauen in ihren neuen Alltagsstil einbezogen. Ausstellungen (Rudofsky 1964) und illustrierte Gegenpublikationen (z. B. Shelter 1973) zum nur repräsentativen Kunst-Bildband-Markt, zunächst aus den U.S.A., haben eine Bewegung unterstützt, die sich inzwischen weltweit mit der Frage nach der heutigen Bedeutung jener volkskulturellen Bauten und Bauensembles (Greverus 1976 a) und ihrer Erhaltung und Neugestaltung auseinandersetzt und sie im Rahmen praxisbezogener Kulturarbeit als Alternativen zur Diskussion stellt und vorschlägt (Werk und Zeit 1977, H. 2).

17. „Aufklärung" gegen die neue „Irrationalität"?

Die Ethnologen, insbesondere die deutschen Volkskundler der Gegenwart, haben eine heftige Kritik an dieser „irrationalen" Wende zur Kultur einer zeitlichen, geographischen und sozialen Fremde geführt: die an sich „feindlichen Lager" der philologisch-historisch arbeitenden Forscher, die sich auf die Anfänge des Fachs in der Nationalromantik beziehen, und der sich auf die Epoche der Aufklärung berufenden stärker sozialwissenschaftlich orientierten Erforscher des Alltagslebens der Vergangenheit und der Gegenwart insistieren alle auf die Objektivität ihrer Geschichtsbetrachtung. „Zuflucht in die Vergangenheit" wird nicht nur wissenschaftlich, sondern auch menschlich als falsches Bewußtsein angeprangert. Im gelehrten Streit über philologisch exakte, wertfreie Analyse oder „Volksaufklärung" geriet schließlich der Untersuchungsgegenstand, das sich in Erinnerung oder fremde Kulturphänomene „flüchtende" Volk, aus dem Auge – nach wie vor liegen kaum ethnologische Analysen zu diesen subkulturellen Lebensstilen im europäischen Bereich vor.

Aufklärung als Hoffnung auf gesellschaftliche Verbesserung durch wissenschaftliche Erkenntnisse ist nicht nur das legitime, sondern auch erforderliche Ziel aller Humanwissenschaften und bedingt über die wissenschaftlichen Bemühungen hinaus den umstrittenen Praxisbezug. Dieter Kramer, der mit seinem provokativen Beitrag „Wem nützt Volkskunde" (1970) vor allem diese Für und Wider-Diskussion angeregt hatte, beginnt seine Erwiderung mit einem Kapitel „Rückzug auf Aufklärung?" (Kramer, D. 1971, 228ff.), womit er vor allem jenen Rückzug auf verbale Aufklärung, mit der man „das Mögliche versucht" habe, kritisieren will. Rückzug auf Aufklärung kann aber auch anderes bedeuten, nämlich: das Überspringen des Ist-Zustandes und der Ist-Werte jener Bevölkerungsgruppen, die man „aufklären", zu Soll-Werten führen will. Das kann von der resonanzlos bleibenden Aufklärungsrede über die Vernachlässigung konkreter Bedürfnisse und ihrer vielleicht möglichen Hinführung auf eben jene erhoffte „Humanisierung" des Alltags bis zur erschreckenden Legitimation eines gesellschaftlichen Ausschlusses der „Nicht-Aufgeklärten" führen.

Die volkskundliche Diskussion um den neuen „Irrationalismus", wie er sich in der Wendung breiter Bevölkerungskreise zum Okkulten, zu Wahrsage, Horoskopgläubigkeit und Parapsychologie zeigt, tendiert zu eben dieser Aufklärung ohne Berücksichtigung jenes nur aus Rezipientenanalysen zu erfahrenden Ist-Zustandes und seiner Ursachen. Die „Kritik einer parapsychologischen Volkskunde" (Assion 1975; 1976) verharrt nach der – berechtigten – Kritik der Übertragung inhaltsanalytischer Ergebnisse aus der Erzählforschung auf die Existenz einer „paranormalen Wirklichkeit" beziehungsweise deren Anerkenntnis durch das „Volk" wiederum in einer Inhaltsanalyse heutiger Angebote. Gefordert werden schließlich allerdings Untersuchungen einer sozialwissenschaftlichen Volkskunde, die nach dem „Warum" fragen müsse. Die Erklärung, daß „in Zeiten wirtschaftlicher Rezession und politischer Verunsicherung irrationale Lehren eine Entlastung von der Eigenverantwortung vermitteln" (Assion 1975, 180), ist allerdings nur eine Seite jenes Phänomens eines Wiederauflebens „primärkultureller Erscheinungen" in Krisenzeiten, das von Karbusický (1969) bereits sehr viel differenzierter analysiert wurde. Die Untersuchungen zu jener „irrationalen Wende", die als Verhaltensanalysen bisher weitgehend nur Forderung geblieben sind, müßten allerdings außer der Frage nach eigenverantwortlicher Entlastungsfunktion in Krisenzeiten auch die Frage des Protests gegen eine verordnete Rationalität mit einbeziehen, um „die Dinge beim Namen nennen" zu können, wie es in der Diskussion um die Parapsychologie heißt, aber nicht, um, wie der Autor unter Berufung auf einen Psychiater, zu konstatieren: „Bei uns erweckt ein erwachsener Mensch, der an Hexenzauber glaubt, sofort den Verdacht auf eine Geisteskrankheit" (Wimmer 1976, 83). Aufklärung kann nicht darin bestehen, Abweichler aus der je gültigen Normalität des herrschenden gesellschaftlichen Konsensus als „Geisteskranke" aus dieser Gesellschaft zu eliminieren, sondern eben diese Gesellschaft über die Ursachen dieser „Flucht" aus der „Normalität" aufzuklären und an der Veränderung dieser Ursachen mitzuwirken.

Die aufklärerisch-fortschrittlich orientierten Ethnologen verstehen sich vielfach als erklärte Kontrahenten des kulturellen Relativismus, der sich besonders intensiv mit dem Problem der Normalität auseinandergesetzt hat (Rudolph 1968, 199 ff.) und als „normal" dasjenige Verhalten bezeichnet, das eine Gesellschaft gebilligt hat, beziehungsweise erwartet (Benedict 1956, 195). Mit dieser Feststellung, die sich auf interkulturelle Differenzierungen bezieht, ist das Toleranzproblem aufs engste verbunden. In den komplexen Gesellschaften, mit denen sich die Kulturanthropologie in immer umfassenderem Maß auseinandersetzen muß, wird dieses Toleranzproblem auch für die intragesellschaftlichen Differenzierungen relevant, sofern nicht alle subkulturellen und schichtenspezifischen Abweichungen von der herrschenden Norm als „Abnormalitäten" eingeordnet werden.

Wichtiger als das Toleranzproblem (das nicht Tolerierung und Fortschreibung eines status quo bedeuten muß) ist aber in diesem Zusammenhang eine andere These, nach der „die kulturrelativistische Version des Normalitätsproblems besagte, daß jede Kultur der überwiegenden Mehrzahl der ihr angehörenden Menschen ein hinreichend zufriedenstellendes Leben und der Gesellschaft eine hinreichende Stabilität ermöglicht" (Rudolph 1968, 199). Das Problem unserer Gesellschaft scheint dagegen zu sein, daß sie nicht mehr fähig ist, der Mehrzahl ihrer Angehörigen ein hinreichend zufriedenstellendes Leben zu gewährleisten. Der massenhaften Flucht aus der Normalität, einschließlich der regressiv-irrationalen Phänomene, kann dann aber nicht mit einer Aufklärung begegnet werden, die sich damit zufrieden gibt, „durch Hohn und Spott seine Verkünder in die wohlverdiente ‚innere Emigration' zu zwingen", weil „es vergebliche Liebesmühe ist, von Abergläubischen und ihrem Troß Einsicht und Wandlung zu erhoffen" (Wimmer 1976, 83, 82).

18. Über Weltkultur zu pluralen Alltagswelten

In der Zeit des wissenschaftlichen (oder besser Wissenschaftler-)
Streits um historische oder Gegenwartsforschung, um Wissen-
schaftler-Nostalgie oder Aufklärung, um die Zusammenarbeit
zwischen europäischen und außereuropäischen Ethnologen in einer interkulturell vergleichenden Dachdisziplin Kulturanthropologie (Hofer 1968; Lutz 1971; Greverus 1971 b; Greverus 1971 c;
Stoklund 1972) oder die Beschränkung auf die je eigene Gesellschaft – „Kulturanthropologie kann deshalb ruhig bescheidener
werden, sie braucht keine großartigen kulturellen Vergleiche: die
vielen Ungleichzeitigkeiten in unserem eigenen System reichen
aus, um Wirklichkeit und Chance der Menschen zu bestimmen"
(Jeggle 1971, 37) –, um Praxisbezug oder nicht (Falkensteiner Protokolle 1971) hat das „Volk" der Gegenwart – auch ohne das Plazet
seiner Erforscher – längst jene Ausgriffe in die ferne historische
und geographische Fremde für seinen Alltag vollzogen und nicht
nach „echt" und „unecht" gefragt.

Vielleicht sollte es jetzt für uns weniger wichtig sein, die kultur-
industrielle Ausbeutung dieses Trends – die Verkleidung der Menschen in einen „Folklore-Look", den Einzug einer reichen Schicke-
ria in Fachwerkhäuser und die Souvenirsucht von Touristen – als
Versatzstücke zu kritisieren, als vielmehr jene Ansätze einer wirklichen Integration fremder Kulturelemente in neue und eigene All-
tagsstile zu sehen, wie sie sich bei einigen Randgruppen unserer
Gesellschaft vollzog und vollzieht, wo jene kulturellen Details
nicht zufällige und präformierte Fluchtangebote sind, sondern bewußt ausgewählte Elemente zur Schaffung einer sinnvollen eigenen Alltagswelt.

Die negative Besetzung unserer Gesellschaft, „die konträre Welten öffentlich auf dem Markt feilbietet" (Berger-Luckmann 1971,
184) und dadurch das Subjekt in ein ständig wechselndes Rollenspiel zwingt, könnte auch in das Positivum einer Möglichkeit der
integrativen Aneignung fremder und konträrer Welten gewendet
werden, die erst aufgrund unserer gegenwärtigen kommunikati-
ven Reichweite und der Durchlässigkeit regionaler, ethnischer und

sozialer Schranken möglich ist. Die „Konstruktion zum Leben" (Redfield 1966, 337) als Totalität des Lebensvollzugs mit einem „von allen geteilten Verständnis in bezug auf den . . . Sinn des Lebens" wäre dann nicht mehr wie bei Redfields Folk-Gesellschaft (vgl. S. 167f.) das Resultat einer weitgehend isolierten, eigentraditions-abhängigen Gruppe, die diesen Sinn unreflektiert als gegeben hinnimmt, sondern eine Konstruktion, die bewußt aus alternativen Angeboten auswählt, um aus ihnen einen neuen Stil zu gestalten.

Sicher wäre diese neue Alltagswelt eine Collage als „der systematischen Ausbeutung des zufällig und künstlich provozierten Zusammentreffens von zwei oder mehreren wesensfremden Realitäten auf einer augenscheinlich dazu ungeeigneten Ebene", wie Martin in dem Kapitel „Das Leben als Collage" (Martin 1973, 59ff.) seines Buchs „Fest und Alltag" kritisch und skeptisch eine Definition von Max Ernst zitiert. Aber: die Ebene ist nur „augenscheinlich" ungeeignet und die definitorische Ergänzung von dem „Funken Poesie, welcher bei der Annäherung dieser Realitäten überspringt", führt eben genau zu der Forderung Lefèbvres nach einem neuen Alltagsstil, in dem „die Prosa der Welt sich nicht von der Poesie trennen läßt" (Lefèbvre 1972, 47) oder, weniger poetisch ausgedrückt, die schöpferische Aneignung von Umwelt – auch als irrationale, nicht in produktive Leistung für die Leistungsgesellschaft umsetzbare – wieder ihr Recht erhält: „Wenn der Mensch zunächst im Fest wieder homo creator sein könnte, sinnvolle festliche Collagen gestalten, indem er die Objekte der Vergangenheit und Gegenwart manipuliert und nicht von ihnen, den ‚echten und einmaligen', manipuliert wird, wäre ein wesentlicher Schritt getan, der aus dem Konsumzwang unserer Gesellschaft herausführt" (Greverus 1977 a, 8). Diese Feste dürften nicht mehr nur vorübergehender Auszug aus dem Alltag sein, sondern Ansätze zu einem neuen Bewußtsein der Gestaltungsmöglichkeit von Alltagswelten und Lebensräumen. Nicht nur die Versuche jugendlicher Gegenkulturen, sondern auch diejenigen von Bürgerinitiativen, die Stadtteilfeste zu einem Forum für Selbstdarstellung und neue Kommunikationsformen machen, zeigen diese Alternativen.

Wenn das Charakteristikum des Menschen seine Kulturfähigkeit als schöpferische Leistung ist, dann muß dieser Fähigkeit wieder zu einer gegenkonsumtiven Kompetenz verholfen werden, bei der „Weltkultur" nicht eine durch Technokratisierung mögliche Einheitskultur bedeutet, sondern den über diese Kulturstufe hinausgehenden Schritt zu einem neuen Pluralismus von Alltagswelten. Dieser wird dann nicht mehr durch Isoliertheit, ökologische und ökonomische Notwendigkeit, Herrschaftsverhältnisse und kommunikative Barrieren bedingt sein, sondern auf der schöpferischen Aneignung der über Weltkultur erschlossenen Alternativen für die Gestaltung je eigener Alltagswelten beruhen.

Die Alltagswelt als Collage zu gestalten, ist immer schon eine Notwendigkeit für den Menschen gewesen, dessen Gegenwart in die Vergangenheit und die Zukunft hineinreicht. Als „gekonnte Collage" meint sie nichts anderes als das Phänomen der in der Kulturanthropologie so vielfach behandelten Akkulturation im kulturellen Wandel (Rudolph 1973, 50ff.), mit der – im Gegensatz zur passiven Anpassung oder Assimilation an eine fremde Kultur – in einem aktiven Prozeß, einer über die rezeptive hinausgehenden reproduktiven und verwandelnden Aneignung die je eigene Alltagswelt neu konstruiert wird. Wenn Lefèbvre in seinen Forderungen nach einer permanenten kulturellen Revolution „das wiedergefundene Fest, das amplifizierte Fest, und zwar durch die Überwindung der Opposition ‚Alltäglichkeit-Festlichkeit'" (Lefèbvre 1972, 277f.), als ein Element dieses Prozesses aufzählt, dann geht es ihm trotz aller Faszination des ländlichen Festwesens der Vergangenheit (Lefèbvre 1974, I, 203ff.) nicht um eine historisierende und „originalgetreue" Wiederbelebung von Umzügen und Volkstänzen, sondern um ein Wiederfinden der schöpferischen Freisetzung der Individuen für ein sinnvolles Handeln in einem Lebensraum. Die Herkunft und Heterogenität der Elemente dieser Feste ist für ihn ebenso unwichtig, wie für die oppositionelle Gegenkultur jener „Kinder der Technokratie", die für Roszak das einzige zu sein schien, „was wir der endgültigen Verfestigung und Alleinherrschaft der Technokratie entgegenzusetzen haben" (Roszak 1971, 14). Und dieses „einzige" sind die alternativen Zukunftsansätze gegen eine „verbannte Phantasie", die mit einem Gedicht William Blakes – „Art Degraded, Imagination Denied: War Governed the Nations. Rouse up, O Young Men of the New Age! . . ." – als Motto des Buches beschworen wird.

„Zugegeben", schreibt Roszak, „die Alternative trägt grellbunte Kleider, sie hat Anleihen bei den verschiedensten und seltsamsten Quellen gemacht – bei der Tiefenpsychologie, bei Resten linker Ideologie, bei östlichen Religionen, dem romantischen Weltschmerz, bei anarchistischer Gesellschaftslehre, beim Dadaismus, bei amerikanisch-indianischer Überlieferung und . . . bei zeitenüberdauernder Weisheit" (Roszak 1971, 13 f.).

Zehn Jahre nach diesen Sätzen muß die Frage nach der verbannten Phantasie aus unserem Alltag, den ein zwölfjähriges Kind als „langweilige Bewegung" kennzeichnete (vgl. S. 93), wohl noch dringlicher gestellt werden. Hat sich Roszaks Befürchtung, daß der Widerstand der Gegenkultur scheitert und in einem „technokratischen Paradies . . . wie in der Anpassungspsychotherapie der Schmerz der neurotischen Verletzung geschickt gelindert" wird (Roszak 1971, 15), erfüllt? Sind es nur noch Outsider unserer Gesellschaft, die sich gegen ein „schmerzlos angepaßtes Leben" wehren und sich in eine negative Identität, bis zum Terrorismus, flüchten oder in individuelle ästhetische Mythologien (vgl. documents 5 1972, 16) oder in isolierte spirituelle Subkulturen (vgl. S. 214 f.)? Oder hat dieser zunächst vor allem von Jugendlichen getragene Widerstand gegen das verwaltete Leben nicht doch jenes neue öffentliche Bewußtsein geschaffen, das heute, wenn auch nur ansatzweise, den Bürger befähigt, in „Initiativen der Basis" (Grossmann 1973, 166) für das Recht an der Mitgestaltung seiner Alltagswelt einzutreten?

IV. Volkskultur – Massenkultur – Subkultur

1. Die Entdeckung der Phänomene

„Kulturen" als verhältnismäßig autonome und von der europäischen Kultur abweichende Lebensformen „exotischer" Stämme
waren die Entdeckungen von Reisenden, Anthropologen und Völkerkundlern; „Volkskulturen" waren die Entdeckungen eines national engagierten Bürgertums und der Volkskundler; „Massenkultur" war die Entdeckung von Psychologen und Kulturkriti-
kern; „Subkulturen" schließlich, die jüngste Entdeckung, geht auf
das Erschrecken über die „abweichenden" Verhaltensformen ganzer Gruppen in unserer eigenen Gesellschaft zurück. Die Subkulturforschung wurde ebenso wie die Massenkulturforschung das
Arbeitsgebiet zahlreicher und sich überschneidender Wissenschaften.

Die auf die Erforschung komplexer Gesellschaften konzentrierten kulturanthropologisch-ethnologischen Disziplinen haben sich
insbesondere diesen regional-, klassen-, schichten- und gruppen-
spezifischen Kulturformen zugewandt. Sowohl Volkskultur als
auch Massenkultur und Subkultur sind, je nach Interpretationsan-
satz, Abgrenzungsbegriffe gegen „hohe" Kultur oder „herrschende Kultur" oder „Kultur der Herrschenden". Sie bezeichnen
den Auseinanderfall einer einheitlichen, und das heißt für alle Mitglieder einer Gesellschaft gültigen, Kultur. Sie beinhalten weiterhin die Hinwendung zu den Verhaltens- und Gestaltungsformen
jener Bevölkerungsgruppen, die, wiederum je nach Interpreta-
tionsansatz, als einfaches Volk, kleine Leute, Werktätige, Grundschicht der Nation, Beherrschte, Unterprivilegierte oder Minderheiten bezeichnet werden.

2. Die Problematik des Volksbegriffs

Für die Volkskundler war „Volk" (und seine Kultur) sowohl historische Ausgangsbasis als auch langwirkendes Schlüsselwort und wurde erst in der Gegenwart zu einem vielfach traumatisch besetzten Begriff. Das reicht von der studentisch-aggressiven Aktion auf einem Kongreß, bei dem Luftballons mit der Aufschrift „All what you need is folk" hochgelassen wurden, bis zu der schon nahezu verzweifelt klingenden Frage „Is there a folk in the city?" (Dorson 1971) in dem Buch „The Urban Experience and Folk Tradition" (Peredes-Stekert 1971). Einführungen in die Volkskunde als Wissenschaft, wie die von Weber-Kellermann (1969), oder Arbeiten zur Volkskultur der Gegenwart wie Bausingers „Volkskultur in der technischen Welt" (1961) versuchen, sich durch ein Brecht-Zitat von der unreflektierten Benutzung der Begriffe Volk und Volkskultur zu distanzieren. In den „Fünf Schwierigkeiten beim Schreiben der Wahrheit" von Brecht heißt es: „Wer in unserer Zeit statt Volk Bevölkerung und statt Boden Landbesitz sagt, unterstützt schon viele Lügen nicht. Er nimmt den Wörtern ihre faule Mystik" (Brecht 1956, 94). Eine intensive Auseinandersetzung mit dem Volksbegriff der Volkskunde in seiner historischen Entwicklung wird von Wolfgang Emmerich in seiner Arbeit „Zur Kritik der Volkstumsideologie" (1971) geführt, wobei sehr deutlich wird, daß dieser jeweilige Wertbegriff ‚Volk' keineswegs ein Volkskundlerbegriff ist, sondern einer herrschenden Wertsetzung entspricht, die sich auch besonders prägend in der publizistischen Öffentlichkeitsarbeit niederschlägt, wie eine Studie über „‚Volk' zwischen Politik und Idylle in der ‚Gartenlaube' 1833–1940" (Gruppe 1976) zeigt.

Die in der Bundesrepublik Deutschland besonders heftige und engagierte Umbenennungsdiskussion des Fachs Volkskunde, die von einem Anschluß an die internationale Terminologie zwischen Kulturanthropologie und Ethnologie bis zu Neuprägungen wie Soziokulturforschung oder Popularkulturforschung reicht, ist ebenso ein Ausdruck für die Problematik des Volksbegriffs wie der Rückgriff auf die präziseren lateinischen und griechischen Volksbegriffe – ethnos, laos, demos, natio, vulgus, populus (Heilfurth 1961). Wenn dann allerdings der Gegenstand des Fachs „Europäische Ethnologie" als „populare Kultur" (Svensson 1973, 1) beschrieben wird, zeichnet sich deutlich ab, daß die griechischen und lateinischen Begriffe bereits wieder durch terminologische Unschärfen gekennzeichnet sind und selbst nur durch neue und genaue Definitionen greifbar werden.

Während nach Svensson die populare Kultur durch Traditionsgebundenheit, Gruppenprägung und lokale Ausformung gekennzeichnet ist und von der Massenkultur streng abgegrenzt wird, gehen nach Bausinger vor allem die quantitativen („die vielen") und sozialen („unteren" Schichten) Implikate des Volksbegriffs ein sowie der Vermittlungsaspekt (Popularisierungsakte). Durch diesen Begriff könnte die „falsche Kontrastierung von Volkskultur und Massenkultur" aufgehoben werden, da „beide Bereiche den gleichen Bedingungen unterliegen" (Bausinger 1969, 243).

Gegen diese Versuche, den Volksbegriff im wissenschaftlichen Namen und in der Terminologie des Fachs zu ersetzen, steht seine konsequente Beibehaltung in der DDR: „Im Sinne der Lenin'schen Lehre von den ‚zwei Kulturen' in jeder Klassengesellschaft konzentriert sich die Volkskunde . . . auf die werktätigen Klassen und Schichten . . . erscheint uns der Begriff Volk, den wir in zweifacher Hinsicht, einmal als soziologische Kategorie, als synonym für werktätige Klassen und Schichten, aber zum anderen auch als historische Stufe der objektiv existierenden ethnischen Gemeinschaften verwenden, im Sinne des dialektisch-historischen Materialismus . . . zureichend definiert . . . Dabei sind wir uns durchaus der Tatsache bewußt, daß der Begriff ‚Volk' in der reaktionären Traditionslinie der bürgerlichen Volkskunde und anderer bürgerlicher Sozialwissenschaften in seiner mystisch-spiritualistischen Einfärbung bis zum faschistischen Blut- und Bodenmythos in romantisch-reaktionäre Gesellschaftskonzeptionen eingebunden war . . ." (Weissel 1973, 6, 10f.).

Von welcher Wissenschaftsposition in der Gegenwart auch ausgegangen wird, so zeigt sich doch einheitlich die Tendenz, den Begriff Volk und damit auch Volkskultur nicht mehr uninterpretiert zu benutzen. Volkskultur war im Verlauf der Geschichte einer europäischen Volkskunde/Ethnologie an sehr verschiedene Vorstellungen von „Volk" gebunden. Weitgehend war die Beschäftigung mit dieser Volkskultur von einer nostalgisch-retrospektiven Bezugsrichtung gekennzeichnet (Greverus 1969), die für Deutschland bereits im Humanismus einsetzte.

3. „Volk" als nationaler Wertbegriff seit dem deutschen Humanismus

Für die deutschen Humanisten war die Germania des Tacitus, in der jener bis heute im Autostereotyp nachwirkende „altdeutsche Tugendkanon" (Möller 1966) – Ehre, Treue, Tapferkeit, Rechtlichkeit, Sittenreinheit – von einem Fremden konstatiert wurde, Offenbarung und Anstoß für eine Suche nach „Belegen". Diese Belege wurden vor allem in der sprachlichen Überlieferung des „Volkes" gesucht. Insbesondere waren es die Sprichwörter, die von den Vorfahren künden sollten. So schreibt Agricola in seiner 1529 erschienenen Sprichwörtersammlung: „Also haben unsere alten Deutschen einfältig geredet und wenig Worte gebraucht, auch wenig Gesetze gehabt, aber wie Cornelius Tacitus von ihnen schreibt, so hat bei den Deutschen Treue und Glauben mehr gegolten ohne viele Gesetze" (Agricola 1529, 4). Und weiter heißt es dort, daß die Ausgabe dieser Sprichwörter dazu beitragen soll, die Deutschen dahin zu führen, daß sie wieder in den Fußstapfen ihrer Vorfahren wandeln möchten. An der humanistischen Zuwendung zum „Volk" zeigt sich bereits das spätere Glaubensbekenntnis der Nationalromantik, Volk als einen Organismus, eine gewachsene Gemeinschaft, etwas ursprünglich kulturell Zusammengehöriges zu betrachten, das erst durch die Entstehung der Ständegesellschaft und ihren Übergang in die Klassengesellschaft getrennt wurde und in einem Nationalstaat wiedergewonnen werden muß. Zu diesem Vorverständnis und dieser intentionalen Orientierung kommt die vorrangige Fixierung auf verbale Zeugnisse, die den Übergang der „Volkskunden" in die jeweiligen nationalen Philologien möglich machten.

Auch bei Herder, dessen Gesamtkonzeption zwar auf eine „Universalgeschichte der Bildung der Welt" zielte, stand die verbale Überlieferung im Zentrum sowohl der Reflexionen als auch der eigenen Sammlungen. Volk war eine ursprüngliche Einheit, ein „Geist", eine „Stimme". So wollte er seine Volksliedsammlung ursprünglich „Stimmen der Völker in Liedern" nennen, wobei auch er im europäischen Raum diese Stimmen nur noch bei den beharrenden Schichten, vor allen den bäuerlichen, sah. Herder trennte Volkskultur sowohl von der kosmopolitisch orientierten Geschmackskultur des Bürgertums als auch vom Geschmack des „Pöbels auf den Gassen", der „nicht singt und dichtet . . . sondern schreit und verstümmelt" (Herder 25, 323).

Als die eigentlichen großen Protagonisten einer deutschen Volkskulturforschung auf einer breiten Sammel- und philologischen Interpretationsbasis und als Anreger für die gesamte europäische Volkskunde gelten die beiden Brüder Grimm. Durch sie wurde Volkskunde, die in der Zeit der Aufklärung stärker unter einem pragmatischen politischen Aspekt der Erforschung der alltäglichen Verhaltensweisen der zu bildenden einfachen Bevölkerung stand, ein Zweig der nationalen Literatur-, Sprach- und Altertumswissenschaft. „Was haben wir denn Gemeinsames als unsere Sprache und Literatur?" fragt Jacob Grimm in seinem Vorwort zum Deutschen Wörterbuch (Grimm 1854, III). Auch für die Grimms ist Volk eine ursprüngliche Einheit, die erst durch die Trennung „Gebildete" und „Ungebildete" zerstört wurde: „Nachdem aber die Bildung dazwischen trat, . . . mußte . . . die alte Poesie aus dem Kreis ihrer Nationalität unter das gemeine Volk, das der Bildung unbekümmerte, flüchten, in dessen Mitte sie niemals untergegangen ist, sondern sich fortgesetzt und vermehrt hat, jedoch in zunehmender Beengung und ohne Abwehrung unvermeidlicher Einflüsse der Gebildeten" (Grimm 1808, 400). Vollkommenster Ausdruck der Kultur, die der Geschichte gleichgesetzt wird, jenes ursprünglichen Volksorganismus ist die Volkspoesie, die in der Gegenwart nur noch beim „gemeinen Volk", der Landbevölkerung, als Bewahrer der ursprünglich gemeinsamen Volkskultur, gefunden wurde (Bausinger 1968, 17ff.). Die von

Herder und den Brüdern Grimm inspirierte Suche nach der poetischen Widerspiegelung der nationalen Kulturen hatte eine besonders starke Wirkung auf jene ebenso wie die Deutschen um eine nationale Einheit und ihren nationalen Selbstwert ringenden Völker Europas (Sundhausen 1973; Brüder Grimm Gedenken 1963; Jacob Grimm 1963).

War für die Brüder Grimm und ihre Zeitgenossen die Volkspoesie noch vollkommenster Ausdruck einer Volkskultur und wurde sie als Dokumentation und auch oft zur Wiederbelebung einer nationalen Kultur gesammelt und interpretiert, wobei gleichzeitig, wenn auch weniger vorrangig, die Sammlung der übrigen „Altertümer" angeregt wurde (Jacobeit 1965, 22ff.), so gewann in der Folgezeit die Sammlung und Deskription der Objekte Vorrang. Das führte nunmehr schon im Rahmen einer „Volkskunde als Wissenschaft" bei dem sich explizit als Volkskundler bezeichnenden Wilhelm Heinrich Riehl zur erneuten Forderung nach einer ganzheitlichen Betrachtung der Volkskultur. Sein immer wieder zitierter Ausspruch „Diese Studien über oft höchst widersinnige Sitten und Bräuche, über Haus und Hof, Rock und Kamisol, Küche und Keller sind in der Tat für sich allein eitler Plunder . . . Die bloße Kenntnis der Tatsachen des Volkslebens gibt niemals eine Wissenschaft vom Volk" hat allerdings im Fortgang dieser Wissenschaft in Europa ebenso wenig Beachtung gefunden wie seine Forderung, daß „unter allen Dingen dieser Welt der Mensch des Menschen würdigstes Studium sei" (Riehl 1862, 215, 220). Dagegen hat die von dieser volkskundlichen Forschung erwartete retrospektiv-nationale Heilslehre, nach der Studien des Volkslebens „erst ihre wissenschaftliche wie ihre poetische Weihe durch ihre Beziehung auf den wunderbaren Organismus einer ganzen Volkspersönlichkeit" erhalten, bis in die Nachkriegsforschung weitergewirkt: „Als oberstes Ziel ihres Mühens gilt auch der deutschen Volkskunde der Gegenwart die Erkenntnis der geistigen Sonderart des deutschen Volkes und seiner Stammesgruppen, der ,Volkspersönlichkeit', der ,Volksseele'", sagte noch 1960 Adolf Bach in seiner neu aufgelegten „Deutschen Volkskunde" (Bach 1960, 52).

Das entscheidende Kriterium für Volkskultur, ob sie nun in einer Synthese als Wesensart des Volkes oder als Einzelobjekte gesehen und interpretiert wurde, war die schöpferische Potenz jener Einheit Volk, die im Gegensatz zur individuellen Leistung in der hohen Kultur als eine Gemeinschaftsleistung betrachtet wurde.

Nachdrücklich und in Auseinandersetzung mit zahlreichen Gegenstimmen wurde diese These am Anfang unseres Jahrhunderts nochmals von Adolf Strack vertreten: „Von allen Gemeinschaften . . ., in die der Mensch hineingestellt ist, und die sein Denken und Handeln bestimmen, ist die des Volkes, der natürlichen Stammeszugehörigkeit, die wichtigste" (Strack 1902, 153). Die Volkskunde als Wissenschaft vom eigenen Volk soll nach ihm deshalb alle Lebensformen erforschen, „die aus dem natürlichen Zusammenhang eines Volkes unbewußt hervorgehen" (Strack 1902, 156). Auch für ihn ist der bäuerliche Teil der Bevölkerung jener Teil der Nation, der noch gegenwärtig „Repräsentant des Volkes in obigem Sinne" ist (Strack 1903, 72). Allerdings sei auch die Kultur der „Gebildeten" zu erforschen, sofern diese noch „am Leben des ‚Volkes' teilhaben" (Strack 1903, 74).

4. „Vulgus in populo" und „primitive Gemeinschaft"

Damit wendet sich Strack gegen zeitgenössische Fachorientierungen, die das Gebiet der volkskundlichen Untersuchungen auf „vulgus in populo" und seine Kultur reduzieren wollten und darüberhinaus die These aufstellten, daß dieses „Volk" nicht produziere, sondern reproduziere. Im Anschluß an die wiederum an der Liedüberlieferung geführten Untersuchungen von John Meier (Meier 1892; 1906), der zahlreiche sogenannte Volkslieder auf einen je individuellen Schöpfer zurückführen konnte, hat vor allem Hoffmann-Krayer in Grundsatzartikeln (1902, 1903, 1930) diese „Reproduktionstheorie" vertreten. „Vulgus" hat für ihn eine im Gegensatz zur Oberschicht „generell-stagnierende geistig-seelische Verfassung" und „primitive Anschauungen und Überlieferungen".

Der Begriff des Primitiven, angewandt auf Teile der Bevölkerung der eigenen Nation, wurde allerdings besonders stark von einem der umstrittensten Vertreter der deutschen Volkskulturforschung, Hans Naumann, hervorgehoben (Naumann 1921; 1922). Naumann unterscheidet in der Kultur des einfachen Volkes zwischen „gesunkenem Kulturgut", das heißt den aus einer individualistisch-schöpferischen Oberschicht übernommenen Überlieferungen, und einem primitiven Gemeinschaftsgut einer noch individualismuslosen Kultur: „Man braucht Europa nicht zu verlassen, um das primitive Gemeinschaftsleben, d. h. das Leben der Träger einer noch individualismuslosen Kultur lebendig kennenzulernen. Auch bei uns bewahrt die bäuerliche Bevölkerung noch in vieler Beziehung den primitiven Gemeinschaftsgeist, dessen Reste auch in den Oberschichten der Nationen noch hundertfältig weiterleben, und sie ist deshalb das Hauptobjekt der Volkskunde. Aber überwältigend geht einem etwa im europäischen Osten, z. B. unter litauischen Bauern, der Begriff der primitiven Gemeinschaft auf. Fahren die Bauern eines litauischen Dorfes nach dem nächsten Flecken zum Markt, so ziehen sie wie die Ameisen ihre Straße einer hinter dem andern her. Und wie diese sind auch jene äußerlich für den Fremden nicht zu unterscheiden. Zu gleicher Bartform, gleicher Haartracht, gleicher Kleidung gesellt sich auch ein gleicher Gesichtstyp und eine ähnliche Gestalt wie eine gleiche Körperhaltung. Die kleinen Schlitten im Winter, die kleinen Wagen im Sommer, auf denen die litauischen Bauern sitzen, sind gleich. Vor sich haben sie alle die gleichen Pferdchen unter dem gleichen Geschirr und hinter sich haben sie alle scheinbar die gleiche Frau, sitzend auf einem Bund Heu, den Kopf verhüllt, den Oberkörper in kurzem Schafspelz, den Unterkörper im leuchtend bunten Rock aus selbstgewebter Leinwand. Mehl, Eier und Käse bringen sie alle in gleicher Weise, in gleichen Gefäßen und Körben zum Verkauf, um Salz und Gewürze in gleicher Weise dafür einzuhandeln . . . Und wie sie alle hintereinander zur gleichen Zeit auf dem Markt angekommen waren, so verschwinden sie auch alle hintereinander wieder zur gleichen Zeit, fahren im Gänsemarsch und in gleicher Gangart heim, um daselbst in ihren außen wie innen vollkommen gleichen Gehöften ihr prähistorisch-primitives, gänzlich uniformes Leben weiterzuführen, das in derselben Wirtschaftsform, derselben

Sprache und Sprechweise, denselben Liedern, denselben Anschauungen, demselben Wissen, denselben Festen, Sitten und Gebräuchen mit einer bis ins kleinste genauen Übereinstimmung besteht. Aber in diesem Gemeinschaftsleben liegen die Grundlagen ihrer Kultur, liegt die Stärke und die Sicherheit jedes Einzelnen, die ihm durchaus die Stärke und die Sicherheit einer eigenen Persönlichkeit ersetzt – solange er der Gemeinschaft verbunden ist" (Naumann 1922, 56f.). An den Komplexen Tracht und Hausrat, Bauernhaus und Dorfkirche, Siedlung und Agrarwesen, Glaubensformen, private und agrarische Feste, Volksschauspiel und Gemeinschaftsspiel, Volksbuch und Puppenspiel, Volkslied und Gemeinschaftslied, Rätsel und Sprichwort, Sage und Märchen versucht Naumann die „Grundfragen der modernen Volkskunde", ob es sich bei der Volkskultur um primitives Gemeinschaftsgut oder von oben gekommenes gesunkenes Kulturgut handelt, zu exemplifizieren.

Naumanns Thesen vom primitiven Gemeinschaftsgeist und gesunkenem Kulturgut fanden unter den verschiedensten wissenschaftlichen und politischen Implikaten bis in die Gegenwart heftigste Ablehnung. Insbesondere die Trennung in eine geistig-kulturell produktive Oberschicht und eine beharrende, kulturell nur rezeptive Unterschicht (die sogenannte „Zweischichtentheorie") wurde kritisiert. So hob Spamer in „Um die Prinzipien der Volkskunde" (1924) das Umbildungsvermögen gegenüber dem oberschichtigen Kulturgut als die eigentliche schöpferische Leistung des Volkes hervor und wandte sich darüberhinaus energisch gegen die Anwendung des Begriffs primitiv für das deutsche Bauerntum. Primitivität wäre bei den „Asozialen" in unserer Gesellschaft zu finden. Den Aneignungs- und Umbildungsprozeß gegenüber den oberschichtigen Kulturgütern durch die unteren Schichten zu erforschen, sah Spamer als die eigentliche Aufgabe einer Volkskunde und hat darin zahlreiche Nachfolger gefunden. Heftiger war die politische Auseinandersetzung mit Naumann. Im Nationalsozialismus wurde er, trotz seiner national-germanophilen Wendung (Naumann 1932), aufgrund seiner Arbeiten aus den 20er Jahren sehr skeptisch betrachtet, denn „Volkskultur" war nun wieder die

„einzige wirklichkeitsunmittelbare Seinsweise der Rasse" (Beck 1944, 160), und Naumann hatte „das Volksganze in zwei verschiedenartige Schichten, die beide bewußt übervölkisch gesehen werden" zerteilt (Ziegler 1936, 6). Im Nachkriegsdeutschland dagegen wurde ihm die Vorbereitung der Herrenmenschentheorie (Weber-Kellermann 1969, 60; Emmerich 1971) zur Last gelegt, aufgrund seiner „Verewigung des Gegensatzes von Oberschicht und Grundschicht, der jede Dialektik fremd ist" (Emmerich 1971, 102).

In der Auseinandersetzung mit Naumanns primitiver Gemeinschaft wurde allerdings immer übersehen, daß dieser eigentlich nie in dem Sinne von zwei Schichten gesprochen hat, daß er „die Gesellschaft ahistorisch zeitlos in zwei diffuse Schichten unterteilt" (Emmerich 1971, 102), sondern vielmehr von einer Entwicklung der Gesellschaft von der primitiven, und das heißt für ihn individualismuslosen, Gemeinschaft, in der zwar auch das Individuum als jeweiliger Kreator gesehen wird, aber als „zufälliger", aus der „Gemeinschaft", der gleichen Lebenseinstellung Handelnder, über zahlreiche Zwischenstufen bis zur „höheren Kultur", die zu Individualismus und Differenzierung fortgeschritten ist. „So erscheint uns die Einzelpersönlichkeitskultur, die seelische und geistige Differenzierung und völlige innere Ungleichheit der Menschen und Stände als das letzte Stadium bisher verlaufener Kulturentwicklung, über das es kein Hinaus mehr gibt" (Naumann 1922, 3). Naumanns Versuch war zunächst nichts anderes, als die romantische These vom schöpferischen Volksganzen zu überwinden und zu zeigen, wie sich in der arbeitsteiligen Gesellschaft eine von der oberen Schicht getragene höhere Kultur herausbildet, durch die die Masse der Bevölkerung immer stärker von ihrem produktiven Anteil am Kulturprozeß ausgeschaltet und abhängig von dem oberschichtigen Kulturangebot (dem gesunkenen Kulturgut) wird. Volkskultur wird zur gesunkenen Kultur der herrschenden Schichten, wodurch sich die „primitive Gemeinschaftskultur" der unteren Schichten auf gemeinsame Einstellungen und Handlungen im Kontext und in Abhängigkeit von der herrschenden Kultur reduziert.

Die von Naumann beschriebenen litauischen Bauern sind ein

Beispiel dieser Reduktion der „primitiven Gemeinschaft" in einer bereits individualisierten und gleichzeitig zentralisierten Gesellschaft, in der das „Volk" vom Kulturträger zum Kulturempfänger gemacht wird. Wenn Naumann davon spricht, daß nicht Volkslied (und das ist für ihn das „gesunkene Kulturgut") und Gemeinschaftslied, sondern Kunstlyrik und Gemeinschaftslied in engstem Zusammenhang stehen – eine Perspektive, die bei ihm für alle kulturellen Objektivationen gilt – und sowohl auf das Identitätsgefühl mit der Umwelt als auch auf die „effektiv sehr reizbare Seele des Primitiven" und eine Phantasie ohne intellektuelle Hemmungen hinweist, dann ist damit ein Phänomen angesprochen, das, wenn auch mit anderen Termini, die gegenwärtige Diskussion um eine neue Sensibilisierung des gemeinschaftlichen Umwelterlebens durchzieht.

5. „Folk-Gesellschaft" und bäuerliche Volkskulturen

Ähnlich wie Naumann die „primitive Gemeinschaft" beschrieb, entwickelte der amerikanische Kulturanthropologe Robert Redfield sein Konzept der „folk-society", die er als Idealtypus aufgrund interkulturellen Vergleichs herauszuarbeiten versuchte. Die folk-society steht am Anfang eines Kontinuums von gesellschaftlichen Entwicklungen, die in ihren Wesensmerkmalen der modernen Stadtgesellschaft logisch entgegengesetzt seien.

Die Konstruktion dieses Idealtypus hängt von der Kenntnis zahlreicher „Stammesgemeinschaften und bäuerlicher Gruppen" ab. Ihre wesentlichsten Charakteristika sind: Eine kleine Gesellschaft mit ständigen Primärkontakten ihrer Mitglieder, die keine direkten Beziehungen zu fremden Gesellschaften haben. Intensive Kommunikation mit Hilfe des gesprochenen Wortes innerhalb der Gruppe und eine starke Personalisierung des interaktiven Verhaltens, wodurch das Individuum einen festen Platz innerhalb der Gruppe, aber keine individuelle Position besitzt. Einer starken Gruppensolidarität, d. h. einem „Wir"-Gefühl, steht eine ebenso starke Abgrenzung von Fremdgruppen gegenüber. Die Folk-Gesellschaft ist ökonomisch abhängig und betreibt weitgehend ohne Nutzung sekundärer und tertiärer Werkzeuge und mit kaum vorhandener Arbeitsteilung reine Bedarfswirtschaft. Die Problemlösungen der Lebensbedürfnisse sind konventionalisiert und bilden ein konsistentes System von Vereinbarungen, d. h., eine Kultur, die von allen in ihren einzelnen Abläufen und einschließlich der spezialisierten Handlungszuteilung verstanden wird. Das konventionelle Handeln ist einem Muster unterworfen, das von dem Grundprinzip der jeweiligen Kultur geprägt wird. Aufgrund der konventionellen Vereinbarungen und der Traditionsbindung ist keine autoritäre Disziplinierung durch formale Verträge und Gesetzgebung und keine Systematisierung des Wissens erforderlich. Besonders wichtig erscheint im Zusammenhang des konventionalisierten Handelns die Abgrenzung zwischen „Masse" und „Folk-Gesellschaft" durch Redfield, die auch die eigentliche Aussage Naumanns über die „primitive Gemeinschaft", die in seiner volkskundlichen Reduktion auf einzelne und einzeln abgehandelte Objektivationen verkürzt wird, unterstützt: „Was der einzelne in einer Masse tut, mag das gleiche sein, was alle anderen in der Masse tun; aber eine Menschenmasse ist keine Folk-Gesellschaft; sie ist sogar, soweit es die Kultur betrifft, ihre eigentliche Antithese. Die Mitglieder einer Menschenansammlung tun tatsächlich alle das gleiche; aber dabei handelt es sich um etwas recht Unmittelbares und Eigenartiges, das ohne eigentliche Bezugnahme auf die Tradition geschieht. Es hängt nicht von zahlreichen wechselseitig bezogenen stillschweigenden Vereinbarungen ab, noch drückt es diese aus. Eine Masse hat keine Kultur. Die Folk-Gesellschaft aber besitzt eine Kultur im denkbar höchsten Grade. Eine Masse ist eine Aggregation von Menschen, die sich alle gleichzeitig dem gleichen einfachen Vorgang widmen. Eine Folk-Gesellschaft ist eine Organisation von Menschen, die viele verschiedene Dinge sowohl nacheinander als auch gleichzeitig tun . . . Die Mitglieder einer Folk-Gesellschaft lassen sich bei ihren Handlungen von zuvor festgelegten, umfassenden und interdependenten konventionellen Vereinbarungen leiten, sie tun zu jeder beliebigen Zeit viele verschiedene Dinge, die in ihrer Gesamtheit aufeinander bezogen sind, um kollektive Gefühlsregungen und Vorstellungen auszudrücken" (Redfield 1966, 335).

Ähnliche Charakteristika finden sich bei anderen Autoren aus-schließlich für den Bereich der sogenannten Stammesgesellschaf-ten. So beschreibt Southall sie als geschlossene Gesellschaften mit einem hohen Grad von Selbstgenügsamkeit nahe dem Substistenz-niveau, relativ einfacher Technologie, ohne Schrift und Literatur, politisch autonom, mit eigener spezifischer Sprache und Kultur, einer eigenen Stammesreligion und einem ausgeprägten Identitäts-gefühl (Southall 1970). Diese Wesensmerkmale gelten für Southall nur für Stammesgesellschaften in historischer Sicht, gegen die er die gegenwärtigen als „ethnische Gruppen" abgrenzen will. Die Folk-Gesellschaften im Redfield'schen Sinne werden in ihrer Ge-schlossenheit also nur noch als Phänomene der Vergangenheit be-trachtet, denn auch für die sogenannten „peasant societies" außer-halb Europas, denen sich die Ethnologen zugewandt haben, wird allenthalben die Abhängigkeit von einer herrschenden wirtschaftli-chen und politischen Kultur hervorgehoben, in der die Bauern als die Beherrschten (Fallers 1961, Wolf 1966) bezeichnet werden, was auch für den kulturellen Sektor gelte, da zwar eine „Volks-Ver-sion" der hohen Kultur existiere, aber auch von dieser abhängig sei.

6. Vom Autonomieverlust zur Traditionsmüdigkeit

Entscheidend in allen diesen Ausführungen ist die Erkenntnis einer Entwicklung, die von autonomen Volkskultursystemen zu abhän-gigen semi-autonomen Volkskultursystemen führt; entscheidend ist ferner, daß dieser Autonomieverlust nicht nur auf politischem und wirtschaftlichem Sektor gesehen wird, sondern sich auch auf den Bereich jener Gestaltung des Daseins in Ritualen, Kunst und Dichtung erstreckt, der den ästhetischen, wertorientierten Verhal-tensbereich einer Volkskultur umfaßt. Als diese Volkskultur kön-nen die Produkte jener eigenständigen sinngebenden Gestaltung verstanden werden oder auch das dahinterstehende Organisations-prinzip, in das der einzelne konventionell integriert ist und das das von allen geteilte Verständnis für den „Sinn des Lebens" umfaßt. In diesem Rahmen wird das Leben nicht als eine Folge verschiede-ner Handlungen, sondern als eine umfassende Handlung aufgefaßt.

Wird von der einen Seite der Verlust der autonomen Produkte einer Volkskultur und die Abhängigkeit des Volks von den Produkten der höheren und der Massenkultur konstatiert oder bedauert, so von der anderen der Verlust der eigenständigen Entwicklung von Kultur als sinngebender integrierter Lebensgestaltung.

Redfield versuchte am Beispiel eines Festes zu Ehren des Dorf-Schutzheiligen in verschiedenen Gemeinden auf Yucatán (Redfield 1941) den allmählichen Verlust des umfassenden kulturellen Sinnbezugs in Abhängigkeit von der Nähe zu Stadtzentren zu zeigen: „Bei diesem Fest werden Ritual und Anbetung in beträchtlichem Maß mit Spiel vereint. Die wichtigsten Handlungen des Festes sind eine Novena, ein Volkstanz und ein Stierkampf. In allen vier Gemeinschaften gibt es eine Organisation von Männern und Frauen, die für das jeweilige Jahr die Leitung des Festes übernehmen und am Höhepunkt des Festes die Verantwortung an ihre Nachfolger übergeben. Bis zu diesem Punkt sind die Institutionen in allen untersuchten Gemeinschaften die gleichen. Die Unterschiede zeigen sich erst beim Vergleich der Einzelheiten des Rituals und der Organisation des Festes und wenn sich die Untersuchung den wesentlichen Bedeutungen dieser Handlungen und Organisationen zuwendet. Dann zeigt sich, daß das Fest sich von einer zutiefst sakralen Handlung, die vom Dorf als einem sich aus Gruppen von Familien zusammensetzenden Kollektiv vollzogen wird und in enger Beziehung zum System der religiösen und sittlichen Vorstellung des Menschen steht, in einer mehr städtischen Gemeinschaft in erster Linie zu einer Gelegenheit der Erholung für die einen und zur Erlangung von finanziellem Profit für die andern entwickelt und keine starke Beziehung zu sittlichen oder religiösen Vorstellungen mehr hat" (Redfield 1966, 348 f.).

Ähnliche Beobachtungen zum Rückgang des Festes als eines sinnbezogenen integrierten Phänomens lassen sich allenthalben feststellen. So entwickelten sich im mediterranen Raum Europas Feste zu Ehren der Heiligen vielfach zu Schauveranstaltungen mit folkloristischen Darbietungen für ein auswärtiges Publikum, und nur in marginalen Orten erhalten sie sich in ortsinterner Tradition

(Greverus 1964, Schenda 1965 b, Mühlmann 1969). Allerdings spricht Schenda bei der Darstellung des Onuphrius-Festes in Sutera von einem mechanischen Verlauf, erstarrtem Kult ohne wirkliche religiöse Durchdringung, von Traditionsmüdigkeit: „Sie tritt heute in Sizilien dort auf, wo spontane volkstümliche Ausdrucksformen vergangener Epochen . . . in einer völlig veränderten kulturellen Umwelt ihren Sinn verloren haben . . . Man mag den heute schon in Trapani, in Caltanisetta . . . aufblühenden Folklorismus bei Prozessionen und Trachtenschauen bedauern (was übrigens noch kein Sizilianer getan hat) – die heutigen Massenspektakel in diesen Städten sind ein zeitgemäßer und zwangsläufiger Ausbruch aus dem noch bedauernswerteren Schauspiel traditionsmüder, sinnentleerter Brauchwiederholung" (Schenda 1965 b, 166).

7. Marginalisierung und „Miseria"

Die Problematik, die hier mit Marginalität, die zu Traditionserstarrung und Sinnentleerung und schließlich zu Traditionsmüdigkeit führt, angesprochen wird, könnte im Widerspruch zur Vorstellung der Erhaltung einer eigenständigen Volkskultur in isolierten Gebieten oder der Erneuerung volkskultureller Phänomene in anderen marginalen Zonen gesehen werden. Doch es handelt sich trotz der äußeren Ähnlichkeit des Phänomens „marginales Gebiet und volkskulturelle Eigenart" um sehr verschiedene Ursache-Wirkungsverschränkungen. Jede Kultur, auch die einer noch so kleinen und isolierten Gruppe, bedarf nicht nur des Sinnbezugs ihrer Elemente und der Traditionen, sondern auch der Innovationen, um ihren Trägern und Mitgliedern Identität zu geben. Was sich in den kleinen sizilianischen Gemeinden abspielt, ist eine Marginalisierung und Isolierung innerhalb eines sich wandelnden sozialen Systems: „Das ist jedoch ein Platz, wo auch die größten Anstrengungen ausschließlich das Fortschreiten des Elends bedeuten, um ihre [der Bewohner] Hölle auszurichten", schreibt ein italienischer Forscher (Pizzorno 1966, 64) in Auseinandersetzung mit einer amerikanischen Gemeindestudie im Süden Italiens, in der auf die regressiv-familiäre Binnenorientierung der Gemeindemitglieder und ihre innovative Unfähigkeit insistiert wird (Banfield 1958). Und er fährt fort: „Er kann sich nicht vorstellen, daß in der Hölle selbst die geringste Anstrengung, die Umstände zu verbessern, unerträglich ist; wenn jemand dort bleiben muß, tut er besser nichts" (Pizzorno 1966, 64 f.). Pizzorno geht hier auf das Miseria-Problem, das Problem der bewußtwerdenden und fortschreitenden Armut und Marginalisierung ein (Friedmann 1953, Lepsius 1965, Greverus 1971 a), dessen Ursachen er beschreibt: „Die Formierung kapitalistischer Gesellschaften läßt bestimmte Populationen an ihren Rändern, die, obgleich sie irgendwie mit dem Rest des sozialen Systems in Beziehung bleiben, nicht mit dessen Fortschritt mithalten können. Der Entstehungsprozeß von Nationen andererseits kann als ein Prozeß betrachtet werden, der in irgendeiner Form dazu tendiert, diese ökonomisch-marginale Bevölkerung durch das Angebot einer neuen Identität – diejenige der Nation – wieder zu kräftigen . . . Die Territorien, die aus dem Prozeß der nationalen Identifikation ausgeschlossen sind, nachdem sie ihre lokale traditionelle Gemeinde-Identifikation durch das Entstehen des kapitalistischen Systems, das ihre Isolation und Selbstgenügsamkeit nutzlos gemacht hat, verloren haben, können marginale Territorien genannt werden. In ihnen ist es nicht länger möglich, das Gefüge von Gemeinde-Identitäten zu rekonstruieren, das einer Bevölkerung erlaubt, lokale Organisationen durchzuführen. Andererseits kann die Identifikation mit dem neuen System nur von Individuum zu Individuum erfolgen, an einem Platz, wo ein neues Leben sinnvoll erscheint, und das sind die Plätze des historischen Fortschritts" (Pizzorno 1966, 65).

In Ausführung über frustrationsgeleitetes Verhalten marginalisierter Gruppen innerhalb der Gesellschaft wurden vier Verhaltensreaktionen herausgearbeitet: Fixierung, Regression, Agression und Resignation (Albrecht 1969, 451 ff.). Fixierung bedeutet danach einen extremen Traditionalismus und Immobilismus im gesamten Lebensstil; Regression eine starke Vereinfachung des Verhaltensrepertoires und passive Erwartungshaltung gegenüber Institutionen sowie familiäre Abhängigkeit; Agression ist nicht auf Zielverwirklichung gerichtet, sondern „entlädt sich in regelrechten

Fehden zwischen einzelnen Familien oder gar ganzen Gemeinden";
Resignation betrifft die gesamten alltäglichen Bereiche und führt
zu jener Reaktion, die Pizzorno damit umschreibt, daß diejenigen,
die in einem solchen marginalisierten Gebiet bleiben müssen, besser nichts tun.

Für die Form der Marginalisierung in der Miseria-Situation treffen diese Verhaltensreaktionen deutlich zu. Es sind Zeichen für
einen Kulturverlust, wenn auch Pizzorno davon spricht, daß diese
Gruppen „wahrscheinlich reicher an subkulturellen Zügen sind,
die ihnen eine Tolerierung der intolerablen Situationen ermöglichen" (Pizzorno 1966, 65). Wenn wir diese subkulturellen Züge
mit Albrecht als Anpassungsformen sehen und mit dem von Lewis
aufgestellten Katalog spezifischen Verhaltens in der „Subkultur
der Armut" (vgl. S. 206) vergleichen, trifft diese Aussage zu – wir
dürfen nur den „Reichtum subkultureller Züge" nicht mit jenem
volkskulturellen Reichtum gleichsetzen, wie er in der volkskundlichen Literatur des südlichen Italien beschrieben wird. Das Kulturideal des süditalienischen Landbewohners ist der „gentiluomo"
(Lepsius 1965, 308; Hess 1970, 41), dessen Dasein von der Bindung
an Handarbeit und insbesondere landwirtschaftliche Arbeit frei ist.
Es ist ein städtisches Kulturideal, es „wird durch die seit dem 17./
18. Jahrhundert immer abwesenden adeligen und reichen Grund-
besitzer symbolisiert, die nur zur Pachteinnahme ihre ländlichen
Besitzungen aufsuchen, durch die Unzufriedenheit der örtlichen
Honoratioren bestätigt . . ., durch die Versuche wachgehalten,
städtisches Leben in den Landstädten jener besonderen mediterranen Siedlungsformen . . . mit Corso, Bar und Honoratiorenclub
zu reproduzieren" (Lepsius 1965, 309 f.). Die süditalienischen Bauern konnten keine positive Selbstbewertung entwickeln – „Wir
hacken die Erde – wenn Sie mir den Ausdruck verzeihen – wie
Tiere" (Friedmann 1953, 220) –, nicht nur aufgrund ihrer personalen Abhängigkeit von einem quasi feudalistischen System, sondern
auch aufgrund eines nationalen Kulturideals, das städtisch und an
einer „hohen Kultur" orientiert war.

8. Das Kulturideal „Volkskultur"

Der für das deutsche und osteuropäische Nationalerwachen so ausschlaggebende romantische Volksbegriff setzte dagegen ein nationales Kulturideal, das ländlich und an einer bäuerlichen „Volkskultur" orientiert war: Um die ehemalige Einheit und Größe des Volkes zu erleben (und zurückzugewinnen), mußte man sich der noch vorhandenen „Grundschicht", den Bauern und ihrer Kultur, wieder zuwenden: „Die innere Erfrischung und Verjüngung unseres Volkslebens kann nur noch von dem Bauernstande ausgehen" (Riehl 1851/58, 41). Das nationale Ideal der bäuerlichen Volkskultur reicht in Deutschland bis in den Humanismus, fand im „Musterbauern als bürgerlichem Menschheitsideal" (Lange 1976, 76 ff.) der Aufklärung seine erneute, ökonomisch bedingte, moralische Aufwertung und schließlich die von der Nationalromantik ausgehende Verklärung zum Symbol ehemaliger Volkseinheit und Trägerschaft der Nation und ihrer Kultur. Dieses bäuerliche Kulturideal hat die deutsche Geschichte als ideologisch einsetzbares Konzept bis in die Gegenwart geprägt, wobei allerdings der politische und kommerzielle Folklorismus immer stärker in den Vordergrund tritt. Der Marginalisierung der bäuerlichen Bevölkerung und ihrem dadurch mitbedingten kulturellen Identitätsverlust in einer sich verstädternden und industrialisierenden Welt wurde durch das nationale Kulturideal eine neue – die nationale – Identifikation angeboten, mit der die partielle Anomie, die sich aus dem sozialen Wandel ergab, über die Setzung des Kulturideals „Volkskultur" aufgefangen und kanalisiert wurde.

Mit der Setzung dieses Kulturideals war allerdings auch Fixierung verbunden, eine Verhaltensform, die weitgehend nicht von den marginalisierten Gruppen selbst, sondern von den bürgerlichen Interpreten ihrer Volkskultur ausging. Tradition wurde mit „Beharrung" und Kontinuität gleichgesetzt, Volkskultur wurde „gepflegt" und das Kriterium für Echtheit wurde Unveränderlichkeit (Bausinger-Brückner 1969; Bausinger, Volkskunde 74 ff.). Der von Erixon geprägte Begriff der Kulturfixierung, die nicht „die Frage einer größeren Primitivität, sondern der Fixierung einer früheren Periode höheren Wohlstandes, der Reflex auf eine vergangene Phase der Größe" ist (Erixon 1945, 31), trifft intentional diese ideologische Setzung des Nationalideals „Volkskultur".

9. Kulturfixierung und Folklorisierung

Die vor allem in Skandinavien ausgebaute Kulturfixierungsthese (Erixon 1971; Ek 1960; Svensson 1972; 1973, 106ff.) bezieht sich allerdings stärker auf den Zusammenhang zwischen wirtschaftlichen Hochkonjunkturen, davon abhängigen Innovationen in einer bäuerlichen Prestigekultur über hochkulturelle Entlehnung und einer Fixierung der repräsentativen Elemente dieser Kultur in Zeiten wirtschaftlichen Niedergangs. Als ein besonders typisches Beispiel dieser Kulturfixierung für den mitteleuropäischen Raum gilt die bäuerliche Kultur Frieslands: „Hier gab es gegen Schluß des Mittelalters bis hin zum Dreißigjährigen Krieg einen Silberreichtum, der phantastisch genannt werden darf . . . ‚In Dithmarschen essen die Schweine aus Silbertrögen' ist ein drastischer Ausspruch zu diesem Überfluß. Man sagt, daß sich gegen Ende des 16. Jahrhunderts mehr Gold und Silber im Land befanden als Eisen und Messing. Eine Chronik des 16. Jahrhunderts berichtet, daß die Trachten in Ostfriesland derart mit Silber beladen waren, daß sie von selbst stehen konnten. Sie waren, wie wir es von Abbildungen her kennen, mit aufgenähten Silberplättchen überdeckt. Der silberbeschlagenen Tracht entsprach das prachtvolle, geschnitzte Renaissanceinterieur der Bauernhöfe in diesem Milieu. Die Ursachen für solchen Luxus waren sowohl soziale als auch ökonomische. Der Grund- und Bodenbesitz konzentrierte sich in wenigen Händen, und die Hochkonjunktur des 16. Jahrhunderts schuf auch hier die ökonomischen Voraussetzungen. Der Niedergang trat mit den Kriegsverwüstungen des 17. Jahrhunderts ein, und die gewaltige Sturmflut von 1634 setzte einen Grenzstrich. Noch immer kann man jedoch auf friesischen Bauernhöfen die Erinnerung an frühere Größe bewahrt finden. Die Renaissanceformen wurden durch die verarmten ökonomischen Verhältnisse konserviert" (Svensson 1973, 109).

Nach dieser Kulturfixierungsthese ist die bewahrte bäuerliche Repräsentativkultur vorrangig das Relikt einer Epoche ökonomischen Wohlstands, in der die eigene Kultur durch Angleichung an die Oberschicht aufgewertet werden sollte. Trotz aller Diskussionen um die Kulturfixierung, insbesondere was die Kausalität zwischen ökonomischer Marginalisierung und Fixierung anbetrifft (Ethnologia Europaea 1972, 129ff.), läßt sich diese Fixierung in bestimmten marginalen Gebieten immer wieder feststellen. Allerdings muß sie nicht nur Ausdruck des Rückgangs der bäuerlichen Wirtschaftsprosperität sein, sondern kann auch gemeinsam mit wirtschaftlicher, sozialer und politischer Modernisierung auf der rituellen repräsentativen Ebene stattfinden (Arensberg 1967, Singer 1972, Hofer 1973 b), wobei diese Kulturfixierung ein Ausdruck der „Integration der Gruppe" und ihrer „Sonderstellung" ist (Bauche 1965, 168ff.).

Der von Bauche herausgearbeiteten Kulturfixierung der Vierländer Obst- und Gemüsebauern in der repräsentativen Sphäre von Möbelstil, Tracht und Stickerei (Bauche 1965; 1973 a) als Selbstbehauptung und gleichzeitig rationeller Ausnutzung des großstädtischen Marktes Hamburg können zahlreiche Beispiele zugesellt werden, wo eine zunächst marginalisierte Bevölkerungsgruppe mit Hilfe einer partiellen Kulturfixierung oder auch -revitalisierung in einem innovativen Prozeß sich neue sozioökonomische Quellen erschließt. Der Verkauf einer naturräumlich bedingten Produktion oder auch der Produkte einer wiederbelebten oder neugeschaffenen „Volkskunst" wird durch die den jeweiligen großstädtischen, ausländischen oder auch feudalen „Markt" faszinierende Zurschaustellung kultureller Eigenart unterstützt. Wie die ländlichen Händler auf dem Hamburger Markt ihre spezifischen Ausrufe und Trachten als Werbung für ihre Produkte einsetzten (Freudenthal 1938; Bauche 1973 b) und damit sowohl zur Kenntnis als auch Teilfixierung einer Kulturlandschaft beitrugen, fixierten die Dalekarlier in Schweden zunächst über den Verkauf ihrer in Heimarbeit hergestellten handwerklichen Produkte in den großstädtischen Zentren des In- und Auslandes und schließlich in der eigenen touristischen Region ein Bild des Dalekarliers, dessen

„Traditionsbewußtsein", unterstützt von den jährlichen Mittsommerfeiern mit Maibaumaufstellung, Trachtentänzen und wiederbelebtem Kirchbootrudern, heute die eigentliche fremdenverkehrswirtschaftliche Attraktion darstellt: eine sich von allen anderen unterscheidende Kulturlandschaft (Dalarna 1975; Greverus 1976 d; Rosander 1976). Damit wird, auf der Basis wirtschaftlicher Umorientierung und Innovation, ein oft zunächst dem „Fortschritt" entgegenstehender „umwandelbarer" Regionalcharakter entwickelt. Dem von Jeggle und Korff herausgearbeiteten „Homo Zillertaliensis" (Jeggle-Korff 1974 a; 1974 b), der den Rückgang der landwirtschaftlichen Ressourcen durch Ölhandel, Handschuhhandel und den damit zunächst als Kaufstrategie eingesetzten und später zum eigentlichen Verkaufsobjekt werdenden „Liederhandel" (Jeggle-Korf 1974 a, 44 ff.; Greverus 1976 e, 58 ff.), natürlich in Tracht, kompensierte, könnten ebenso der „Homo Dalekarliensis" oder der „Homo Vierlandensis" als volkskulturelles Produkt der Kompensation wirtschaftlicher Marginalisierung gegenübergestellt werden.

In diesem Zusammenhang wird darauf insistiert, den sogenannten „Folklorismus", die Volkskultur aus zweiter Hand (Folklorismus 1969), nicht einseitig zu interpretieren, sondern in seinen jeweiligen Bedingtheiten zu analysieren (Bausinger 1966; Jeggle-Korff 1974 a, 252 ff.). Er kann wie bei den Zillertalern durchaus eigenständig für ökonomische Innovationen eingesetzt werden, er kann als ästhetische Kompensation ökonomischer Rückständigkeit wie bei der Wiederbelebung alten Zunftbrauchtums als Reaktion auf die Bedrohung des Zunftwesens (Jeggle/Korff 1974 a, 55 ff.) erscheinen, d. h. als Fixierung einer Repräsentativkultur einstiger Größe, oder als von Kulturmanagern aufbereitete Ware „fest in zwei sehr wichtig gewordene Erwerbszweige eingebaut" werden (Moser 1962, 199), Fremdenverkehrs- und Unterhaltungsindustrie, was für die Gegenwart als seine hervorstechendste Erscheinung galt.

Dagegen haben die Folklorisierungserscheinungen bei Flüchtlingen (vgl. S. 256), Minderheitenbewegungen in aller Welt (vgl. S. 246 ff.), jugendlichen Subkulturen (vgl. S. 214 ff.) sowie der politisch eingesetzte Folklorismus in länderspezifischer Repräsentation (Brückner 1965; 1966; Bimmer 1973; 1977) und als nationale Bewegung in den Ländern der Dritten Welt (vgl. S. 179 ff.) den Blick von dem nur folkloristisch-kommerziellen Einsatz volkskultureller Produkte erneut auf die Hochstilisierung eines integrativ-segregativ wirkenden Kulturideals „Volkskultur" gelenkt.

10. Die Nationalisierung der Volkskultur

Im Zusammenhang nationaler Bewegungen macht Hofer am Beispiel der bäuerlichen Kulturentwicklung Ungarns im 19. Jahrhundert deutlich, daß „neben den wirtschaftlichen Faktoren die Veränderung des sozialen Bewußtseins eine wesentliche Rolle" spiele und wirtschaftliche Prosperität im Zusammenhang mit der nationalen Aufwertung des Bauerntums geradezu zu einem betonten bäuerlichen Kulturstil führte: „Schon während der Reformzeit, die die Befreiung der Fronbauern vorbereitete, begann eine Einbeziehung der bäuerlichen Elemente, bäuerlichen Dialekte, der Volksdichtung und der bäuerlichen Tradition überhaupt in die bewußt erneuerte nationale Kultur. Diese nationale Kultur wiederum übte ihren Einfluß über immer mehr Kanäle und immer wirksamer auf die Dörfer aus . . . Das ‚feed back' zwischen dörflicher Kultur und Nationalkultur war rasch . . . Die Gegenseitigkeit zwischen der bäuerlichen und der nationalen Kultur erschöpft sich indessen nicht im Austausch einzelner Themen und Motive, und auch darin nicht, daß die Propaganda der nationalen Kultur gleichsam Wind in die Segel der bäuerlichen Volkskunst blies; im Grunde handelt es sich darum, daß in der Epoche, in der die Bauern wirtschaftlich und politisch immer enger in die Gesamtheit der Nation einbezogen wurden, diese Koppelung auch durch kulturelle Symbole artikuliert werden mußte. Eigentlich dienten dieser Koppelung von oben her die volkstümlichen Richtungen und von unten, bei den Bauern, die betont bäuerlichen Richtungen der Volkskunst" (Hofer 1973 b, 258 f.). Die Fixierung betraf hier zunächst nicht die Produkte der Volkskultur, die ja gerade einem innovativen Prozeß unterlagen, sondern das Kulturideal „bäuerliche Volkskultur". Die materielle Fixierung und schließlich die folkloristisch-kommerzielle Nutzung setzte erst ein, als dieses Kulturideal hinsichtlich der sozioökonomischen Entwicklung anachronistisch geworden war (Dömötör 1969; Ungarische Notizen 1977).

Kulturfixierung hinsichtlich des Phänomens „Volkskultur" muß, und darauf haben zahlreiche Kritiker der Kulturfixierungsthese hingewiesen (Wiegelmann 1972; Ethnologia Europaea 1972, 135 ff.; Nylén-Hävernick 1965), immer im Kontext der verschiedenen gesamtgesellschaftlichen Konstellation gesehen werden, um ihre Ursachen und ihre intendierten tatsächlichen Wirkungen zu erfassen.

Kulturfixierung als ideologische Wertsetzung von Volkskultur kann, sofern sie nicht objektgebunden, sondern ethno-, klassen- oder schichtenspezifisch gebunden argumentiert, durchaus innovativen Charakter haben, der entweder in der betroffenen Gruppe aufgrund des neuen Selbstwertes zu kreativen Prozessen der eigenen Kulturgestaltung führt oder durch die Aufnahme von Volkskultur in die gesamtgesellschaftliche Entwicklung Kulturveränderungen bewirkt. Besonders im Kontext „erwachender Nationen" sind diese Volkskultur-Revitalisationsbewegungen auch als Versuche zu sehen, über die „alte" Volkskultur als Zeichen ehemaliger Größe eine „neue" Volkskultur als Zeichen neuer Größe und Einheit zu schaffen. Der ungarische „Neofolklorismus", wie die Aufnahme und Neugestaltung regionaler Volksmusik in die Werke eines Bartok und Kodalý oder der volkstümlichen Erzählkunst in die Dichtungen Petöfis, machte die regionale Volkskultur nicht nur zur Nationalkultur, sondern bewirkte gleichzeitig eine Verfeinerung der volkskulturellen Objektivationen (Hofer 1973 b).

Der sich in der Vergangenheit in Europa abspielenden Nationalisierung regionaler Kulturen steht heute mit oft vergleichbaren Vorgängen die Schaffung einer „neuen Volkskultur" in den Ländern der Dritten Welt gegenüber: „Diese ‚Volkskultur' wird als ‚nationale Kultur' charakterisiert, die . . . die traditionellen territorialen Einheiten, die ‚Mikrokulturen' zugunsten einer gedachten ‚Makrokultur', der ‚geografischen und historischen Dimensionen des ganzen Volkes' aufhebt und überwindet . . . Sie soll zum einen durch ‚Kulturaustausch' entstehen – ‚die Massen von einer Region' nehmen die ‚Werte einer anderen Region als ihre eigenen' an, zum anderen aus den veränderten Produktionsverhältnissen hervorgehen" (Stummann 1976, 283). Die ethnischen und regionalen Traditionen, Märchen, Lieder, Volkskunst, Trachten und Bräuche können dabei in einem direkt auf die Bewegung bezogenen revolutionären Konzept eingesetzt werden, wie es Fanon beschreibt: „Von 1952/53 an revolutionierten die Märchenerzähler ihre stereotypen und langweiligen Vortragsmethoden und den Inhalt ihrer Erzählungen von Grund auf . . . Das Heldenlied mit seinen alten Typisierungskategorien taucht wieder auf. Es ist ein wirkliches Schauspiel, das wieder einen kulturellen Wert gewinnt. Der Kolonialismus hat sehr wohl gewußt, warum er diese Märchenerzähler von 1955 an systematisch verhaften ließ" (Fanon 1969, 184). In einer „Verifikation von Fanons Theorie der Gewalt für das befreite Mozambik" heißt es: „Kultur ist und muß zeitgenössisch sein – indem sie das Wachstum der Gesellschaft, wie es durch die Entwicklung der Wissenschaften bestimmt wird, reflektiert. Die Kultur von Mozambik tut genau dies in den befreiten Regionen. Sie reflektiert den Kampf des Volkes durch Kunst, Musik und Drama. Es gibt Lieder über den Krieg . . . Die alten ausgestorbenen Bräuche der Makonde: die Tätowierung des Körpers, das Feilen der Zähne und die Durchbohrung der Lippe waren in der jungen Generation verschwunden . . . aber sie sind durch die kriegerische Kultur der Revolution wieder eingesetzt worden" (Museveni 1972, 22).

Ebenso dienen die revolutionär eingesetzten Objektivationen ethnischer Kulturen der nationalen Integration über die Gesamtaneignung der ästhetischen Höhe und Eigenart spezifischer Werke. Wenn in Tanzania die traditionelle Kunst des Stammes der Makonde nicht nur im handwerklichen Bereich eine schöpferische Weiterentwicklung erfahren und sich gegen eine Anpassung an den Touristengeschmack stellen konnte, sondern auch in die Entwicklung einer modernen ostafrikanischen Kunst einbezogen wurde (Kunst? Handwerk in Afrika 1975, 122ff.), dann steht hinter dieser Entwicklung ein langfristiges nationales Konzept, bei dem zwar herausragende Elemente der ethnischen Kulturen nationalisiert werden, aber diese Integration gleichzeitig der Segregation gegenüber den Ansprüchen internationalisierter, insbesondere europäischer Geschmackskultur gilt.

Während in den Ländern der Dritten Welt der Prozeß der Eliminierung und Egalisierung ethnischer Unterschiede zugunsten der nationalen Identifikation immer stärker Vorrang gewinnt, zeigt sich in Europa und Amerika eine deutliche Gegenbewegung in der Betonung ethnischer Unterschiede. Diese Bewegung ist nicht nur die Sache unterdrückter oder sich unterdrückt bzw. benachteiligt fühlender ethnischer Minderheiten, wie der Indianer, Schwarzen oder Puertoricaner in den Vereinigten Staaten, der Friesen in den Niederlanden oder der Bretonen in Frankreich, sondern hat auch durchaus integrierte ethnische Gruppen ergriffen. Diese „neue Ethnizität" ist sowohl in kapitalistischen als auch sozialistischen Staaten einerseits zu einem politischen Problem und andererseits zu einem politischen Konzept des ethnischen Pluralismus geworden. Die allenthalben damit verbundene Revitalisierung ethnokultureller Spezifika hat auch in der Kulturanthropologie und Ethnologie zu einem Wiederaufleben der Diskussion des Begriffs Ethnos geführt (Cohen 1974 a; Depres 1975 a; Henry 1976).

11. Phänomen und Begriff Ethnos

Über den bereits 1935 von dem russischen Ethnologen Shirokogoroff betonten dynamischen Charakter von Ethnos besteht heute Einigkeit, und auch seine Bestimmungskategorien sind trotz zahlreicher Schwergewichtsverlagerungen noch weitgehend maßgebend (Barth 1969; Francis 1965; Rohan-Csermak 1973; Despres 1975 b; Cohen A. 1974 b;). Die konstituierenden Faktoren für Ethnos waren für Shirokogoroff: die Ähnlichkeit der kulturellen Adaption, die Ähnlichkeit der Sprache, Kontinuität als Überzeugung und Überlieferung von Traditionen, Wir-Bewußtsein und wechselseitige Identifikation sowie die biologische Einheit durch endogame Weitergabe der Erbbedingung (Shirokogoroff 1963). Während die Kriterien biologische Einheit, gemeinsame Sprache und gemeinsamer Raum heute im Zeichen starker geographischer und sozialer Mobilität nur noch als mögliche, aber nicht unbedingt notwendige gesehen werden, treten die Faktoren gemeinsame Geschichte, gemeinsame Kultur und ethnische Selbstzuschreibung als „Wir-Bewußtsein" ins Zentrum der Diskussion. Neben der von nahezu allen Ethnotheoretikern als ausschlaggebend betrachteten gemeinsamen Kultur oder dem sich in Produkten und Verhaltensmustern objektivierenden Wert- und Normensystem betonen die sowjetischen Forscher stärker die Objektivität der gemeinsamen Geschichte (Tokarev 1973; Bromlej 1973; 1975) als Grundlage der ethnischen Selbstzuschreibung gegenüber einem subjektiven „Wir-Gefühl" (Mühlmann 1956; Barth 1969), das sowohl auf der tatsächlichen als auch fiktiven Annahme eines gemeinsamen „Schicksals" beruht und zu ethnozentrischer Segregation gegenüber „Fremdgruppen" tendiert. Allerdings wird die allen ethnischen Zuschreibungen und Selbstdarstellungen inhärente Segregationstendenz auch von den sowjetischen Forschern gesehen. Die für die Integration der ethnischen Gruppen notwendige Segregation arbeitete der norwegische Sozialanthropologe Barth unter dem Stichwort „Ethnische Gruppen und Grenzen" (Barth 1969) besonders intensiv heraus, wobei er davor warnt, die „Grenze" einer ethnischen Gruppe und damit ihre „sichtbaren" kulturellen Eigenarten aus einer relativen Isolation in spezifischen ökologischen Nischen und gegenüber anderen sozialen Einheiten zu sehen. Für Barth geschieht die ethnische Grenzziehung durch Selbstzuschreibung und Fremdzuschreibung: „In dem Maße, in dem die Handelnden ethnische Identitäten benutzen, um sich selbst und andere zum Zwecke der Interaktion zu kennzeichnen, formen sie ethnische Gruppen . . . Wenn man sie als Zuschreibungs- und Exklusivgruppe definiert, wird die Kontinuität ethnischer Einheiten klar: sie beruht auf der Erhaltung einer Grenze. Die kulturellen Züge, die die Grenze signalisieren, mögen sich ebenso ändern wie die kulturellen Charakteristika der Mitglieder, sogar die soziale Organisation der Gruppe – doch die Tatsache der fortgeführten Zweiteilung zwischen Mitgliedern und Fremden erlaubt es uns, die Art der Kontinuität zu spezifizieren und die sich wandelnden kulturellen Formen und Inhalte zu erforschen. Nur sozial relevante

Faktoren sind für die Mitgliedschaft unterscheidend, nicht die offensichtlichen, ‚objektiven' Differenzen, die durch andere Faktoren hervorgerufen werden. Es macht keinen Unterschied, wie unähnlich Mitglieder in ihrem sichtbaren Kulturverhalten sind – wenn sie sagen, daß sie A sind, im Gegensatz zu einer verwandten anderen Kategorie B, dann möchten sie als A behandelt werden und ihr eigenes Verhalten als dasjenige von A interpretiert und beurteilt wissen und nicht als dasjenige von B" (Barth 1969 b, 14f.).

Das mit den ethnischen Grenzen eng zusammenhängende Zuschreibungsphänomen wird durch die Erforschung der geschichtlichen Prozesse und den interkulturellen Vergleich in multiethnischen Staaten wie den USA (Henry 1976) oder der Sowjetunion (Bromley 1973; 1975) oder in den sich neu aus vielen ethnischen Einheiten formierenden Staaten der Dritten Welt (Cohen 1974; Despres 1975 a) und den Bewegungen der neuen Ethnizität (vgl. S. 245 ff.) differenziert und insbesondere hinsichtlich der Übereinstimmung von Selbst- und Fremdzuschreibung relativiert (Hannerz 1976). Insbesondere im Zusammenhang mit einer Ressourcenkonkurrenz in pluralen ethnischen Gesellschaften (Despres 1975 a) muß das Konzept der ethnischen Kontinuität auch im Rahmen einer ethnischen Festschreibung über politische Macht- und Ohnmacht-Verhältnisse ethnischer Gruppen analysiert werden (Despres 1975 b; vgl. S. 247 ff.).

12. Ist das Volk kreativ?

Die Diskussion um den Begriff Ethnos und die Untersuchungen von Volkskultur als ethnischer Kultur ist in Vielvölkerstaaten wie der Sowjetunion und den Vereinigten Staaten besonders ausgeprägt, während in der gegenwärtigen mitteleuropäischen Volkskulturforschung „Volkskultur" vorrangig als Kultur der sozialen Unterschichten (laos) gesehen wird, wobei das Kulturkriterium der schöpferischen Aneignung, d. h. der Veränderung und Gestaltung von Umwelt durch das Volk in den sozialistischen und kapitalistischen Staaten sehr unterschiedliche Interpretationen erfährt. Wird auf der einen Seite das Volk (Arbeiter und Bauern) als Träger der neuen nationalen Kultur gesehen (womit laos in demos übergeht), so wird ihm im Rahmen kulturkritischer, wenn auch ideologisch sehr verschieden orientierter Implikate in den westlichen Ländern die Kompetenz und Performanz zu kultureller Gestaltung abgesprochen. Insbesondere die sich an der „Frankfurter Schule" orientierende kritische Volkskunde der ausgehenden 60er Jahre stellte forschungs- und praxisbezogene Ansätze zu einer „Kreativität in der Volkskultur" (Kramer, D. 1972) in Frage: „Im Moment muß man vor der vorschnellen Anpreisung eines Heilmittels warnen, dessen Qualitäten ich anzweifeln möchte. Das vermeintliche Heilmittel heißt im Bereich der Praxis Kreativität, im Bereich der Forschung Kreativitätsforschung – und gerade im zuletzt genannten Bereich scheint mir die Gefahr zu bestehen, daß sich die neu zu konzipierende Arbeit lediglich einem milden Reformismus ausliefert . . . Im Praxisbereich indessen steht zu befürchten, daß sich die konservative Illusion bildet und aufbläst, als könne der kreative Mensch mit ein bißchen mehr Mut, Energie und Volkshochschule der Kulturindustrie und dem von ihr gemachten Bewußtsein entkommen" (Scharfe 1970 b, 97). Kulturindustrie, der von Horkheimer und Adorno geprägte Ersatzbegriff für Massenkultur (vgl. S. 189), steht im Gegensatz zu allen Implikaten einer Volkskultur. Ihre häufige Gleichsetzung mit Großstadtkultur hielt auch die Anthropologen zunächst von der Analyse großstädtisch geprägter Kulturprozesse fern.

13. Zum „Volksvermögen" in der Großstadt

Die Wendung der Ethnologien von einer in Stammesgesellschaften oder in den bäuerlichen Teilen nationaler Gesellschaften erforschten „eigenständigen Volkskultur" zu Fragen der Kulturverschränkung in komplexen, arbeitsteiligen Gesellschaften und der Forderung zu ihrer Erforschung (Goldstein 1968; Despres 1968) war zunächst eng mit der antinomischen Gegenüberstellung von Dorf – Großstadt verbunden, die an das Modell Redfields erinnert, nach dem die „Folk"-Gesellschaft am entgegengesetzten Ende des Kontinuums zur urbanen Gesellschaft steht. Andererseits wurden gerade die Prozesse und Stationen dieses Kontinuums übersprungen und die Großstadt wurde als der neue Rahmen für die Entdeckung volkskultureller, und d. h. bäuerlich-handwerklicher, Reliktformen gesehen: „Beim – manchmal etwas koketten – Sprung über die Zwischenzonen hinweg führt der Großstadtvolkskundler oft nur die bewährten Kategorien der Bauernkunde mit" (Bausinger 1961, 15). Diese Kritik bezieht sich weniger auf die unreflektierte Übernahme der Kriterien einer quasi „Folk-Gesellschaft" innerhalb der Großstadt im Sinne Redfields, sondern auf die Durchforstung der Großstadt nach den bekannten Gütern volkskundlicher Forschung: Trachten, Lieder, Sagen, Brauchtum im Jahres- und Lebenslauf, wobei allerdings eben nicht bei den „bewährten" Kategorien halt gemacht wird.

Das großstädtische „Volksvermögen" wird besonders gern an jenen Kleinformen der mündlichen Überlieferung nachgewiesen, als deren Voraussetzung eine gewisse geistige Mobilität gilt: Parodisierung von Liedern und Sprüchen, Anekdoten, Witze, Namensgebungen und sprachliche Verdrehung. Während Rühmkorf in seiner Sammlung „Über das Volksvermögen. Exkurse in den literarischen Untergrund" (1967) vor allem „oppositionelle" Parodien aus der Schüler- und Soldatendichtung auswählt, wobei die „Neigung zur Zote und zum fäkalischen Sinnbild, die ja in der Subpoesie des Volkes gang und gäbe ist", eine ausgesprochene Bevorzugung erhält, beziehen sich andere Autoren stärker auf Phänomene wie Schlagfertigkeit, Assoziationsfähigkeit, Humor und Ironisierung als besondere Merkmale großstädtischer Volkskultur allgemein („auch in der sprachlichen Ironisierung geht die Großstadt voraus", Bausinger 1961, 163) oder als Ausdruck des „Volkscharakters" bestimmter Großstädte: „Meist von Wien . . . verbreiten sich diese Witzlichtaufnahmen der Volksstimmung und Volkskritik mit unglaublicher Schnelligkeit von Mund zu Mund. Der Veranlagung des Österreichers entsprechend, zeigen sie meist überlegenen, versöhnlichen Humor und steigern sich selten zum beißenden Spott" (Commenda 1959, 141). – „Die schlagfertige Reaktionsfähigkeit des Berliners gehört jedenfalls zu seinen unverkennbarsten Eigenschaften . . . Aber hinter Witzesschärfe und Spaß am

Anulken, hinter all dem Lauten und Lärmenden seiner Festesfreude ist doch auch viel Herz verborgen, das, was der Berliner ‚Jemüte‘ nennt" (Weber-Kellermann 1965 b, 22f.). Die Aufstellung städtischer „Humorlandschaften" (Schöffler 1955) ist nur ein besonders prägnantes Beispiel, die beiden herausragenden Charakteristika von „Volkskultur" – regional-ethnische Differenzierung und eigenständig entwickelte kulturelle Objektivationen – auch in jenem Gegenpol Großstadt zu entdecken. Daß die Kriterien für das regional-ethnisch Spezifische, wie bei unserem „Humor-Beispiel", auf ein letztendlich gleiches Charakteristikum – den positiv bewerteten Humor gegenüber einem negativ bewerteten „beißenden" Spott und Witz – hinauslaufen, ist sicherlich auch eine versuchte „Ehrenrettung" des großstädtischen Menschen, der eben wie der ländliche Volksmensch „Herz und Gemüt" hat.

Daß die „Volkstradition im urbanen Experiment" (Paredes-Stekert 1971) von Volkskundlern und Folkloristen vor allen Dingen durch die Darstellung und Interpretation solcher „Güter" bewiesen wird, hat den Anthropologen Moss zu einer scharfen Kritik veranlaßt: „Er [der Ethnologe im urbanen Milieu] schuldet uns viel mehr als eine Probe, daß Folklore in der Stadt existiert. Er schuldet uns mehr als eine Serie von Vignetten und Anekdoten, wie interessant sie auch sein mögen . . . Außerhalb der Welt akademischer Folkloristik ist eine grausame Welt, angefüllt mit Problemen. In unserer Zeit sind wir bedrängt von Rassismus, ökonomischer Deprivation, Gewalt, Vorurteil und Haß, Überpopulation und Krieg. Wenn Worte und Musik, Blasinstrumente und Jubelgesang in der Kirche . . . in irgendeiner Form die Probleme, die unsere Gesellschaft betreffen, beeinflussen könnten, dann würde ich darauf dringen, daß wir alle jauchzen, singen, sprechen, lesen usw. Ich glaube jedoch, daß in unserer Kultur andere Techniken, die weitaus produktiver sind, als diejenigen, die von den Folkloristen gegenwärtig benutzt werden, angewandt werden müssen" (Moss 1971, 59f.).

Der unterschiedliche Ansatz zwischen europäischer und amerikanischer Großstadt-Folkloristik liegt weniger im Bereich der Auswahl jener als spezifisch großstädtische betrachteten Produkte des „Volksvermögens", als vielmehr in der über diese Kategorien hin zu vermittelnden Ethnocharakterisierung: Während auf der einen Seite der Stadt-Ethnocharakter *des* Berliners oder Wieners oder Kölners dargestellt werden soll, geht es in der amerikanischen Folkloristik stärker um die Entdeckung der ethnischen Heterogenität in der großstädtischen Volkskultur (Dorson 1971; Parades-Stekert 1971). Diese aus der realen Situation des Immigrantenstaates begründete Tendenz läßt sich auch in der „Urban Anthropology" nachweisen, die sich in den Vereinigten Staaten als eine anthropologische Sonderdisziplin entwickelt hat, in deren Zentrum Fragen der ethnischen Differenzierung verschiedener Einwanderergruppen und der Akkulturation ländlicher Migranten an das großstädtische Leben stehen (Gulick 1973; Foster-Kemper 1974; Cohen, A., 1974 a). Der mikroanalytisch-holistische Aspekt anthropologischer Kulturverhaltensforschung in überschaubaren menschlichen Gruppierungen steht dabei sowohl vom methodischen Ansatz als auch vom erforschten Objektbereich (ethnische Gruppen, Stadtteil-Bevölkerung, ländliche Einwanderer, Subkulturen) her gesehen im Zentrum.

14. Popularkultur statt Volkskultur

Die in Amerika vor allem im Zusammenhang mit der Adaption verschiedener Ethnien an großstädtische Lebensformen angeschnittenen Fragen einer gelungenen Bewältigung des kulturellen Dilemmas zwischen der Fixierung an eine traditionelle Eigenkultur und dem Angebot einer modernen Einheitskultur versucht Bausinger in seiner Arbeit „Volkskultur in der technischen Welt" (1961) für die Land-Stadt-Entwicklungen unter den Begriffen der räumlichen, zeitlichen und sozialen Expansion als Angebot einer über die „Auflösung der Horizonte" möglichen Neuinterpretation der eigenen Kultur zu erklären. Allerdings sieht er überdeutlich, daß trotz der Auflösung der Horizonte alter Standeskulturen, trotz der „Verfügbarkeit der Güter" die „Trennung von Hochkultur und Volkskultur . . . heute wohl entschiedener und krasser ist als in früheren Zeiten" (Bausinger 1961, 143). Bausinger spricht einerseits von „kulturellen Vorstößen" der Gegenwart, an denen nur wenige teilhaben, zum anderen verweist er auf die kulturelle Eigenständigkeit der Standeskultur: „Der ständische bewirkte zusammen mit dem räumlichen Horizont, daß auch die Niederkulturen, obgleich sie sehr vieles aus der Kultur der oberen Schichten übernahmen, ein eigenes Gesicht, einen ausgeprägten Charakter hatten . . . Der Zerfall der ständischen Horizonte beseitigte nicht die natürliche Wertvertikale zwischen Hoch und Nieder, wohl aber dieses sichere soziale Selbstbewußtsein, das auf den verschiedenen Stufen der Kultur jeweils doch ein Ganzes verwirklichte und so die Möglichkeit gab, die Unterschiede zwischen höheren und niedrigeren Kulturstufen zu respektieren und geringzuschätzen. Die weitgehende Aufhebung der ständischen Horizonte radikalisierte die Spannung zwischen Hoch und Nieder . . . Hand in Hand mit der theoretischen Aufwertung der Volkskultur erfolgte praktisch ein Niedergang. Die Volkskultur konnte nicht auf sich selber beharren und allein aus den historischen Anstößen leben, sondern orientierte sich an den Formen und Inhalten, welche die hohe Kultur anbot, und zwar dank technischer Mittel schneller und in größerer Anzahl anbot als je zuvor. Da verbindliche Horizonte fehlten, wurde das Angebot vielfach kritiklos akzeptiert; die Kulturgüter wurden meistens auch nicht mehr aktiv umgeformt, sondern erfuhren nur auf dem Wege zum ‚Volk' eine Verdünnung, so daß ‚Volkskultur' praktisch oft zum schalen Aufguß oberschichtlicher Kultur wurde" (Bausinger 1961, 144f.). Die „Auflösung der Horizonte" in der modernen Welt bedeutet also nicht nur die Chance zur kulturellen Kompetenzerweiterung, sondern auch die Gefahr des Orientierungsverlusts und der bloßen Konsumtion von Angeboten einer „höheren Kultur", die einem Popularisierungsprozeß für jene „unbestimmte Mitte" des Volkes unterliegen. „Populare Kultur" hat die Charakteristika von „Volkskultur" als ethnisch, ständisch oder regional geprägter Eigenkultur einer Gruppe verloren. Und wenn wir die „unbestimmte Mitte", die der „naiv naturhaften Bildung nicht mehr, der anderen nicht voll teilhaftig ist" (Bausinger 1961, 175), als quantitatives Kriterium für „Volk als Bevölkerung" (demos, populus) nehmen und „populär" mit den

Kriterien „finanziell zugänglich, allgemein verbreitet, beliebt und allgemein verstehbar, sowie der ‚Allgemeinheit' gesellschaftlich vermittelt" versehen (Schenda 1970 d), dann wäre „Popularkultur" für die Gegenwart tatsächlich jene richtige Bezeichnung, die die „falsche Kontrastierung von Volkskultur und Massenkultur" aufhebt (Bausinger 1969, 243).

15. Massenkultur als Negativbegriff

Der eigentliche Oppositionsbegriff zu Volkskultur wurde Massenkultur. Beide, Volkskultur und Massenkultur, werden als Phänomene neben und unterhalb der „hohen Kultur" gesehen. Aber während der Volkskultur das Kulturcharakteristikum der schöpferischen Umweltauseinandersetzung und -gestaltung zuerkannt wird, ist Massenkultur geradezu durch unproduktives Umweltverhalten der Menschen gekennzeichnet.

Sie bedeutet als „Kulturindustrie" die „Negation von Kultur" (Adorno 1970) oder ihre Antithese (Redfield 1966, 335) oder „Entzauberung und Entseelung des natürlichen Lebens" (Wiora 1950, 57). Diese von sehr unterschiedlichen wissenschaftlichen und ideologischen Positionen ausgehende Kritik an der sogenannten Massenkultur hat eine lange Tradition. Die Entstehung des Negativbegriffs Masse, wie er außer in Massenkultur in Massenmensch, Massengesellschaft, Vermassung oder auch Massentourismus zum Tragen kommt, geht auf Interpretationen in der Massenpsychologie des 19. Jahrhunderts zurück. Insbesondere Le Bon in seiner „Psychologie der Massen" (1895) und später Freud in „Massenpsychologie und Ich-Analyse" (1921) sprechen von einer Entindividualisierung des Massenmenschen, der spontan und unbewußt auf Beeinflussung reagiere und sich von seinen Trieben leiten lasse. In der späteren Massenpsychologie von Ortega y Gasset („Der Aufstand der Massen", 1930) und De Man („Vermassung und Kulturverfall", 1951) wird gegenüber den individualpsychologischen Erklärungsversuchen stärker auf eine allgemeine gesellschaftliche Entwicklung der Vermassung insistiert, die nach De Man schließlich zum „Massenhirn" und letztlich „Kulturverfall" führt. Kritik an dieser Massenpsychologie wurde zunächst von der Gruppenforschung innerhalb der Psychologie, die vor allem auch auf die Gegenseitigkeitsrelation und das „Sich-Ausrichten" am anderen verwies, geführt (Hofstätter 1957). Das entspricht auch dem Riesmanschen Terminus des „außengeleiteten" Menschen in unserer Gesellschaft: „Das gemeinsame Merkmal der außengeleiteten Menschen besteht darin, daß das Verhalten des einzelnen durch die Zeitgenossen gesteuert wird; entweder von denjenigen, die er persönlich kennt, oder von jenen anderen, mit denen er indirekt durch Freunde oder durch die Massenunterhaltungsmittel bekannt ist. Diese Steuerungsquelle ist selbstverständlich auch hier ‚verinnerlicht', und zwar insofern, als das Abhängigkeitsgefühl von dieser dem Kind frühzeitig eingepflanzt wird. Die von dem außen-geleiteten Menschen angestrebten Ziele verändern sich jeweils mit der sich verändernden Steuerung durch die von außen empfangenen Signale. Unverändert bleibt lediglich diese Einstellung selbst und die genaue Beachtung, die den von den anderen abgegebenen Signalen gezollt wird. Indem der Mensch auf diese Weise ständig in engem Kontakt mit den anderen verbleibt, entwickelt er eine weitgehende Verhaltenskonformität, aber nicht wie der traditionsgeleitete Mensch durch Zucht und vorgeschriebene Verhaltensregeln, sondern durch die außergewöhnliche Empfangs- und Folgebereitschaft, die er für die Handlungen und Wünsche der anderen aufbringt" (Riesman-Denney-Glazer 1958, 38).

Während auch bei Riesman noch von der Verhaltensinterpretation der Mitglieder einer Kultur ausgegangen wird, um Massenkultur zu charakterisieren, verlagert sich die Kritik an der Massenkultur besonders einflußreich in der „Frankfurter Schule" auf die Kritik an der Gesellschaft beziehungsweise den Produzenten der Massenkultur. Ihre Empfänger – die Bevölkerung – werden nur noch als ohnmächtige Konsumenten gesehen. Aus diesem Grund möchte auch Adorno den Begriff Massenkultur durch Kulturindustrie ersetzt wissen: „In unseren Entwürfen war von Massenkultur die Rede. Wir ersetzten den Ausdruck durch ‚Kulturindustrie', um von vornherein die Deutung auszuschalten, die den Anwälten der Sache genehm ist: daß es sich um etwas wie spontan aus den Massen selbst aufsteigende Kultur handele, um die gegenwärtige Gestalt von Volkskunst" (Adorno 1970). Dieser eingeschränkte und letztendlich elitäre Kulturbegriff, in dem Kultur sich nur in Werken der Kunst verwirklicht, führte dann schließlich auch bei Marcuse in seinem Vorschlag für eine „Reorganisation der Kultur" zur Einrichtung von Elite-Universitäten, denn „Kultur war stets das Vorrecht einer kleinen Minderheit, eine Sache von Reichtum, Zeit und zufälligem Glück . . ." (Marcuse 2, 1968, 154).

Auch Shils, der die „Kultur der Massengesellschaft" in drei Ebenen einteilt – überlegene oder verfeinerte, mittelmäßige und brutale Kultur – plädiert für eine Elite zur Aufrechterhaltung der überlegenen Kultur: „. . . bleibt es die oberste Verpflichtung der Intellektuellen, sich um geistige Angelegenheiten zu kümmern, ihre Kräfte auf die Schaffung, die Reproduktionen und den Konsum der Werke der Philosophie, der Kunst, Wissenschaft, Literatur zu konzentrieren, die Traditionen, in denen diese Werke stehen, mit der Bereitschaft zur Kritik, zur Bejahung, zur Verwerfung und Modifikation anzunehmen. Wenn das geschieht, haben wir für die Entwicklung der Kultur in der Massengesellschaft nichts zu fürchten" (Shils 1972, 111).

16. Massenkulturforschung als Inhaltsanalyse des „Trivialen"

In der Entwicklung der sogenannten Massenkulturforschung entfernte man sich schließlich immer weiter von einem anthropologischen Kulturbegriff und setzte Massenkultur mit Massenmedien und ihren Inhalten gleich, so wie man Kultur mit Kunst gleichsetzte. Dadurch entstand jener Trend zur Massenkommunikationsforschung, in dem sich „die Sozialwissenschaften und die Geisteswissenschaften auf den Zehen herumtreten" (Löwenthal 1972, 74).

Trotz der ideologischen Kontroversen über das „richtige Bewußtsein" bei der Erforschung der Massenkultur wurde sowohl von Sozial- als auch Geisteswissenschaftlern, sowohl von sogenannten Positivisten als auch von sogenannten gesellschaftskritischen Forschern der Inhalt der Massenmedien zum zentralen Untersuchungsgegenstand, wobei die verbalen Aussagen im Vordergrund standen und erst viel später Fragen der visuellen Massenkommunikation einbezogen wurden. In diesem neuen Gebiet der inhaltlichen Analyse des „Trivialen" fanden auch die europäischen Volkskundler ihr neues Arbeitsfeld, insbesondere jene, die in enger Zusammenarbeit mit den nationalen Philologien und Literaturwissenschaften gestanden hatten. Der neue Trend hieß: statt Volksmärchen: trivialer Familien- und Liebesroman (Bayer 1963) oder Kriegsromanhefte (Geiger 1974); statt Volkshumor: Comics (Hesse-Quack 1969; Brednich 1976); statt Volkslied: Schlager (Mezger 1975); statt Aberglauben: Sience Fiction (Nagl 1972); statt Volkskunst: Kunstgewerbe (Schwedt 1975); statt Bauernhaus: neues Wohnen und Wohnzeitschriften (Traenkle 1972); statt Sitte und Brauch im Arbeitsjahr: Arbeitswelt im Fernsehen (Foltin-Würzberg 1975) und statt Sitte und Brauch bei Verlobung und Hochzeit: genitale Lust im Kulturkonflikt (Kroner 1974). Das Entscheidende an dieser volkskundlichen Wendung zur neuen Alltagswelt einer Massengesellschaft ist nicht die Erkenntnis, daß triviale Liebesromane oder Schlager in unserer Gesellschaft verbreiteter sind als Märchen und Volkslied, sondern daß auch hier wieder die Produkte der Kultur den Untersuchungsgegenstand bilden und nicht die alltäglichen Lebensweisen der Menschen in einer komplexen Gesellschaft. Auch die Arbeit über genitale Lust im Kulturkonflikt ist nichts anderes als die Inhaltsanalyse einer Sex-Gazette, des Hamburger St.Pauli-Magazins, kommentiert unter Herbeiziehung einer Fülle von Literatur.

Die hier vorgebrachte Kritik gilt weniger der legitimen Verfahrensweise einer Inhaltsanalyse, sondern vielmehr dem daraus abgeleiteten Anspruch der repräsentativen Rezipientencharakterisierung.

17. Der kulturkritische Anspruch

Diese Inhaltsanalytiker der Massenmedien „entschuldigen" sich gewissermaßen für ihre – von der positivistischen Analyse abgesetzte – Objektanalyse, indem sie ihren ideologiekritischen Ansatz hervorheben und einbringen, wenn auch nicht immer so explizit wie Kübler in seiner Fernsehanalyse durch das Kapitel: „Zur Methode. Inhaltsanalyse und Ideologiekritik" (Kübler 1975, 77 ff.). Massenkulturelle Produkte als Ware und ihre ästhetische „Verpakkung" als Warenästhetik (Haug 1971; 1972 a; 1972 b) werden zu den am Produkt analysierten und kritisierten Charakteristika des passiven Kulturkonsumenten. Daß dieser unter solchen Prämissen selbst, in seiner individuellen, sozialen und regionalen Aneignung der Medienangebote, nicht mehr analysiert zu werden braucht, ist eine folgerichtige und von der Massenkommunikationsforschung weitgehend praktizierte Folgerung.

Was Adorno für die empirische Soziologie als positivistische Sozialwissenschaft allgemein konstatierte, gilt weniger für den Zweig der Massenkommunikationsforschung: „Bei aller Aversion der empirischen Soziologie gegen die gleichzeitig mit ihr in Schwung gekommenen philosophischen Anthropologien teilt sie mit diesen die Blickrichtung derart, als käme es jetzt und hier bereits auf den Menschen an, anstatt daß sie die vergesellschafteten Menschen heute vorweg als Moment der gesellschaftlichen Totalität – ja überwiegend als deren Objekt – bestimmte" (Adorno 1969, 85). Wenn auch die Interpretation der Konsumtionsbedingungen von Massenangeboten von abweichenden wissenschaftsideologischen Vorwegnahmen ausgeht, so verbleiben doch die Ansätze weitgehend in der aus inhaltsanalytischer Reduktion abgeleiteten Rezipientenanalyse. Bei Kübler heißt es unter Berufung auf die Vertreter der Frankfurter Schule und mit Einbezug ihrer „Stichwörter": „. . . wird die Rezeptionssituation der Zuschauer vom konsumtiven Schleier der gesellschaftlichen Beziehungen geprägt, wie sie ihrerseits diesen bestärkt. So ‚verschmerzt' der zum Leistungsempfänger angeblich umfassender ‚Daseinsvorsorge' deklassierte Bürger seine politische Ohnmacht im ‚Status des Kunden', als fremdbestimmtes Objekt eines nahezu totalen ‚Versorgungsbonapartismus'; so können die herrschenden Produktionsverhältnisse unter dem Deckmantel eines gleisnerischen Warenangebotes und dem Vorwand ungehinderten Wachstums, der Wohlstand mit Warenfülle gleichsetzt, widerstandslos perpetuiert werden. In einer ‚konsumtiven Konsumkritik', die sich als ‚Aufklärung' des gesellschaftlich neutralisierten Verbrauchers ausgibt, hat sich jene Tendenz ebenso konkretisiert wie in dem ‚angenehmen und zugleich annehmlichen Unterhaltungsstoff, der tendenziell Realitätsgläubigkeit durch Konsumreife ersetzt und eher zum unpersönlichen Verbrauch von Entspannungsreizen ver-, als zum öffentlichen Gebrauch der Vernunft anleitet'" (Kübler 1975, 323 f.).

Massenkultur ist damit die Konsumtion der kulturindustriellen Angebote durch eine in ihrer kulturellen Kompetenz nicht nur verkümmerte, sondern auch nicht mehr zu unterscheidende Masse. Damit nähert sich das kritische Modell von Massenkultur in bedenklicher Weise jenen früheren Konzeptionen „Massenhirn" und „Kulturverfall". Beide Konzeptionen haben der volkskundlich-kulturwissenschaftlichen Forschung Europas die Berechtigung gegeben, ihre Objektanalysen auf die „Massenprodukte" auszudehnen. Was Scharfe in seiner „Kritik des Kanons" kritisiert – „Wer nun freilich meint, die kecke Ausweitung des Kanons auf . . . Film, Fernsehen und Tagespresse schaffe da Änderung [im Hinblick auf die anfängliche Eliminierung der Massenprodukte], der ist auf dem Holzweg" (Scharfe 1970, 82 f.) – und sich damit insbesondere auf die als „positivistisch und theorielos" bezeichnete „Volkskunde der Schweiz" von Richard Weiß (1946) bezieht, kann ebenso für die volkskundliche Adaption der „kritischen Theorie" konstatiert werden: Ausweitung des Kanons hier wie dort. Wenn Richard Weiß über die „organisationsbeherrschte Masse" spricht (Weiß 1946, 73 f.) und diese Äußerung unter eine Dichotomie von Zivilisation und Kultur stellt, dann entspricht das durchaus der Zivilisations-Kultur-Theorie von Marcuse (vgl. S. 55).

Die Vereinseitigung der These vom direkten Fluß der Massenkommunikationsangebote zum passiven Konsumenten einer „Massenkultur" – als Kultur für die Masse – mit der sich daraus ergebenden Legitimation, auf Kultur und Alltagswelt der Bevölkerung aus der inhaltsanalytischen Interpretation kulturindustrieller Angebote zu schließen, hat sowohl in den Reihen einer europäischen als auch amerikanischen Volks- und Kulturforschung allmählich Forderungen nach einer spezialisierteren und fachspezifischeren Analyse der Verhaltensweisen von Menschengruppen in einer sogenannten Massengesellschaft geführt. Bei dem 1975 durchgeführten Kongreß der Fachvertreter der „Volkskunde" wurde im Schlußkommuniqué über „Direkte Kommunikation und Massenkommunikation" (1976) eine vorrangige Rezipientenanalyse gefordert, wobei auf „eine genaue Fixierung der beteiligten sozialen Gruppen" insistiert wurde (Geiger 1976, 244).

18. „Geschmackskulturen" in der „Massengesellschaft"

Am intensivsten wurde die Aufgliederung der Massenkultur, soweit sie als Objektivationsbereich verstanden wurde, in „Geschmackskulturen" gefordert und betrieben. Die Herausbildung von Geschmackskulturen wird mit pluralistischen Gesellschaftssystemen in enger Verbindung gesehen und beinhaltete zunächst die Prämisse einer möglichen und alternativen Aneignung verschiedener Angebote der Massenmedien. Ihr meist zitierter Vertreter ist der amerikanische Sozialwissenschaftler Herbert J. Gans, der nicht nur Pluralität im derzeitigen Angebot konstatiert, sondern eine Verstärkung dieser Pluralität fordert (Gans 1974). Gans bezeichnet die Geschmackskulturen als Partialkulturen, da sie nur für einen Teilbereich der Alltagswelt Geltung haben. Aber obgleich sie nur partial sind, stehen sie in engem Zusammenhang mit der übrigen Kultur, da ihre Werte sich mit anderen gesellschaftlichen Werten, z. B. hinsichtlich der Arbeit oder des Familienlebens, überschneiden.

Die Geschmackskulturen sind für die meisten Menschen „stellvertretende" und nicht die eigentlich gelebten Kulturen des Alltags. Aber in dieser für die meisten Menschen geltenden Trennung, die gleichzeitig für Gans allerdings die Wahlmöglichkeit einschließt, kommen die eigentlichen ästhetischen Orientierungen am besten zum Ausdruck. Ästhetische Orientierungen sind in diesem Konzept nicht nur die Standards von Schönheit und Geschmack, sondern auch die Vielzahl emotionaler und intellektueller Werte, die Menschen in ihrer Wahl ausdrücken und befriedigen. Nicht nur an die „hohe Kultur", sondern an alle Geschmackskulturen werden ästhetische Standards von den Menschen angelegt. Geschmackskulturen umfassen für Gans einmal die Werte, die über bestimmte kulturelle Formen (Musik, Kunst, Design, Literatur, Nachrichten) und ihre Medien, zu denen auch Gebrauchsgüter wie Möbel, Kleidung und Verkehrsmittel gehören, ausgesagt werden, sowie die Hersteller und Konsumenten dieser Geschmackskulturen. Die Geschmackskulturen gehören damit vor allem in den Verhaltens- und Gestaltungsbereich, den wir als ästhetische und wertorientierte Umweltauseinandersetzung bezeichnet haben.

Die für Gans aus der Entwicklung der komplexen Gesellschaften sich ergebenden Unterschiede in den Geschmackskulturen bestimmen sich in Amerika – und das läßt sich durchaus übertragen – vor allem durch die sozialen und die Altersklassen, wobei die soziale Klasse, die hier durch Einkommen, Beruf und Bildung definiert wird, am ausschlaggebendsten im Bildungsbereich zum Tragen kommt. Danach erarbeitet Gans fünf Ebenen der Geschmackskulturen und ihres Geschmackspublikums am Beispiel der verbreitetsten Medien (Fernsehen, Rundfunk, Zeitschriften) und ihrer Inhalte: Hohe Kultur, Kultur der oberen Mitte, Kultur der unteren Mitte, untere Kultur und quasi Volkskultur. Diese „Ebenen" beziehen sich einerseits auf die rezipierende soziale Schicht, zum anderen auf die bevorzugt rezipierten Inhalte. Die Ebene der unteren Mitte und die untere werden als besonders konservativ-regressiv bezeichnet, das heißt als am engsten ausgerichtet an einen angepaßten, gesellschaftskonformen Moralkodex, wobei die untere Ebene stärker melodramatisch und sensationell gerichtet sei. Die quasi volkskulturelle Ebene, die im wesentlichen von unterprivilegierten ethnischen Minderheiten vertreten werde, sei ähnlich der unteren orientiert, aber aufgrund der Unbefriedigung ihrer speziellen Bedürfnisse durch massenmediale Angebote behalte sie zahlreiche volkskulturelle Elemente bei, die „in der Kirche und Straßenfesten und anderen sozialen Treffen reorganisiert und eventuell erneuert werden. Ihre jüngeren Mitglieder haben kürzlich dazu gegriffen, öffentliche Gebäude und Verkehrsmittel mit gemalten und farbenfreudigen graffiti, z. B. in New York und Philadelphia zu dekorieren. Diese graffiti enthalten im allgemeinen die Namen und Straßennummern ihrer Künstler und drücken wohl ihren Protest darüber aus, daß sie von dem Rest der amerikansichen Gesellschaft vernachlässigt werden" (Gans 1974, 94).

Gans plädiert bei den Geschmackskulturen für einen kulturellen Pluralismus und subkulturelle Programmierung: „Ich möchte eine Politik vorschlagen, die auf dem Konzept des ästhetischen Relationismus und des kulturellen Pluralismus basiert: ich nenne diese Politik subkulturelle Programmierung . . . Subkulturelle Programmierung würde für jedes Geschmackspublikum die spezifische Geschmackskultur schaffen, die deren ästhetische Standards ausdrückt . . . Subkulturelle Programmierung würde es der Hörerschaft ermöglichen, Inhalte zu finden, die ihren Wünschen und Bedürfnissen am besten entsprechen und somit ihre ästhetischen und anderen Befriedigungen anwachsen lassen, und ebenso die Relevanz ihrer Kultur für ihr Leben. Zusätzlich würde es die kulturelle Verschiedenheit beträchtlich wachsen lassen und die amerikanische Kultur als eine ganze, die hohe und niedrige, bereichern und erhöhen. Sie würde auch jenes Geschmackspublikum anerkennen und ihm dienen, das heute noch am schlechtesten bedient wird. Denn es ist leider wahr, daß in der amerikanischen Gesellschaft diejenigen, die am meisten Zuwendung benötigen, die wenigste bekommen . . ." (Gans 1974, 133).

19. Massenkultur und die Forderung nach Gegenöffentlichkeit

Von Dieter Prokop wird in seiner Arbeit „Massenkultur und Spontaneität" (1974) das pluralistische Geschmackskulturkonzept von Gans, der als ein profilierter Vertreter der „positivistischen amerikanischen Massenkommunikationsforschung" bezeichnet wird, als ein Konzept kritisiert, dem es ausschließlich auf formalen Pluralismus und ästhetische Arrangements ankomme und das durch Außerachtlassung der objektiven Interessen der Massen und Gleichsetzung von Konsumtion und jeweiligen Bedürfnissen zur Legitimation des bestehenden Systems beitrage. Dagegen wende sich die „abstrakt–kritische Massenkommunikationsforschung" zwar durchaus den Inhalten zu und betrachte die Medien im Rahmen einer Strategie zur Emanzipation der Massen, aber in ihrem Ideal auf die „reine Information" gegenüber „bewußtseinsdiffamierender Unterhaltung", auf „Gesellschaftlich-Reales" gegenüber „Traumweltlichem" reduziere sie „produktives Konsumtionsbewußtsein . . . auf das Sammeln und Verarbeiten wissenschaftlicher Informationen, also auf einen Begriff von Produktion, der die Vermittlung von Theorie zu den emanzipativen Momenten: zu Glücksansprüchen, Sinnlichkeit, Lust und freiem Leben ausschließt" (Prokop 1974, 22).

Scharf wendet sich Prokop gegen jene „abstrakten Kritiker", denen „die Ängste, Rationalisierungen, Ohnmachtsgefühle etc." des Publikums gleichgültig sind, die „Brutalität und Unterhaltung schlicht durch Kunst oder Politik ersetzen wollen", die „die Lüste und Vergnügungen" des Publikums „sogleich politisch kanalisieren und instrumental verwerten möchten", und das heißt in allem das Publikum schlicht „erziehen" wollen (Prokop 1974, 133). Er fordert dagegen: „Gerade die von der abstrakt-kritischen Massenkommunikationsforschung als ‚ideologisch' und ‚verzerrt' kritisierten Elemente der Massenkultur, an die das Bewußtsein der Massen gebunden ist, gerade also Unterhaltung, heile Welt, Ermutigung, Personalisierung, Intimisierung, Traumwelt, Brutalität etc., sind die konkreten Ansatzpunkte emanzipatorischer Kulturproduktion. Darin, daß die darstellende, gestaltende, produktive Arbeit an den Institutionen eine kollektive ‚Arbeit am Objekt' ist, mit Zeit zur Untersuchung, ohne Präjudizierung ihrer Funktion, besteht der Zusammenhang von Kunst und Politik. In der Demokratisierung der Institutionen vergesellschaftet sich der Erkenntnismodus der Kunst (Aufhebung des Objektcharakters der Menschen und Dinge): Durch Übertragung des Wahrheitsgehaltes der Dinge (der gesellschaftlichen Institutionen wie der Objekte), in materielle Handlung: in sinnlich reichhaltige Bilder, Gesten, in Mimik und Sprache nach dem Maßstab konkreter Erfahrung, kann die Massenkultur (unter freieren Produktionsbedingungen), obwohl nur auf der Bewußtseinsebene wirkend, ein ans ‚Durchschauen der Wertabstraktion gebundenes, parteiliches Totalitätsbewußtsein und an die Befriedigung von Bedürfnissen geheftetes produktives Konsumtionsbewußtsein' herstellen oder stärken, deren Gleichzeitigkeit produktive Spontaneität charakterisiert" (Prokop 1974, 132 f.). Prokop fordert spontane Gegenöffentlichkeit und die Entfaltung von Alternativen, die allerdings im Zusammenhang bürokratisierter Gesellschaften nicht mehr von selbst entstehen. Die Prädispositionen dafür sieht er medienhistorisch nur bei gesellschaftlichen Randgruppen wie Einwanderern, Gastarbeitern, Intellektuellen, Schülern, Studenten, Lehrlingen usw., so daß auch Prokops Konzept einer spontanen Gegenöffentlichkeit letztendlich wieder auf den medienpolitischen Einsatz besonders vorbereiteter und ausgebildeter Intellektueller, die Alternativen entwickeln können, hinausläuft, und damit bleibt auch hier die Innovation wieder im Bereich der Programmierung.

20. Programmierte Auflösung der Massenkultur ohne die Massen

Im durchgängigen Konzept der Massenkulturtheorie und Massenkulturpraxis bezieht „Demokratisierung" sich immer auf die Wahlmöglichkeit des Angebots oder Forderungen nach „Einbezug" der „subjektiven" oder „objektiven" Bedürfnislage, aber nicht auf Selbstgestaltung im Alltag bzw. das Recht auf eine eigene Kultur. Selbst in dem auf kulturellen Pluralismus und subkulturelle Programmierung in der Massenkultur abgestimmten Konzept von Gans wird letztendlich die Frage der eigenständigen Entwicklungsmöglichkeiten einer quasi Volkskultur bereits durch die stärkere subkulturelle Programmierung eliminiert. Für Prokop „ist es sicherlich nicht prinzipiell falsch, Formen von ‚Subkultur' zu bilden und in kleinen Gruppierungen in eigener Produktion ‚Gegenprodukte' (Underground-Filme, Agitationsfilme, Bücher, Broschüren, Nachrichtenblätter, ‚handwerkliche Ästhetik', Kunstgewerbe etc.) mit exemplarischem Anspruch zu entwickeln . . . Die Verallgemeinerung dieser Strategie zum ‚Leitbild' wäre jedoch falsch: Als solche verselbständigt und ideologisiert stellen Formen von ‚Subkultur' einen Rückschritt auf unterentwickelte Produktionsformen dar, entfalten also nicht das in den rudimentären Formen der spontanen Gegenöffentlichkeiten enthaltene produktive

Potential. Dies liegt einfach an der Technik angesichts eines entwickelten technischen Potentials der privatwirtschaftlichen und öffentlich-rechtlichen Großapparate. Was unentfaltet bleibt, sind nicht nur und nicht primär technische Produktivkräfte; es ist die Möglichkeit und Notwendigkeit, im Gegensatz zum subkulturellen Rückzug die kollektive Arbeit an den Institutionen zu entwickeln, abzusichern, zu planen" (Prokop 1974, 169f.). Exemplarisch für eine positive Entwicklung spontaner Gegenöffentlichkeit sieht Prokop zum Beispiel das Medienprogramm der Jungsozialisten.

Alle Entwürfe für eine Auflösung der Massenkultur decken sich, trotz der differierenden Ansätze zwischen Pluralismus, Gegenöffentlichkeit und Verantwortung der „Elite", im Begriff der Programmierung. Kultur bewegt sich im Planungsbereich von „Verantwortlichen", und subkulturelle Alternativen als eigenkulturelle Gestaltungsmöglichkeiten sozialer Gruppen werden nicht oder nur als vorübergehende oder den Forderungen unserer Gesellschaft nicht entsprechende Lösungsmöglichkeiten gesehen. Ob es sich um die subkulturelle Eigenständigkeit und Entwicklungsmöglichkeit der Unterprivilegierten, die in den europäischen Sozialwissenschaften allerdings nur selten als „Subkulturen" erforscht worden sind, oder um die zum Teil an vorindustriellen Verhaltens- und Gestaltungsformen orientierten subkulturellen oder gegenkulturellen Gruppen Jugendlicher handelt: ein wesentliches Moment dieser Gruppenkulturen wird übersehen oder auch kritisiert. Während ihr einer Aspekt, die Herausbildung alternativer Verhaltens- und Gestaltungsformen neben der herrschenden Kultur hervorgehoben wird, wird die Integration in eine Gruppe und die Einordnung der einzelnen Mitglieder in den verbindlichen Kulturcode kaum analysiert.

21. Die Entwicklung des Subkulturkonzepts

Während Volkskultur unter der Prämisse einer Zuordnung des einzelnen zu den je verbindlichen Verhaltensformen einer Gruppe diskutiert wurde und diese Bereitschaft sich in freiwilligen wie auch unfreiwilligen Subkulturen zu wiederholen scheint, wird

Massenkultur aus der Dichotomie zwischen massenkulturellem Realitätsprinzip und (unterdrückten) individuellen Bedürfnissen kritisiert. Dagegen wird in der Volkskultur und der unfreiwilligen Subkultur und schließlich auch in den Entwürfen freiwilliger Subkulturen das Individuum nicht in Opposition zur Gruppe gesehen, sondern gewinnt seine Ich-Identität durch die aktive Integration in diese Gruppe.

Für die Definition von Subkulturen gelten allgemein die Charakteristika von Kulturen als je spezifischen Ausformungen mit eigenen Werten, Normen, Verhaltens- und Gestaltungsformen, allerdings hier im Rahmen und in Abhängigkeit vom System der je herrschenden Kulturen und insbesondere ihren ökonomischen und politischen Strukturen. Über die „Inflation" des Subkulturbegriffs und seine Adaptionen für die verschiedensten wissenschaftlichen Konzepte wurde bereits 1960 von J. M. Yinger in seinem Beitrag „Contraculture and Subculture" (Yinger 1970) referiert, der innerhalb eines Jahres über hundert Arbeiten ausmachen konnte, die sich des Begriffs bedienten. In der Zwischenzeit ist nicht nur die wissenschaftliche Literatur dazu angewachsen, sondern der Begriff ist von zahlreichen Gruppen selbst als Eigendarstellung übernommen worden und hat darüber hinaus seine massen-mediale Diffusion gefunden, so daß Subkultur als Phänomen kaum noch präzisierbar ist.

Die Entwicklung des Konzepts (Arnold 1970 a, Sack 1971) geht auf die amerikanische Forschung zurück und kreiste zunächst insbesondere um eine „Subkultur der Delinquenz" und eine „Subkultur der Armut". Sack führt das Entstehen des anthropologischen Subkulturkonzepts auf analoge Prozesse zurück, wie dasjenige des Kulturkonzepts: „In der theoretischen Analyse abweichender Verhaltensweisen, wie in der Praxis der Reaktion auf sie, hat sich innerhalb der Gesellschaft der gleiche Vorgang abgespielt wie in dem Verhältnis der Gesellschaften zueinander. Erst allmählich wich die Vorstellung, nach der abweichendes Verhalten im wesentlichen ungeregeltes, normloses, unorganisiertes Verhalten darstellt, einer Betrachtungsweise, die solches Verhalten nicht nur als systemlose und zufällige Ausfälle normativer Strukturierungen an-

201

sieht, sondern, analog dem Verhalten der Mitglieder fremder Kulturen, dahinter Struktur, System, Organisation erblickt" (Sack 1971, 270f.). Im Gegensatz zum intergesellschaftlichen Kulturbegriff handelt es sich nach Sack beim Subkulturbegriff um einen intragesellschaftlichen, das heißt „um Konstellationen, in denen zwischen [erkennendem] Subjekt und [erkanntem] Objekt weitgehende kulturelle Identität herrscht, allenfalls partielle kulturelle Nichtidentität wechselseitig beansprucht wird" (Sack 1971, 269).

Diese Aussage muß nicht nur hinsichtlich der subkulturellen Erscheinungen grundsätzlich in Frage gestellt werden, sondern hat auch zu der beklagten Inflation des Subkulturkonzepts beigetragen, die insbesondere im subkulturellen Anspruch der intellektuellen Jugendopposition der 60/70er Jahre zum Tragen kam. Schwendters „Theorie der Subkultur" (1973), die sich ausschließlich auf die sogenannten jugendlichen Subkulturen, die vor allem als emotional-progressive und rationalistisch-progressive Beachtung finden, beschränkt, ist eine typische aus der Selbsterfahrung kommende Arbeit einer solchen Adaption eines in seiner Begrifflichkeit wenig reflektierten Konzepts. Gerade die von Schwendter hervorgehobenen und als möglicherweise systemverändernd betrachteten progressiv-rationalistischen Subkulturen fallen aus dem gesamten Konzept von Subkultur heraus. Sie bildeten – im Gegensatz zu den emotionalen und spiritualen Subkulturen – keine verwirklichten alternativen und den gesamten Alltag erfassenden Lebensformen heraus, sondern verbalisierten oder aktualisierten vorübergehend zum Beispiel in „Aktionen" Konzepte der gesellschaftlichen Veränderung und der Möglichkeit alternativer Lebensformen oder verwirklichten als „angepaßte Gruppen", so besonders im Rahmen der „Dritte Welt-Aktionen" (Stummann 1976) Teile eines Hilfsprogrammes, durch das sie sich zwar gegengesellschaftliches (wenn auch von der Gesellschaft unterstütztes) Selbstverständnis geben konnten, das ihren Alltag positiv überhöhte, aber keinesfalls zu eigenkulturellen Alltagsgestaltungen führte.

Die Inflation des Subkulturkonzepts und die allmähliche Präzisionslosigkeit des Begriffs wurden nur dadurch möglich, daß Kul-

tur nicht als ein alle Lebensbereiche des Menschen umfassendes
interdependentes Muster gesehen wurde, sondern in partiell möglichen Aktualisierungen von gegen die herrschende Kultur gerichteten Programmen. Nicht die Planung neuer gesamtgesellschaftlicher Kulturformen oder partielle, im Rahmen altersspezifischer
Rechte innerhalb der herrschenden Kultur quasi genehmigte Abweichungen sind das Charakteristikum von Subkulturen, sondern
die von der herrschenden Kultur abweichende, wenn auch von ihr
abhängige, gesamtkulturelle Lebensführung.

22. Gettos der Armen als ethnische Gettos

Das Entscheidende an der Entstehung einer „Subkultur der Armut" im amerikanischen Gesellschaftsleben ist nur partiell Armut
in einem prosperierenden System, zum anderen und entscheiden-
der die ethnische Heterogenität in diesem Land, in dem Armut
immer wieder bestimmte ethnische Einwanderergruppen getroffen hat, die jeweils auf der untersten Stufe der Leiter zum angel-
sächsisch-protestantisch dominierten „American Way of Life"
standen (Myrdal 1944; Glazer-Moynihan 1964; Dinnerstein-Jaher
1970; Simpson-Yinger 1972; Greverus 1973). Die Armenviertel
und die Slums waren nicht nur die Gettos der Armen, sondern
gleichzeitig ethnische Gettos (Forman 1971), die von jeweils neuen
Einwanderergruppen „besetzt" wurden, wobei die gesamtgesellschaftliche Segregation gleichzeitig zu einer ethnisch-kulturellen
Integration führte.

Viel analysiertes Beispiel jener sich auch räumlich niederschla-
genden ethnisch-kulturellen Gettobildung ist die „Addams Area"
in Chicago (Burgess 1929; Wirth 1956; Addams 1961; Suttles
1970). Suttles hat in seiner Untersuchung „The Social Order of the
Slum" auf zahlreiche Erhebungen zu diesen ethnischen Bewegungen, unter anderem auch unveröffentlichte Berichte wie diejenigen
des „Chicago News Development Project, 1961", zurückgreifen
können und schreibt dazu: „Die Addams Area wurde erst um 1837
als eine relativ wohlhabende Nachbarschaft besiedelt. Aber um
1880 hatte die Industrie bereits die Besitzwerte und die Kontinuität

der Gegend als Wohnplatz so aufs Spiel gesetzt, daß die reichere Bevölkerung sie verließ. Seit dieser Zeit wurde die Addams Area eine Durchgangszone, wo die Gebäude im allgemeinen als spekulativer Besitz gehalten und ohne Verbesserung vermietet wurden, bis sie durch andere Gebäude ersetzt wurden. Allmählich kam etwas Industrieansiedlung in das Gebiet und 1964 waren 18% des Bodens diesem Zweck zugeteilt. Zum größten Teil jedoch blieb es der erste Ansiedlungsplatz für die Emigranten aus der alten Welt und die Migranten der neuen Welt. Zuerst waren dort die Deutschen und die Iren, die allmählich den Griechen, Polen, Französisch-Kanadiern, Böhmen und russischen Juden wichen. Jedoch noch ehe diese Gruppen das Gebiet vollkommen besetzt hatten, wurden sie von den Italienern hart bedrängt. Nur die Italiener scheinen eine gewisse Vorherrschaft über das gesamte Gebiet erreicht zu haben. Die anderen Nationalitätengruppen besetzten entweder nur Teile der Area oder lebten vermischt. Die Dominanz der Italiener jedoch war von kurzer Frist. Um 1930 kamen die Mexikaner in das Gebiet und machten bald ein Drittel der Bevölkerung aus. Die Mexikaner werden nunmehr an die Peripherie der Area gedrängt durch eine kleine Gruppe von Puertoricanern, die zahlenmäßig wachsen, aber die nie mehr als 8% der Bevölkerung bildeten. Kurz nach dem Zweiten Weltkrieg besetzten die Neger nahezu vollständig die öffentlichen Wohnprojekte von Jane Addams" (Suttles 1970, 15 f.).

Für die verbliebenen Minoritätengruppen, Schwarze, Italiener, Mexikaner und Puertoricaner, in den Vierteln dieser Addams Area versucht Suttles die kulturellen Spezifika und die Möglichkeiten der Slumnachbarschaften als „kulturbildender Welten" anhand folgender Kriterien herauszuarbeiten: 1. Institutionelle Arrangements: Religion, kommerzieller Austausch, Erholung, Erziehung; 2. Kommunikative Muster: Sprache, Gesten, Kleidung und Selbstdarstellung; 3. Kommunikationskanäle: Straßenleben, Berufsgruppen, institutionalisierte Segregation von Geschlechts- und Altersgruppen, Raummangel im häuslichen Bereich, historische und allgemeine soziale Umwelt. Ein weiteres Kapitel widmet sich der Frage der ethnischen Solidarität in den einzelnen Gruppen, wobei insbesondere die außerordentlich starke traditionelle Kulturbindung der Italiener hervorgehoben wird. Im letzten Teil des Buchs werden die männlichen Jugendlichen behandelt, die in ihrer Abhängigkeit von ethnischen Kulturtraditionen gesehen werden und als je ausgeprägteste Vertreter subkultureller Differenzierungen und Differenzen (vgl. Suttles 1972).

Bereits eine der frühesten Arbeiten zu subkulturellen Erscheinungen in den Vereinigten Staaten, die „Street Corner Society" von Whyte (1943), verbindet die Komplexe Armut, ethnische Subkultur und die zugleich integrativ wie auch segregativ wirkende Gangbildung ihrer Jugendlichen zu einem Erklärungsmuster. Armut, jugendliche Delinquenz und ethnische Solidarisierung sind in den meisten Arbeiten vom Ansatz so ineinander verwoben, daß eine Trennung in Subkultur der Armut, Subkultur der Delinquenz und „jugendliche Subkultur" danach nicht vorgenommen werden kann.

23. Die „Subkultur der Armut"

Das eigentliche Konzept einer „Subkultur der Armut" (Valentine 1968; Albrecht 1969) wurde allerdings von Oscar Lewis entwickelt, dessen Forschungen sich vor allem auf mexikanische und puertoricanische Armutsbevölkerung beziehen (Lewis 1959; 1961; 1964 a; 1964 b; 1966 a; 1966 b). Das Material wurde vor allem aus langfristigen Beobachtungen und persönlichen Daten gewonnen. Auch für Lewis ist die Subkultur der Armut nicht mit einer Armutsbevölkerung schlechthin gleichzusetzen: „Viele von Anthropologen untersuchte, primitive oder noch im Vor-Bildungsstadium befindliche Völker leiden unter gräßlicher Armut, die eine Folge armseliger technischer Entwicklung und/oder unzureichender Bodenschätze ist, aber sie haben nicht die Merkmale der Subkultur der Armut. Sie entwickeln keine Subkultur, weil ihre Gesellschaft nicht genügend vielschichtig ist. Trotz ihrer Armut ist ihre Kultur relativ einheitlich" (Lewis 1971, 53). Nach Lewis kann sich auch in Kastengesellschaften eine Subkultur der Armut nicht entwickeln, und in sozialistischen, faschistischen und hochentwikkelten kapitalistischen Ländern geht sie zurück. Er sieht die Subkultur der Armut vor allem im frühen Stadium des Kapitalismus und auch im Kolonialismus angesiedelt. Der wesentlichste Hintergrund für diese These ist die fehlende Zugehörigkeit auch der Armutsbevölkerung zu den Hauptinstitutionen und Werten der Gesellschaft. Das Entscheidende für die Herausbildung einer Subkultur der Armut wäre danach Isoliertheit und Identitätslosigkeit im System der herrschenden Kultur und der Versuch der Herausbildung einer eigenen Identität.

Lewis beschreibt die Subkultur der Armut als einen „Lebensstil", den er als ähnlich und übernational gültig innerhalb der genannten Systemvoraussetzungen bezeichnet. Die zahlreichen Merkmale wirtschaftlicher, sozialer und psychologischer Art, die er für diese Subkultur herausarbeitet (Lewis 1964b), charakterisieren dann allerdings weniger das interdependente Muster eines Lebensstils, sondern bezeichnen vielmehr Situationszwänge der Armut: wie mangelnde Teilnahme und Eingliederung in die Hauptsituationen der übrigen Gesellschaft, chronische Arbeitslosigkeit und Unterbeschäftigung, Besitzlosigkeit, niedriges Bildungs- und Erziehungsniveau, ärmliche Wohnverhältnisse, Überbevölkerung und unzulängliche Organisation. Auch Verhaltensweisen und Einstellungen, wie Benutzung von Kleidung und Möbeln aus zweiter Hand, Mißtrauen gegenüber allen Leuten in gehobenen Positionen, Eingehen von freien Bindungen und wilden Ehen, fehlende verlängerte Kindheit, Tendenz zu Unterwürfigkeit, mangelnde Abgeschlossenheit, Fatalismus und Gegenwartsbezug können weniger als Entwicklung einer Subkultur, denn als Reaktion auf diese Situationszwänge bezeichnet werden.

So spricht Lewis schließlich auch von der „Armut der Kultur" als einem der kritischsten Aspekte der „Kultur der Armut". In seinen konkreten Darstellungen des Viertel- und Familienlebens in diesen Subkulturen der Armut kommt Lewis dann allerdings doch auf zahlreiche kulturelle Verhaltensweisen zu sprechen, die als ein innovativer Akt kultureller Daseinsbewältigung in der Verbindung von ethnischen Traditionen und spezifischer Situationsanpassung gesehen werden müssen. Und Lewis sieht durchaus posi-

tive Aspekte, die sich aus den Merkmalen ergeben: „Gegenwarts-
orientiert zu leben kann eine Fähigkeit zu Spontaneität und Aben-
teuerlust bedeuten, Sinn für das Vergnügen und das Sinnliche und
eine Nachsicht gegenüber Impulsen, die bei der Mittelklasse, den
auf die Zukunft ausgerichteten Menschen, oft abgestumpft sind.
Vielleicht ist es die Realität des Augenblicks, die die existenzialisti-
schen Schriftsteller so verzweifelt zurückzugewinnen suchen, die
die Kultur der Armut als ganz natürliches, alltägliches Phänomen
erfährt" (Lewis 1971, 56).

24. Subkulturen als Klassenphänomene

Für Lewis ist die Subkultur der Armut, was auch aus den als übernational angesehenen Anpassungmerkmalen hervorgeht, weniger
ein ethnisches als ein Klassenphänomen. Eine ähnliche Richtung
wird in zahlreichen anderen Arbeiten vertreten, wobei allerdings
immer wieder bestimmte ethnische Einheiten der Untersuchung
zugrunde gelegt werden. In dem Buch von Herbert J. Gans „The
Urban Villagers. Group and Class in the Life of Italian-Americans" (1968), einer aufgrund teilnehmender Beobachtungen geführten Untersuchung über die Subkultur von Arbeitern im Westend von Boston, wird als ein wesentlicher Zweck der Analyse
hervorgehoben, diese als eine eigenständige, von der Mittelschicht
weitgehend unabhängige und abweichende Lebensweise darzustellen und in zukünftige Planungskonzepte einzubeziehen. Die klassenspezifischen Subkulturen sind auch für Gans übernational, wobei er die italo-amerikanischen Westender nicht einer Subkultur
der Armut im Sinne Lewis, die er als Subkultur der unteren Klasse
bezeichnet, zuordnet, sondern einer working-class-Subkultur. Als
wesentlichstes Unterscheidungskriterium der einzelnen Subkulturen der Klassen bezeichnet er die Familienstruktur. Die Subkultur
der Arbeiterklasse ist durch die dominante Rolle des Familienzirkels, der über die Kernfamilie hinausgeht, bestimmt, die wie bei
den italo-amerikanischen Westendern auf die bäuerliche Vergangenheit zurückgeht und auch in veränderten Arbeitsbedingungen,
zum Beispiel dem Arbeitsplatz des Mannes außerhalb des Fami-

lienzirkels, beibehalten wird. Die Subkultur der unteren Klasse wird durch die frauenzentrierte Familie und die marginale Rolle des Mannes bestimmt, der nur minimal an dem Familienleben und der Kindererziehung beteiligt ist. Die Subkultur der Mittelklasse ist um die Kernfamilie und ihren Wunsch nach einer Integration in die weitere Gesellschaft konzentriert, wobei der Weg der Kernfamilie in die weitere Gesellschaft insbesondere über die Karriere des zumeist männlichen Haushaltsvorstandes geht. Erziehung wird dabei als eine wichtige Methode zur Erreichung dieser Ziele angesehen, die für den Mann karrierefördernde Fertigkeiten und für die Frau Fertigkeiten für die Rolle der Mutter zu erbringen hat. Auch die Kultur der oberen Mittelklasse ist um die Kernfamilie organisiert, aber sie legt stärkeres Gewicht auf die unabhängige Funktion ihrer einzelnen Mitglieder. Arbeit oder besser ,,Beruf als Berufung" ist hier nicht mehr nur ein Mittel, um einen Status für die Kernfamilie zu erreichen, sondern vielmehr eine Möglichkeit für individuelle Entwicklung und Selbstdarstellung (Gans 1968, 224 ff.).

Während in dem ursprünglichen Ansatz der Subkulturinterpretationen auf der Basis der Entwicklung von Mustern direkter Kommunikation und Interaktion in Randseitergruppen innerhalb der herrschenden Gesellschaft der quasi-autonome kulturelle Lebensstil einer Gruppe, wenn auch durchaus auf dem Hintergrund von Situationszwang und Abhängigkeit gesehen, im Zentrum stand und Subkultur damit dem ethnologischen Kulturkonzept vergleichbar war, führt die Erweiterung des Konzepts auf Klassenkulturen und die Charakterisierung durch partielle, aber als international betrachtete Verhaltensmerkmale zu einer außerordentlichen Verschwommenheit und Auflösung des ursprünglichen Ansatzes.

25. Arbeiterkultur als Subkultur

Zunächst wäre, um ein besonders umstrittenes Beispiel zu bringen, die Frage zu stellen, inwieweit von einer internationalen Arbeiter-Subkultur gesprochen werden kann, wobei wie bei Gans (1968) die

Dominanz des Familienzirkels im Zentrum steht und Arbeit nur als Mittel zur Erhaltung der Familie angesehen wird. Steht dieses im Gegensatz zur frauenzentrierten Familie in der Subkultur der unteren Klassen (die weitgehend Lewis „Subkultur der Armut" als einer Slum-Kultur der Ärmsten der Armen und teilweise auch dem sogenannten Lumpenproletariat entspricht), so gelten für Gans andere Charakteristika dieser beiden klassenspezifischen Subkulturen gemeinsam: die Peer-group-Geselligkeit des Erwachsenendaseins und die Abhängigkeit des Individuums von dieser aus Verwandten, Nachbarn und Freunden zusammengesetzten Gruppe; Mißtrauen gegen alle Personen außerhalb dieser Gruppe und insbesondere gegen alle Institutionen; wenig Teilnahme am Gemeindeleben; untergeordnete Rolle der Kinder; starke und enthusiastische Konzentration auf Massenmedien. Gans bezieht sich dabei vor allem auf Studien in Amerika, England und Mexiko (Gans 1968, 230 ff.). Zwar könnten für diese Merkmale zahlreiche weitere Beispiele aus allen Industrieländern herangezogen werden, und Banfields für Italien erarbeitetes, umstrittenes Konzept der „rückständigen Gesellschaft" gehört ebenso eindeutig hierher, aber durch den Vergleich von aus Anpassungszwängen und wirtschaftlicher Marginalisierung entstehendem, bei der armen Bevölkerung ähnlichem „Rückzugs"-Verhalten wird nicht nur das auch für Subkulturen gültige Merkmal der schöpferischen Umweltanpassung eliminiert, Armutsbevölkerung wiederum nicht in Relation zur jeweiligen Gesamtgesellschaft gesehen, sondern auch die historische und ethnische Besonderung außer acht gelassen.

Die Subkultur der „städtischen Dörfler" italienischer Herkunft in erster und zweiter Generation, wie sie Gans beschreibt, ist tatsächlich eine Subkultur mit einem eigenen Lebensstil, der aus Übernahmen der herrschenden amerikanischen Kultur, aus Beibehaltung und Umformung mitgebrachter Kulturelemente und Anpassung an die ökonomische Situation besteht. Sicher liegen ihrem Lebensstil klassenspezifische Anpassungszwänge zugrunde und sicher auch die in der gesamten Entwicklung der Lebensweise sichtbare „Verbürgerlichungstendenz", das heißt die teilweise Orientierung an Werten und Verhaltensweisen des Mittelstandes, aber entscheidend für die subkulturelle Ausprägung bleiben eben gerade die aus der ethnischen Tradition weiterentwickelten Kulturelemente.

Die als international gültig aufgezählten Merkmale der sich überschneidenden Subkultur der Arbeiter und der unteren Klasse können dagegen weder grundsätzlich von einer Mittelstandskultur noch von einer bäuerlichen Kultur abgetrennt werden, noch gelten sie für die Arbeiter und die unterste Schicht grundsätzlich. Das gleiche gilt für den für die „Arbeitersubkultur" aufgeführten Merkmalskatalog: Männlichkeitsideal, Rauhbeinigkeit, Tapferkeit, Mut und Stärke als Prestigemittel, Moral der „direkten Aktion", Solidarität, Nachbarschaftshilfe, Ethik der Gegenseitigkeit, Kneipen als Kommunikationsorte (Bolte 1966, 340 ff.). Einige Merkmale wie Nachbarschaftshilfe oder Ethik der Gegenseitigkeit sind feste Bestandteile aller Ordnungen vorindustrieller „traditionsgeleiteter" Gesellschaften gewesen und zeigen sich als situationsnotwendige Anpassungen wieder in Randgruppen der individualisierten Leistungsgesellschaft; andere Merkmale wie die Peer-Group-Geselligkeit und -Abhängigkeit, das Desinteresse an einer darüber hinausgehenden Teilnahme am öffentlichen Leben und starke Abhängigkeit von massenmedialen Angeboten entsprechen gesamtgesellschaftlichen Entwicklungen für die gegenwärtige Gesellschaft als eine außengeleitete (Riesman-Denney-Glazer 1958) oder bürokratische Gesellschaft gelenkten Konsums (Lefèbvre 1972). Ob wir bei diesem Vorgang der „Angleichung" zwischen Arbeiter- und Bürgerverhalten von einer „Verbürgerlichung des Proletariats" oder besser von einer „Proletarisierung weiter Bevölkerungskreise" (Bausinger 1973 b, 43) sprechen sollten, um das Konzept der „nivellierten Mittelstandsgesellschaft" zu umgehen, oder besser noch, von kultureller Enteignung der Bevölkerung in der Industriegesellschaft, so dürfte der Begriff Subkultur hier ebenso unangebracht sein wie bei der Erörterung klassenspezifischer Kulturausformungen.

26. Revolutionäre Bewegungen als Subkultur

Schwendters Forderung nach einer Rekonstruktion der Arbeiterbewegung als „Rekonstruktion einer Subkultur" (Schwendter
1973, 167) dürfte nicht nur auf den politischen Widerstand in allen
sich als demokratisch verstehenden Staaten treffen, sondern widerspricht auch dem Subkulturkonzept. Subkultur ist keine Bewegung, sondern ein Lebensstil, der allerdings durchaus Bewegungen
mit umfassen kann. Eine Bewegung als Ausgangspunkt dagegen,
die Veränderung des Bestehenden will, kann wohl als Ziel die
Schaffung oder Bestätigung einer Subkultur haben, wie es in den
ethnischen Bewegungen der Nationalstaaten der Fall ist (vgl.
S. 246 ff.), das trifft aber für die internationale Arbeiterbewegung
als Klassenkampf keineswegs zu (vgl. Groschopp 1977). Die von
Schwendter als „signifikant" bezeichneten gesamtgesellschaftlichen abweichenden Normen der „Subkultur-Arbeiterbewegung"
– Delegiertensystem, Solidarität, Wille zur grundsätzlichen Veränderung der Produktionsverhältnisse, Selbstorganisation, abweichende Kleidung und Sprache, Streben nach sexueller Emanzipation, persönliche Bindungen, Aktion, Rationalität, Kooperation,
Ehrlichkeit, Kameradschaft, Internationalismus (Schwendter 1973,
169) – sind, ohne hier die Diskrepanz zwischen idealer und realer
Kultur zu diskutieren, sowohl eingesetzte Bestandteile einer Bewegung als auch und besonders Ziele einer zu schaffenden Kultur, die
nicht Subkultur, sondern ethnische und Klassenunterschiede elimi-
nierende Weltkultur ist.

Ebenso wie die Ausdehnung des Subkulturkonzepts auf eine
internationale Klassenkultur führt auch die Ausweitung auf „eine
Subkultur der Entwicklungsländer in Relation zur Gesamtkultur
der Menschheit" (Albrecht 1969, 433) zu derartigen Verallgemei-
nerungen, daß Albrechts Anliegen, mit Hilfe des Subkulturkonzepts eine Brücke zwischen Makroökonomie und Mikrosoziologie
der Entwicklungsländer zu schlagen, damit von vornherein zum
Scheitern verurteilt wäre.

Aus der Richtung makroökonomisch orientierter Entwick-
lungsländersoziologie kamen allerdings auch wesentliche Angriffe

auf das Konzept der Subkultur der Armut (Schuhler 1968), wobei insbesondere die Orientierung an Wert- und Einstellungskriterien, einschließlich der Strategievorschläge zu ihrer Veränderung, angegriffen wurde. Diese bedeutet für Lewis in den reichen Ländern mit einer relativ geringen Armutsbevölkerung Sozialfürsorge und Angleichung an den Mittelstand, aber im Falle der Entwicklungsländer vorrangig revolutionäre Praxis, wobei Lewis die Einbeziehung des „Lumpenproletariats" als einen positiven Faktor beurteilt. Er beruft sich dabei auf Erfahrungen aus dem Aufbau der kubanischen Gesellschaft durch das Castro-Regime (Lewis 1971, 54) und zitiert Frantz Fanons Sicht des Lumpenproletariats für den algerischen Freiheitskampf: „Es ist den Massenmenschen, diesen Leuten in den Barackenstädten, der Seele des Lumpenproletariats, gegeben, sich zu den städtischen Vorkämpfern der Rebellen zu machen. Denn das Lumpenproletariat, diese Horde hungernder Menschen, mit den Wurzeln aus ihrem Stamm, aus ihrer Sippe herausgerissen, bildet eine der spontansten und radikalsten Revolutionskräfte eines kolonisierten Volkes".

27. Subkulturelle Züge im europäischen Sozialrebellentum

Allerdings hält Lewis das Revolutionspotential des Lumpenproletariats in der Armutsbevölkerung aufgrund historischer und nationaler Bedingtheiten in den einzelnen Gesellschaften für außerordentlich verschieden. Das stimmt durchaus mit der These des nationalen Identifikationsangebots überein, das nötig ist, um eine marginalisierte Bevölkerung zum aktiven Einsatz für gesellschaftlich-staatliche Veränderungen zu gewinnen (vgl. S. 172). Selbst das sogenannte „Sozialrebellentum" Europas, jener Kampf der Entrechteten zumeist ländlicher Bereiche für die Rechte der Armen, wie sie Hobsbawm in seinen vergleichenden historisch-analytischen Darstellungen „Sozialrebellen" (1962) und „Die Banditen" (1972) beschreibt, hat keine gesamtgesellschaftlichen Veränderungen, sondern nur partielle „Gerechtigkeit" erstrebt. Allerdings hat sich gerade hier so etwas wie eine Subkultur herausgebildet, die sich insbesondere auch in der Beachtung strenger, oft der Initiation entsprechender Rituale zeigte (Hobsbawm 1962, 197 ff.), die aufgrund ihrer integrativen und segregativen Komponenten wiederum wesentlich zur Bewußtseinsbildung der Subkultur, zu ihrer symbolischen Überhöhung und ihrem Weiterleben in der Überlieferung beitrugen. Die Volksüberlieferung der Armen ist voll von den „besonderen" Taten jener Helden der Armen in Erzählungen, Liedern und künstlerischen Darstellungen. Neben den Hauptmotiven Gerechtigkeit und Schutz für die Armen stehen Motive einer gewissen Exzentrik, z. B. in der Kleidung und der Kraft und besonderer Fähigkeiten, im Vordergrund: Salvatore Giuliano aus Montelepre in Sizilien, der letzte große sizilianische Banditenvolksheld (Maxwell 1963), ist in den Bänkelliedern „nicht nur ein diebischer Edelmann, sondern auch ein gerechter Richter, nahezu ein mythischer und legendarischer Paladin" (Buttita 1957, 204). Von dem slowakischen Volkshelden Jánošik gibt es zahlreiche Hinterglasbilder, die die rituelle Aufnahme eines neuen Räubers durch eine Geschicklichkeitsprobe zeigen (Bogatyrev 1960, 112). Der Bandit ist selten ein Einzelgänger, sondern zumeist „charismatischer Führer" einer Bande: „Überraschend oft ist die Struktur auch durch natürliche Verwandtschaftsbeziehungen stabilisiert, daneben besteht außerdem die übliche rituelle Verwandtschaft . . . in der Form von Blutsbruderschaft, Taufpatenschaft und anderen zeremoniellen Patenschaften" (Hess 1970, 9). Außerdem besteht für den Banditen zumeist eine weitgehende Beziehung zu seiner eigenen Gruppe, in die er auch wieder integriert werden und das Leben eines normalen Mitglieds führen kann (Pitt-Rivers 1961, 183). Der Bandit ist nicht aus dem Moralcode der eigenen Gruppe ausgeschert, sondern im Gegenteil zu ihrem Verteidiger gegenüber dem herrschenden Code der Unterdrücker angetreten. Die Integration des Banditen in seine Umwelt zeigen am eindrucksvollsten jene Lieder auf seine Folterung und seinen Tod, in denen selbst die unbelebte Umwelt weint, ein Motiv, das aus dem dörflichen und familiären Todesritual bekannt ist: „Es ächzen die Berge, sie ächzen, schon foltern sie den Janíček. Sie werden noch ächzen, wenn sie ihn hängen werden. Es weint der grüne Baum, es weint auch die Espe. Wahrlich der Name Jánošiks wird niemals untergehen" (Bogatyrev 1960, 120).

28. Emotionale jugendliche Subkulturen

Einige für das Sozialbanditentum als Subkultur hervorragende Merkmale finden wir nun auch in jenen jugendlichen Subkulturen, die als „emotionale" charakterisiert werden: dazu gehört nicht nur eine gewisse Exzentrik im äußeren Auftreten, sondern vor allem auch die initiationsähnliche Aufnahme in die Gruppe und die rituelle Bestätigung der Zusammengehörigkeit, die Orientierung an charismatischen Führern und die Identifikation mit den als Randseiter oder Entrechtete betrachteten Mitgliedern der Industriegesellschaft oder der „plastic society". Während bei den von Schwendter als „rationalistisch" bezeichneten Subkulturen („insbesondere politische Subkulturen, politisierte ethnische Minderheiten, Randgruppenarbeiter", Schwendter 1973, 40) die Identifikation über die politische Aktion, zumeist als Diskussion, Information und Aufruf, geschah – was in bezug auf die Entwicklungsländerarbeit der sogenannten „kritischen Aktionsgruppen" zu der Gegenkritik „selbstgenügsamer theoretischer Auseinandersetzung mit der Dritten Welt" führte (Stummann 1976, 175) –, bedeutete diese Identifikation für die emotionalen Subkulturen mehr die Gewinnung einer neuen Identität durch die Integration jener für besser erachteten Kulturformen dieser Randgruppen in die Totalität eines eigenen Lebensstils. Das reichte von der Kleidung über die vor allem in Landkommunen praktizierten alternativen Ernährungs- und Bauformen (Houriet 1973; Vollmar 1975), von neuen Formen des Zusammenlebens und der Kindererziehung bis zu den Versuchen, mit Hilfe von Ekstasetechniken und religiösen Ritualen ein ganzheitliches sinnbezogenes Dasein zurückzugewinnen. Daß bei dieser Suche nach einer alternativen Lebensform charismatische Führer zu symbolischen Fixpunkten und Vorbildern werden konnten, entspricht durchaus anderen Vorgängen gruppenbezogener kultureller Selbstbesinnung. Führer im System einer kulturellen Ordnung sind jene Leitfiguren, die nicht außerhalb der Alltagswelt ihrer Mitglieder stehen, sondern hervorragende und vorbildliche Vertreter ihrer Wertorientierungen und Verhaltensforderungen sind. Über die Anfänge der amerikanischen Szene heißt es: „In der Bewegung gibt es spontane Führer, sie sind keine Führer, die sich selbst bestimmt haben. Sie werden von Hippie-Wählern ernannt, weil sie ,spirituelle Zentren' sind" (Yablonski, 1970, 57). Daß, insbesondere in der spirituellen Szene, die gegenwärtig im westlichen Europa quantitativ alle anderen subkulturellen jugendlichen Ideologien übertrifft, diese „Führer" zu „selbstgemachten Göttern" (kontraste 4, 1976), zu „Gott im Underground" (Hoffmann 1972) werden konnten, zu „fernen Führern", die nur noch per Jet anfliegen und ihre Mitglieder in Großauftritten ekstasieren, ist eine Erscheinung, die Subkultur als Antithese zu Massenkultur eben wieder in diese überführt. „Geschäft mit der Religion – Kommerzialisierung von Schwächen und Gefühlen?" heißt die kritische Frage an die Kirchen der kapitalistischen Länder (kontraste 4, 1976, 4). Verlust an identitätgebenden, pluralen, primärgruppenbezogenen und kulturgestaltenden Interaktionsmöglichkeiten, und Unterdrückung der subkulturellen Ansätze als Entwicklung je eigener kultureller Alltagswelten, wäre eine andere Frage. Der von Enzensberger geprägte Begriff der „Bewußtseinsindustrie" als Instrument, „die existierenden Herrschaftsverhältnisse, gleich welcher Art sie sind, zu verewigen", bedeutet die „Elimination von Alternativen" (Enzensberger 1969 b, 13, 14) und schafft über die „Undurchsichtigkeit" der Bewußtseinsvermittlung als eines gesellschaftlichen Produkts eben jene Götter, Helden und Führer der Gesellschaft, die so fern sind, daß sie nicht mehr „abgesetzt" werden können (vgl. S. 96): „Solange aber seine [des Bewußtseins] Vermittlung für einen jeden durchsichtig geschah, solange der Lehrer deutlich vor den Schüler, der Sprecher vor den Hörer, der Meister vor den Jünger, der Priester vor die Gemeinde hintrat, blieb das vermittelte Bewußtsein, als etwas Selbstverständliches, unsichtbar. Sichtbar ist nur das Undurchsichtige: erst wenn sie industrielle Maße annimmt, wird die gesellschaftliche Induktion und Vermittlung von Bewußtsein zum Problem" (Enzensberger 1969 b, 7 f.).

Wenn Hollstein 1969 noch die „Rebellion der Jugend" oder die jugendliche „Gegengesellschaft im Untergrund" unter den Stichworten „Befreiung aus dem System, Provozierung des Systems,

Herausforderung des Systems und Kampf gegen das System" charakterisieren konnte (Hollstein 1969), so muß gerade die gegenwärtige spirituelle Bewegung als eine „Flucht aus dem System" bezeichnet werden, bei der nicht die Kritik an dem System, sondern Isolation und Hilflosigkeit in einem System im Vordergrund stehen.

29. Inflation und Chance des Subkulturkonzepts

Die Inflation des Subkulturbegriffs beruht auf seiner Ausweitung auf nahezu alle intragesellschaftlichen Gruppierungen, die sich „mit vielen Gemeinsamkeiten in ihren grundsätzlichen Vorstellungen, Fertigkeiten, Verhaltensweisen und verfügbaren Geräten" (Schwendter 1973, 11) von der Gesamtgesellschaft unterscheiden, der intergesellschaftlichen Teilung überhaupt in schichten- und klassenspezifische Subkulturen (Gans 1968; Bernstein 1969; Bolte 1966), der intergesellschaftlichen Erweiterung auf die „Subkultur der Entwicklungsländer in Relation zur Gesamtkultur der Menschheit" (Albrecht 1969, 433) und schließlich der kognitiven Selbstzuschreibung, die nach Irwin „ jetzt höchst bedeutsam ist, weil Subkultur zu einer Bewußtseinskategorie bei breiten Bevölkerungskreisen wird" (Irwin 1970, 168). Auch Oevermanns Definition von Subkulturen als Kommunikationszusammenhängen zwischen Individuen, „die sich subjektiv als identische von anderen Subkulturen abgrenzbare Gruppierungen erfahren" (Oevermann 1970), zielt auf Selbstzuschreibung als Hauptkriterium für Subkultur. Zusätzlich trug noch die von Soziologen eingebrachte Gleichsetzung von Rolle und Subkultur zur Indifferenz des Konzepts bei. Subkulturelles Verhalten in modernen Gesellschaften ist danach alternatives soziales Rollenverhalten der Mitglieder einer Gesellschaft: „Sie sehen sich immer öfter als Darsteller in verschiedenen ‚Szenen' und werden sich der verschiedenen Dimensionen ihrer verschiedenen Aufführungen bewußter. Leben wird immer mehr zu einem Theaterspiel (Irwin 1970, 168) – „Jede Person partizipiert an verschiedenen Subkulturen, und sie kann an jeder in verschiedenen Abstufungen teilhaben . . . So wie sich ein Mitglied verschiedenen Subkulturen in verschiedenen Perioden zuwenden kann, kann es auch gleichzeitig an zwei oder mehreren partizipieren. Auch Intensität und Bindung können variieren" (Arnold 1970b, 85) – „Gegenkulturen bestehen auch bei sozial völlig unorganisierten Bevölkerungsteilen . . . Diese Bevölkerungsteile stellen keine Gruppe dar, bestenfalls . . . ‚Gruppierungen‘, also sozial äußerst locker strukturierte Subkulturen . . . Die meisten Menschen gehören gleichzeitig verschiedenen Welten und Wertsystemen an . . . Das wahre Problem ist also nicht so sehr die Existenz von ‚Gegenwelten‘, die für sich und abgetrennt vom Rest der Gesellschaft hermetisch abgeschlossen bestehen, sondern ein ständiger Wechsel von der einen in die andere Welt. Dabei kann es durchaus zu Rollenkonflikten kommen, es muß aber nicht. Denn auch hier finden wir eine gegenseitige Durchdringbarkeit der verschiedenen Kulturen, die einen plötzlichen Wechsel von der einen zur anderen möglich machen" (König 1972, 36f.).

Daß dieses Subkulturspektrum besonders im Namensstreit einer Volkskunde, die ihren Gegenstand „Volk" und „Volkskultur" nicht mehr greifen konnte, zu Umbenennungstendenzen in „Subkulturforschung" führte (Kramer, D. 1970, 8ff.; Falkensteiner Protokolle 1971, 182ff.; Ammon 1971) nimmt nicht wunder, zumal Subkulturen in der Forschungstradition vorranging als kulturelle Sonderformen unterschichtlicher Randgruppen oder als schöpferische gegenkulturelle Reaktionen der eigenen Identifikations-Gruppe – „akademisches Proletariat" – gesehen wurden. Während die Wissenschaftler sich mit dem Subkulturkonzept ihren wissenschaftlichen Selbstwert zurückzugewinnen versuchten, nahmen die Jugendlichen der kapitalistischen Industriegesellschaften den Begriff als kognitive Selbstzuschreibung, das heißt als bewußte Außenseiterkultur, für sich in Anspruch. Sie verstanden sich alle als „Kontrakulturen", in denen das Konfliktelement gegenüber den Werten und Normen der Gesamtgesellschaft zentral ist (Yinger 1970, 127). Weiterhin war allen diesen jugendlichen Subkulturen die Identifikation mit den beherrschten Randseitern der Gesellschaft gemeinsam. Während allerdings die sogenannten emotionalen Subkulturen diese Identifikation vor allem mit Hilfe einer Übernahme des alternativen Lebensstils als eines verbindlichen für sich selbst vollzogen, gilt für den Alltag der „rationalistischen" Subkulturen im Sinne Schwendters eher das Rollenkonzept.

Eine weitere Schwierigkeit in der Benutzung des Subkulturbegriffs liegt – im Gegensatz zu Volkskultur und Massenkultur – in seiner begrifflichen Beziehungslosigkeit zu einer gemeinten sozialen Gruppierung. Subkultur steht als Begriff ausschließlich in Beziehung zu Kultur. Wer die Gestalter, Träger und Empfänger dieser Kultur unter oder nahe der (eigentlichen, herrschenden) Kultur sind, ist offen und bedarf der jeweiligen Präzisierung. Das allerdings ist, wenn wir nicht von der Utopie einer existenten Weltkultur, Einheitskultur, Massenkultur oder auch derjenigen gegenwärtiger Volkskulturen als gleicher Alltagswelten für die Bevölkerung eines Staates ausgehen, auch ein Vorteil und kann zur präzisen Erfassung der jeweiligen Mitglieder dieser Subkulturen führen. Wenn Subkultur darüberhinaus nicht mit sozialen Rollen, einzelnen kulturellen Objektivationen und Aktivitäten oder der Reihung von temporären Anpassungen an Situationszwänge gleichgesetzt wird, sondern als praktizierte Kultur, als die einer Sozietät gemeinsamen Formen und Prozesse des Lebensvollzugs verstanden wird, dann könnte das Subkulturkonzept tatsächlich dazu dienen, sowohl die Relikte als auch die neuen Ansätze pluraler Alltagsweltgestaltungen und ihre Träger in der Gegenwart zu erfassen.

V. Kultur und Identität

1. Kulturnostalgie

Der Kulturschock bei der Begegnung mit fremden Kulturen war Ausgang unserer Reflexionen über kulturanthropologische Fragestellungen und Forschungsansätze. Da begegneten die Reisenden aus den „zivilisierten" Ländern plötzlich Menschen, die in ihren Wertorientierungen und ihrem Verhalten von allem abwichen, was der Zivilisierte als „Kultur" begriff. Dieser Kulturschock führte im Bereich der geistigen Bewältigung zu den verschiedensten Konzepten einer Einordnung und Beurteilung des Fremden. Als die beiden Extreme auf dieser Skala müssen die Stereotype der „Barbaren" auf der einen und der „edlen Wilden" auf der anderen Seite gesehen werden (Loiskandl 1966). Urs Bitterli, der sich intensiv mit dem Übergang des Barbarenbilds zu jenem des edlen Wilden auseinandersetzt, sagt dazu: „Beide Vorstellungen erwachsen einem betont ethnozentrischen Kulturbewußtsein, sind aber als eine Art von Archetypen des kollektiven Unbewußten keiner Kultur fremd" (Bitterli 1976, 374). Dabei zeigt Bitterli deutlich, wie die positiven Merkmale des edlen Wilden nur aus einer Umwertung der früheren Negativkennzeichen des Barbaren bestehen: „Einfachheit und Anspruchslosigkeit stehen in diesem Sinne komplementär zur Primitivität; Unschuld und Unvoreingenommenheit treten an die Stelle kindischer Unvernunft und Dumpfheit; Faulheit wird durch ruhiges Behagen, Gesetzlosigkeit durch natürliche Daseinsharmonie, Triebhaftigkeit durch unbesorgte Lebensfreude ersetzt" (373; vgl. auch Lange 1976). Dieser gleiche Übergang von einem Negativ- zu einem Positivkatalog der Merkmale der „Primitiven" vollzog sich nicht nur in der überseeischen Auseinandersetzung, sondern auch im nationalen Bereich. Die europäischen Nationen entdeckten die Tugenden nicht nur ihrer „barbarischen Vorfahren", sondern auch ihrer gegenwärtigen bäuerlichen Bevölkerung – des „Volkes" (vgl. S. 160ff.).

Diese Zuwendung zu Lebensformen, die als ursprünglicher und glücklicher angesehen wurden, werden insbesondere in Epochen virulent, in denen die Menschen in ihrer eigenen gegenwärtigen Kultur keine Satisfaktion mehr finden und die Daseinsbefriedigung in die Vergangenheit projizieren. Arnold Toynbee hatte diese Haltung als „Archaismus" bezeichnet (Toynbee 1961, 469ff.), und Jan Romein nennt dessen häufigste Version, den Konservativismus, eine „Nostalgie nach dem Allgemeinen Menschlichen Muster" (Romein 1957), d. h. nach einer Rückkehr in einen anfänglichen Glückszustand menschlichen Daseins. Ob wir diese retrospektive Haltung als Archaismus oder Nostalgie bezeichnen, so müssen wir doch sehen, daß der mit ihr anvisierte Vorstellungsraum nach Zeiten, Regionen und sozialen Schichten kulturspezifisch geprägt ist und das „Allgemeine Menschliche Muster" nur die Grundkomponente einer besseren menschlichen Vergangenheit bildet (Greverus 1969): einer Vergangenheit allerdings, die in die Gegenwart und die Zukunft herein geholt werden soll, denn eine Nostalgie ohne Bezug auf das gegenwärtige und zukünftige Dasein würde nicht nur für das Einzelwesen Mensch, sondern auch für eine menschliche Gruppe den kulturellen Tod, nämlich die Ausschaltung des Handelns und Vorstellens in die Gegenwart und die Zukunft bedeuten. So wie der Archaismus mit dem Futurismus in einer engen Verbindung steht, so auch die retrospektive Nostalgie mit einer prospektiven Nostalgie (Greverus 1972 a, 31ff.). Immer handelt es sich um den Versuch, gedachte oder tatsächliche Modelle der Vergangenheit in die Zukunft zu übertragen. Deshalb auch kann sich diese Geisteshaltung vom konservativen Beharren bis zu kulturrevolutionären Forderungen und Aktivitäten erstrecken. Ausgang ist das epochale Bewußtwerden einer Dissatisfaktion in der Gegenwart.

Unsere eigene Gegenwart wird als eine solche Epoche der Nostalgie in die Geschichte eingehen. Daß der Begriff Nostalgie, im 17. Jahrhundert als Kunstwort für eine physiopsychische Erkrankung geschaffen und als solcher bis in das 19. Jahrhundert in Medizinerkreisen diskutiert (Ernst 1949; Zwingmann 1962; Greverus 1965; 1972 a, 33ff.), zunächst von wissenschaftlicher Seite nach dem zweiten Weltkrieg wieder entdeckt wurde und – unabhängig davon – über die Massenmedien zu einem Schlagwort für unsere gegenwärtige Kultursituation werden konnte, ist nur ein Indiz dafür. Allerdings zeigt dieses Indiz in seiner kontroversen Verwendung deutlich die Spannbreite jener „Rückkehr in die Vergangenheit", die, und das ist besonders kennzeichnend, Vergangenheit nicht nur als zeitliches Phänomen meint, sondern auch als räumliches in Bezug auf die Kulturform in jenen marginalen Räumen, die vom „Fortschritt" noch nicht ergriffen wurden. Ihr äußeres Kennzeichen ist die Suche nach Originalität, ihr inneres könnte man als Sehnsucht nach einem integrierten Dasein bezeichnen. Und wieder ist es vor allem die bäuerliche Kultur, die als nostalgisches Vorbild herangezogen wird. Und das gilt nicht nur für den bäuerlichen Folklorelook eines kapitalistischen Marktes und die Aufwertung alter bäuerlicher Gebrauchsgegenstände zu teuren Sammelobjekten, sondern ebenso für die subkulturellen Landkommunen und die kulturrevolutionären Entwürfe der Gesellschaftskritiker unseres kapitalistischen Systems.

2. Kritik der gegenwärtigen Gesellschaft und das Gegenbild eines integrierten Daseins

„In den genannten Epochen und den für sie eigentümlichen Produktionsweisen vermischte sich das produktive Leben mit dem Alltagsleben, so bei den Bauern und Handwerkern. Was heute noch so grundlegend das ländliche Leben von dem des Industriearbeiters unterscheidet, ist gerade diese Verbindung der produktiven Tätigkeit mit dem Leben als ganzem. Der Arbeitsplatz befindet sich in der Nähe des Hauses; die Arbeit löst sich nicht vom Familienalltag ab. Die Gesetze der bäuerlichen Gemeinschaft (des Dorfes) bestimmten früher die Feste genauso wie die Organisation der Arbeit und des häuslichen Lebens. So konnte sich bis zu einem gewissen Grade ein Leben entwickeln, das nicht im eigentlichen Sinne individuell war, sondern eines von Menschen, das sich in den Bedingungen – und damit auch in den Grenzen – der Gemeinschaft oder Körperschaft abspielte" (Lefèbvre 1974 I, 39).

Lebt in diesen Sätzen von Lefèbvre die alte Gemeinschaftsideologie wieder auf: Die Idee vom individualitätslosen Volksmenschen (vgl. S. 164 ff.)? Das Aufkommen der Individualität geht für Lefèbvre gemeinsam mit dem Fortschreiten der Arbeitsteilung einerseits und dem Bruch des Daseins zwischen Alltäglichem und Nichtalltäglichem, der die Entfremdung des Menschen von seiner kulturellen Mitte, seinem Alltagsleben als einer Totalität bedeutet. Dabei sieht er sehr klar, daß auch dieses ländliche Leben „nur an seltenen Stellen und in einigen Momenten der Geschichte eine erfolgreiche, glückliche und ausgeglichene Form annahm. In der Mehrzahl der Fälle haben das Verlängern des Nomaden- und Kriegerlebens oder die Armut des Bodens oder das schlechte Klima und vor allem die sozialen Krisen und die schnelle Herausbildung von brutal herrschenden Kasten das soziale Leben in die Sackgasse geführt und fast immer seinen Niedergang bewirkt.

Das Gleichgewicht der Gemeinschaft fand sich von zwei Seiten aus bedroht:

– von der Seite der Natur, durch all die Katastrophen, und mehr noch durch die Furcht, die die Ritualisierung und Erfüllung der Handlungen nicht mehr zur Unterhaltung und Übersteigerung des Lebens nahm, sondern als die geheiligte Form und die magische Macht des Aktes, der nach dieser Form auszuführen war;

– von der Seite des sozialen Lebens durch die wachsende Aufspaltung und Ungleichheit. Im selben Prozeß bildete sich die von der Gemeinschaft isolierte Familie, der ‚Privatbesitz‘ außerhalb der kollektiven Bewirtschaftungszweige, die Macht gewisser Familien und Einzelpersonen über die Gemeinschaft; sie zerstörten von innen diese Gemeinschaft. Die Krise der Gemeinschaft, ihre Aufsplitterung, die Verzweiflung ihrer meisten Mitglieder begleiteten den technischen Prozeß und die soziale Differenzierung" (Lefèbvre 1974 I, 209f.).

Für Lefèbvre bedeutet Kulturrevolution nicht „die Produktion zu intensivieren, neue Räume zu kultivieren, die Landwirtschaft zu industrialisieren, gigantische Maschinen zu konstruieren, den Staat zu verändern und Schluß zu machen mit diesem ‚kalten Monster‘ " (Lefèbvre 1972, 228), sondern vielmehr diese Mittel nur für das

Ziel der Rückgewinnung des totalen Menschen zu nutzen. Es ist der Rückgewinn eines schöpferischen, gruppenautonomen und ohne Bruch in die Totalität der Alltagswelt integrierten Daseins, dessen Gegenposition am besten durch Lefèbvres Begriff der „bürokratischen Gesellschaft des gelenkten Konsums" wiedergegeben werden kann.

Auch der amerikanische Anthropologe Diamond spricht von einer Zerstörung der Kulturen als „Schöpfung allgemein geteilten Sinnes und symbolischer Interaktion" in unserer Zeit „unter dem Ansturm hochzentralisierter, bürokratischer Staaten", die Kultur zu einer Reihe technischer Funktionen reduzieren (Diamond 1975, 233). Die Aufgabe der Anthropologen sieht er „im Kampf gegen die zivilisierte Verdinglichung des Menschen in unserer eigenen Gesellschaft" durch die parteiliche Analyse und die politische Einbringung der Kultur ihrer „konventionellen Studienobjekte" – der Bauern und Primitiven – als „Vertreter der allgemeinen Möglichkeiten des Menschen", als „Archetypen des Sozialismus".

3. Kulturverlust und Fortschrittskritik

Die beiden Autoren beschreiben für ihre eigene Gesellschaft ein Phänomen, das unter der Bezeichnung Kulturverlust oder Dekulturation insbesondere an Entwicklungen in der Dritten und Vierten Welt oder im Zusammenhang mit Migrationsbewegungen analysiert wurde. Dekulturation als eine Verarmung der Kultur in ihren materiellen Produkten und ihren Ideen, ihres schöpferischen Aspekts und ihrer Eigenart beraubt, wird als Resultat des kulturellen Kontakts (Hultkrantz 1960) als Krise der Akkulturation oder als negative Akkulturation (Bidney 1968, 360ff.) bezeichnet.

Die „Vierte Welt", Reliktgebiete der sogenannten Naturvölker in einer sich industrialisierenden und zur Konsumgesellschaft entwickelnden Dritten Welt, werden als Musterbeispiel für diesen kulturellen Verarmungsprozeß angeführt: „Naturvölker im Zivilisationsprozeß – das bedeutet Aufgabe der eigenen Lebensweise für alle noch nicht in die Weltkonsum-Gesellschaft integrierten Stämme mit der einzigen Alternative des Rückzugs in bereitgestellte oder selbstgewählte Reservate. Immer enger, immer unwirtlicher werden die letzten Lebensräume der Naturvölker. Unsere Welt der Weißen, die auf der Suche nach Arkadien das Paradies schon längst verloren hat, scheint überall, wo sie sich ausbreitet, nur Einöde zu hinterlassen, bringt in ihrer Arroganz nichts anderes zu Wege als die Austilgung jener Farben, die nicht die unseren sind. So scheint den letzten Naturvölkern, die weder Anpassung noch Rückzug wählen wollen, letzten Endes nur ein Dasein als ‚gemanagte Wilde‘, als tanzende, aufgeputzte Attrappen für Touristen zu bleiben. Ihre Zukunft ist, wenn sie Glück haben, eine Existenz im ‚Freilichtmuseum‘, das wenigstens auf heimatlichem Boden steht. Kaum denkbar, daß sich noch Einsicht bei den Mächtigen, – den Weißen wie den Farbigen – zeigt: Nivellierung der Menschheit zur reinen Konsumgesellschaft ohne Außenseiter scheint unaufhaltbar" (Baumann-Uhlig 1974, 15).

Wenn Baumann und Uhlig hier insbesondere die Machthaber der Dritten Welt ansprechen – „Und da fast alle Regierungen dieser Dritten Welt sehr fortschrittsbewußt sind und das einzige Heil ihrer Länder in der Zivilisation sehen, ist ihnen das Bestehen einer Vierten Welt in ihren Staatsgrenzen äußerst unangenehm, soweit es sich nicht touristisch, folkloristisch nutzen läßt" (ebd. 16) –, so ist das die Kritik an einem Fortschrittsoptimismus, wie sie für Europa seit dem Ausgang des 18. Jahrhunderts geführt wurde. Damals sprach Herder vom Zeitalter der „mechanischen Erfindung und Maschinen der kalten europäisch-nordischen Abstraktion" (vgl. S. 40) und trat als Verteidiger des „Barbarentums" auf: „Hätte euch der Himmel die barbarischen Zeiten nicht vorhergesagt und so lange unter so mancherlei Würfen und Stößen erhalten – armes poliziertes Europa, das seine Kinder frißt oder relegiert, wie wärest du mit all' deiner Weisheit – wüst" (Herder V, 501).

Hauptelement dieser Fortschrittskritik, die unter den widersprüchlichsten weltanschaulichen Positionen geführt wurde und wird, ist der Verlust der kulturellen Kompetenzen sozialer Gruppen durch ihren Einbezug in den „Zivilisationsprozeß". Zivilisation in diesem Kontext meint einerseits die Vormachtstellung und Verselbständigung des technischen Fortschritts und andererseits die Entwicklung zu einer nivellierten Weltkonsumgesellschaft, deren Kultur als Massenkultur, Kulturindustrie, Einheitskultur oder Allerweltskultur (Heilfurth 1975) bezeichnet wird. Diese Begriffe wollen sowohl den konsumtiven Charakter kulturellen Verhaltens als auch die Vereinheitlichung der kulturellen Ausdrucksformen im nationalen sowie im regionalen und schichtenspezifischen Bereich hervorheben.

4. Sozialismus zwischen Weltkultur und kulturellem Pluralismus

Im Gegensatz zu den negativen Vorzeichen, mit denen diese Begriffe versehen sind, wird die Entwicklung zu einer internationalen Weltkultur in der kulturtheoretischen Diskussion und der kulturpolitischen Öffentlichkeitsarbeit der sozialistischen Staaten als erstrebenswertes und in den eigenen Ländern bereits weitgehend verwirklichtes Ziel dargestellt. Arnoldow, einer der führenden Kulturtheoretiker und Leiter des staatlichen Moskauer Kulturinstituts, spricht von der Kultur des Sowjetvolkes als einer „multinationalen, sozialistischen Kultur" und zitiert zur Bezeichnung ihrer hauptsächlichsten Wesenszüge aus Breshnews Festrede zum 50. Jahrestag der Bildung der UDSSR: „Unsere Kultur ist eine in ihrem Inhalt, in ihrer Hauptentwicklungsrichtung sozialistische, in ihren nationalen Formen mannigfaltige und in ihrem Geist und ihrem Charakter internationalistische Kultur" (Arnoldow 1975, 15).

Die kulturtheoretischen Diskussionen in den sozialistischen Ländern haben in engem Zusammenhang mit der politischen Schulungs- und Planungsarbeit eine breite und staatlich geförderte Basis gewinnen können: „Die objektiven, gesellschaftlichen Erfordernisse haben in der Sowjetunion und in einigen sozialistischen Ländern zur Ausbildung und Profilierung eines neuen Wissenschaftszweiges geführt, der Wissenschaft von der Kultur, die ihren eigenen Gegenstand hat und spezifische Aufgaben löst" (Arnoldow 1975, 13).

Die empirischen Wissenschaften, insbesondere auch die Ethnographie/Volkskunde, sind den jeweiligen Konzepten verpflichtet,

wobei „die Frage nach ihrem spezifischen Zuständigkeitsbereich
. . . nicht als ein für allemal gültig, sondern jeweils nur in Abstim-
mung mit den Kooperationspartnern und ausgehend von den für
alle Gesellschaftswissenschaften in der DDR gültigen Grundfor-
schungsrichtungen und Komplexaufgaben beantwortet werden
kann" (Weissel 1973, 10). Diese ideologische Bindung der Wissenschaften führt synchron zu verhältnismäßig einheitlichen Aussagen, die nur Diachronverschiebungen aufweisen. Eine dieser Ver-
schiebungen stellt die neuerliche positive Betonung der möglichen
kulturellen Vielfalt innerhalb der Weltkultur der Staaten des „entwickelten Sozialismus" dar. Arnoldow spricht unter Hinweis auf
Lunatscharski von einer „mannigfaltigen, freien Harmonie der nationalen Motive in der Menschheitssinfonie" (Arnoldow 1975, 20).

5. Ein neuer Kulturpluralismus?

Das hier benutzte programmatische Bild entspricht demjenigen
eines anderen Vielvölkerstaates, der USA. Sowohl in der „Mel-
ting-pot"- als auch in der „Symphonie-Orchester"-Version dieser
„Nation der Nationen" wurde, mit verschiedenen Vorzeichen,
eine Ideologie gesetzt, die allen Einwanderern eine freie und
gleichberechtigte Entfaltung versprach (Greverus 1972 a, 35 ff.).
Daß dieser „amerikanische Glaube" im Konflikt zwischen Ethos
und ethnischen Vorurteilen für zahlreiche Minderheiten bis heute
Desintegration und Diskriminierung brachte, hat Myrdal in seinem „American Dilemma" (1944) besonders eindringlich gezeigt.
    Das alte amerikanische Konzept des Symphonie-Orchesters hat
nach dem Zweiten Weltkrieg unter dem Stichwort „kultureller
Pluralismus" eine Renaissance erlebt, die in dem anthropologisch-
ethnologischen Weltkongreß in Chicago 1973, der unter dem
Motto „How to make cultures alive" stand, gewissermaßen ihre
wissenschaftliche Krönung und Absicherung fand. Dieser neue
kulturelle Pluralismus ist zwar der ethnologischen Tradition des
Kulturpluralismus und Kulturrelativismus als Erkenntnisziel und
wissenschaftlich-politischem Ethos verpflichtet (vgl. S. 71 ff.), gewinnt aber durch den Planungsaspekt, der auch die von den empi-

rischen Wissenschaften angewandte Forschung oder Planungshilfe fordert, eine neue Dimension.

Während der „alte" Kulturpluralismus über die Feststellung der Vielzahl von Kulturen diese als in sich strukturierte Systeme zu analysieren und zu bewerten versuchte, liegt der Ansatz des „neuen" Kulturpluralismus in der Frage nach der Notwendigkeit eines Kulturpluralismus für die Identität des Menschen und die Entfaltung seiner Fähigkeiten.

6. Identität als Problem

Das Phänomen der menschlichen Identität, ihr Entstehen, ihre bestimmenden Faktoren, ihr Wandel und ihr Verlust ist in der Gegenwart zu einem zentralen Thema der Humanwissenschaften geworden. David J. de Levita leitete sein Buch „Der Begriff der Identität" (1971) mit der Feststellung ein, daß der Begriff so sehr in den allgemeinen Sprachgebrauch eingegangen sei, daß heute niemand mehr glaubt, ihn definieren zu müssen. Vor allem von seiten der Sozialpsychologie und Psychoanalyse liegt eine Fülle von Studien zum Identitätsproblem vor. Auffällig ist dabei der große Anteil einer Psychopathologie der Identität. Ein Phänomen gerät offensichtlich immer erst dann in das Blickfeld der Wissenschaft, wenn es zu einem Problem wird und selbstverständlich erscheinendes gesellschaftliches Handeln in Frage stellt.

Die Frage, die Helen Lynd in ihrem Buch „On Shame and the Search for Identity" (1958) als *die* Identitätsfrage bezeichnet „Wer bin ich? Wohin gehöre ich?" findet keine eindeutigen Antworten mehr. Wenn Identität bedeutet, ein „definiertes Ich innerhalb einer sozialen Realität" zu sein, wobei die personale Identität „eine erfolgreiche Variante einer Gruppenidentität ist und im Einklang mit der Raum–Zeit und dem Lebensplan der Gruppe steht" (Erikson 1971, 17), dann müssen in unserer komplexen Gesellschaft mit ihrer Vielzahl von Identifikationsangeboten für den Einzelnen Orientierungsschwierigkeiten entstehen, die in einer verhältnismäßig festgefügten Alltagswelt „überlieferter Ordnung" (Schmidt 1947) nicht auftreten konnten.

Die Anzahl der „zugeschriebenen" Identitätsfaktoren, die wir uns nicht wählen können, scheinen sich gegenüber den „erworbenen" und „übernommenen" (Levita 1971, 211 ff.) zu verringern. Die dadurch möglichen Alternativen für die Bildung und Wandlung der Ich-Identität werden sowohl als Möglichkeit ständiger Konfliktoptionen (Berger-Luckmann 1971, 182) betrachtet als auch als Möglichkeit zur Gewinnung einer „balancierenden Identität", über die das Individuum seine Ich-Identität erreicht, indem es, „die Erwartungen der anderen zugleich akzeptierend und sich von ihnen abstoßend, seine besondere Individualität festhalten und im Medium gemeinsamer Sprache darstellen kann" (Krappmann 1973, 208). Dieses vor allem aus der gesellschaftlichen Wirklichkeit der Gegenwart entwickelte Konzept einer satisfaktionierenden Identitätsbehauptung als Individualität im Interaktionszusammenhang ist entweder, wie bei Krappmann, eine Forderung an die Bildungsplanung (Krappmann 1973, 207 ff.) oder, wie bei Berger und Luckmann, eine besondere individuelle Kompetenz: „Der ‚Individualist' ist ein besonderer gesellschaftlicher Typus, der wenigstens das Zeug dazu hat, ein Wanderer zwischen mehreren Welten zu werden, ein Mensch, der sein Selbst eigenwillig und überlegt aus dem ‚Material' konstruiert hat, mit dem ihn eine Reihe möglicher Identitäten bestückt haben" (Berger-Luckmann 1971, 182).

Wenn hier Individualität als Freiheit des Individuums, seine Identität zu wählen und zu behaupten, gesehen wird, dann entsteht allerdings nicht nur die Frage danach, wievielen Menschen in unserer Gesellschaft tatsächlich die Chancen zur Entwicklung derartiger Kompetenzen und zu ihrer Umsetzung im Handeln gegeben sind (Greverus 1977 c), sondern auch danach, welche Konflikte und Verluste damit verbunden sind. Muß „Identitätspluralismus" so aussehen?: „Das allgemeine Gefühl für die Relativität aller Welten nimmt zu – einschließlich der eigenen, die subjektiv als eine Welt, nicht als die Welt angesehen wird. Dem entsprechend faßt man das eigene institutionalisierte Verhalten als ‚Rolle' auf, die man ablegen kann. Man ‚füllt sie aus' und ‚hält sie durch'" (Berger-Luckmann 1971, 184). Hat die gesellschaftliche Entwicklung zu einer menschlichen Identität geführt, die nur noch in einer ständigen Konfliktstrategie oder als manipulatives Rollenspiel behauptet werden kann?

Der „Suche nach Identität" und ihrer Interpretation stehen nicht umsonst Begriffe wie Entfremdung, Einsamkeit, Anonymität und Angst gegenüber. Der von Anthropologen, Soziologen und Sozialpsychologen herausgegebene Band „Identity and Anxiety. Survival of the Person in Mass-Society" (Stein-Vidich-White 1960) versuchte, die Quellen von Angst, Identitätsverlust und Suche nach neuen Identitäten herauszuarbeiten, wobei die neuen, als „sekundär" bezeichneten Quellen des Identitätsgewinns nicht nur den Rückzug aus den totalen Institutionen (Wallace 1971) zeigen, sondern stärker noch das Ausweichen auf hochbewertete Teilbereiche alltagsweltlichen Handelns. Damit wird Identität in ihrer Dialektik vom Sich-Erkennen und Erkanntwerden aus der Erfahrung einer Alltagswelt als soziokultureller Einheit auf Segmente einer in ihrer Totalität nicht mehr erfahrbaren Welt verlagert.

Gegenüber den von Ardrey aufgestellten Oppositionspaaren Identität-Anonymität, Sicherheit-Angst, Aktivität/Stimulation-Langeweile (Ardrey 1972, 325), die als parallele Kräfte und Gegenkräfte einer satisfaktionierenden Territorialität gesehen werden, erscheint eine Interdependenzbetrachtung dieser Phänomene sinnvoller. Für das „definierte Ich" als erfolgreiche Variante einer Gruppenidentität, das heißt für die sich als handelndes Wesen erkennende und anerkannte Person, sind Sicherheit, insbesondere Verhaltenssicherheit, und die Möglichkeit zu Aktivitätsentfaltung in einer sozialen Realität, und das heißt in der sie erkennenden Gruppe, Voraussetzung für die Identitätsbildung. Damit werden Anonymität, Angst und Langeweile, oder besser Inaktivität, zu sich wechselseitig bedingenden Kriterien des Identitätsverlusts und der Verhinderung von Identitätsbildung.

7. Identitätsverlust und stigmatisierte Identität – am Beispiel des Titelbilds

Das Titelbild eines amerikanischen Readers „Human Identity in the Urban Environment" (Bell-Tyrwhitt 1972) vereint diese drei

Kriterien zu einer Vision des Identitätsverlusts in der großstädtischen Umwelt, die vielfach als Paradigma für „Massengesellschaft" gesehen wird: ein schon kaum noch menschliches Wesen, dem, kommunikationslos und zur Inaktivität verurteilt, nur noch der Schrei bleibt, wird in einem Wagen durch eine menschenlose, fensterlose Häuserschlucht gefahren.

Die Umschlagmontage dieses Buches wurde davon angeregt. Ihre spezifische ethnologische Komponente des Identitätsverlusts umfaßt drei Aspekte. Der erste betrifft nicht jenen Töpfer in der Großstadtstraße, sondern die Gruppe der Ethnologen, die sein Bild in der Großstadt suchen: „Is there a Folk in the City?" (Dorson 1971). Diese Frage des amerikanischen Folkloristen ist die Frage nach dem Fortbestehen des Forschungsobjekts einer Gruppe von Wissenschaftlern, deren Selbstverständnis durch das Verschwinden ihres Gegenstands gefährdet ist. Auf der Suche nach *ihrer* Identität finden sie die neuen Objekte. Das kann zur Entdeckung von Reliktgebieten führen, in denen Traditionen fortbestehen: aber dann sähen die Krüge jenes sizilianischen Töpfers anders aus. Das kann zur Entdeckung der sekundären Tradition und des Folklorismus führen: und auch dann sähen sowohl die Krüge als auch die Kleidung des Töpfers anders aus. Und es kann auch zur Entdeckung eines Phänomens führen, das weniger produktgebunden ist, sondern vielmehr aus dem eigenen Identitätskonflikt eine Sensibilität für die Verhaltensweisen von Gruppen und Personen entwickelt, die wie sie einer Krisensituation ausgesetzt sind.

Die Untersuchungsobjekte der Ethnologen, sowohl in als auch außerhalb der Industriegesellschaften, waren immer jene vorindustriellen oder am Rande der Industriegesellschaften lebenden Kleingruppen mit einfacher Arbeitsteilung, starker Primärkommunikation, minimaler Wissensaufsplitterung und einer für alle, wenn auch hierarchisch gestaffelten, gültigen und verbindlichen institutionalen Ordnung. In einer solchen Gesellschaft ist jedermann „im wesentlichen der, der er sein soll. Identität in einer solchen Gesellschaft ist subjektiv und objektiv leicht erkennbar . . . Es gibt daher kein Identitätsproblem. Das Bewußtsein stellt kaum je die Frage ‚Wer bin ich?'. Denn die gesellschaftlich vorbestimmte

Antwort wird in jeder signifikanten Situation eindeutig wirklich und zusammenhängend bestätigt" (Berger-Luckmann 1971, 175). Solange der Ethnologe diese quasi autonomen Kleingruppen erforschte – und erforschen konnte –, stellte sich also auch ihm kein Identitätsproblem: weder als Forscher, denn er hatte seinen spezifischen Gegenstand; noch vom Objekt her, das eben dieses Problem nicht hatte. Aber sowohl die Mobilität der Untersuchten als auch deren Konfrontation mit der Mobilität ihrer Gesamtgesellschaft löste jene Ordnungen auf, in denen das Identitätsproblem für Forscher und Erforschte irrelevant war. „Der Wanderer zwischen den Welten" wurde zur prototypischen Figur einer neuen Gegenwart, aber nicht immer glückte es ihm, jener „Individualist" zu werden, der „sein Selbst eigenwillig und überlegt" aus dem angebotenen Material konstruiert (Berger-Luckmann 1971, 182). Vielmehr erscheint das Phänomen der „Members of two Worlds" (Galtung 1971), jener Mitglieder von zwei oder mehreren Welten, die weder der einen noch der anderen wirklich, und das heißt ohne Identitätsprobleme, angehören, das eigentliche Problem unserer Gegenwart.

Das umfaßt den zweiten und dritten Aspekt des Titelbildes: ein verhältnismäßig alter sizilianischer Töpfer, abgerissene Fabrikationskleidung, barfuß, mit zwei selbstgebrannten Töpfen in der Hand, denen jegliche volkskünstlerische Verzierung fehlt, in einer amerikanischen Großstadtstraße, einsam.

In Sizilien – und das war die reale Situation – war dieser Töpfer bereits „Mitglied zweier Welten": die Ordnungen und Traditionen, die er internalisiert hatte, lösten sich auf. Was blieb: Armut in einer prosperierenden Welt, Alter ohne Anerkennung der „Würde des Alters" und ein Beruf, der zu einer tolerierten und letztlich nicht mehr notwendigen Freizeitbeschäftigung degenerierte. Sich erkennen und erkannt und anerkannt werden, die Grundpfeiler der Identität, gerieten ins Wanken. Daß wir, die Fremden, die ihn befragten, nun nicht mehr nur tolerierte oder störende Fremde waren, sondern zu identitätbestätigenden Interaktionspartnern wurden, ist ein in der Kulturanthropologie vielfach beobachteter Vorgang, zumal diese Forscher oft die einzigen sind, die bei ihrer Suche nach Traditionen die Geduld aufbringen, jenes identitätbe-

stätigende Wissen und Verhalten ihres Kommunikationsgegen-
übers anzuhören und ihm vielleicht durch Tonbandaufnahme oder
Aufzeichnung besondere Wertigkeit zu geben (Greverus 1972,
262 ff.): „Es bedurfte kaum einmal des Nachfragens, unermüdlich
sangen sie eines um das andere der Lieder", berichtete ein Volkskundler von seinen Sammelerfahrungen von einer 74jährigen
Donauschwäbin, die sonst kaum einen Zuhörerkreis hatte (Künzig
1956, 109).

Dieses unbewältigte Dasein zwischen den Welten ist nun nicht
nur ein altersspezifisches Kennzeichen, das sich auf mentale Immobilität reduzieren läßt, sondern erstreckt sich ebenso auf soziale
Schichten und ethnische Gruppen. Die Betroffenen sind immer
jene Minderheiten, deren „Selbstdarstellungen im Alltag" (Goffman 1973) von der herrschenden Gesellschaft als gefährdend, be-
schämend oder nutzlos für ihre Gruppenidentität betrachtet werden. Die Gefährdung ist immer „Anormalität" unter dem Gesichtspunkt der jeweiligen Wertorientierung. Unter dieser Anormalität können einzelne und ganze Gruppen stigmatisiert werden
(Goffman 1975), und dieses Stigma bedeutet immer einen Ausschluß aus der umgebenden Gesellschaft: es sind die „Asyle" der
psychiatrischen Patienten (Goffman 1972 a), die Gefängnisanstal-
ten oder die Gettos der Unterprivilegierten, der Alten, der Ob-
dachlosen, der Gastarbeiter, der ethnisch diskriminierten Minderheiten.

Zu einer solchen diskriminierten Minderheit hätte unser Sizilianer gehört, wenn er versucht hätte, seinen Identitätsverlust in einer
sich wandelnden Welt durch Mobilität, und das heißt durch Auswanderung, zu überwinden. Der Italiener aus dem landwirtschaftlichen Süden Italiens, der anonym, einsam und barfuß durch Man-
hattans Straßen wandert, ist kein Bild, sondern eine Realität gewesen. Die italienische Überseemassenauswanderung setzte erst Ende
des 19. Jahrhunderts ein. Es war vor allem eine Auswanderung der
ungelernten Landbevölkerung aus den verarmten Provinzen des
Südens, Fortsetzung und Vorläufer der italienischen Europawan-
derung. Diese ungelernten Landarbeiter zog es in die großen
Städte, die Industriezentren. Sie waren, im Gegensatz zu den späte-

ren und früheren ländlichen Siedlern aus Mitteleuropa, rückkehr-orientiert. Die Chancen dieser Italiener zur Adaption des „American Way of Life" waren schon von der Prädisposition her gering: ihr niedriger Bildungsstand und die dadurch bewirkte schwerere Zugänglichkeit zu Lernangeboten, ihre Ungelerntheit im industriellen Arbeitsprozeß machten bereits die Anpassung an die wirtschaftlichen Bedingungen schwieriger. Die Anpassung an die soziokulturellen Bedingungen wurde wiederum mit durch die Bildungsbarrieren gehemmt, wozu die von den „Einheimischen" ausgehende Ablehnung der meridional-europäischen Wertorientierungen kam (vgl. Greverus 1973). Die Folgen der verweigerten Identität in der neuen Gesellschaft waren entweder eine „freiwillige" Gettoisierung von Art der „Little Italy"-Stadtviertel, mit denen man sich ein umgrenztes Territorium des wechselseitigen Sicherkennens und Sichanerkennens schuf, oder, und das besonders in der zweiten Generation, die sogenannten „Rebel"-Reaktionen, die entweder zu einer Überbetonung des American Way of Life führten und sich gegen die Elterngeneration wandten (Child 1943) oder zur Bildung von Gangs, die im aggressiven bis delinquenten Handeln ihre ethnische Identität durch territoriale Grenzziehung verteidigten (Whyte 1942; Suttles 1970; 1972). Ethnische Identität – Italiener zu sein oder Ire, Jude, Neger oder Puertoricaner – wurde von ihnen in einer Gesellschaft, die vom „white Anglo-Saxon Protestant" dominiert wurde (Glazer-Moynihan 1964) als Stigma, und zwar als ethnisches und kulturelles Stigma erfahren und erlebt. In ihrer subjektiven Erfahrung wurde ihnen von den anderen die Anerkennung verweigert, nicht weil sie in der sozialen Hierarchie auf der untersten Stufe der Leiter standen, sondern weil sie ethnisch und kulturell „anders" waren. Das Vorurteil als Heterostereotyp (Simpson-Yinger 1972) wurde als Autostereotyp internalisiert, und damit wurde das Identitätsstigma zu einer zugeschriebenen Identität.

Zugeschriebene Identitätsfaktoren, selbst wenn sie nicht wie Geschlecht und Alter biologisch bedingt sind, zu verändern, erscheint als besonderes Problem einer dynamischen, balancierenden Identität (Levita 1971, 213). Das „Identitätsmanagement" (Robins

1973, 1213) oder die „Identitätsarbeit" (Wallace A. 1967, 67) des Individuums oder einer Gruppe, die Bestätigung, Verbesserung oder Verteidigung einer Identität bedeutet, kann dabei zu den verschiedensten Mitteln greifen. Während die Verbesserungen der stigmatisierenden Identität entweder Anpassung oder eine besondere anpassend-segregative Imagepflege beinhalten, kann die Verteidigung von der oppositionellen Behauptung bis zur Übernahme einer negativen Identität (Erikson 1971, 163ff.) führen. Die negative Identität als Verteidigungsmechanismus sollte dabei nicht mit einer Identitätsresignation verwechselt werden. Wenn in der Identitätsresignation auf Erkennen und Anerkennen, oft auch auf Sich-selbst-Erkennen verzichtet wird, will die Übernahme einer negativen Identität eben jenes verlorene oder verloren geglaubte Erkennen und Anerkennen erzwingen. Daß die dazu verwendeten Requisiten oft die gleichen sind, sollte nicht darüber hinwegtäuschen: Alkohol und Drogenkonsum, Nachlässigkeit in der Darstellung der äußeren Person, Nichtverbergen der stigmatisierten Identität, Delinquenz, das Nichteinhalten der herrschenden Normen kann sowohl Identitätsresignation als auch Identitätsarbeit bedeuten. Die Negation in dieser Identitätsarbeit gilt nicht einer Negation von Identität, sondern der Negation einer zugeschriebenen Identität, die nicht anerkannt wird.

8. Die Kultur- und Persönlichkeitsforschung als Vorläufer anthropologisch-ethnologischer Identitätsforschung

Wie in der Psychoanalyse, so scheint auch in der Kulturanthropologie das Phänomen Identität erst über die Häufung ihrer Krisen in das Bewußtsein und die Reflexion der Forscher eingedrungen zu sein. Zwar hatten sie die Frage nach den Dimensionen der Identität und ihrer Formation schon früh gestellt, aber ihre Entwürfe lagen zumeist außerhalb von Identitätstheorien. So ist die gesamte „Kultur- und Persönlichkeitsforschung" ein Versuch, kulturelle Charakteristika der Persönlichkeit herauszuarbeiten, die auch als Identitätsfaktoren bezeichnet werden: „Die Identität einer Person wird durch ihre eigene und der anderen Wahrnehmung jener relevanten Charakteristika oder Züge gebildet, die sie anderen ähnlich oder unähnlich macht" (Goodenough 1963, 179).

Ihre Vorläufer hatten diese Entwürfe in der Volks- oder Nationalcharakterforschung der Völkerpsychologie des 19. Jahrhunderts (vgl. Huckenbeck 1969), die gegenüber der Individualpsychologie erforschen wollte, „was zur Summe der Individuen noch hinzukommen muß, um aus der Vielheit eine Einheit zu bilden . . ., was an dem verschiedenen Tun des einzelnen mit dem Ganzen übereinstimmt und die Harmonie desselben bildet . . . das allen einzelnen Gemeinsame der inneren Tätigkeit" (Steinthal 1887). Die Faszination des zugleich Gemeinsamen und Unterscheidenden bei menschlichen Gruppen! Jenes Phänomen, durch das die Art homo sapiens augenscheinlich und im Gegensatz zu allen anderen lebenden Arten in eine Vielzahl Arten mit völlig verschiedenen Ausdrucks- und Verhaltensweisen getrennt war, stand zwar bereits an der Wiege anthropologischer Wissenschaft, wurde aber erst in der Völkerpsychologie von der Gemeinsamkeit und Verschiedenheit der materiellen und geistigen Produkte auf die Gemeinsamkeit und Verschiedenheit psychischer Vorgänge gerichtet, die zunächst allerdings aus der phänomenologischen Deskription der Objektivationen gewonnen wurde.

Die vor allem in der amerikanischen Kulturanthropologie sich entwickelnde Kultur- und Persönlichkeitsforschung dagegen stellte Verhaltensweisen, ihre Sozialisation und Internalisierung in das Zentrum der Analyse und fragte weniger nach den Ausdrucksformen jenes „Ganzen" – Volk, Nation, Stamm, Ethnos –, sondern wie diese Ausdrucksformen und Verhaltensweisen des „kulturlos" geborenen Individuums durch die Kultur jener Gruppe geprägt werden, in der es aufwächst, so daß es zu einer Persönlichkeit wird, deren kulturspezifische Struktur, als Gemeinsames und Unterscheidendes, wahrnehmbar wird. Die Kultur- und Persönlichkeitsforschung, bereits in den 1940er Jahren Gegenstand eines interdisziplinären Kongresses (Sargent-Smith 1949), wurde zu einem in zahlreichen wissenschaftlichen Schulen ausgebauten Konzept (vgl. Barnouw 1963; Singer 1961; Huckenbeck 1969; Bourguignon 1973), das ebenso viele Anhänger wie Kritiker (Linde-smith-Strauß 1965; Harris 1968, 393 ff.) fand.

Zentraler Begriff der Kultur- und Persönlichkeitsforschung ist die Modalpersönlichkeit oder der Persönlichkeitsgrundtypus, der, ungeachtet einer weiten Variation individueller Verschiedenartig-keit, jene kulturell erworbenen gemeinsamen Charakteristika aus-macht, die den Mitgliedern einer Kultur gemeinsam sind und sie von anderen unterscheiden: „Diese gemeinschaftlichen Persönlich-keitselemente bilden zusammen einen ziemlich wohlintegrierten Gesamtkomplex . . . Die Existenz dieses Gesamtkomplexes liefert den Mitgliedern der Gesellschaft gemeinsame Grundverständnisse und Werte und ermöglicht die einheitliche Gefühlsreaktion der Gesellschaft gegenüber Situationen, in denen ihre gemeinschaftli-chen Werte eine Rolle spielen" (Linton 1974, 105).

Dieser Persönlichkeitsgrundtypus entspricht, was seinen Er-werb, seine Dimensionen und seine Verankerung im Individuum anbetrifft, der kulturellen Rolle, die als wesentlich resistenter als die soziale Rolle angesehen wird: „Eine kulturelle Rolle kann kaum verloren werden, ‚Berliner‘, ‚Bayer‘ oder ‚Franzose‘ bleibt man, auch nach einer räumlichen Umordnung, außerordentlich lange. Ein Hinausstoßen aus dieser Rolle, ihr gewaltsamer Verlust wird von der Persönlichkeit des Betroffenen kaum ohne tiefe Schä-digung zu überstehen sein" (Claessens 1968, 42). Die Statik dieser kulturellen Persönlichkeit, die insbesondere aus der Untersuchung verhältnismäßig homogener und immobiler Gesellschaften ge-wonnen wurde, ist ihr kritischster Punkt und nähert sich in unserer komplexen und mobilen Gesellschaft leicht dem Phänomen des Vorurteils, einer stereotypisierten und nicht überprüften Erwar-tung an das Verhalten einer Gruppe, die als eine Einheit betrachtet wird. Wenn „Orientierung und Verhalten im Alltagsleben sich auf solche Typisierungen stützen" (Berger-Luckmann 1971, 185) und Nationen und ethnische Gruppen besonders davon betroffen sind, müssen die ethnologischen Wissenschaften gerade hier differenzie-rend analysieren und aufklären. So hat die Migrations- und Akkul-turationsforschung gerade Ergebnisse gezeigt, die zumindest die These von der Unveränderlichkeit der kulturellen Rolle oder der

„tiefen Schädigung durch Verlust der kulturellen Rolle" in Frage stellen. Die Bewahrung der kulturellen Verhaltensweisen war vielfach nur eine Kompensationshandlung der in ihren sozialen Rollen Unterprivilegierten und Diskriminierten, während bei einer Beibehaltung oder Verbesserung (oder auch nur in deren Erwartung) der sozialen Rollen sowohl eine Assimilation in die fremde Kultur als auch eine Akkulturation erfolgen konnte, die mit Hilfe fremder Kulturelemente zu einer neuen Modalpersönlichkeit führte. Die meisten nordeuropäischen Einwanderer in Amerika sind nicht mehr Schweden oder Engländer oder Deutsche, sondern Amerikaner; die Donauschwaben der Balkanländer sind nicht die Summe der Modalpersönlichkeiten aus den deutschen Herkunftsregionen, sondern eben Donauschwaben mit einer neuen, vom bäuerlichen Lebenslauf geprägten Grundstruktur; die Flüchtlinge aus dem ehemaligen deutschen Osten sind nicht mehr Schlesier, Ostpreußen oder Egerländer, sondern beziehen ihre Identität aus einem sehr viel komplexer zusammengesetzten Geflecht von Rollenzuschreibungen und -erwartungen, das vielleicht am wenigsten durch ethnische Identität bestimmt ist. Ethnizität in nationalen Gesellschaften wie der Bundesrepublik Deutschland ist entweder gehandhabtes Politikon jener Gruppen der „mittleren Ebene", die in diesem zunächst auf Resonanz stoßenden Aufgabenbereich der Flüchtlingsbetreuung ihre Selbstbestätigung gefunden haben wie die landsmannschaftlichen Funktionäre (Greverus 1972 a, 271), oder sie ist, kennzeichnend für die Kulturhoheit der „Länder" eines förderalistischen Systems, eine mit Ethnizität operierende politische Imagepflege – „Wir Hessen" – bei Großveranstaltungen (Bimmer 1973).

9. Der „Zynismus" des kulturellen Rollenspiels

Inwieweit jene Dimensionen der ethnischen Modalpersönlichkeit, die als spezifische Einstellungen und Verhaltensweisen, insbesondere im sogenannten Völkerwitz, karikiert werden, tatsächlich einem ethnischen Grundtypus entsprechen, der nicht literarisch und im erwarteten Heterostereotyp, sondern einstellungs- und verhaltensgemäß in den Individuen fixiert ist, kann aus dem offenen Verhalten allein nicht geschlossen werden, sondern nur im Kontext der Bedingungen dieses Verhaltens. Die „Schnoddrigkeit" des Berliner Straßenbahnschaffners, die „Saugrobheit" der Münchener Marktfrau, die „Vigilanz" des sächsischen Verkäufers müssen sicher auch vor dem Hintergrund jener „dramatischen Gestaltung" des sozialen Rollenspiels gesehen werden, das mit jenem Zynismus, der von Goffman als ein wesentlicher Bereich der Selbstdarstellung im Alltag beschrieben wird (Goffman 1973, 20ff.), die vom Kunden erwartete kulturelle Rolle vorspielt, um innerhalb der sozialen Rolle Vorteile zu erzielen. Am greifbarsten wird diese Inszenierung einer ethnisch-kulturellen „Eigenart" im Tourismusgeschäft, bei dem die sozialen Rollen der Dienstleistenden – vom Souvenirverkäufer über den Schuhputzer, den Kellner, die „traditionellen" Sänger und Tänzer bis zum Gastwirt und Hotelmanager – immer durch die erwarteten kulturellen Rollen überlagert werden. „Homo-Zillertaliensis oder: Wie ein Menschenschlag entsteht" (Jeggle-Korff 1974 a; 1974 b) ist die Analyse von aufgrund ökonomischen Drucks in marginalen Gebieten geschaffenen neuen sozialen Rollen: Händler und Touristengastgeber, deren „Anerkennung" – als Umsatz – allerdings nicht über die Erfüllung der sozialen Rolle, sondern über diejenige der ethnisch-kulturellen geschieht, bei der die Wünsche und Erwartungen der Zahlenden für die dramatische Gestaltung ausschlaggebend werden. Daß dieser „Zynismus" des Rollenspiels im Tourismusgeschäft zumeist der wirtschaftlichen und politischen Unterprivilegierung der Rollenspieler entspricht und oft nicht zu einer gekonnten Identitätsbalance führt, bei der man mit den Requisiten – den Trachten, Tänzen, Liedern, Volkskunstobjekten – auch diese gespielte Identität ablegt, um in seiner Villa und seiner Familie seine tatsächliche Identität zu erleben, zeigen insbesondere die Verlusterscheinungen bei jenen Ethnien der Vierten Welt, deren kulturelle Rolle noch relativ fixiert ist und deren neue soziale Rolle ihnen selbst weder Anerkennung noch Gewinn bringt (Beutel-Greverus-Schanze-Speichert-Wahrlich 1978).

10. Das interdisziplinäre Gespräch zur Identität

Persönlichkeit, Rolle und Identität sind Begriffe, die trotz teilweise verschiedener Definitionen (in sich und im Vergleich) alle auf die Frage nach der Struktur der Individuen in ihrer Um- und Mitwelt-Abhängigkeit zielen. In die Sozialwissenschaften, insbesondere Soziologie und Kulturanthropologie, fanden sie vor allem über die Individual- und Sozialpsychologie und die Psychoanalyse Eingang und ihre jeweils spezifische Reflexion und Bestimmung. Daß dabei eine wechselseitige Anregung und interdisziplinäre Zusammenarbeit notwendig wurde, ist einleuchtend. Daß Barrieren, die aus internen oder externen Gründen der hermetischen Fächertrennung resultierten, zu keiner oder sehr verspäteter Rezeption solcher fächerübergreifenden Entwürfe, wie sie den Begriffen inhärent sind, führte, zeigt sich in der europäischen Ethnologie sehr deutlich. Erst auf der Grundlage der anglo-amerikanischen Diskussion zwischen den Fächern (Robins 1973) kommen die Ethnologen Europas, und das sehr zögernd, zu einer Beschäftigung mit derartigen Problemen (vgl. z. B. Barth 1969 a; Greverus 1972 a; 1976 f; Sievers 1975; Bausinger 1977; Köstlin 1977; Viest 1977). Der als kulturanthropologischer bezeichnete Begriff der Modalpersönlichkeit wurde gemeinsam von Ethnologen und Psychologen erarbeitet. Der Identitätsbegriff des Psychoanalytikers Erikson ist ohne seine Zusammenarbeit mit Sozialwissenschaftlern und seine eigenen anthropologischen Forschungen in fremden Kulturen, an die er die Frage der Kultur- und Persönlichkeitsforschung zur Persönlichkeitsprägung in der Kindheit stellte, nicht denkbar. So taucht bereits bei Erikson das Phänomen der ethnischen und kulturellen Identität auf, das in der Erarbeitung ethnologischer Identitätskonzepte zentral wird (Fitzgerald 1974; De Vos/Romanucci-Ross 1975).

Wenn bei der Analyse der Kulturpersönlichkeit vorrangig deren Charakteristika und ihr Erwerb erarbeitet wurden und die Kulturpersönlichkeit der Bestätigung des Phänomens eines kulturellen Pluralismus und Relativismus und der Forderung kultureller Toleranz diente (Rudolph 1968), wird die Analyse der ethnischen und kulturellen Identität stärker von dem Verlust eines kulturellen Pluralismus und seiner Identität gewährenden Komponente sowie der Forderung nach einer neuen Vielfalt kultureller Entfaltung getragen.

Diese Forderung geht von einem Identitätsmodell aus, das, wieder rückwirkend auf die Ethnologen, sehr stark von Erikson beeinflußt ist, nach dem die Ich-Identität der „gesunden Persönlichkeit" eine erfolgreiche Variante einer Gruppenidentität ist, die ihre räumlich und zeitlich erfahrbare Grenze und ihren je eigenen „Lebensplan", ihre Ziele, Werte und Normen hat. Wenn dieses Modell als „Identity-Health-Model" bezeichnet wird (Robins 1973, 1201), dann betont diese Bezeichnung eine spezifische Emphase der Betrachtung, bei der Identitätsdiffusion – als Infragestellung oder Zerstörung der Identität – eine Krise darstellt, die mit der Suche nach Identität, als Zugehörigkeit und sich in einer Gruppe erkennen können, zur Wiedergewinnung des „definierten Ichs", beantwortet wird. Dieses Modell liegt vor allem dem Studium von Migrationsvorgängen zugrunde, bei dem einzelne oder Gruppen aus der Selbstverständlichkeit ihrer kulturellen Identität und der Erfahrung von Gleichheit und Kontinuität gelöst werden und in einer fremden Umwelt erneute Identitätsarbeit leisten müssen.

11. Jüdische Identität

Daß eine frühe Arbeit über die ethnische Identität der nach Israel eingewanderten Juden unter dem Titel „Migration und Belonging. A Study of Mental Health and Personal Adjustment in Israel" (Weinberg 1961) erschienen ist, problematisiert jenes Identitätskonzept besonders deutlich, nach dem für unsere Gegenwart die Identitätsbehauptung als Individualität, als Konfliktstrategie und Rollenspiel des Individuums positiv unterstrichen wird (vgl. S. 244). „Wanderer zwischen den Welten" zu sein, das war das Schicksal der Juden. Sie waren Fremde und Stigmatisierte. Ihre ethnische Identität als Selbst- und Fremdzuschreibung in der Zerstreuung war abhängig von den sie je umgebenden Gesellschaften und deren Wandlungen: „Solange die Juden als deutlich unterscheidbare, geschlossene Fremdgruppen lebten – zum Beispiel in den mittelalterlichen Gettos Europas – war ihre Klassifikation als Religionsvolk eindeutig möglich . . . Die Basis, auf der jüdische Identität entstand, war ohne Zweifel die Einheit von Traditionsbewußtsein, Religion und Alltag. Da die Geschichte der Juden in der Diaspora aber nicht nach einem autonomen Rhythmus verlief, sondern mit der Entwicklung der Völker, unter denen sie lebten, verflochten war, bleibt die theologische Deutung und der Hinweis auf die Integrationskraft der Religion, auf die Bedeutung ihrer Symbole für die Einheit des Judentums unbefriedigend" (Viest 1977, 18). Die westeuropäischen Juden wurden mit der formalen Gleichstellung in der Zeit der Aufklärung aus der Eindeutigkeit ihrer Identitätszuschreibung gelöst, sie mußten erneute Identitätsarbeit leisten, die als „Identitätsbalance zwischen Judentum und Deutschtum" (Viest 1970, 20) bezeichnet wird. Agnes Viest versucht in ihrer Arbeit „Identität und Integration" (1977) deutlich zu machen, daß der ungelöste Identitätskonflikt der „assimilierten" Juden aus dem Versuch einer Teilhabe an zwei Nationalitäten und der Identifikation mit der deutschen Kultur (als Kunst, Literatur und Philosophie) eine Prädisposition bedeutete, die auch die Totalintegration in die neue israelische Gesellschaft und ihre Wertorientierungen blockierte. Die aus Mitteleuropa nach Israel gekommenen Juden blieben auch in der neuen Heimat „Mitglieder zweier Welten", und erst die in Israel aufgewachsene Generation konnte diese Identitätsambivalenz überwinden. Daß die in Politik und Forschung vorrangig behandelte Frage der geglückten Eingliederung in die israelische Gesellschaft (Weinberg 1961; Eisenstadt 1954; 1967) als nationale Identität die interethnischen Spannungen und sonderethnischen Grenzziehungen zwischen mitteleuropäischen und osteuropäischen und zwischen europäischen und orientalischen Juden (Eisenstadt 1954; Shuval 1963; Peres 1971) nicht, oder nur in Ausnahmesituationen nationaler Krisen, überwinden konnte, verweist auf die Problematik, ursprüngliche Wir-Gruppen übergreifende nationale oder international klassenbezogene Ideologien als langfristige konstituierende Faktoren einer Gruppenidentität zu sehen. Identität als Erfahrung, ein definiertes Ich in der sozialen Realität einer Gruppe mit einer gleichermaßen definierten Identität zu sein, bedeutet immer auch die alltagsweltliche Erfahrung von Gleichheit und Kontinuität, die weder aus der Anonymität von Nation noch Klassen- oder Weltkultur bezogen werden kann. Die hier angebotene Gleichheit muß für die eigentliche Identitätsgewißheit eine äußerliche bleiben. Wichtig wäre sie als Basis für eine Chancengleichheit, die es allen Mitgliedern unserer Gesellschaft erlaubt, in einem pluralistischen Sinne positive Identitäten auszubilden.

Ähnliche Vorgänge wie bei Migration und Vertreibung spielen sich bei der Annexion stationär bleibender ethnischer Gruppen durch fremde oder neue politökonomische Systeme und die Kultur ihrer herrschenden Gruppen ab: sei es durch Kolonisation, Binnenkolonisation oder staatliche Grenzverschiebungen. Auch hier wird die bisherige Selbstverständlichkeit kultureller Identität in Frage gestellt.

12. Identitätskonzepte – kontrovers?

Das „Identity-Health"-Konzept als eigentliches Krisenkonzept des Identitätsphänomens ist gerade für diese überlagerten Ethnien von Anthropologen zu wenig oder nur unter dem Aspekt der Psychopathologie beachtet worden (Wintrob 1968), obgleich gerade Erikson in seiner frühen Studie über die historische Identität des Sioux-Stammes (Erikson 1945) die Krisensituation der ethnischen Identitätsdiffusion dieser Indianer aus einem Identitätskonzept herleitet, das als „Identity-World View"-Modell und als am stärksten in der anthropologischen Tradition verwurzelt bezeichnet wird (Wallace, A. 1968, 47; Robins 1973, 1201). Gleichzeitig kommt in dieser Studie, bei der es auch um die Interaktion der amerikanischen Staatsbeamten mit den Indianern zwecks „Umerziehung" geht, das sogenannte „Identity-Interaction"-Modell zur Anwendung, als dessen Hauptvertreter vor allem George H. Mead (1975) und Goffman angesehen werden. Die Trennung, die Robins zwischen diesen drei Konzepten und ihrer anthropologischen Rezeption vornimmt, hebt sich gerade im Phänomen der ethnischen und kulturellen Identität auf, wenn wir sie als eine dynamische bezeichnen und als besonderes Verdienst der Kulturanthropologen die Hervorhebung von Identität bestätigenden und bildenden Sozialisationsinstanzen über den gesamten Lebensablauf und die Erkenntnis der Dimension der alltagsweltlichen Interpretation und Motivation aus der Sicht der jeweiligen Kulturmitglieder anerkennen (Robins 1973).

Wenn Krappmann in seiner Kritik von Identitätstheorien (Krappmann 1973, 7ff.) insbesondere das als kulturanthropologisch bezeichnete Weltsichtmodell angreift und diesem das Identitätsmodell des symbolischen Interaktionismus gegenüberstellt, dann gehen hier Unterlassungen ein, die beide Entwürfe um eine wesentliche Dimension ethnotheoretischer Reflexion und Forderung verkürzen: die nur aufgrund einerseits der nachzuvollziehenden Alltagsperspektiven der autochthonen Kulturangehörigen und andererseits des interkulturellen Vergleichs dieser Perspektiven zu gewinnende Einsicht in allgemein-anthropologische Identitätsdimensionen. Dazu kommt, daß eine wesentliche Prämisse des symbolischen Interaktionismus, nämlich daß Menschen aufgrund der Bedeutung handeln, die ihre Umwelt für sie hat, und daß diese Bedeutungen soziale Produkte aus menschlichen Interaktionen sind, beiden Modellen zu Grunde liegt, sofern die interaktive Konstruktion dieser sozialen Produkte nicht, wie in Krappmanns individualistischem Identitätskonzept, als eine ständige Neuschöpfung interagierender Einzelwesen gesehen wird. Zwar bezieht auch der symbolische Interaktionismus den Gebrauch von Bedeutungen durch die einzelnen Handelnden als einen Interpretationsprozeß ein, aber gerade der immer wieder zitierte Exponent G. H. Mead sieht dieses nicht als einen grundsätzlich notwendigen Balanceakt des identitätsstarken Individuums, seine Identität gegenüber den institutionellen Erwartungen zu verteidigen, wie Krappmann, sondern als institutionelles Angebot für „Originalität, Flexibilität und Vielfalt des Verhaltens" im Rahmen eines für die reife Identität notwendigen flexiblen, aber verbindlichen Handlungsmusters: „Auf jeden Fall könnte es ohne gesellschaftliche Institutionen der einen oder anderen Art, ohne die organisierten gesellschaftlichen Haltungen und Tätigkeiten, durch welche gesellschaftliche Institutionen geschaffen werden, überhaupt keine wirklich reife Identität oder Persönlichkeit geben. Die in den allgemeinen gesellschaftlichen Lebensprozeß eingeschalteten Individuen, deren organisierte Manifestation die gesellschaftlichen Institutionen sind, können nämlich nur insoweit eine wirklich ausgereifte Persönlichkeit entwickeln oder besitzen, als jedes von ihnen in seiner individuellen Erfahrung die organisierten gesellschaftlichen Haltungen oder Tätigkeiten spiegelt oder erfaßt, die die gesellschaftlichen Institutionen verkörpern oder repräsentieren. Gesellschaftliche Institutionen sind ebenso wie die Identität des einzelnen eine Entwicklung innerhalb des gesellschaftlichen Lebensprozesses auf der Ebene der menschlichen Entwicklung oder spezifische und formalisierte Manifestationen dieses Prozesses. Als solche sind sie nicht notwendigerweise gegen die Individualität der einzelnen Mitglieder gerichtet" (Mead G. 1975, 309).

Sicher sieht auch Mead diese Chancen zur Gewinnung einer „reifen Identität" nicht in allen Gesellschaften verwirklicht, aber er geht nicht von vornherein von einer einzigen Gesellschaftsform, nämlich derjenigen der westlichen bürgerlichen Gesellschaft, aus, um ein allgemein-anthropologisches Identitätskonzept zu postulieren. In Krappmanns Konzept gewinnt aufgrund der Mißachtung des ethnographischen und historischen Vergleichsmaterials die Ich-Identität als Behauptung von Individualität einen solchen Überhang, daß nicht nur die zwangsweise Eingliederung in die totalitären Großinstitutionen der Gegenwart, sondern jede Akzeptierung eines „definierten Ichs" innerhalb einer Gruppenidentität zum Versagen gegenüber der Ich-Identität wird. Daß Krappmanns Beispiele für die Verhinderung oder Förderung der balancierenden Identitätskompetenz sich ausschließlich auf die Sozialisationsinstanz Kleinfamilie beziehen, daß die psychopathologischen Beispiele gestörter Identität aus einer Schizophrenieforschung bezogen werden, die die Ergebnisse der vergleichenden transkulturellen Psychiatrie nicht einbezieht, und die Unterschichtenproblematik der Identitätsbehauptung zu einer Erziehung letztendlich im Sinne des bürgerlichen Individualitätskonzepts wird, ist eine Folgerung aus der Setzung eines unveränderlichen Antagonismus zwischen

Gesellschaft und Individuum, wobei die zu bewältigende Diskrepanz der Rollenvielfalt in der eigenen Gesellschaft zu einer anthropologischen Invariante gerinnt. Balancierende Identität als Behauptung der Individualität im Rollenspiel gegenüber den Interaktionspartnern bezieht sich dabei immer auf soziale Rollen, deren Verwechslung mit der kulturellen Rolle zu Recht kritisiert wurde (Claessens 1968, 40 ff.).

13. Praktizierte Identitätsarbeit

Daß in einem solchen Konzept, in dem die individuelle Rollendistanz zur eigentlichen Identitätskomponente erklärt wird, die Zugehörigkeit zu und die Ausbildung von subkulturellen Gruppenidentitäten in unserer Gesellschaft als „selbstverordnete Regression" der Individuen, denen die Bildung ihres Selbst mißglückt, gesehen wird, als „Charaktermaske der Unterwerfung", als „verwerfliches Ziel einer gut integrierten Persönlichkeit" (Adorno 1955, 29 ff.), macht Krappmann unter Berufung auf Adorno deutlich (Krappmann 1973, 29 f.).

Nun zeigt das Anwachsen derartiger subkultureller Gruppierungen, die ihren Mitgliedern zugleich integrative als auch segregative Identifikationsangebote geben, allerdings deutlich eine alltagsweltliche Realität, die den Antagonismus zwischen gesamtgesellschaftlichen Zwängen und individuellen Erwartungen nicht durch eine individualistische balancierende Identität zu überwinden versuchen, sondern über das Identifikationsangebot einer gemeinsamen Kultur. Sie bieten sowohl die Möglichkeit zu einer neuen Ich-Identität als „erfolgreiche Variante einer Gruppenindentität" als auch Segregationshilfen gegenüber einer erzwungenen Identität. Diese subkulturellen Identitätsausgrenzungen können von der passiv bleibenden Segregation aus der Gesamtgesellschaft bis zur revolutionären Bewegung reichen. Tendenziell entsprechen sie aber alle einem Identitätskonzept, in dem gelungene Ich-Identität sich nicht in dem „Wir alle spielen Theater" (Goffman 1973) eines individualistischen Balanceaktes verwirklicht, sondern in der Identifikation des Individuums mit dem gemeinsamen Lebensplan einer Gruppe, in der es sich als Zugehöriger erkennt und erkannt wird. Die Autonomie des Individuums verwirklicht sich von der Zielsetzung her aus der aktiven Teilhabe an der Autonomie einer vertrauten Mitwelt.

Die von Erikson für die kindliche Entwicklung aufgestellten notwendigen Komponenten für die Ausbildung einer gesunden Ich-Identität – Vertrauen, Autonomie und Initiative – (Erikson 1971, 60), die übrigens sehr deutlich die Einstufung seines Identitätskonzepts als „Anpassungskonzept" widerlegen, zeigen sich in den Ansprüchen der „progressiven" jugendlichen Subkulturen ebenso deutlich wie in denjenigen „erwachender ethnischer Minoritäten" (Howard 1970; Novak 1972). Der mit diesem Erwachen oft verbundene Rückgriff auf traditionelle Verhaltensformen der eigenen oder im Falle jugendlicher Subkulturen fremder Vergangenheiten, ist nicht nur auf die Verarmung der Kompetenzen zur Selbstdarstellung zurückzuführen, sondern auch auf das Wissen oder die Vorstellung von einer kulturellen Autonomie in „ursprünglichen" Gesellschaften.

Die primäre Forderung der erwachenden ethnischen Minderheiten in den USA nach kultureller Autonomie hat Aronson zu einer Neuformulierung der Bestimmung des ethnischen Identitätskonzepts geführt, das er als eine „Ideologie des Disengagements" (Aronson 1976, 17) bezeichnet: „Ethnizität unterscheidet sich von anderen Ideologien dadurch, daß sie eine Ideologie von und für Wertabweichung und Nichtbeteiligung innerhalb des soziopolitischen Raumes ist, um nach für höher gehaltenen Werten zu streben, die von den anderen nicht geteilt werden" (Aronson 1976, 14).

Was Aronson als generalisierbares und wesentliches Kriterium von Ethnizität postuliert und am Beispiel der neuen Selbstwahrnehmung und -darstellung der Afro-Amerikaner seit den späten 60er Jahren beschreibt – die Ideologie des Disengagements, einschließlich des neuen Selbstbewußtseins ‚Black is beautiful' –, ist nur eine mögliche Variante der ethnischen Identitätsarbeit, die gegenwärtig als Reformulation eines ethnischen Pluralismus besonders virulent auf der politischen Bühne der USA ist und vor allem von den bisher diskriminiertesten ethnischen Minderheiten getragen wird, den Afro-Amerikanern, den Mexikanern, den Puertoricanern und den Indianern (Howard 1970). Daß diese „neue Ethnizität" in Amerika, obgleich sich die Klassenposition für ihre Träger wenig geändert hat, „die ökonomische Position nicht zum Brennpunkt ihrer neuen Ideologien macht" (Aronson 1976, 16), ist nicht nur ein Spezifikum ethnischer Ideologie, sondern aller Identitätsarbeit von Gruppen, da hierdurch ja gerade eine Gruppenidentität geschaffen oder bestätigt werden soll, die sich nur aus der Einzigartigkeit der Gruppe, das heißt ihrer Definierbarkeit gegenüber anderen Gruppen, ergeben kann. Das ethnische Konzept deshalb automatisch als Verweigerung der sozialen Realität des Klassenkonflikts und der Notwendigkeit der Klassenideologie zu sehen (Wallerstein 1972, 15) oder die ethnische Ideologie der Kulturdifferenzierung logisch mit einem Rückzug aus dem soziopolitischen Feld der Gesellschaft (Aronson 1976) zu korrelieren, ist eine von bestimmten historischen Konstellationen her gezogene Verallgemeinerung. Gerade in der neuen Selbstbehauptungsbewegung dieser unterdrückten ethnischen Minderheiten bedeutet die Forderung nach kultureller Autonomie auch die Forderung nach sozialer und politischer Gleichberechtigung in einem sich als „pluralistisch" bezeichnenden System. Daß die Indianer gerade bei der Besetzung von Wounded Knee 1973, mit der eine politische Befreiung erreicht werden sollte, ihre traditionelle Kultur, ihre Geschichte und Zeremonien wiederbelebten (Deloria 1973; Talbert 1976), ist deutliches Zeichen für eine Identitätsarbeit, bei der der ethnische Pluralismus als Gleichberechtigung aller ethnischen Gruppen nicht eine Ideologie des Disengagements im soziopolitischen Raum der Gesamtgesellschaft darstellt, sondern zur Voraussetzung des Engagements wird.

Diese Form der Identitätsarbeit zur Verteidigung einer bisher stigmatisierten ethnischen Identität als oppositioneller Behauptung im Kampf um politische Macht und Mitsprache kann allerdings nur geleistet werden, wenn das neue Selbstbewußtsein von einer organisierten Bewegung getragen, vermittelt und strategisch eingesetzt wird. Solange dagegen ethnische Zugehörigkeit nicht nur mit ökonomischer Unterprivilegierung korreliert, sondern erstere als Ursache über das Heterostereotyp im Autostereotyp der Gruppe internalisiert wird, kann ein Komplex ethnischer Identitätsresignation entstehen: „Die Verteidiger von ethnischen Minoritäten sagen – wenn ich dir erzähle, daß ich blute, dann erzählst du mir, daß sich 3 Prozent der Amerikaner monatlich umbringen. Aber, weißt du, ich blute immer noch und bin durch deine Analyse nicht weiser geworden. Erzähle mir nichts von ökonomischen Trends oder von Proletariern und der Bourgeoisie; sage mir, wie mein Volk Erfolg haben kann wie jeder sonst und nicht immer wegen seiner ethnischen Zugehörigkeit Verlierer bleibt" (Provinzano 1976, 400).

Diese bei einer Untersuchung mexikanischer Amerikaner aufgezeichnete Sicht von Ethnizität als einer negativen Gruppenidentität ist ein für Immigranten aus Armutsländern in wirtschaftlich prosperierende Länder charakteristisches Phänomen. Als besonders häufige Reaktionen sind die „freiwillige" Gettoisierung oder die Assimilationsbemühungen beschrieben worden (vgl. S. 12). Während die erste Reaktion zu einer Beibehaltung und auch Wiederbelebung kultureller Charakteristika tendiert, wird in der zweiten Reaktion ein Identitätswandel zu Gunsten der Identitätscharakteristika der Majorität angestrebt. In beiden Fällen handelt es sich nicht um eine ethnische Ideologie des Disengagements, obwohl Ethnizität das jeweilige Handeln bestimmt.

Auch das Konzept einer Identitätsarbeit der bewußten Herausstellung von hochbewerteten Besonderungen, die von der Gesamtgesellschaft abweichen, als ethnische Ideologie, trifft auf diese Gruppen nicht zu. Die stigmatisierte ethnische Identität wird entweder resignativ ertragen und in einer von der Gesamtgesellschaft isolierten Gruppenidentität kompensiert oder durch eine anpassende Identitätsarbeit zu eliminieren versucht. Diese Formen der ethnisch bedingten Identitätsarbeit zeigen sich ebenso bei Kolonisations- und Binnenkolonisationsvorgängen.

14. Zur ethnischen Identität der Samen – ein Beispiel

Wie unterschiedlich in einer solchen Entwicklung die ethnische Identitätsarbeit innerhalb gleicher ethnischer Gruppen sein kann, ist am Beispiel des Samen deutlich von Ethnologen herausgearbeitet worden. Solange die Samen nicht in die Nationalstaatlichkeit der skandinavischen Länder, Finnlands und Rußlands integriert wurden, waren sie in wirtschaftlicher, politischer und kultureller Hinsicht verhältnismäßig autonome Einzelgruppen, die keiner ethnischen Ideologie zur Bestätigung ihrer Identität bedurften, obwohl sie von den sie umgebenden andersethnischen Gruppen durchaus als mit einem Stigma behaftete Fremde gesehen wurden. So heißt es in dem Eidsivathingskirchengesetz aus dem 12. Jahrhundert: „Keiner möge an Lappen oder an Zauberkundige oder Zaubermittel glauben oder an irgend etwas, das ein Gegenstand der Abgötterei werden kann, weder an Wurzeln noch an etwas anderes, das irgendwie den heidnischen Gebräuchen angehört, auch nicht versuchen, dadurch seine Gesundheit wiederzugewinnen. Aber wenn ein Mann zu den Lappen zieht und dessen überführt wird, so ist er vogelfrei, und er kann nicht für seine Verbrechen büßen, da er ein Kapitalverbrechen begangen hat" (zit. nach Tillhagen 1969, 130).

Das Stigma – Heidentum und Zauberei –, das von der Kirche gesetzt wurde und im Volksglauben eine nachhaltige Wirkung hatte (Tillhagen 1969), diente zunächst allerdings weitgehend der eigenen Identitätsarbeit der nichtlappischen Bevölkerung, mit der die positive Abgrenzung von den anderen verbunden war. Erst mit der Binnenkolonisation des lappischen Lebensraumes durch nationalstaatliche wirtschaftliche Intensivierung setzte ein Prozeß ein, in dem die Abgrenzung durch Stigmatisierung um eine Eingrenzung des Lebensraums erweitert wurde, mit der gleichzeitig eine nationale Integration, wenn zunächst auch nur durch Steuereintreibung, verbunden war. Diese Integration wurde im Laufe der Entwicklung um zahlreiche Faktoren, wie allgemeine und das heißt nationale Schulbildung, Umschulungsprogramme für andere Berufe usw. erweitert. Damit aber wurde die Autonomie der samischen Gruppen aufgelöst und die Identitätsbestätigung konnte nicht mehr aus der eigenen Gruppe gewonnen werden, sondern nur aus den Werten der nationalen Öffentlichkeit. Nun aber wurde das ethnische Stigma zum Teil einer Identitätskrise, bei der oft von den Samen selbst der Mangel an wirtschaftlichem Fortkommen und ihr niedriger Lebensstandard auf die inferiore Rasse zurückgeführt wurde (Eidheim 1969, 44). Sie wurde durch eine Ablegung der stigmatisierten Identität in der Öffentlichkeit und eine Anpassung an die dominanten Identitätserwartungen zu überwinden versucht: „Die Menschen in der Fjordgemeinde halten es für ‚notwendig' und ‚richtig', norwegisch zu ihren Kindern zu sprechen. ‚Sie sollen nicht das gleiche handicap, wie wir es hatten, haben', sagen sie. Die Interaktionen zwischen den kleinen Gruppen beim Kaufmann gehören ebenso der öffentlichen Sphäre an. Selbst wenn keine Norweger anwesend sind (der Kaufmann ist ein einheimischer Lappe) halten es die Menschen für angemessen, die Situation als öffentlich zu definieren" (Eidheim 1969, 46).

Dagegen wird für eine andere nordnorwegische multiethnische Gemeinde, deren Einwohner Skolten, Samen, Finnen und Norweger sind, die ethnische Identität der einzelnen Gruppen als problemlos bezeichnet, weil über verschiedene formale Organisationen sowohl hinsichtlich der Ressourcenverwaltung (Salmfischerei, Renzucht und Landwirtschaft) als auch hinsichtlich der Freizeitgestaltung eine Autonomie der Gemeinde aufrecht erhalten wurde und alle Mitglieder Aktivitäten entwickeln konnten, die gemeindebezogen und nicht ethnisch bezogen waren (Gorter 1975). Die Identitätsbestätigung wurde aus der sozialen Realität Gemeinde bezogen. Aufgrund seines Materials zieht der Autor den Schluß, „daß auf einer lokalen Ebene formale Organisationen, die auf ethnischer Identität basieren, nur die existierenden Probleme vermehren, indem sie innerhalb einer kleinen Gemeinde Gruppen gegeneinander mobilisieren". Dabei bezieht er sich vor allem auf die „Lappische Bewegung": „Die lappische Revitalisierungsbewegung basiert auf einer solchen wahrgenommenen Ungleichheit vor dem Gesetz [wie die Frauenbewegung], aber sie will diese Ungleichheit steigern. Dieses plurale Prinzip kollidiert mit der Gründung des norwegischen Rechtssystems: der Konstitution Norwegens. Im Gegensatz zum Klassenkampf oder zur Frauenbewegung fordert es nicht gleiche Rechte, sondern Sonderrechte. Es könnte ebenso andere Rechte gefordert haben. Damit verwischt die Lappische Bewegung die Klassenunterschiede zwischen den Lappen selbst. Zur Zeit ist eines der Hauptprobleme der Bewegung, daß sie (abgesehen von wohlmeinenden Sozialwissenschaftlern) von reichen Rentierherdenbesitzern kontrolliert wird" (Gorter 1975, 160).

Die lappische Bewegung entstand nach dem zweiten Weltkrieg (Eidheim 1968; Eidheim 1972) und steht in weltweitem Zusammenhang mit anderen ethnischen Ideologien, die über die Wiederbelebung und Entstigmatisierung der kulturellen Spezifika einer ethnischen Gruppe eine Abgrenzung gegenüber der Majoritätsbevölkerung und gegenüber anderen ethnischen Minderheiten anstreben. Stolz auf die spezifische Identität sowie Solidarität und Kooperation innerhalb einer als Ethnie erklärten Bevölkerung, die über das ganze Land verteilt ist, sind die wesentlichen Forderungen.

Daß bei dieser ideologischen Festlegung der Ethnie wieder die aus der wissenschaftlichen Diskussion weitgehend verbannten physiognomischen Charakteristika herausgestellt werden, zeigt sich nicht nur in der „Black is beautiful"-Ideologie oder „God is red"-Ideologie der sowohl von ihrer Geschichte als auch ihrem Wir-Bewußtsein und ihrer Kultur aus einer Vielzahl von Ethnien bestehenden Afroamerikaner oder Indianer, sondern ebenso im Fall der Samen (Eidheim 1969, 47). Im Gegensatz allerdings zu der Situation der farbigen Bevölkerung Amerikas, bei der die Identitätsarbeit durchaus als ein Klassenkampf der wirtschaftlich Unterprivilegierten und Desintegrierten auf mehr Rechte im Rahmen einer ethnischen Ideologie gesehen werden kann, ist die Identitätsarbeit der samischen Bewegung einem in Europa ausgeprägteren Typus zuzurechnen, bei dem die „gemeinsame Geschichte und Kultur" einer sozial längst außerordentlich differenzierten Gruppe zum Angelpunkt der Ideologie gemacht wird.

Bei den Samen zeigt sich diese Differenzierung besonders hin-

sichtlich der notwendigen nationalen Assimilation der nicht rentierzüchtenden Samen, die in den nationalen Konzepten nie einen
Sonderstatus erhalten hatten, und den rentierzüchtenden „Okku-
pationalisten" und „Kulturalisten" (Snell 1975). Für die Okkupa-
tionalisten hängt ihre Existenzsicherung eng mit der Ausschöp-
fung aller neuen Erkenntnisse und Technologien in der Rentier-
zucht zusammen, und „Ethnizität beinhaltet vor allem das Recht,
Rentiere zu besitzen und bestimmte Ressourcen auszuschöpfen"
(Snell 1975, 173). Ihre Argumente für Ungleichheit innerhalb der
nationalen Gleichheit beziehen sich nicht auf ethnische Rechte,
sondern auf ihre ökonomische Produktivität innerhalb der nationalen Marktwirtschaft. Die Kulturalisten dagegen, die eine weniger gut organisierte und angepaßte Ökonomie entwickelt haben,
berufen sich auf die ethnische Ideologie der Ungleichheit, die auf
eine Beibehaltung des alten kulturellen Wertsystems hinausläuft:
das reicht von der Beibehaltung und Wiederbelebung traditioneller
Methoden der Rentierhaltung über die Betonung des Wertes der
samischen Sprache, auch für die Arbeit mit den Tieren, bis zur
Wiederbelebung samischer Kunst- und Handwerksformen. Auch
in der ethnischen Ideologie der samischen Kulturalisten zeigt sich
die Gefahr der regressiv-nostalgischen Hinwendung zu kulturellen
Objektivationen der Vergangenheit, die zu fortschrittsfeindlicher
Gettobildung, kultureller Rückständigkeit und Folklorisierung
führen kann.

In diesen ethnischen Ideologien, die auf kulturelle Ungleichheit
und Autonomie insistieren und die ethnische Identität als Wir-
Gefühl vor allem aus der gemeinsamen Geschichte einer ethnischen Gruppe zurückgewinnen wollen, wird eine historische Phase
der menschlichen Entwicklung fixiert und die geschichtliche Veränderung von Identitätsinstanzen übersehen.

15. Zur ethnischen Identitätsarbeit von Emigranten

Die aktive und selbstbewußte Abgrenzungs- und Identitätsarbeit
ethnischer Gruppen mit Hilfe einer ethnischen Ideologie kann nur
geleistet werden, wenn sie von einem kulturellen Überlegenheits-
und/oder Selbstwertbewußtsein getragen wird. Allerdings muß

dabei noch zwischen jenen Gruppen unterschieden werden, die ihre ethnische Ideologie als ein Instrument des Machtgewinns einsetzen und jenen, die im Sinne der ethnischen Ideologie des Disengagements an der Gesamtgesellschaft ihren eigenen, oft für wertvoller gehaltenen Lebensstil beibehalten oder entwickeln. Diese segregative Identitätsarbeit trifft insbesondere für Gruppen mit religiös motiviertem Überlegenheitsanspruch zu. Ein besonders eindrucksvolles Beispiel sind die Amishen in den Vereinigten Staaten, extrem konservative, strenggläubige Mennoniten, die im 18. Jahrhundert emigrierten und als eine ethnische Sondergruppe zwischen der auch vorwiegend deutschen und schweizerischen Bevölkerung Pennsylvaniens lebten (Hostetler 1963). Ihr wichtigstes Prinzip der abgrenzenden Identitätsarbeit war die Reinerhaltung der eigenen Kultur, die, trotz erfolgreich praktizierten modernen Agrarmethoden, auf eine Abkehr vom weltlichen Leben zielte. Um das quasi geschlossene Kommunikationssystem, einschließlich der normativ geprägten Gruppensolidarität, zu erhalten, wurden „institutionelle Kommunikationsbarrieren" (Reimann 1968, 170 ff.) errichtet, die vom Verbot von Auto und Telefon bis zum Verbot von Exogamie oder von Arbeit außerhalb der Amishenkultur reichten. Jede Abweichung wird durch Meidungen, die bis zur Verweigerung des gemeinsamen Lebens und Miteinandersprechens reichen können, negativ sanktioniert. Die Identitätsideologie der Gruppe gibt dem einzelnen nicht die Chance zu einer individuellen Identitätsarbeit innerhalb der Gruppe und läßt ihm darüberhinaus aufgrund der strengen und einseitigen Enkulturation keine Möglichkeit, außerhalb der Gruppe eine neue Identität zu entwickeln.

In dieser Extremform der bewußten und freiwilligen Beibehaltung ihrer kulturellen Identität wichen die Amishen von den meisten Einwanderergruppen in den Vereinigten Staaten ab und bildeten auch unter den aus den gleichen Ursprungsländern kommenden Gruppen in Pennsylvanien eine kulturelle Insel. Die sie umgebenden und besonders gut erforschten Pennsylvanien-Deutschen (Yoder 1971; Yoder 1973) sind, im Gegensatz zu anderen deutschen Einwanderergruppen, die ihre ethnische Identität völlig aufgegeben haben, Beispiel für eine durch lange Stadien hindurchgehende Identitätsarbeit, die, ohne die Auseinandersetzung mit der sie umgebenden Kultur zu meiden und Kommunikationsbarrieren zu errichten, ihre ethnische Identität als Eigenart in einer neuen Umwelt neu zu entwickeln versucht. Yoder teilt diese Entwicklungsstadien in drei Hauptphasen – Germanisierung, Amerikanisierung und Dialektisierung – ein (Yoder 1973, 187).

Während die Germanisierung eine Orientierung der Identität an der nationalen deutschen Hochkultur bedeutete und die Amerikanisierung eine sowohl von außen als auch innen getragene stärkere Anpassung an die amerikanische Kultur forderte, beinhaltet die Dialektisierung eine neue Orientierung an einer spezifischen, durch den Dialekt besonders deutlich werdenden, ethnischen, das heißt pennsylvanien-deutschen Kultur. Allerdings ist nicht nur dieser pennsylvanien-deutsche Dialekt von einer starken Angleichung an Amerikamismen geprägt, sondern auch in anderen Kulturbereichen überwiegt inhaltlich die „volkstümliche" amerikanische Kultur.

Diese „neue" ethnische Identität, die in der Gegenwart zumeist eine auf institutioneller, insbesondere Vereinsebene sich abspielende Identitätsarbeit bedeutet, war bei verhältnismäßig homogenen und zugleich privilegierten Auswanderergruppen das Ergebnis eines quasi „natürlichen" Akkulturationsvorgangs, bei dem in innovatorischer Integrationsarbeit mit Elementen der fremden und eigenen Kultur auch eine neue ethnische Identität entstand. So hatten auch die Donauschwaben, Einwanderer aus den verschiedensten Gegenden Deutschlands, eine solche neue ethnische – donauschwäbische – Identität entwickelt (Weber-Kellermann 1959; 1967), die vom ländlichen Lebensalltag geprägt war und gleichzeitig von jenem Disengagement am gesamtgesellschaftlichen politischen Wertsystem. Ähnliche Entwicklungen ließen sich bei vielen deutschen Einwanderergruppen im Osten und Südosten Europas nachweisen (Schenk/Weber-Kellermann 1973; Weber-Kellermann/Schenk 1977; Weber-Kellermann 1978).

Zu einer ethnischen Ideologie wird diese Identitätsarbeit erst bei einer bewußten Segregation von der umgebenden Gesellschaft aufgrund „höherer" kultureller Werte. Die Auslöser derartiger ethnischer Ideologien sind immer in tatsächlichen oder suggerierten Einschränkungen der Autonomie einer ethnischen Gruppe zu suchen. Bei den deutschen Minderheiten in Ost- und Südosteuropa führte die nationalstaatliche Entwicklung zu einer doppelten und antagonistischen Gefährdung ihrer ethnischen Identität. Während die Einwanderungsstaaten ihnen ihre Privilegien nahmen und eine totale Integration in die herrschende Kultur forderten, wofür die Auflösung der eigensprachigen Schulen ein besonders prägnantes Beispiel ist, machten die Auswanderungsstaaten sie auf ihre „Urheimat" und deren überlegene Kultur aufmerksam und forderten Beharrung und Rückbesinnung (Greverus 1972a, 208ff.).

Daß sich diese kulturpolitische Arbeit nicht nur auf die ausgewanderten Deutschen, sondern ebenso, und vielleicht noch stärker unter dem raumpolitischen Rückeroberungskonzept zu sehen, auf die Grenzlandbevölkerung bezogen, die aufgrund nationalitätenpolitischer Auseinandersetzungen eine andere Staatsangehörigkeit bekommen hatte, zeigt sich gerade in den Stellungnahmen der 40er Jahre in der Schleswig-Holstein-Frage. Daß die ethnische Ideologie im Verlauf der historischen Entwicklung und im Zusammenhang sich ändernder nationalpolitischer Konzepte eine Entwicklung von der nationalen – deutschen – Identifizierung zu einer stärker regionalen erfuhr, ohne dabei, trotz staatsbürgerlicher Loyalität – Dänemark – die ethnische Ideologie der Besonderung aufzugeben, wurde an der Entwicklung der „ethnischen Identifikation des Bundes Deutscher Nordschleswiger" (Sievers 1975) deutlich herausgearbeitet. Ob es sich hier zugleich um eine „Wende zu übernationaler (europäischer) Staatlichkeit" (Hennig 1975, 171) handelt, ist eine Frage, die explizit oder implizit der gesamten Diskussion eines neuen kulturellen Pluralismus zu Grunde liegt.

16. Ethnische Identität als Kompensation und als Attitüde

Diese Wendung zu übernationaler Staatlichkeit einerseits und einer wachsenden Identitätsarbeit in subnationalen Gruppen andererseits wird als eine „Krise für die Nationalstaaten" in Europa gesehen

(Boissevain 1975). Die nationale Machtkonzentration wird sowohl „von unten", d. h. von den erwachenden Minderheiten, als auch „von oben", d. h. durch übernationale Instanzen und Interessenverflechtungen, in Frage gestellt. Für den Aspekt der Identitätsarbeit ist dabei vor allem wichtig, daß auch die Bewegung „von unten" durch eine ausgeprägte internationale Kommunikation gekennzeichnet ist, eine Kommunikation, die im Tenor als Behauptung und Rückgewinn von Autonomie bezeichnet werden kann.

Das Konzept der ethnischen Identitätsarbeit erscheint in unserer Gesellschaft dabei allerdings weitgehend als Antwort auf eine Stufe noch nicht bewältigter nationaler Ungleichheit und als Problem der zunehmenden geographischen Mobilität, insbesondere des politisch und ökonomisch motivierten Transfers großer Bevölkerungsgruppen zwischen den Staaten, wobei der soziale und der kulturelle Abstand zwischen den Migranten und der aufnehmenden Bevölkerung ebenso über die Intensität, Dauer und Orientierung der ethnischen Identitätsarbeit entscheiden wie die institutionellen Integrationsangebote der Aufnahmeländer.

Am Beispiel Deutschlands nach dem Krieg läßt sich die vorübergehende Wiederbelebung ethnischer Identitäten und ihre allmähliche erneute Auflösung zu Gunsten anderer Identitätskonzepte sehr deutlich zeigen. Die Herauslösung der Flüchtlinge aus dem Osten und Südosten Europas, aus den Selbstverständlichkeiten ihres Alltags, führte über die Fremdheit und das Stigma Flüchtling, wie bei allen Migrantengruppen, zu der Suche nach einer Identitätsbestätigung. Diese mündete in der Suche nach den ehemaligen Primärgruppen, von den Angehörigen bis zu den Dorfgemeinschaften, als deren Kommunikationsorgan zunächst die sogenannten Heimatrundbriefe, zumeist von ehemaligen Gemeindepfarrern herausgegeben, dienten. Erst durch die Institutialisierung dieser Identitätsarbeit in die übergreifenden Landsmannschaften entstand eine ethnische Ideologie, in die neben den politischen Ansprüchen auf die verlorene Heimat die kulturelle Ungleichheit als Ethnizität – wir Ostpreußen, wir Schlesier, wir Sudetendeutschen – eingebracht und durch die Wiederbelebung alter Traditionen, vom Trachtentragen bis zum Volksliedersingen, untermauert wurde (Greverus 1972a, 229ff.). Diese ethnische Ideologie hat im Verlaufe der Integration der Flüchtlinge weitgehend an Wirksamkeit verloren. Die gegenwärtigen landsmannschaftlichen Interessen sind auf der einen Seite politische Manifeste, auf der anderen Seite folkloristische Veranstaltungen, bei denen für die aktiven Jugendlichen die „heimischen" Tänze, Trachten und Lieder weniger als Charakteristika einer ethnischen Identität bedeutend sind, sondern vielmehr als sowohl integrative als auch segregative Phänomene gegenüber anderen Jugendgruppen. Dazu kommt als weiteres Identitätsphänomen das Moment der möglichen Initiative und Selbstdarstellung in einer, wenn auch auf Tradition aufbauenden, so doch mitgestaltbaren Eigenart.

Dieses in den USA wiederum besonders ausgeprägte moderne Phänomen der Revitalisierung ethnischer Kulturspezifika durch integrierte Gruppen, insbesondere Jugendliche, die sich durchaus als Amerikaner verstehen, wird als die eigentliche „neue Ethnizität" gesehen (Degh 1977). Sie spielt sich zumeist auf einer vom Alltag abgehobenen Bühne ritualisierter Veranstaltungen ab. Die europäischen Parallelen, einschließlich ihrer staatspolitischen Förderung in den Kulturprogrammen sowohl der kapitalistischen als auch der sozialistischen Staaten, sind unübersehbar: genehmigte segregative Identitätsarbeit in einer politisch neutralen Zone repräsentativer Kulturphänomene.

Diese ethnische Bewegung angepaßter Jugendlicher muß zunächst weniger „gefährdend" für nationale Konzepte erscheinen als die der sogenannten jugendlichen Subkulturen, die nicht auf die „Vorväter"-Traditionen zurückgreifen, sondern auf diejenigen unterdrückter Minderheiten, mit denen sie sich solidarisieren.

17. Die Bedeutung von Ritualen für die Identitätsbestätigung

Rituale, wenn auch oft in einem vom Alltag abgehobenen „festlichen" Ausdruck, spielen in diesen Jugendgruppen wieder eine große Rolle. Ihre Relevanz für die Identitätsformation und -bestätigung wird aus dem Vergleich ethnographischer Darstellungen besonders deutlich.

Die Analyse von Ritualen in vornationalen oder in subnationalen, zumeist regional-bäuerlichen, Gesellschaften hat gezeigt, daß diese Rituale als normierte und stereotypisierte Handlungsabläufe bestimmte Funktionen erfüllen, die gruppenbindenden und gruppenbestätigenden Charakter haben (vgl. Strecker 1969; Munn 1973): das Ritual als ein Handeln auf Gegenseitigkeit, als sozialethischer Ausdruck von Gerechtigkeit und als ästhetische Ausgeglichenheit (Mühlmann 1966, 41 ff.); als angstverminderndes und intermenschliche Beziehungen stabilisierendes Orientierungsschema (Douglas 1970); als Erfahrung von Integration und Zugehörigkeit (Radcliffe-Brown 1922; Gluckman 1962; 1963; Turner 1957); als eine Katharsis (Gluckman 1962; 1963) oder Bewältigung (Diamond 1975) sozialer und existenzieller Widersprüche; als Markierung und Anteilnahme in Phasen der „Übergänge" (Passagen) im Dasein von Individuen und Gruppen (Gennep 1909); als symbolische Darstellung und dadurch versuchte Bewältigung einer konkreten Lebenssituation (Munn 1973); als periodisch erneuerte Bestätigung gemeinsamer religiöser, ästhetischer, sittlicher Wertsetzungen und Verhaltensnormen (Martin 1973); als schöpferische Lebenscollage (Greverus 1977a) und als Vergeudungsphänomen (Caillois 1939; Lefèbvre 1974 I, 203 ff.). Was diesen verschiedenen funktionalen Charakteristika des Rituals gemeinsam ist, ist die Bezogenheit der Rituale auf die Alltagswelt einer Gruppe, einschließlich ihrer Auseinandersetzung mit überweltlichen Mächten, wobei der einzelne als Beteiligter gefordert wird und seine Identität erst in diesem Beteiligtsein und Beteiligtwerden erfährt. Bei diesen alltagsweltlichen Ritualen gibt es keine Zuschauer, sondern nur Beteiligte.

Diese in den Alltag einer Gruppe integrierten Rituale sind immer Phänome einer gemeinsamen Identitätsarbeit. Das wird selbst in Heilritualen bei Stammesgesellschaften deutlich, die ausschließlich der Bestätigung der im eigenen und im Gruppenbewußtsein verlorenen Identität einer Person dienen (Robins 1973, 1215). Entscheidend ist, daß die Identitätskrise des einzelnen nicht als Versagen oder Krankheit des Individuums angesehen wird, sondern als magische Besitzergreifung durch eine fremde Macht. Deshalb muß das heilende Ritual als gemeinsame Identitätsarbeit zur Bestätigung der Ich-Identität in der Gruppenidentität eingesetzt werden. Auch die Fälle wahnerkrankter süditalienischer Gastarbeiter, die Risso und Böker in ihrem Buch über „Verhexungswahn" beschreiben, zeigen deutlich die Relation von Identitätskrisen aufgrund von Trennungssituationen, die hier mit extremen Infragestellungen der Selbstverständlichkeit kultureller Identität verknüpft sind, Erkrankung, Projektion dieser Erkrankung auf magische Einflüsse, die von der Identitätsgruppe geteilt wird, und heilendem Ritual durch die Familie, das zum Erfolg führt (Risso-Böker 1964). Die Autoren stellen der Kasuistik der süditalienischen Wahnerkrankten die Krankheitsschilderung eines intellektuellen westeuropäischen Schizophrenen gegenüber, dessen Wahnausbruch ihn aus der Um- und Mitwelt isoliert und der selbst den Wunsch äußert, sich in einem Wald von der Gesellschaft abzusondern. Hier hat der Patient vor der Umwelt, insbesondere auch der Familie, seine Identität verloren, wenn sie für ihn selbst auch als eine Form gesteigerter und außergewöhnlicher Individualität nach wie vor ungestört erscheint: „In langwierigen Erklärungen erörtert er, daß er, als ein an die Realitäten und an die fest determinierten Wege der Physik gebundener Techniker, der sich durch Objektivität bestimmen lasse, das durch Gebräuche und Konvention geprägte Verhalten der Eltern nicht gelten lassen könne, desgleichen eine Medizin nicht, die sich gegen die Erkenntnisse der Kybernetik und der modernen Rechenmaschinen wehre und den Menschen nicht nach wissenschaftlichen Gesichtspunkten betrachte" (Risso-Böker 1964, 72).

Was Risso und Böker über die süditalienischen Wahnerkrankten sagen – „Die Möglichkeit, das Krankhafte in einem vom Patienten und seiner heimatlichen Umwelt akzeptierten kulturellen Modell anzunehmen, rettet für den Kranken die Kontinuität seiner Existenz in der Gemeinschaft" (ebd. 75) –, ist für diesen westeuropäischen Intellektuellen, der die einzige Möglichkeit für eine „Aufklärung" seiner Verfolgung im Apparat der Polizei sieht, nicht mehr gegeben. Während im Bewußtsein der wahnerkrankten Italiener ihre Identität gestört war, ist für diesen mitteleuropäischen Wahnerkrankten seine Identität nicht gestört, da sie als eine individualistische nicht in eine Gruppenidentität eingefügt sein muß. Der schizophrene Interaktions- und Kommunikationsverlust und die Hilfeerwartung aus dem anonymen Apparat einer totalen Institution muß dabei als das krankhaft gesteigerte Symptom einer Gesellschaft diagnostiziert werden, in der das Individuum sich einerseits um eine „phantom normalcy", eine Scheinnormalität (Goffman 1975), und eine „phantom uniqueness", eine Scheineinzigartigkeit (Habermas 1967), bemühen muß, um seine besondere Individualität festzuhalten und gleichzeitig interagieren zu können, und andererseits, aus der sozialen Realität einer Gruppenindentität entlassen, zum fordernden Versorgungsempfänger der totalen Institutionen (Goffman 1972a), der Apparate einer Gesellschaft (Illich 1975) wird, in der seine Identität durch ein Papier bestätigt ist. Wenn eine solche Gesellschaft überhaupt noch Identität bestätigende Rituale bietet, macht sie den einzelnen zum Objekt, aber sie verweigert ihm die geteilte Identitätsarbeit als Subjekt.

18. Übergangsrituale als Identitätsarbeit

Besonders deutlich wird die Verlagerung der identitätbestätigenden Rituale von teilhabenden Gruppen auf Institutionen bei den Übergangsritualen im menschlichen Dasein. Diese Übergangsrituale waren Markierungen und Bestätigungen bei Trennungssituationen, die als Identität verändernde für den einzelnen und seine Gruppe betrachtet wurden. Sie betrafen sowohl die Übergänge des einzelmenschlichen Daseins mit wesentlichen Stationen im Lebenslauf – Geburt, Eintritt in das Erwachsenenalter, Ehe und Tod –, als auch die Übergänge ganzer Gruppen in neue Räume und Lebenssituationen, wie bei Rekrutierung und Auswanderung.

Die Übergangsrituale, in denen Situationen von Separation aus der bisherigen Identitätsgruppe, Übergang als Durchgang durch das „Niemandsland" zwischen den Identitätsgruppen und Erlangung einer neuen Identität in einer neuen Gruppe voll durchgespielt werden, sind insbesondere über die Initiationsrituale bekannt geworden, die für männliche und weibliche Jugendliche den Übergang in die Erwachsenenwelt markierten. In den europäischen Volkskulturen sind vor allem die Übergangsrituale bei der Eheschließung mit jener geteilten Identitätsarbeit der beteiligten Gruppen bis zur Gegenwart in bäuerlichen Reliktgebieten erhalten. Ihre prägnanteste Ausfüllung fanden diese Rituale in den Großfamiliensystemen, wo die Separation aus dem bisherigen Verband zum Anlaß einer oft wochenlangen wechselseitigen Bestätigung der Zugehörigkeit zu einer Gruppenidentität wurde, die die Braut, ihre Angehörigen und ihre früheren Altersgruppen in Klageliedern besingen (Greverus 1972a, 65 ff.). Ihre langanhaltendsten und ausgeprägtesten Formen hatten diese Klagestationen im Hochzeitsritual der slavischen Großfamilie, bei dem die Braut durch die Eheschließung in eine andere Großfamilie überging, wo sie oft als jüngstes Mitglied zugleich das ausgebeutetste war. In diesen Klageliedern wird der bevorstehende Identitätsverlust vor allem durch eine Kontrastierung von Heimat und Fremde erreicht. Die Heimat ist der Raum der Zugehörigkeit, die Fremde bedeutet Verlorenheit. Diese Fremde umfaßt sowohl die Menschen – „fremde Menschen sind wie ein dunkler Wald,/Einer drohenden Wolke gleich" (Mahler 1960, 173) –, als auch die Umwelt – „In der Fremde steht dichtes Tannengestrüpp/...In der Fremde ist das Feld mit Gram besät" (ebd. 174) –, vor allem aber die fremden Lebensgewohnheiten: „Lieber als von meiner Geburtsstätte/möchte ich mich von der hellen Welt trennen. . . ihr sendet mich in einen Strudel,/ihr sendet mich, meine Brüder, zu Lebensgewohnheiten, die nicht meine eigenen sind" (Paasonen-Ravila 1947, 518).

Was in diesen Hochzeitsliedern zum Ausdruck gebracht wird, ist die rituelle Bestätigung der bisherigen Gruppenidentität, die nicht nur von den Menschen, sondern auch von den Dingen der vertrauten Umwelt getragen wird. Die rituellen Verabschiedungsstationen und die Klagelieder orientieren sich dabei sehr stark an dem Totenritual, ebenso wie die Auswanderer- und Rekrutenklagen: „Geradezu wie nach einem kanonisch festgelegten Ritual gestaltet sich der letzte Abschied in seinen verschiedenen Momenten: in der feierlichen Ikonenecke, im Stall, im Hof, am Schlitten oder Wagen. . . Wie in der Totenklage singt man Lieder von den Bauern-

stuben, die so traurig dastehen, von den wehmutsvollen einge-
rahmten Fensterlein, von den Fensterscheiben, die in Tränen geba-
det stehen" (Mahler 1935, 196).

Diese rituellen Trennungshandlungen, denen im Hochzeitsritual
die Aufnahmerituale in der neuen Gruppe gegenüberstehen,
könnte man geradezu als volkskulturelle Bestätigung des „Identity-Health"-Konzepts nehmen, nach dem die Lösung aus dem
Vertrautheitsbereich grundsätzlich als Krisensituation betrachtet
wird. Ebenso könnte man allerdings das „World-View"-Konzept
heranziehen. Aussagefähiger, wenn auch im Gegensatz zu einem
individualistisch orientierten, scheint hier vor allem ein Identitäts-
entwurf zugrunde zu liegen, der auf einer interaktiven Bestätigung
der Ich-Identität in einer Primärgruppe und ihrem soziokulturellen
Territorium beruht, wobei davon ausgegangen werden muß, daß
der einzelne seine Identität nicht aufgrund seiner „Angepaßtheit"
gewinnt, sondern die Gruppenidentität sich erst durch die Interaktionen, und das heißt auch die mitgestaltenden Aktivitäten aller
Mitglieder entfalten und in Ausnahmesituationen erneuernd bestätigen kann. Was dem Individuum hier widerfährt, ist die Anerkennung als Mitgestalter und Mitglied der kulturellen Einmaligkeit
einer Gruppe, der es angehört.

19. Todesrituale als Spiegelung gesellschaftlicher Identitätskonzepte

Besonders deutlich wird diese Bestätigung der Identität durch die
primären Gruppen im Ritual auch um die Verstorbenen. So wird
dem Verstorbenen nicht nur in den Abschiedshandlungen beim
Begräbnisritual und in den Totenklagen dieser Zugehörigkeitsbe-
weis erwiesen (Mahler 1935), sondern auch bei allen späteren herausragenden Situationen der Gruppe. Die Ahnen hatten weiterhin
Anteil an ihrem Lebensplan: „Meine Ahnen/dumpf möge Eure
Erde tönen, Eure Leiber mögen sich erheben! Segnet mich. . ."
(Paasonen-Ravila 2, 1939, 108).

Die über den biologischen Tod hinausreichende soziale Rolle des
Toten und die Anerkenntnis seiner wirkenden Identifikation wird

ihm im Ritual als Identitätsbeweis zuteil. Entscheidend ist dabei, daß die Gruppe durch die Vorerfahrung auch jedem ihrer Lebenden dieses Existentbleiben des Ich in einer Gruppenidentität garantiert (Greverus 1972a, 377). Der Ausschluß des Toten aus dieser Gruppenidentität, in der Begräbnisverweigerung konkretisiert (Ranke 1951, 307; Lutz 1954, 88 ff.), war als das höchste Strafmaß für Verbrecher anzusehen: „Daß dieses Begräbnisverbot nicht nur die Auslöschung jeglicher Erinnerung an den Verbrecher, sondern auch das Verbot der Gemeinschaft mit den Ahnen enthielt, wurde beim Bann bereits ausgeführt. Dieser Verlust war wohl das Schlimmste, was dem Geächteten geschehen konnte, denn so blieb er auch nach dem Tode allein, ausgeschlossen vom Totenkult, der Totenpflege der Lebenden, dem Kreis der Ahnen" (Siuts 1959, 136).

Wenn in einem Versuch über „Todesbilder in der Gesellschaft" von einer „partiellen Todeserklärung der Alten durch Entziehung ihrer zentralen Rollen" (Fuchs 1969, 199) in unserer Gesellschaft gesprochen wird, dann ist damit ein Vorgang der Eliminierung einer ganzen Altersschicht aus ihrer Gruppenidentität angedeutet, die sich nicht nur auf die Aberkennung sozialer Rollen in Beruf und Familie bezieht, sondern insbesondere auf diejenige der kulturellen Rolle als Informationsträger und Vermittler traditionellen Wissens und Wertens (Schenda 1972). Die durch die Entwertung des alten Menschen in der „jugendlichen Leistungsgesellschaft" (König 1960) bedingte Identitätsverweigerung für die Alten auch in ihren sozialen Primärgruppen hat ihre Entsprechungen in einem Totenritual, das zunächst als Kontradiktion gesehen werden könnte. Am deutlichsten wird dies in den im „Tod in Hollywood" (Waugh 1960; vgl. auch Mitford 1965) beschriebenen Bestattungszeremonien, deren unglaubliche Pompösität zunächst geradezu an eine „Wiedergutmachung" denken lassen könnte. Am entscheidendsten ist aber wohl die „Gestaltung" der Leiche in individuell geschminkter Jugendlichkeit und Lebensfrische. Man gibt dem Toten damit eine Identität, die ihm zuvor genommen worden war. Ihm wird jetzt gewissermaßen jenes interaktionistische Rollenspiel mit den Überlebenden auferlegt, in dem er seine „phantom normalcy" behauptet und das heißt, sich so verhält, als ob er die Norm erfülle. Noch im Tod wird ihm eine „balancierende Identität" zuerteilt, die jedoch gleichzeitig für die Erinnernden zu einer für immer verbleibenden und damit zu einer aus dem für die Lebenden notwendigen Balanceakt entlassenen „gelungenen" Identität wird. Auch hier versichern sich eigentlich wieder die Lebenden in der Vorerfahrung ihrer über den Tod hinausreichenden Identität einer Ich-Identität, die nicht mehr aus der Übereinstimmung mit dem Lebensplan und der Raum-Zeit-Komponente einer Primärgruppe erwächst, sondern aus der Anpassung an die Werte und Normen einer für das Individuum anonym bleibenden Gesellschaft der totalen Institutionen. Daß für die Gestaltung dieser Totenrituale wieder die staatlichen, kirchlichen und kommerziellen Apparate zuständig sind, ist eine Konsequenz des Autonomieverlusts, mit ihren Rechten und Pflichten, innerhalb kleiner Gruppen, wie er sich ebenso in anderen Lebensbereichen zeigt, in denen der einzelne in Übergangssituationen, die seine Identität gefährden, auf identitätbestätigende Hilfe angewiesen ist.

20. Die Suche nach neuen Gruppenidentitäten

Wenn Rituale in einem dialektischen Prozeß nicht nur den einzelnen in der Gruppe, sondern auch die Gesellschaft aus der Interaktion und Identifikation der einzelnen bestätigen, dann sind sie, sowohl aufgrund ihrer Gestaltung als auch unter dem Aspekt ihrer Initiatoren und Träger, immer besonders prägnanter Ausdruck der Identitätskonzepte in der kulturellen Praxis einer Gesellschaft. Die Identifikationsangebote dienen sowohl der Kompensation und Aufhebung von Identitätsdiffusion als auch der Bestätigung oder Konsolidierung einer spezifischen Gruppenidentität.

Die Suche nach diesen spezifischen Gruppenidentitäten in unserer Gesellschaft ist wohl das alarmierendste Zeichen einer allgemeinen Identitätskrise. Die von Kulturanthropologen am stärksten untersuchte ethnische Identitätsarbeit ist nur eine mögliche Antwort. Denn je sozialdifferenzierter sich die Gesellschaften entwickeln, desto stärker wird die identitätgebende gemeinsame Alltagskultur von anderen Gruppen als von Ethnien getragen. Die wechselseitige Identitätsbestätigung über gemeinsame Wertorientierung und Interaktionen findet in Gruppen statt, die sich aufgrund des gleichen Bildungs- und Interessenniveaus zusammenschließen: das reicht von Vereinen mit ihren vielfältigen Schwerpunkten, die allerdings meistens nur eine zweitrangige und getrennte Identitätsinstanz gegenüber der familiären Identitätsgruppe darstellen, bis zu jenen jugendlichen Subkulturen, die die Totalität des gemeinsamen Lebensplans einer Identitätsgruppe wieder in ihren Alltag hereinholen wollen. Die durch Alter und sozialen Status bedingten Interessen sind hier immer die ausschlaggebenden Faktoren der kulturellen Identitätsarbeit, die allerdings auch hier „Ungleichheit" bedeutet.

Daß diese jugendlichen Identitätsgruppen zumeist den gleichen sozialen Schichten entstammen, ist ein weiteres Merkmal dafür, daß die kulturelle Identität weniger durch ethnische als durch schichtenspezifische Differenzierungen bestimmt wird. Was für die jugendlichen Identitätsgruppen gilt, trifft ähnlich auf andere zu: die entscheidenden Kriterien sind Alter, sozialer und familiärer Status. Das Überwiegen dieser Kriterien für Aufnahme und Ablehnung in Identitätsgruppen zeigt sich gravierend bei dem weitgehenden Scheitern aller geplanten Wohn- und Siedlungsgemeinschaften, die die verbindlichen Kriterien des Alters, des sozialen oder des familiären Status aufheben wollten (vgl. Barth 1973, 120ff.).

Selbst in den politisch argumentierenden Aktionsgruppen zur Erhaltung von durch Abriß und Sanierung gefährdeten Lebensräumen in traditionellen Wohngebieten, wie Altstadtvierteln, Dörfern und Arbeitersiedlungen, kommen nach oft gemeinsam durchgeführten Aktionen anschließend die Identifikationsbarrieren zum Tragen, die zur Isolierung oder Vertreibung der von ihrem sozialen und familiären Status her „Fremden" führen: weder Studenten im Westend Frankfurts noch die Bergarbeiter der Arbeitersiedlung Eisenheim im Ruhrgebiet beziehen die dort wohnenden Gastarbeiter in ihre Identität ein (Greverus 1976a). In beiden Fällen handelt es sich um Identitätsgruppen, die ihre Wertorientierung aus dem

Arbeits- und Bildungsbereich gewinnen, der – neben den alters- und familienspezifischen Kriterien – die wesentlichen Identitäts- merkmale stellt. Wenn „progressive" Studenten ihre Segregation gegenüber den „Emigranten" damit begründen, daß diese „als Fa- milien ‚normal' leben und arbeiten wollten" (Wawrzyn 1974, 167), und einheimische Arbeitskräfte der Schweiz die „Überfremdungs- gefahr" durch ausländische Arbeiter zu einem hohen Prozentsatz in der Bedrohung des „Schweizertums" (Braun 1970, 393) sehen, zeigt sich darin deutlich, daß das Segregationspotential der Identi- tätsarbeit vor allem von der Identitätsideologie höherer Wertigkeit getragen wird. Die Höherbewertung des eigenen gesellschaftli- chen Bewußtseins oder der eigenen kulturellen Eigenart wird hier vor die Klassensolidarität gestellt, wobei oft auch aus der ethnisch- kulturellen Zugehörigkeit der „Fremden" eine Legitimation für die beruflich und sozial niedrigere Einstufung hergeleitet wird, was Hoffmann-Nowotny als „neofeudale Absetzung" bezeichnet (Hoffmann-Nowotny 1973, 128 ff.).

21. Lebensraum und Identität

Eine andere Komponente der in diesen Wohnraumkämpfen durch- geführten Identitätsarbeit ist die territoriale, bei der die Identifika- tion des einzelnen und der Gruppe über den verteidigten Raum als solchen vorgenommen wird. Was studentische Initiativgruppen als Wohnraumqualitäten, Lebensraumqualitäten und „Heimatlich- keit" von Altstadtvierteln in Großstädten hervorhoben (Wawrzyn 1974), sind ähnliche Charakteristika, die die Bergarbeiter von Ei- senheim im Ruhrgebiet in einem Polaritätsprofil besonders hoch bewerten: vertraut, liebenswürdig, abwechslungsreich, großzügig, schön, fröhlich, weiträumig (Günter 1976, 12). Und diese Charak- teristika sind genau das Gegenteil der viel berufenen „Unwirtlich- keit unserer Städte" (Mitscherlich 1969), die als identitätsfeindlich bezeichnet werden: „Gute Objektbeziehungen verstärken dem- nach auch meine Identität; das heißt, mein Gefühl, mir selbst ge- genüber kein Fremder, sondern ein Mit-mir-bekannt-Gewordener zu sein", sagt Mitscherlich in seinem Kapitel „Konfession zur

Nahwelt" und fährt fort: „Der Stil des von außen, vom gegenwärtigen Verhaltens- und Konsumstil wehrlos Abhängigen. . . ist ein Stil oberflächlicher Odjektbeziehungen, einer flachen Identität. Deshalb hinterlassen Erfahrungen im Umgang mit Menschen und Dingen, rasch auswechselbar wie sie sind, nur flüchtige Spuren. Es entwickelt sich statt der Identität die Momentpersönlichkeit" (Mitscherlich 1969, 129).

Vertrautheit steht gegen Anonymität, die Kevin Lynch mit dem treffenden Satz umschreibt: „Der Schrecken der Verirrten rührt von der Notwendigkeit des mobilen Organismus her, sich an seiner Umwelt zu orientieren" (Lynch 1975, 145). Liebenswürdig steht gegen abweisend, feindlich und zugehörigkeitsverweigernd; abwechslungsreich und großzügig beinhaltet nicht nur die von Wahrnehmungspsychologen immer wieder hervorgehobenen Notwendigkeiten der Vielfalt und je eigenartigen Gliederung einer Umwelt (Prohansky-Ittelson-Rivlin 1970), sondern auch die emotionale Raumzuwendung aufgrund der Mitgestaltungsmöglichkeiten und Aktivitätsentfaltungen.

Was an der Bergarbeitersiedlung Eisenheim so deutlich herausgearbeitet wird, die Identifikation mit dem Raum über seine vielfältige Nutzung und Selbstgestaltung (Günter 1976; 1977), entspricht intentional ebenso den Initiativen zur Identität gebenden Gestaltung großstädtischer Betonarchitektur durch Malereien, wie sie vor allem von amerikanischen jugendlichen Subkulturen initiiert wurde (Schmidt-Brümmer/Lee 1973), wie der Flucht privilegierter einzelner und Gruppen in die Wohnbauten der Vergangenheit, die nicht nur aus sich heraus Individualität ausstrahlen, sondern auch die individuelle Weitergestaltung erlauben. Ob diese Identität gebende Gestaltung von Wohnwelten in selbstgebastelten Gartenzwergen und -burgen ihren Ausdruck findet, wie in Eisenheim und in anderen Siedlungen der sogenannten „kleinen Leute" (Tränkle 1972), in den spezifischen subkulturellen Symbolen von Jugendlichen oder in der Aneignung alter Kunstwerke und ihrem nicht musealen Einbezug in eine spezifische Umwelt des Wohnens, so zeigt sich daran ein Bedürfnis nach Identitätsmerkmalen, die nicht über soziale Interaktionen bezogen werden, sondern über die

Gestaltung von Materie, von Umwelt, die als Ausdruck und Bestätigung der Identität gesehen wird. Dazu gehören im Bereich des Bauens und Wohnens auch die Recycling-Bewegung, bei der aus industriellen Abfällen in Eigenarbeit neue Wohnformen geschaffen werden, und der Rückgriff auf traditionelle Bauformen fremder Kulturen.

Was diese völlig widersprüchlich erscheinenden Gestaltungsinitiativen für eine bewohnbare Umwelt vereint, ist nicht ihre „Geschichtlichkeit" oder Tradition, die sie für die jeweilige Gruppe haben, sondern die Möglichkeit, die sie den aneignenden und gestaltenden Gruppen für die Darstellung ihrer spezifischen Identität geben (Greverus 1978 a).

22. Die integrierte Umwelt „einfacher" Kulturen

Die Rolle des Raums und seiner Gestaltung für die Identitätsbildung ist in der gesamten Identitätsdiskussion erst durch das Bewußtwerden der Problemsituation Mensch-Umwelt im Prozeß der Industrialisierung und Verstädterung und der Ablösung individualpsychologischer Identitätskonzepte durch kulturpsychologische auf breiter Ebene diskussionswürdig geworden. Die durch ethnographische Beschreibungen und ethnologische Analysen eingebrachte interkulturelle Vergleichsmöglichkeit menschlicher Raumaneignung und -orientierung ist in der interdisziplinären Diskussion unübersehbar.

Kevin Lynch greift in seinem Buch „Das Bild der Stadt", in dem er von drei Komponenten des Vorstellungsbildes der Umwelt – Identität, Struktur, Bedeutung – ausgeht, auf diese Vergleichsmöglichkeiten zurück und folgert: „Während wir heute über geordnete Bezugsmittel zu unserer Umwelt verfügen – Koordinaten, Zahlensysteme oder abstrakte Namen –, vermissen wir oft den Charakter der lebendigen Greifbarkeit und unmißverständlichen Form" (Lynch 1975, 147). Zwar ist Identität inbezug auf das Vorstellungsbild der Umwelt für Lynch zunächst nur „die Identifizierung eines Gegenstandes, die es möglich macht, ihn von anderen Gegenständen zu unterscheiden... im Sinn von ‚Individualität' oder ‚Ganzheit'‟ (ebd. 18), aber seine weiteren Ausführungen machen deutlich, daß diese „Identität" der Umwelt als identifizierbare einen wesentlichen Faktor menschlicher Identitätsgewißheit darstellt. Das zeigen Folgerungen, die er aus dem interkulturellen Vergleich zieht: „Die symbolische Ordnung der Landschaft kann dazu beitragen, die Furcht zu verringern und eine gefühlsmäßige sichere Beziehung zwischen den Menschen und ihrer Umwelt herbeizuführen" (ebd. 147). – „Von den Anthropologen zum Beispiel erfahren wir, daß der primitive Mensch normalerweise eine sehr starke Bindung zu der Landschaft, in der er lebt, besitzt; er unterscheidet und benennt ihre kleinsten Bestandteile. . . Die Umwelt ist ein integrierter Bestandteil der primitiven Kulturen; die Menschen arbeiten, schaffen und spielen in Übereinstimmung mit ihrer Landschaft. Meist fühlen sie sich vollständig eins mit ihr und verlassen sie nur widerwillig" (ebd. 143). Lynch spricht vom „Gefühlswert einer einprägsamen Landschaft" die sich in „Merkzeichen" symbolisiert (ebd. 148).

23. Zwischen Kirchturmshorizont und Mobilität

Daß Lynch in diesem Zusammenhang auf die „bewegende Beschreibung des Kirchturms von Combray" von Marcel Proust verweist, blendet auf die Kontroverse zurück, die sich unter dem Stichwort „Kirchturmshorizont" an Begriffen wie Raumbindung und Heimat, die mit Immobilität, lebenszeitlichem Verbleiben auf der „heimischen Scholle" als positivem Wert verbunden wurden (vgl. Greverus 1972a, 29 ff., 273 ff.), entzündet hat. Die Gegenposition ist die mobile Gesellschaft, wobei räumliche Mobilität als mit geistigen und sozialen Mobilitätschancen verbunden gesehen wird. Lenz-Romeiß, die in ihrem Buch „Die Stadt – Heimat oder Durchgangsstation" (1970) eindringlich auf die ökonomischen und normativen Zwänge dieser „Mobilitätspflicht" für den modernen Menschen verweist, fragt danach, ob die mobile Gesellschaft nicht nur ein Mythos, eine Ideologie sei, mit der die „Unfähigkeit unserer Gesellschaft, ihren Mitgliedern an ihren Wohnorten, den Orten ihrer Wahl, objektiv humane und befriedigende Existenzbedin-

gungen zu schaffen", verschleiert wird (ebd. 23). Sie plädiert nicht
für eine neue lebenszeitliche Immobilität, sondern gerade dafür,
daß dem mobilen Menschen Städte geschaffen werden, die „in
ihrer Individualität wenigstens Chancen offen lassen, eine Beziehung zu ihnen zu entwickeln" (ebd. 24).

Die Individualität der Stadt entspricht der einprägsamen Landschaft (Lynch), die sich in Merkzeichen symbolisiert. Diese Merkzeichen haben Orientierungswerte – hierher gehöre ich –, aber
darüber hinaus können sie nur wirkende sein, wenn sie eben in den
Alltag der Bewohner integriert sind. Eine Identität über diese
Symbole kann erst entstehen, wenn „die Menschen in Übereinstimmung mit ihrer Landschaft arbeiten, schaffen und spielen können". Diese Landschaft ist aber eine Kulturlandschaft. Und wenn
wir Kultur als den schöpferischen Prozeß der Gestaltung von Umwelt sehen und den Menschen als Kulturwesen, dann kann er „in
Übereinstimmung" mit der Landschaft eben erst leben, wenn er
aktiv an ihrer Gestaltung teilhaben kann. Nicht Mobilität als solche verhindert diese Aneignung von Umwelt, sondern die Super-
struktur der mobilen Gesellschaft, ihre ökonomischen, technologischen und bürokratischen Zwänge, die dem Menschen die sich
immer mehr gleichenden, die normierten „Kulturlandschaften"
vorsetzen.

24. Kulturlandschaft und Kulturraum in der ökologischen Diskussion

Der Begriff der Kulturlandschaften spielt neuerlich in der ökologischen Diskussion wieder eine außerordentlich große Rolle. Sie
werden als „sichtbarer Ausdruck eines ökokulturellen Wirkungs-
gefüges" bezeichnet. Sie entsprechen einerseits den Naturregio-
nen, andererseits den Kulturbereichen und sollten zur Grundlage
ökologischer Planung, Entwicklung und Therapie gemacht werden: entgegen den üblichen nationalen Planungsregionen, die nach
ökonomischen Gesichtspunkten entstünden (Nestmann 1976,
414). Zwar geht der Autor hier von Kulturlandschaften aus, die
nur noch als Relikte in den modernen Industriestaaten zu finden

sind, aber seine Forderung zielt eindeutig auf eine neue Planung von Kulturlandschaften, die eine „Individualität", ein „Gesicht" haben.

Damit berührt er, allerdings ohne Bezugnahme, wie Lynch es getan hat, wieder ein Forschungsfeld, das in den Ethnologien eine besonders starke Beachtung gefunden hat. Deren Ausgang von der vergleichenden Erforschung stammlicher und bäuerlicher Gesellschaften als vorindustriellen oder reliktindustriellen Erscheinungsformen ließ die regionalen Unterschiede der kulturellen Daseinsgestaltung im Bauen und Wohnen, in der Kleidung, den Nahrungsgewohnheiten, den ästhetischen Formen, der religiösen Darstellung, den Festen, dem Arbeitsverhalten und den Familienformen in den Vordergrund treten. Unter den Stichworten Kulturbezirk, Kulturraum, Kulturareal, Kulturprovinz, Kulturlandschaft entwickelte sich eine Forschungsrichtung, deren ausgeprägtester Zweig die sogenannte Kulturraumforschung ist, die mit Hilfe der Kartierung signifikanter Kulturzüge und ihrer zeitlichen Schichtung die Grenzen und Grenzveränderungen solcher Kulturräume feststellen will (Zender 1977). Wenn auch die Autoren selbst einerseits für die „mobile Gesellschaft" der Gegenwart die Relevanz dieses Ansatzes bezweifeln und zum anderen auf die Schwierigkeiten verweisen, die wirklich signifikanten Charakteristika für die Bestimmung eines Kulturraumes zu finden, so erbringt dieser Ansatz im Zusammenhang mit der ökologischen Diskussion, mit dem Politikon eines neuen Regionalismus, der auch als „Öko-Regionalismus" bezeichnet wird (vgl. Greverus 1977b), und der Identitäts- und Pluralismusdiskussion doch eine neu zu diskutierende und zu beachtende Perspektive.

Bereits 1959 hatte der schweizerische Ethnologe Weiß in seiner Arbeit „Häuser und Landschaften der Schweiz" versucht, die Siedlungslandschaft, die er als einen der wichtigsten und signifikantesten Teile der Kulturlandschaft betrachtete, auf ihre funktionale Bedingtheit in der menschlichen Umweltgestaltung zurückzuführen. Vorrangig für ihre Prägung ist die Wechselbeziehung zwischen der Naturlandschaft und den Wirtschaftsformen. In den von Weiß behandelten bäuerlichen Siedlungslandschaften zeigt sich noch jenes Moment, das Lynch als Charakteristikum der primitiven Kulturen bezeichnete: „Übereinstimmung mit der Landschaft". Kurz zuvor, 1955, hatte der amerikanische Kulturanthropologe Julian H. Steward in seiner „Theory of Culture Change" den Begriff Kulturökologie als Forschungsrichtung für diese Vorgänge funktionaler menschlicher Adaptionsprozesse an lokale Umwelten geprägt. Sein generalisierender Ansatz basiert auf dem interkulturellen Vergleich verschiedener Gesellschaften. Auch Steward stellt die materiell-technologische Anpassung an die Umwelt, als gestaltende Aktivitäten zur Erringung des Lebensunterhalts, an den Anfang der ökologischen Umweltauseinandersetzung. Als weitere Forschungsschritte sieht er die Analyse der mit dieser produktiven Technologie direkt verbundenen Verhaltensmuster, wie z. B. bestimmte Sozialformen aufgrund der technisch notwendigen Kooperation, und schließlich diejenige der davon „unabhängig" erscheinenden Verhaltensweisen, die auf primäre und sekundäre Kontakte mit Fremden zurückgehen, aber auch endogener Natur sein können (Steward 1972, 30 ff.).

Während sowohl in der früheren Kulturarealforschung (Wissler 1922; 1923) als auch in der folgenden kulturökologisch-evolutionistischen Orientierung der Anthropologen (Steward 1972; Harris 1968, 643 ff.) vorrangig ökonomische und technologische Faktoren für die phänomenologische oder funktionalistische Bestimmung der Kulturlandschaft herangezogen wurden, das heißt, die Wechselbeziehung zwischen den Menschen und ihrer Umwelt insbesondere unter dem Aspekt der Befriedigung des notwendigen Lebensunterhalts in Auseinandersetzung mit der umgebenden Natur gesehen wird, erweitern spätere kulturökologische Arbeiten um zahlreiche Kriterien der Mensch-Umwelt-Beziehungen. Dazu gehören nicht nur die bereits von Steward für moderne Gesellschaften aufgeführten „sozial ableitbaren Bedürfnisse – spezielle Geschmacksorientierungen in der Nahrung, stattlicheres Wohnen und Sichkleiden und eine große Variationsbreite von Zubehör zur Lebensgestaltung" (Steward 1972, 40), die im materiellen Bereich der Objektivationen verbleiben, sondern auch der zunehmende Einfluß der sozialen Umwelt und ihrer Kontrollmöglichkeiten auf

das Mensch-Umwelt-Verhältnis (Bennett 1976) und die Symbol-
werte der Kulturtatsachen und ihr Identifikationswert (Sahlins
1970; Freilich 1967).

Wenn die Ethno-Ökologie (Vayda-Rappaport 1968, 489 ff.)
vom Bewußtsein derjenigen, die „in einer kulturell angemessenen
Art in einem gegebenen sozio-ökologischen Kontext" (Frake 1962,
54) bedeutungsbezogen handeln, ausgehen will, und eine Traditionsökologie wieder danach fragt, inwieweit kulturelle Traditionen im Bereich der ästhetisch-rituellen Lebensgestaltung als wert-
setzende Handlungsanweisungen und bedeutungsorientiertes Handeln die Umwelt-Mitwelt-Interaktionen der Menschen bestimmen
(Sarmela 1972; Honko 1975), dann wird damit wieder direkter die
Frage nach der integrativen, identitätgebenden Funktion des Kul-
turraums gestellt (Greverus 1976 b).

25. Die Sprache des Raums

Anstoß ist, wie in der gesamten Identitätsdiskussion, das Problem
der Identitätsdiffusion und des Identitätsverlusts; hier in der bewohnten und gebauten Umwelt: Landschaften, Städte, Siedlungen, Häuser, Wohnungen, die keine Identifikationsmöglichkeiten
geben. Durch dieses Problembewußtwerden gewinnen auch die
Klassiker der Raum-Mensch-Beziehungsanalyse wieder Relevanz:
besonders Georg Simmel (1922, 475 ff.) und Maurice Halbwachs
(1950) sprachen dem gestalteten Raum eine starke assoziative Kraft
zu, die einerseits von der Beständigkeit der materiellen Umwelt
abhängt, so daß die Gruppen ihre „kollektiven Erinnerungen" im
Raum wiederfinden können (Halbwachs 1950, 134, 161) und andererseits davon, daß dieser Raum als von ihnen geprägter und sie
prägender objektivierter Ausdruck ihrer Lebenswelt ist.

Das Buch eines anderen Klassikers der Raum-Mensch-Beziehungsanalyse, Edward T. Halls „Die Sprache des Raumes" (1976),
sieht in der kulturell geprägten Raumgestaltung, Raumnutzung
und Raumwahrnehmung einen wesentlichen Aspekt des identität-
bildenden und -bestätigenden Prozesses, der sowohl integrativ als
auch segregativ wirksam ist. Die Sprache des Raums: das ist der

Ausdruck, die kulturelle Leistung einer Identitätsgruppe und auch ihr gemeinsames Orientierungsvermögen. Daß der von Menschen angeeignete und gestaltete Raum ein Symbolsystem darstellt, dessen „Informationen" von seinen Benutzern entschlüsselt werden müssen, hat zu der Vorstellung von der „Sprache des Raums" beziehungsweise zu seiner Zuordnung in ein nicht-verbales Kommunikationssystem geführt. In ihrem kulturenvergleichenden, holistisch-hermeneutischen Ansatz sehen Anthropologen die Notwendigkeit, diese kulturell verschiedenen räumlichen Codes zu entschlüsseln, nicht nur als Notwendigkeit für die autochthonen Kulturmitglieder, sondern eben auch für den untersuchenden Wissenschaftler, um Raumverhalten zu verstehen und in Planungen zu berücksichtigen (Barker 1968; Goffman 1963; 1972b; Rapoport 1973; 1976b). Wenn eine subkulturelle Gruppe, die „eine totale Revolution gegen die sich als amerikanische Zivilisation ereignende seelenlose Maske der Habgier" gestalten will und ihre alternative Kultur auch im alternativen Bauen zum Ausdruck bringt, sagt, „die magischen Geister des Holzes und der Steine sprechen zu uns" (Shelter 1973, 107), dann verweist dies auf eine weitere Dimension der Mensch-Umwelt-Beziehung: die Sprache des Raumes zu verstehen, bedeutet auch eine neue Sensibilisierung des Menschen, eine Forderung nach Kompetenzentwicklung einer Imagination, die ihn nicht zum Beherrscher der Natur, sondern zu einem ihre Sprache verstehenden Mitglied macht.

Der gestaltete Raum als geprägter und prägender gehört zu den Identitätsfaktoren, in denen sich eine Gruppe erkennt und erkannt wird und sich gegen andere Gruppen abgrenzt. Die Forderungen des Anthropologen Hall an die Raumplaner beinhalten zweierlei: einmal die Berücksichtigung der kulturellen, und das heißt differenten, Raum-Mensch-Beziehungen, zum anderen aber auch die Berücksichtigung jener Dimensionen des Raumverhaltens und der Raumansprüche, die den Menschen als eine territoriale Art im Gesamt der Lebewesen kennzeichnen.

26. Territorialität und Raumorientierungen

Ausgehend von Untersuchungen über tierische Territorialität in der Distanzierungsregelung und im Sozialverhalten stellt Hall fest, daß Territorialität „ein für lebende Organismen, den Menschen eingeschlossen, charakteristisches, grundlegendes Verhaltenssystem ist" (Hall 1976, 23). Territorialität ist das Verhalten in und gegenüber einem Raum. Als „Besitz- und Verteidigungsverhalten" befriedigt es Bedürfnisse, die direkt von der räumlichen Umwelt des Menschen abhängig sind und spezifische Raumorientierungen als Mensch-Umwelt-Bezogenheiten bedingen. Die Analyse dieser Raumorientierungen und der Konflikte, die sich aus deren unterschiedlicher und oft konkurrierender Befriedigung in der je bewohnten Umwelt des Menschen ergeben, sind Voraussetzung für die Erhaltung und Schaffung von satisfaktionierenden Lebensräumen. Für ihre systematische Erfassung sind verschiedene ökologische Modelle entwickelt worden, die allerdings sehr verschiedene analytische Kategorien anbieten (Ittelson 1960; Lawton 1970; Cohen 1976; Esser 1976; Rapoport 1976b; Greverus 1977b).

Während Cohen in seinem Modell die Identifikation mit und in einem Raum insbesondere der symbolischen Raumorientierung zuschreibt, werden in dem davon verändert abgeleiteten Modell von Greverus alle Raumorientierungen als relevant für die Identitätsbildung, -bestätigung und -diffusion angesehen, da als Ausgangspunkt die Hypothese steht, daß die Identifikation von der in diesem Raum möglichen Befriedigung von Lebensbedürfnissen abhängt, denen verschiedene Raumorientierungen zugrunde liegen: die instrumentale, die sich auf die räumlichen Ressourcen und ihre ökonomische Nutzung zur Existenzsicherung bezieht; die strategisch-politische oder kontrollierende als sowohl auf die formellen als auch informellen Kontrollmöglichkeiten des Raums durch die ihn bewohnenden Gruppen und Individuen bezogene Raumorientierung; die soziokulturelle, die die durch den Raum ermöglichten sozialen und kulturellen Aktivitäten und Interaktionen sowie den Prestigewert der Räume beinhaltet; die symbolische, in der ästhetische Präferenzen, moralisch-rechtliche Bedeutungen, Selbstdarstellungsmerkmale und Traditions- und Erinnerungswerte zum Ausdruck kommen. Je konfligierender sich in einem gegebenen Raum die unterschiedlichen Raumorientierungen in ihrem Befriedigungswert gegenüberstehen, desto stärker wird die Identitätsdiffusion in und gegenüber diesem Raum sein, desto stärker wird er die Identität beschädigen.

27. Großstadt und beschädigte Identität

Die Großstadt gilt als Prototyp einer räumlich, und das heißt durch die Gegebenheiten der bebauten Umwelt bedingten Identitätsbeschädigung insbesondere durch die Restriktionen in kontrollierenden, soziokulturellen und symbolischen Raumorientierungen. Ihr Plus gegenüber der „Provinz" ist vor allem die bessere Befriedigung der instrumentalen Raumorientierung. Das hat sie mit den expandierenden Industrienationen gegenüber marginalen Ländern und Regionen gemeinsam und die (oft unvermeidliche) Entscheidung zugunsten dieser Raumorientierung heißt: Landflucht, Pendlerwesen, Emigration. Inwieweit gerade bei Landflucht und Emigration die anderen Raumorientierungen befriedigt werden oder ein ständiger Konfliktzustand, der zu beschädigter oder gespaltener Identität führt, erhalten bleibt, hängt von dem Integrationsangebot in dem aufnehmenden Raum ab. Das „Heimweh" oder die nostalgische Reaktion in der Verhaltens- oder Verbalobjektivation ist letztendlich immer die Sehnsucht nach einem Raum, der ein oft illusionistisch überhöhtes Optimum an Raumorientierungserfüllung beinhaltete (vgl. Greverus 1972a). Heimweh ist Raumweh nach einem Territorium, das dem Menschen die größtmöglichen Chancen für seine Identitätsgewißheit erlaubte.

Der raumbezogene Aspekt der Identitätsgewißheit muß stärker in die Analyse- und Planungskonzepte menschlicher Lebensgestaltung einbezogen werden. Damit ist jene Ebene gemeint, in der die Identitätsgewißheit aus dem Dialog mit dem gestalteten Raum bezogen wird, einem Raum, der Vertrauen, Autonomie und Initiative gewährt. Nicht nur die Anonymität und Fremdheit gegenüber der Vertrautheit zwischen Menschen verhindert Identitätsgewiß-heit, sondern auch die Anonymität und Fremdheit in einer gebau-ten Umwelt; nicht nur der Autonomieverlust in sozialen Interak-tionen verhindert Identitätsgewißheit, sondern auch der Autono-mieverlust in der Benutzung und Kontrolle von Räumen; nicht nur der Verlust der Initiative und Aktivitätsentfaltung in der Ge-staltung menschlicher Interaktionen verhindert Identitätsgewiß-heit, sondern auch der Verlust an Möglichkeiten zu Mitgestaltung und schöpferischer Aneignung von Räumen.

Wenn Glaser in seinem „Kulturellen Curriculum für Stadtent-wicklung" von zu schaffenden „ökologischen Nischen" spricht, die er als Gegenorte zu dem Durchlaufcharakter der Effizienz, als Spielräume und als Korrektiv für Erstarrung, für Notorietät und Stereotypie (Glaser 1974, 158) und als Angebote für Identitätsfin-dung bezeichnet, dann bedient er sich dabei eines Begriffs der all-gemeinen Ökologie, der zunächst nichts anderes bedeutet, als ein verhältnismäßig kleines Gebiet, auf dem eine Vielzahl von Lebe-wesen aufgrund der reichlich vorhandenen Ressourcen miteinan-der existieren und ihre je eigenen Territorien besitzen kann, und das heißt, trotz der räumlichen Ballung keine Verluste an existen-zieller Bedürfnisbefriedigung erleidet.

Da die Wechselbeziehung der Menschen mit ihrer Umwelt aber über ihre Kulturen stattfindet und das eigentliche Humanum die kulturelle Leistung des schöpferisch-gestalterischen Austauschs mit der Umwelt ist, muß die Reduktion dieser Fähigkeit auf einen Konsum von Umweltangeboten zu einer spezifischen Störung des ökologischen Gleichgewichts führen, die wir bisher unter den viel-leicht zunächst gravierenderen Störungen des Gleichgewichts im „Haushalt der Natur" noch kaum gedanklich realisiert haben, nämlich: die Störung des kulturökologischen Gleichgewichts, für das dann die „ökologischen Nischen" als Ersatz künstlich geschaf-fen werden müssen.

Glaser versteht unter kulturökologisch „die Beachtung, Be-trachtung und Veränderung der Umweltbeziehungen des Men-schen unter ästhetischen Gesichtspunkten" (Glaser 1974, 157). Äs-thetisch heißt aber in diesem Zusammenhang: die Entfaltung kreativer Kompetenzen in und an der gebauten Umwelt in einem neuen, kulturellen Pluralismus (vgl. Greverus 1978 a). Glaser verweist auf die Möglichkeiten, aus dem kulturellen Vergleich von Umweltgestaltungen Anstöße für die Menschen zu geben: „Kulturcurricular orientierte Stadtplanung muß es dem Menschen ermöglichen, sich intern und extern ‚einrichten' zu können, muß ‚Heimat' vergegenständlichen" (Glaser 1974, 161).

28. Kultureller Pluralismus und Identität

Der neue kulturelle Pluralismus zeigt sich als ein Phänomen der „Suche nach Identität", die sich als ethnische, regionale oder altersspezifisch-subkulturelle artikuliert, wobei Identität weniger durch die Kontinuität der Eigenart als vielmehr durch die Neugestaltung oder Wiederbelebung von Eigenart ihre Bestätigung erfährt. In diesen Bestrebungen gewinnen die Begriffe kultureller Pluralismus und Identität eine Deckungsgleichheit, die eingrenzende und abgrenzende Identitätsarbeit als eine Notwendigkeit erscheinen läßt. Diese Notwendigkeit können wir auch als ein universales Bedürfnis bezeichnen, das aufgrund einer Einordnung in eine Hierarchie von Bedürfnissen und seine „selbstverständliche" Befriedigung im Alltagsleben weitgehend autonomer Gruppen im Verlauf der geschichtlichen Entwicklung nicht immer so problemvorrangig wie in unserer Gegenwart war.

Die eingrenzende und abgrenzende Identitätsarbeit dieses neuen kulturellen Pluralismus, die wir bei den verschiedensten Gruppen zeigen konnten, umfaßt tendenziell alle Bereiche ihrer Alltagswelt. Sowohl aus der belebten als auch aus der unbelebten Umwelt müssen Vertrauen, Autonomie und Initiative für die Selbstfindung einer Gruppe und ihrer Individuen gewonnen werden können. Die von Kulturanthropologen in relativ autonomen und isolierten Gesellschaften entdeckte Vielfalt der Kulturen als identitätbildende schöpferische menschliche Leistung, die Suche jugendlicher Subkulturen in unserer eigenen Gesellschaft nach Identitätsmerkmalen, die sie in ihrer Alltagswelt von einer zu konsumierenden Einheitskultur abgrenzen, und der Kampf in ihrer Identität marginalisierter und stigmatisierter sozialer und ethnischer Gruppen in unseren Nationalstaaten, die Autonomiebestrebungen der Gemeinden gegen eine kulturenteignende Zentralisierung müssen uns ein Zeichen dafür sein, daß den Menschen als Kulturwesen die Chance zur Kompetenzentfaltung ihrer Kulturenfähigkeit erhalten bleiben muß. Kulturenfähigkeit aber bedeutet, sich als Schöpfer und Geschöpf einer spezifischen Kultur zu erkennen, erkannt und anerkannt zu werden – und das heißt: Identität in einer Alltagswelt zu besitzen, in der „Kultur" nicht das abgetrennte Segment des Kunstgenusses oder der Warenästhetik darstellt, nicht nur nostalgisches Versatzstück ist, sondern die Totalität einer sinnvollen Alltagswelt umfaßt, in die der einzelne sich als „definiertes Ich" einer Gruppenidentität integrieren kann. Das aber bedeutet die Forderung eines kulturellen Pluralismus als Autonomie, als eigenständige Kulturmöglichkeiten sozialer Gruppen.

Literaturverzeichnis

Alle fremdsprachigen Zitate sind von der Verfasserin ins Deutsche übertragen worden; altertümliche Rechtschreibung in deutschen Zitaten wurde in der Regel der heutigen angeglichen.

Abochina, L. A., W. J. Krupjanskaja, M. N. Schmelowa: Die Lebensweise und ihr Wandel in der Periode des Aufbaus des Sozialismus. In: Sovjetskaja Etnografija 4, 1965, 16 ff.

Abschied vom Volksleben. Red.: Kl. Geiger, U. Jeggle, G. Korff. (= Untersuchungen des Ludwig-Uhland-Instituts der Universität Tübingen, Bd. 27). Tübingen 1970.

Addams, Jane: Twenty years at Hull House. New York 1961.

Adorno, Theodor W.: Soziologie und empirische Forschung. In: Der Positivismusstreit in der deutschen Soziologie. Neuwied, Berlin 1969, 81–101.

–: Zum Verhältnis von Soziologie und Psychologie. In: Sociologica. Frankfurter Beiträge zur Soziologie, Bd. 1, Frankfurt/M. 1955, 11–45.

–: Résumé über Kulturindustrie. In: Ohne Leitbild, Frankfurt/M. 1970, 60–70.

Adrian, Karl: Zur Geschichte der Volkskunde in Salzburg. In: Correspondenzblatt der Deutschen Gesellschaft für Anthropologie 1905, Nr. 9., Zit. nach Scharfe 1970, 88.

Agricola, Johann: Drey hundert Gemeyner Sprichwörter... durch D. Johann Agricolam von Ißleben... geschriben/erklert vnd eygentlich außgelegt. Hagenau 1529.

Albrecht, Günter: Die „Subkultur der Armut" und die Entwicklungsproblematik. In: Aspekte der Entwicklungssoziologie, hg. von R. König, Köln, Opladen 1969, 430–471.

–: Soziologie der geographischen Mobilität. Zugleich ein Beitrag zur Soziologie des sozialen Wandels. Stuttgart 1972.

Alltagswissen, Interaktion und gesellschaftliche Wirklichkeit. Hg. Arbeitsgruppe Bielefelder Soziologen. 2 Bde. Reinbek bei Hamburg 1973.

Ammon, Ulrich: Zum Begriff „Subkultur" und zur Fachbezeichnung „Subkulturforschung". In: Tübinger Korrespondenzblatt, hg. im Auftrag der Tübinger Vereinigung für Volkskunde Nr. 3, 1971, 10–14.

Anderson, James N.: Ecological anthropology and anthropological ecology. In: Honigmann, Handbook 1973, 179–239.

Arbeit und Volksleben. Deutscher Volkskundekongreß 1965 in Marburg. (= Veröff. d. Inst. für mitteleuropäische Volksforschung an der Philipps-Universität Marburg/Lahn, Reihe A, hg. von Gerhard Heilfurth und Ingeborg Weber-Kellermann, Bd. 4), Göttingen 1967.

Ardrey, Robert: Adam und sein Revier. Der Mensch im Zwang des Territoriums. München 1972 (The territorial imperative. A personal inquiry into the animal origins of property and nations, 1966).

Arensberg, C. M.: Upgrading peasant agriculture: is tradition the snag? In: Columbia Journal of World Business 2, 1967, 63–69.

Arnim, Achim von: Von Volksliedern. In: Des Knaben Wunderhorn. Bd. I, Heidelberg ²1819.

Arnold, David O. (ed.): The sociology of subcultures. Berkeley 1970 (a).

–: Subculture marginality. In: Arnold 1970 (a), 81–89 (b).

Arnoldow, A. I.: Kultur im entwickelten Sozialismus. (= Weltanschauung heute Bd. 2), Berlin 1975.

Aronson, Dan R.: Ethnicity as a cultural system: An introductory essay. In: Henry 1976, 9–19.

Assion, Peter: Zur Kritik der parapsychologischen Volkskunde. In: Zs. für Volkskunde 71, 1975, 161–180.

–: Legitimierte Irrationalität. Zur popularisierten Parapsychologie. In: Direkte Kommunikation und Massenkommunikation 1976, 145–155.

–: Deutsche Kolonisten in Südafrika. Zum Verhältnis zwischen Auswanderung, Mission und Kolonialideologie. In: Zs. für Volkskunde 73, 1977, 1–23.

Baacke, Dieter: Rekonstruktion und Entwurf von Gegenkommunikation. In: Hoffmann/Perspektiven 1974, 241–254.

Bach, Adolf: Deutsche Volkskunde. Wege und Organisationsprobleme, System, Methoden, Ergebnisse und Aufgaben, Schrifttum. Heidelberg 1960 (¹1927).

Banfield, E. C.: The moral basis of a backward society. Glencoe, Ill. 1958 (vgl. Die moralischen Grundlagen einer rückständigen Gesellschaft: Süditalien. Eine Hypothese. In: Soziologie der Entwicklungsländer, hg. v. P. Heintz. Köln, Berlin 1962, 534–548).

Barker, Roger G.: Ecological psychology. Stanford, Calif., 1968.

Barnouw, Victor: Culture and personality. Homewood, Ill. 1963.

–: An introduction to anthropology. Vol. II: Ethnology. Homewood, Ill. 1971.

Bahrdt, Hans-Paul: Humaner Städtebau. Überlegungen zur Wohnungspolitik und Stadtplanung für eine nahe Zukunft. München ⁶1973.

Barth, Frederik (ed.): Ethnic groups and boundaries. The social organization of culture difference. Bergen, Oslo, London 1969 (a).

–: Introduction. In: Barth 1969 (a), 9–38 (b).

Bastian, Adolf: Die Vorgeschichte der Ethnologie. Berlin 1881.

Bates, Marston: Human ecology. In: Kroeber, Anthropology Today 1953, 700–713.

Bauche, Ulrich: Landtischler, Tischlerwerk und Intarsienkunst in den Vierlanden. Hamburg 1965.

–: Rezeption städtisch-bürgerlicher Formen und regionale Sonderung im bäuerlichen Wohninventar der Elbmarschen. In: Wiegelmann 1973, 72–82 (a).

–: Der Ausruf in Hamburg. Ländliche Händler auf dem Markt (= Museum für Hamburgische Geschichte,Aus den Schausammlungen H. 3, 1973)(b).

Baumann, Peter, Helmut Uhlig: Kein Platz für „wilde" Menschen. Das Schicksal der letzten Naturvölker. Wien, München, Zürich 1974.

Bausinger, Hermann: Volkskunde. Darmstadt o. J.

–: Volkskultur in der technischen Welt. Stuttgart 1961.

–: Zur Kritik der Folklorismuskritik. In: Populus revisus. Beiträge zur Forschung der Gegenwart. Tübingen 1966, 61–75.

–: Formen der „Volkspoesie". Berlin 1968.

–: Kritik der Tradition. Anmerkungen zur Situation der Volkskunde. In: Zs. f. Volkskunde 65, 1969, 232–250.

–: Zur Problematik historischer Volkskunde. In: Abschied vom Volksleben 1970, 155–172.

–: Zu den Funktionen der Mode. In: Schweiz. Archiv f. Volkskunde 68/69, 1972/73, 22–32.

–: Schlager und Volkslied. In: Handbuch des Volksliedes (hg. v. W. Brednich, L. Röhrich, W. Suppan) Bd. 1/I, München 1973, 679–690 (a).

–: Verbürgerlichung – Folgen eines Interpretaments. In: Wiegelmann 1973, 24–49 (b).

–: Zur kulturalen Dimension der Identität. In: Zs. f. Volkskunde 73, 1977, 210–215.

–, *M. Braun, H. Schwedt:* Neue Siedlungen. Volkskundlich-soziologische Untersuchungen des Ludwig-Uhland-Instituts Tübingen, Stuttgart 1959, ²1963.

–, *Wolfgang Brückner* (Hg.): Kontinuität? Geschichtlichkeit und Dauer als volkskundliches Problem. Berlin 1969.

Bayer, Dorothee: Der triviale Familien- und Liebesroman im 20. Jahrhundert. Tübingen 1963.

Beck, Friedrich, A.: Der Aufgang des germanischen Weltalters. 1944.

Beitl, Klaus: Votivbilder. Zeugnisse einer alten Volkskunst. Salzburg 1973.

Bell, Gwen, Jaqueline Tyrwhitt (ed.): Human identity in the urban environment. Middlesex 1972.

Benedict, Ruth: Urformen der Kultur. Hamburg 1955. (Patterns of culture. 1934).

Benjamin, Walter: Das Kunstwerk im Zeitalter seiner technischen Reproduzierbarkeit. Frankfurt/M. ⁴1970.

Benett, John W.: The ecological transition: Cultural anthropology and human adaption. New York etc. 1976.

Berger, Peter, L., Thomas Luckmann: Die gesellschaftliche Konstruktion der Wirklichkeit. Eine Theorie der Wissenssoziologie. Frankfurt/M. ²1971.

Beutel, M., I.-M. Greverus, R. Schanze, E. Speichert, H. Wahrlich: Tourismus. Ein kritisches Bilderbuch. Frankfurt/M. 1978.

Bewohnte Umwelt. Betrachtungen zum Bauen und Wohnen in den Niederlanden (= Notizen Nr. 4, hg. v. Institut für Kulturanthropologie und Europäische Ethnologie d. Universität Frankfurt/M., 1976).

Bidney, David: Theoretical anthropology. New York-London ⁵1968.

Bilderfabrik, Die. Dokumentation zur Kunst- und Sozialgeschichte der industriellen Wandschmuckherstellung zwischen 1845 und 1973 am Beispiel eines Großunternehmens. Veranst. v. Institut für Volkskunde der Universität Frankfurt/M. und dem historischen Museum durch Wolfgang Brückner, Frankfurt/M. 1973.

Bilderfabrik, Die. Resonanz einer Ausstellung. Frankfurt/M. 1973.

Bimmer, Andreas C. (Hg.): Hessentag: Ein Fest der Hessen? Marburg 1973.

–: Zur Typisierung gegenwärtiger Feste. In: Hess. Blätter f. Volks- und Kulturforschung. N. F. 4, 1977, 38–52.

Bitterli, Urs: Die ‚Wilden‘ und die ‚Zivilisierten‘. Grundzüge einer Geistes- und Kulturgeschichte der europäisch-überseeischen Begegnung. München 1976.

Bloch, Ernst: Das Prinzip Hoffnung. 3 Bde., Frankfurt/M. 1967.

Blok, Anton: South Italian agro-towns. In: Comparative Studies in Society and History 11, 1969, 121–135.

Boas, Franz: Recent anthropology. In: Science 98, 1943, 311–314, 334–337.

Bock, Philip, K. (ed.): Culture shock. A reader in modern cultural anthropology. New York 1970.

Bogatyrev, P. G.: Der slowakische Volksheld Jánošik in Volksdichtung und bildender Kunst. In: Deutsches Jb. f. Volkskunde 6, 1960, 105–126.

Boissevain, Jeremy: Introduction: Towards a social anthropology of Europe. In: Boissevain, Friedl 1975, 9–17.

–, John Friedl (ed.): Beyond the community: Social process in Europe. The Hague 1975.

Bolte, Karl Martin: Deutsche Gesellschaft im Wandel, Opladen 1966.

Bourdieu, Pierre: Zur Soziologie der symbolischen Formen. Frankfurt/M. 1970.

Bourguignon, Erika: Psychological anthropology. In: Honigmann 1973, 1073–1118.

Braun, Rudolf: Industrialisierung und Volksleben. Veränderungen der Lebensformen unter Einwirkung der verlagsindustriellen Heimarbeit in einem ländlichen Industriegebiet (Zürcher Oberland) vor 1800. Erlenbach, Zürich, Stuttgart 1960.

–: Sozialer und kultureller Wandel in einem ländlichen Industriegebiet (Zürcher Oberland) unter Einwirkung des Maschinen- und Fabrikwesens im 19. und 20. Jahrhundert. Erlenbach, Zürich, Stuttgart 1965.

–: Soziokulturelle Eingliederung italienischer Arbeitskräfte in die Schweiz. Erlenbach, Zürich 1970.

Brecht, Bertolt: Fünf Schwierigkeiten beim Schreiben der Wahrheit (1934). In: Versuche 20–21, H.9, Berlin 1956, 87–101.

Brednich, Rolf Wilhelm: Comic Strips as a subject of folk narrative research. In: Folklore Today. Festschrift for Richard M. Dorson. Ed. by L. Degh, H. Glassie, F. J. Oinas. Bloomington 1976, 45–55.

Bringéus, Nils-Arvid: Perspektiven der schwedischen Ethnologie, In: Ethnologia Europaea II–III (1968–1969) 1970, 86–92.

–: Swedish ethnology today. In: Ethnologia Europaea VI, 1972, 203–226.

Broch, Hermann: Das Böse im Wertsystem der Kunst (1933); Einige Bemerkungen zum Problem des Kitsches (1950). In: Schriften zur Literatur 2 Theorie, Frankfurt/M. 1975, 119–173.

Brock, Bazon: Ästhetik der Vermittlung. Arbeitsbiographie eines Generalisten. Hg. v. Karla Fohrbeck. Köln 1977.

Bromlej, Julian V.: Etnos i etnografija. Moskau 1973 (dt. Berlin 1977).

–: Das ethnographische Studium der Völker. Zu einigen aktuellen Problemen der sowjetischen Ethnographie. In: Jb. f. Volkskunde und Kulturgeschichte 18, 1975, 84–96.

Brown, Dee: Begrabt mein Herz an der Biegung des Flusses. München 41975 (Bury my heart at Wounded Knee, 1970).

Brückner, Wolfgang: Heimat und Demokratie. Gedanken zum politischen

Folklorismus in Westdeutschland. In: Zs. f. Volkskunde 61, 1965, 205–213.

–: Vereinswesen und Folklorismus. Eine Bestandsaufnahme in Südhessen. In: Populus revisus. Beiträge zur Erforschung der Gegenwart. Tübingen 1966, 77–98.

–: Elfenreigen-Hochzeitstraum. Die Öldruckfabrikation 1880–1940. Köln 1974.

Brüder Grimm Gedenken 1963. Gedenkschrift zur hundertsten Wiederkehr des Todestages von Jacob Grimm. Gemeinsam mit Gerhard Heilfurth hg. von Ludwig Denecke und Ina-Maria Greverus. Marburg 1963.

Brunner, Otto: Das „ganze Haus" und die alteuropäische Ökonomik. In: Neue Wege der Sozialgeschichte. Göttingen 1956, 33–61.

Burger, Henry G.: „Panculture": A hominization-derived processual taxonomy. Ms. Chicago 1973 (erscheint in der Reihe World Anthropology, ed. Sol Tax, The Hague, Paris).

Burgess, E. W.: Urban areas of Chicago: An experiment in social science research. Ed. by T. Smith and J. White. Chicago 1929.

Burkamp, Wilhelm: Wirklichkeit und Sinn. 2 Bde. Berlin 1938.

Burling, Robbins: Cognition and componential analysis: God's truth or hocuspocus? In: American Anthropologist 66, 1964, 20–28, 120–122.

Buttita, Antonio: Cantastorie in Sicilia. Premessa e testi. In: Annali del Museo Pitrè VIII, 1957.

Cassirer, Ernest: An essay on man. New Haven, Conn. 1944.

Child, Irwin L.: Italian or American. The second generation in conflict. London, Oxford 1943.

Claessens, Dieter: Rolle und Macht. München 1968.

Clifton, J. A. (ed.): Introduction to cultural anthropology. Boston 1968.

Cohen, Abner (ed.): Urban ethnicity. London, New York, Sidney, Toronto, Wellington 1974 (a).

–: The lesson of ethnicity. In: Cohen, A. 1974 a, IX–XXIV (b).

Cohen, Erik: Environmental orientations: A multidimensional approach to social ecology. In: Current Anthropology 17, 1976, 49–70.

Commenda, Hans: Linzer Stadtvolkskunde. Bd. 2, Linz 1959.

Conrads, Ulrich: Die wohnliche Stadt – eine konkrete Utopie. In: Greverus/ Denkmalräume-Lebensräume 1976, 81–92.

Contag, Jürgen: Zur Methodik der deutschsprachigen Völkerkunde. Diss. Marburg/L. 1971.

Count, Earl W.: Das Biogramm. Anthropologische Studien. Frankfurt/M. 1970.

Coutu, W.: Role playing vs. role taking. An appeal for clarification. In: American Sociological Review 16, 1951, 180–187.

Dalarna. Exkursion Mittsommer 1974. (= Notizen Nr. 2, 1975, hg. v. Institut für Volkskunde, Universität Frankfurt/M.)

Danckwortt, Dieter: Probleme der Anpassung an eine fremde Kultur – eine sozialpsychologische Analyse der Auslandsbildung (= Materialien zur Entwicklungshilfe, hg. v. d. Carl Duisberg-Gesellschaft für Nachwuchsförderung e.V.). Köln 1959.

Daun, Åoke: Some new trends within European ethnology in Sweden. In: Ethnologia Europaea VI, 1972, 227–238.

–, *Orvar Löfgren* (Hg.): Ekologi och kultur. København 1971.

Degérando, Joseph Marie: The observation of savage people. Transl. and ed. F. C. T. Moore. London 1969 (Orig. frz. 1800).

Degh, Linda: Zur neuen Ethnizität in Amerika. Vortragsms. 1977

Deloria, Vine: God is red. New York 1973.

De Man, Hendrik: Vermassung und Kulturverfall. Eine Diagnose unserer Zeit. München 1951.

Deneke, Bernward: Die Entdeckung der Volkskunst für das Kunstgewerbe. In: Zs. f. Volkskunde 60, 1964, 168–201.

Den Hollander, A. N. J.: Der „Kulturkonflikt" als soziologischer Begriff und als Erscheinung. In: Kölner Zs. f. Soziologie und Sozialpsychologie 7, 1955, 161 ff.

Despres, Leo A.: Anthropological theory, cultural pluralism and the study of complex societies. In: Current Anthropology 9, 1968, 3–26.

– (ed.): Ethnicity and resource competition in plural societies. The Hague, Paris 1975 (a).

–: Toward a theory of ethnic phenomena. In: Despres 1975 (a), 187–207 (b).

De Vos, George, Lola Romanucci-Ross (ed.): Ethnic identity. Cultural continuities and change. Palo Alto, Calif., 1975.

Diamond, Stanley: Anthropologie am Scheideweg. In: Leviathan. Zs. f. Sozialwissenschaft 3, 1975, 213–233.

Dias, Jorge: Vilarinho da Furna, uma aldeia comunitária. Porto 1948.

–: Rio de Onor, comunitarismo agro-pastoril. Porto 1953.

–: Ethnological investigation of villages. In: Ethnologia Europaea II–III (1968–1969) 1970, 108–113.

–: Aspects of ethnology. In: Ethnologia Europaea VII, 1973/74, 133–182.

Dias, Margot: A bibliography of Jorge Dias writings. In: Ethnologia Europaea VII, 1973/74, 183–191.

Dilthey, Wilhelm: Die geistige Welt. Einleitung in die Philosophie des Lebens. Bd. I 1957.

Dinnerstein, Leonard, Frederic C. Jaher (ed.): The aliens. A history of ethnic minorities in America. New York 1970.

Direkte Kommunikation und Massenkommunikation. Referate und Diskussionsprotokolle des 20. Deutschen Volkskunde-Kongresses. Im Auftrage der Deutschen Gesellschaft f. Volkskunde hg. v. H. Bausinger u. E. Moser-Rath. Tübingen 1976.

documenta 5. Befragung der Realität. Bildwelten heute. Kassel 1972.

Dolci, Danilo: Banditen in Partinico. Olten, Freiburg i. Br. 1962 (Banditi a Partinico, 1955).

–: Vergeudung. Bericht über die Vergeudung im westlichen Sizilien. Zürich 1965 (Spreco, 1960).

Dömötör, Tekla: Folklorismus in Ungarn. In: Zs. f. Volkskunde 65, 1969, 21–28.

Dorson, Richard M.: Is there a folk in the city? In: Paredes, Stekert 1971, 21–58.

– (ed.): Folklore and folklife. An introduction. Chicago 1972.

Douglas, Mary: Ritual, Tabu und Körpersymbolik. Frankfurt/M. 1970.

Driessen, Henk, Donny Mertens: A selected bibliography on spanish society. (= No. 6. Papers on European and Mediterranean Societies. Antropologisch-Sociologisch Centrum Universiteit van Amsterdam 1976).

Eggan, Fred: Social anthropology and the method of controlled comparison. In: Hammond, Cultural and Social Anthropology 1969, 465–480.

Eibl-Eibesfeldt, Irenäus: Grundriß der vergleichenden Verhaltensforschung. Ethologie. München [2]1969.

–: Liebe und Haß. Zur Naturgeschichte elementarer Verhaltensweisen. München 1970.

Eidheim, Harald: The Lappish movement: An innovative political process. In: Local Level Politics, ed. M. Schwarz, Chicago 1968.

–: When ethnic identity is a social stigma. In: Barth 1969a, 39–57.

–: Aspects of the Lappish minority situation. Oslo 1972.

Eisenbeis, Manfred (Hg.): Ästhetik im Alltag. Form und Lebensform. Offenbach 1978.

Eisenstadt, S. N.: The absorption of immigrants. A comparative study based mainly on the Jewish community in Palestine and the State of Israel. London 1954.

–: Israeli society. London 1967.

Ek, Sven B.: Economic booms, innovations and the popular culture. In: Economy and History 3, Lund 1960, 3–37.

Elias, Norbert: Über den Prozeß der Zivilisation. Soziogenetische und psychogenetische Untersuchungen. Zweite, um eine Einleitung vermehrte Auflage. Bern, München 1969.

Emmerich, Wolfgang: Zur Kritik der Volkstumsideologie. Frankfurt 1971.

Enzensberger, Hans Magnus: Eine Theorie des Tourismus. In: Einzelheiten I, Frankfurt/M. 1969, 179–205 (a).

–: Bewußtseins-Industrie. In: Einzelheiten I. Frankfurt/M. 1969, 7–17 (b).

Erckenbrecht, Ulrich: Das Geheimnis des Fetischismus. Grundmotive der Marx'schen Erkenntniskritik. Frankfurt/M., Köln 1976.

Erikson, Erik H.: Childhood and tradition in two American tribes. In: The psychoanalytic study of the child 1, 1945, 319–350.

–: Identität und Lebenszyklus. Frankfurt/M. [2]1971.

Erixon, Sigurd: Volkskunst und Volkskultur. In: Volkswerk. Jb. des Staatlichen Museums für Deutsche Volkskunde 1941, 36–49.

–: Svenska Kulturgränser och kulturprovinser. Stockholm 1945.

–: Kila. En östgötsk skogsby. En byundersökning 1912–13. Stockholm, Lund 1946.

–: Urgent ethnological tasks. In: Ethnologia Europaea 1, 1967, 163–169.

–: The term „culture fixation" and its usefullness. In: International Journal of Sociology 1, 1971, 164–176.

Ernst, Fritz: Vom Heimweh. Zürich 1949.

Eskeröd, Albert: Årets äring. Etnologiska studier i skördens och julens tro och sed. Lund 1947.

Esser, Aristide H.: Design for man-environment relations. In: Rapoport 1976, 127–143.

Ethnographische Studien zur Lebensweise – Ausgewählte Beispiele zur marxistischen Volkskunde. (= Wissenschaftl. Zs. der Humboldt-Universität zu Berlin. Gesellschafts- und Sprachwissenschaftl. Reihe. XX, 1971).

Ethnologia Europaea 1967 ff.

Falkensteiner Protokolle. Bearb. u. hg. v. Wolfgang Brückner. Frankfurt/M. 1971.

Fallers, L. A.: Are African cultivators to be called ‚peasants'? In: Current Anthropology 2, 1961, 108–110.

Fanon, Frantz: Die Verdammten dieser Erde. Reinbek 1969.

Fél, Edit, Tamás Hofer: Proper peasants: Traditional life in a Hungarian village. Chicago 1969.

–, *Tamás Hofer:* Bäuerliche Denkweise in Wirtschaft und Haushalt. Eine ethnographische Untersuchung über das Dorf Átány. Göttingen 1972.

–, *Tamás Hofer:* Geräte der Átányer Bauern. Budapest 1974.

Firth, Raymond: Aims, methods and concepts in the teaching of social anthropology. In: Mandelbaum, Lasker, Albert 1963, 115–128.

Fitzgerald, Thomas K. (ed.): Social and cultural identity. Problems of persistance and change. Athens 1974.

Fjellström, Phebe: Swedish-American colonisation in the San Joaquin Valley in California. A study of the acculturation of an immigrant group. Uppsala 1970.

Folklorismus in Europa. In: Zs. f. Volkskunde 65, 1969, 1–64.

Foltin, Hans-Friedrich: Die minderwertige Prosaliteratur. Einteilung und Bezeichnungen. In: Deutsche Vierteljahresschrift für Literaturwissenschaft und Geistesgeschichte 39, 1965, 288–323.

–, *Gerd Würzberg:* Arbeitswelt im Fernsehen. Versuch einer Programmanalyse. Köln 1975.

Forman, Robert E.: Black ghettos, white ghettos and slums. Englewood Cliffs, N. J., 1971.

Forster, Georg: Sämtliche Schriften. 9 Bde., Leipzig 1843.

Forster, Johann Reinhold: Bemerkungen über Gegenstände der physischen Erdbeschreibung, Naturgeschichte und sittlichen Philosophie, auf seiner Reise um die Welt gesammelt. Berlin 1783.

Forster, George M., Robert V. Kemper (ed.): Anthropologists in cities. Boston 1974.

Frake, Charles O.: Cultural ecology and ethnography. In: American Anthropologist 64, 1962, 53–59.

–: Die ethnographische Erforschung kognitiver Systeme. In: Alltagswissen 2, 1973, 323–337.

Francis, Emmerich: Ethnos und Demos. Berlin 1965.

Frankfurt um 1600. Alltagsleben in der Stadt. Hg. v. Histor. Museum. Frankfurt/M. 1976.

Freilich, M.: Ecology and culture. Environmental determinism and the ecological approach in anthropology. In: Anthropological Quarterly 40, 1967.

– (ed.): Marginal natives: Anthropologists at work. New York 1970.

Freud, Sigmund: Die Fixierung an das Trauma, das Unbewußte (1917). In: Freud Studienausgabe I. Frankfurt/M. 1970, 273–284.

–: Massenpsychologie und Ich-Analyse (1921). In: Freud-Studienausgabe IX. Frankfurt/M. 1974, 65–134.

Freudenthal, Herbert: Der Ausruf in Hamburg. Hamburg 1938.

Friedmann, Frederic G.: The world of ‚la miseria‘. In: Partisan Review 20, 1953, 218–231.

–: The hoe and the book. An Italian experiment in community development. Ithaca, N. Y., 1960.

Fuchs, Werner: Todesbilder in der modernen Gesellschaft. Frankfurt/M. 1969.

Galli, Lina: Folklore e cultura. In: Valori e funzioni della cultura tradizionale. Atti e documentazione sul convegno. Gorizia 1968, 247–250.

Galtung, Johan: Members of two worlds. A developement study of three villages in Western Sicily. New York, London 1971.

Gans, Herbert J.: The urban villagers. Group and class in the life of Italian-Americans. Glencoe 1962.

–: Popular culture and high culture. An analysis and evaluation of taste. New York 1974.

Garfinkel, Harold: Studies in ethnomethodology. Englewood Cliffs, N. J., 1967.

Geckeler, Horst: Strukturelle Semantik und Wortfeldtheorie. München 1971.

Gehlen, Arnold: Der Mensch, seine Natur und seine Stellung in der Welt. Frankfurt/M., Bonn [7]1962.

Geiger, Klaus E.: Kriegsromanhefte in der BRD. Inhalte und Funktionen. Tübingen 1974.

–: Volkskunde und Kommunikationsforschung. In: Direkte Kommunikation und Massenkommunikation 1976, 239–249.

Gemeinde im Wandel. Volkskundliche Gemeindestudien in Europa. Vorträge des 21. Deutschen Volkskunde-Kongresses 1977 (im Druck).

Gennep, J. van: Rites de passage. Paris 1909.

Gerndt, Helge: Kleidung als Indikator kultureller Prozesse. Eine Problemskizze. In: Schweiz. Archiv f. Volkskunde 70, 1974, 81–92.

Geschichte als öffentliches ärgernis oder: ein museum für die demokratische gesellschaft. das historische museum in frankfurt a.m. und der streit um seine konzeption. Hg. v. Hoffmann, D., Junker, A., Schirmbeck, P. Gießen 1974.

Giesz, Ludwig: Phänomenologic des Kitsches. München [2]1971.

Glaser, Hermann (Hg.): Urbanistik. Neue Aspekte der Stadtentwicklung. München 1974.

–: Ein kulturelles Curriculum für Stadtentwicklung. In: Glaser 1974, 156–162.

Glazer, Nathan, Daniel P. Moynihan: Beyond the melting pot. The Negroes, Puerto Ricans, Jews, Italians and Irish of New York City. Cambridge 1964 ([1]1963).

Gluckman, M. (ed.): Rituals of social relations. Manchester 1962.

–: Custom and conflict in Africa. Oxford 1963.

–: Introduction. In: The craft of social anthropology (ed. A. L. Epstein). London 1967.

Goethes sämtliche Werke. Jubiläumsausgabe in vierzig Bänden. Stuttgart-Berlin o.J.

Goffman, Erving: Behavior in public places: notes on the social organisation of gatherings. New York 1963.

–: Asyle. Über die soziale Situation psychiatrischer Patienten und anderer Insassen. Frankfurt/M. 1972 (Asylums. Essays on the social situation of mental patients and other innates, 1961) (a).

–: Relations in public. New York 1972 (b).

–: Wir alle spielen Theater. Die Selbstdarstellung im Alltag. München 1973 (The presentation of self in everyday life, 1959).

–: Stigma. Über Techniken der Bewältigung beschädigter Identität. Frankfurt 1975. (Stigma. Notes on the management of spoiled identity, 1963).

Goldstein, Marcus S.: Anthropological research, action and education in modern nations: with special reference to the U.S.A. In: Current Anthropology 9, 1968, 247–269.

Goode, William J.: World revolution and family patterns. New York 1970 ([1]1963).

Goodenough, Ward H.: Cooperation in change. New York 1963.

Gorter, Waling T.: Ethnic identity, resource management and nation building in northern Norway. In: Boissevain, Friedl 1975, 147–164.

Grawe, Christian: Herders Kulturanthropologie. Die Philosophie der Geschichte der Menschheit im Lichte der modernen Kulturanthropologie. Bonn 1967.

Greverus, Ina-Maria: Die Settimana Santa in Sizilien. Festgestaltung, Volksfrömmigkeit und Volksrepräsentation. In: Österr. Zs. f. Volkskunde 67, 1964, 61–75.

–: Heimweh und Tradition. In: Schweizerisches Archiv f. Volkskunde 61, 1965, 1–31.

–: Zu einer nostalgisch-retrospektiven Bezugsrichtung der Volkskunde. In: Hess. Bl. f. Volkskunde 60, 1969, 11–28.

–: Kulturbegriffe und ihre Implikationen. Dargestellt am Beispiel Süditalien. In: Kölner Zs. f. Soziologie und Sozialpsychologie 23, 1971, 283–303 (a).

–: Zu einem Curriculum für das Fachgebiet Kulturanthropologie. In: Ethnologia Europaea 5, 1971, 214–224 (b).

–: Kulturanthropologie und Kulturethologie: „Wende zur Lebenswelt" und „Wende zur Natur". In: Zs. f. Volkskunde 1, 1971, 13–25 (c).

–: Der territoriale Mensch. Ein literaturanthropologischer Versuch zum Heimatphänomen. Frankfurt/M. 1972 (a).

–: Kulturelle Ordnung. In: Volkskunde. Fakten und Analysen. Festgabe für Leopold Schmidt, hg. v. Kl. Beitl. Wien 1972 (b).

–: Auswanderung und Anpassungsbarrieren. Hypothesen zur Integration von Minderheiten. In: Wiegelmann, Kultureller Wandel 1973, 204–218.

–: Warum Exkursionen? In: Notizen Nr. 2, hg. v. Institut für Volkskunde, Universität Frankfurt/M. 1975, 3–14.

– (Hg.): Denkmalräume-Lebensräume (= Bd. 2/3 d. Hess. Bl. f. Volks- und Kulturforschung) Gießen 1976 (a).

–: Ein kulturökologischer Zugang zum Bauen und Wohnen in den Niederlanden. In: Bewohnte Umwelt 1976, 25–41 (b).

–: Kleidung. Notwendigkeit, Prinzip, Hoffnung oder Danaergeschenk? In: Biologische und kulturelle Komponenten im menschlichen Verhalten. Kolloquium der Schweizerischen Geisteswissenschaftlichen Gesellschaft 1976 (c) (im Druck).

–: Nothing but a little wooden Dala-horse, or: how to decode a ‚folk' symbol. In: Folklore Today. A Festschrift for Richard M. Dorson, ed. by L. Degh, H. Glassie, F. J. Oinas. Bloomington 1976, 181–192 (d).

–: Heimatdichtung und Dialektdichtung in Deutschland. In: Literatuur in social perspektief. Leeuwarden 1976, 47–72 (e).

–: Human territoriality as an object of research in cultural anthropology. In: Rapoport 1976 (a), 145–157 (f).

–: Brauchen wir Feste? In: Hess. Bl. f. Volks- und Kulturforschung N. F. 4, 1977, 1–9 (a).

–: Kulturökologische Aufgaben im Analyse- und Planungsbereich Gemeinde. In: Gemeinde im Wandel 1977 (b).

–: Über Kultur und Alltagswelt. In: Ethnologia Europaea IX (1976) 1977, 199–211 (c).

–: Alltagswelt und ästhetisches Verhalten. In: Eisenbeis 1978. (a).

–: Tourismus und interkulturelle Kommunikation. In Schilling 1978 (b).

Grimm, Jacob: Gedanken wie sich die Sagen zur Poesie und Geschichte verhalten. 1808. In: Kleinere Schriften Bd. 1, Hildesheim 1965, 399–403.

– und Wilhelm: Deutsches Wörterbuch, Bd. I. Leipzig 1854.

Gronemeyer, R., H. E. Bahr (Hg.): Nachbarschaft im Neubaublock. Empirische Untersuchungen zur Gemeinwesenarbeit, theoretische Studien zur Wohnsituation. Weinheim, Basel 1977

Groschopp Horst: Zur Kritik der Subkultur-Theorien in der BRD. In: Weimarer Beiträge 12, 1977, 20–52

Grossmann, Heinz (Hg.): Bürgerinitiativen. Schritte zur Veränderung? Frankfurt/M. ³1973.

Groupe de recherches en anthropologie, Lausanne: Essai de monographie comparée de deux villages du Canton de Vaud, Oppens et Orzens. Montreux 1965.

Gruppe, Heidemarie: „Volk" zwischen Politik und Idylle in der „Gartenlaube" 1853–1914. Bern, Frankfurt/M., München 1976.

Gulick, John: Urban anthropology. In: Honigmann 1973, 979–1029.

Günter, Janne und Roland: Architekturelemente und Verhaltensweisen der Bewohner. Denkmalschutz als Sozialaufgabe. In: Greverus 1976(a), 7–56.

Günter, Roland: Eisenheim – das ist eine Art zu leben. In: Gronemeyer, Bahr 1977, 294–327.

Habermas, J.: Role theory and the problem of identity. Notizen für ein Seminar in der New School, NewYork. Unveröfftl. Ms. 1967, zit. nach Krappmann 1973, 77.

Haeckel, Ernst: Generelle Morphologie der Organismen. 2. Bd.: Allgemeine Entwicklungsgeschichte der Organismen. Berlin 1866.

Hager, Kurt: Zu Fragen der Kulturpolitik der SED. Rede auf der 6. Tagung des ZK der SED am 6./7. Juli 1972. Berlin 1972.

Haindl, Erika: Kulturanalyse in einer „historischen" Kleinstadt als Grundlage für kommunalpolitische Planungs- und Sozialaufgaben. In: Gemeinde im Wandel 1977.

Halbwachs, Maurice.: La mémoire collective. Paris 1950.

Hall, Edward T.: Die Sprache des Raumes. Düsseldorf 1976. (The hidden dimension, 1966).

Haller von Hallerstein-Teufel, Nina, Manfred Teufel: „Kleine Gemeinde" zwischen Marginalität und Anpassung am Beispiel Südirland. In: Gemeinde im Wandel 1977.

Hammond, Peter B. (ed.): Cultural und social anthropology. Selected readings. New York, London ⁹1969.

Handlin, Oscar: The uprooted. The epic story of the great migrations that made the American people. New York 1951.

Handwörterbuch des deutschen Aberglaubens, hg. v. Hanns Bächtold-Stäubli. 10 Bde. Berlin, Leipzig 1927–1942.

Hannerz, Ulf: Some comments on the anthropology of ethnicity in the United States. In: Henry 1976, 429–438.

Harris, Marvin: The rise of anthropological theory. A history of theories of culture. London 1968.

Hartmann, Klaus D.: Auslandsreisen. Dienen Urlaubsreisen der Völkerverständigung? Hg. Studienkreis für Tourismus e.V. Starnberg 1974.

Hartmann, Nicolai: Das Problem des geistigen Seins. Berlin [3]1962.

Haug, Wolfgang Fritz: Die Rolle des Ästhetischen bei der Scheinlösung von Grundwidersprüchen der kapitalistischen Gesellschaft. In: Das Argument 64, 13. Jg., 1971, 190–213.

–: Kritik der Warenästhetik. Frankfurt/M. [3]1972 (a).

–: Warenästhetik, Sexualität und Herrschaft. Gesammelte Aufsätze. Frankfurt/M. 1972 (b).

Hatch, Elvin: Theories of man and culture. New York, London 1973.

Hauser, Arnold: Sozialgeschichte der Kunst und Literatur. München 1975 ([1]1953).

Heilfurth, Gerhard: Volkskunde jenseits der Ideologien. Zum Problemstand des Fachs im Blickfeld empirischer Forschung. Marburg 1961.

–, unter Mitarbeit von Ina-Maria Greverus: Bergbau und Bergmann in der deutschsprachigen Sagenüberlieferung Mitteleuropas. Bd. I, Quellen. Marburg 1967.

–: Zu kultur- und sozialanthropologischen Problemen der Volksforschung. In: Ethnologia Europaea 2/3, 1968/69, Arnhem 1970, 180–183.

–: Anpassung und Konflikt im Entstehungsprozeß einer Allerweltskultur. In: Die Mitarbeit. Zs. zur Gesellschafts- und Kulturpolitik 24, 1975, 193–204.

–: Die soziale Differenzierung der Kultur. In: Wiegelmann-Zender-Heilfurth 1977, 216–231.

Heine, Heinrich: Werke. Mit einer Einleitung von Hans Mayer. 4 Bde. Frankfurt/M. 1968.

Hennig, Christian: Der Bund Deutscher Nordschleswiger im Meinungsbild seiner Mitglieder. In: Sievers 1975, 157–174.

Henry, Frances (ed.): Ethnicity in the Americas. The Hague, Paris 1976.

Herders sämtliche Werke. Hg. v. Bernhard Suphan. 33 Bde. Berlin 1877–1913.

Herles, H.: Sprichwort und Märchenmotive in der Werbung. In: Zs. f. Volkskunde 62, 1966, 67–80.

Herrscher und Untertanen. Indianer in Peru 100 v. Chr. bis heute. Hg. v. Museum f. Völkerkunde. Frankfurt/M. 1974.

Herskovits, Melville J.: Cultural relativism. Perspectives in cultural pluralism. New York 1973.

Hess, Henner: Mafia. Zentrale Herrschaft und lokale Gegenmacht. Tübingen 1970.

Hesse-Quack, Otto: Der Comic-Strip als soziales und soziologisches Phänomen. In: Kölner Zs. f. Soziologie und Sozialpsychologie 21, 1969, 680–708.

Hobsbawm, Eric J.: Sozialrebellen. Archaische Bewegungen im 19. und 20. Jahrhundert. Neuwied, Berlin 1962 ([1]1959).

–: Die Banditen. Frankfurt/M. 1972 ([1]1969).

Hofer, Tamás: Anthropologists and native ethnographers in Central European villages: Comparative notes on the professional personality of two disciplines. In: Current Anthropology 9, 1968, 311–315.

–: Volkskunstausstellung der Bezirke Ungarns. Zur Hundertjahrfeier der Vereinigung der Hauptstadt Budapest. Ungarische Nationalgalerie. Katalogeinleitung. Budapest 1973, 3–16 (a).

–: Phasen des Wandels im östlichen Mitteleuropa im Lichte kulturanthropologischer Theorien. In: Wiegelmann 1973, 251–264 (b).

–: Research at Átány. Paper prepared for Burg Wartenstein Conference Nr. 67 „Theoretical and methodological implications of long-term field research in social anthropology." Ms. 1975.

Hoffmann, Hilmar (Hg.): Perspektiven der kommunalen Kulturpolitik. Beschreibungen und Entwürfe. Frankfurt/M. 1974.

Hoffmann, Holger: Gott im Underground. Hamburg 1972.

Hoffmann, J.: Die „Hausväterliteratur" und die „Predigten über den christlichen Hausstand". Ein Beitrag zur Geschichte der Lehre vom Hause und der Bildung für das häusliche Leben. Diss. Göttingen 1954.

Hoffmann-Krayer, Eduard: Die Volkskunde als Wissenschaft. Zürich 1902. (auch in: ders.: Kleine Schriften zur Volkskunde, hg. v. P. Geiger, Basel 1946, 1–23).

–: Naturgesetze im Volksleben? In: Hess. Bl. f. Volkskunde 2, 1903, 57–64.

–: Individuelle Triebkräfte im Volksleben. In: Schweiz. Archiv für Volkskunde 30, 1930, 169–182 (auch in ders.: Kleine Schriften zur Volkskunde, hg. v. P. Geiger, Basel 1946, 223–236.).

Hoffmann-Novotny, Hans-Joachim: Soziologie des Fremdarbeiterproblems. Eine theoretische und empirische Analyse am Beispiel der Schweiz. Stuttgart 1973.

Hofstätter, P. R.: Gruppendynamik. Kritik der Massenpsychologie. Hamburg 1957.

Hollstein, Walter: Der Untergrund. Zur Soziologie jugendlicher Protestbewegungen. Neuwied, Berlin 1969.

Holz, Hans-Heinz: Vom Kunstwerk zur Ware. Studien zur Funktion des ästhetischen Gegenstandes im Spätkapitalismus. Neuwied, Berlin 1972.

Honigmann, John J. (ed.): Handbook of social and cultural anthropology. Chicago 1973.

Honko, Lauri: Geisterglaube in Ingermanland. (= FF Communications Nr. 185) Helsinki 1962.

–: The ecological aspect in the study of culture, tradition and identity. In: NIF Newsletter 3 (1975), 12f.

Hostetler, John A.: Amish society. Baltimore 1963.

Houriet, Robert: Getting back together. New York 1973.

Howard, John R.: Awakening minorities. American Indians, Mexikan Americans, Puerto Ricans. TA Books 18, 1970.

Huckenbeck, Herbert: Probleme ethnopsychologischer Forschung. In: Kontakte und Grenzen 1969, 35–48.

Hultkranz, Åke (ed.): International dictionary of regional European ethnology and folklore. Vol. I. Copenhagen 1960.

Hund, Wulf D., Dieter Kramer: Materialien und Texte zur Kulturtheorie und Kultursoziologie. Ms. hg. von der Arbeitsgruppe Kultursoziologie und Kommunikationsforschung im Fachbereich Gesellschaftswissenschaften der Philipps-Universität Marburg. Marburg 1972.

Husserl, Edmund: Die Krisis der europäischen Wissenschaften und die transzendentale Phänomenologie (Husserliana Bd. VI). Den Haag 1954.

–: Phänomenologische Psychologie (Husserliana Bd. IX). Den Haag 1962.

Illich, Ivan: Almosen und Folter. Verfehlter Fortschritt in Lateinamerika. München 1970.

–: Die Enteignung der Gesundheit. „Medical Nemesis“. Reinbek 1975.

Illien, Albert: Prestige in dörflicher Lebenswelt. Eine explorative Studie. Tübingen 1977.

Irwin, John: Notes on the present status of the concept subculture. In: Arnold 1970 (a), 164–170.

Ittelson, William H.: Some factors influencing the design and function of psychiatric facilities. Department of psychology. Brooklyn College. New York 1960.

Jacob Grimm zur 100. Wiederkehr seines Todestages (= Deutsches Jahrbuch für Volkskunde 9, 1963).

Jacobeit, Wolfgang: Schafhaltung und Schäfer in Zentraleuropa bis zu Beginn des 20. Jahrhunderts. Berlin 1961.

–: Bäuerliche Arbeit und Wirtschaft. Ein Beitrag zur Wissenschaftsgeschichte der deutschen Volkskunde. Berlin 1965.

–: Zur Aufgabenstellung der marxistischen Volkskunde im entwickelten gesellschaftlichen System des Sozialismus. In: Ethnographische Studien zur Lebensweise 1971, 3–9.

–: Gedanken zur „Lebensweise" als volkskundliche Forschungskategorie. In: In Memoriam António Jorge Dias, Vol. II., Lisboa 1974, 273–282.

–, *Ute Mohrmann:* Zum Gegenstand und zur Aufgabenstellung der Volkskunde in der DDR. In: Lêtopis, Reihe C, 11/12, 1968/69, 94–103.

Jaeggi, Urs: Ordnung und Chaos. Der Strukturalismus als Methode und Mode. Frankfurt/M. 1968.

Jeggle, Utz: Wertbedingungen der Volkskunde. In: Abschied vom Volksleben 1970, 11–36.

–: Beharrung oder Wandel? Fragen an eine kulturanthropologisch ausgerichtete Ethnologie. In: Zs. f. Volkskunde 67, 1971, 26–37.

–: Kiebingen, eine Heimatgeschichte. Zum Prozeß der Zivilisation in einem schwäbischen Dorf. Tübingen 1977.

–, *Gottfried Korff:* Zur Entwicklung des Zillertaler Regionalcharakters. In: Zs. f. Volkskunde 70 (1974), 39–57 (a).

–, *Gottfried Korff:* Homo Zillertaliensis oder: Wie ein Menschenschlag entsteht. In: Der Bürger im Staat 24, 1974, 182–188 (b).

Kant, Immanuel: Anthropologie in pragmatischer Hinsicht (1798). In: Kant's gesammelte Schriften, Bd. VII, Weimar 1917.

Kaplan, David: The superorganic: Science or metaphysics? In: American Anthropologist 67, 1965, 958–976.

Karbusický, Vladimir: Primär-kulturelle Erscheinungen in der Industriegesellschaft. In: Kontakte und Grenzen 1969, 165–174.

Kardiner, Abraham, Edward Preble: Wegbereiter der modernen Anthropologie. Frankfurt/M. 1974 (= They studied man, 1961).

Kilian, Hans: Das Grundmodell der Verhaltensforschung. In: Club Voltaire, Jb. f. kritische Aufklärung II, München 1965, 167–195.

Klemm, Gustav: Allgemeine Cultur-Geschichte der Menschheit. 10 Bde. Leipzig 1843–1852.

Klusen, Ernst: Volkslied. Fund und Erfindung. Köln 1969.

Knebel, Hans-Joachim: Soziologische Strukturwandlungen im modernen Tourismus. Stuttgart 1960.

Knötig, Helmut: Bemerkungen zum Begriff „Humanökologie" In: Humanökologische Blätter 1972, H. 2/3, 3–140.

– (Hg.): Internationale Tagung für Humanökologie Wien 1975. Tagungsband. St. Saphorin 1976.

Kohlenberg, Karl F.: Völkerkunde. Schlüssel zum Verständnis des Menschen. Düsseldorf, Köln 1968.

Kolb, G. Friedrich: Culturgeschichte der Menschheit, mit besonderer Berücksichtigung von Regierungsform, Politik, Religion, Freiheits- und Wohlstandsentwicklung der Völker. Eine allgemeine Weltgeschichte nach den Bedürfnissen der Jetztzeit. 2 Bde. 1869, 3. Auflage Leipzig 1885.

Koenig, Otto: Urmotiv Auge. Neuentdeckte Grundzüge menschlichen Verhaltens. München, Zürich 1975.

König, René: Grundformen der Gesellschaft: Die Gemeinde. Hamburg 1958.

–: Jugendlichkeit als Ideal moderner Gesellschaften. In: Universitas 15, 1960, 1289–1296.

–: Über einige Fragen der empirischen Kulturanthropologie. In: König, Schmalfuß 1972, 7–48.

–, *Axel Schmalfuß:* Kulturanthropologie. Düsseldorf, Wien 1972.

Kontakte und Grenzen. Probleme der Volks-, Kultur- und Sozialforschung. Festschrift für Gerhard Heilfurth, hg. von seinen Mitarbeitern. Göttingen 1969.

kontraste Nr. 4 1976: Die selbstgemachten Götter. „Neue Jugendreligionen".

Kosík, Karel: Dialektik des Konkreten. Eine Studie zur Problematik des Menschen und der Welt. Aus dem Tschechischen. Frankfurt/M. ²1971.

Köstlin, Konrad: Feudale Identität und dogmatisierte Volkskultur. In: Zs. f. Volkskunde 73, 1977, 216–233.

Krader, Lawrence: The ethnological notebooks of Karl Marx. Essen 1972.

–: Ethnologie und Anthropologie bei Marx. München 1973.

Kramer, Dieter: Wem nützt Volkskunde? Mit zahlreichen Diskussionsbeiträgen. In: Zs. f. Volkskunde 66, 1970, 1–59.

–: Probleme der gesellschaftlichen und beruflichen Praxis in der Kultursoziologie und europäischen Ethnologie. Zur Diskussion um „Wem nützt Volkskunde?" In: Zs. f. Volkskunde 67, 1971, 228–243.

–: „Kreativität" in der „Volkskultur". In: Zs. f. Volkskunde 68, 1972, 20–41.

–: Literatur zur Kultursoziologie der Arbeiter. In: Zs. f. Volkskunde 71, 1975, 88–103.

–: Geschichte der Arbeiterbewegung und Volkskultur. Ein Literaturbericht. In: Zs. f. Volkskunde 73, 1977, 246–261.

Kramer, Karl-S.: Bauer und Bürger im nachmittelalterlichen Unterfranken. Würzburg 1957.

–: Volksleben im Fürstentum Ansbach und seinen Nachbargebieten (1500–1800). Würzburg 1961.

–: Volksleben im Hochstift Bamberg und im Fürstentum Coburg (1500–1800). Würzburg 1967.

–: Ländliches Leben im ehemaligen Amt Ratzeburg 1720–1760. (= Kieler Blätter zur Volkskunde V). Kiel 1973.

–: Grundriß einer rechtlichen Volkskunde. Göttingen 1974.

Krappmann, Lothar: Soziologische Dimension der Identität. Strukturelle Bedingungen für die Teilnahme an Interaktionsprozessen. Stuttgart ^{3}1973.

Kriß-Rettenbeck, Lenz: Ex Voto. Zeichen, Bild und Abbild im christlichen Votivbrauchtum. Zürich, Freiburg 1972 (a).

–: Was ist Volkskunst? In: Zs. f. Volkskunde 68, 1972, 1–19 (b).

–: Spiritualität, Rationalität und Sensualität. Zu dem Buch „Evangelische Andachtsbilder von Martin Scharfe". In: Forschungen und Berichte zur Volkskunde in Baden-Württemberg 1971–1973. Hg. v. I. Hampp und P. Assion. Stuttgart 1973, 141–152.

Kroeber, Alfred L.: The superorganic. In: American Anthropologist 19, 1917, 163–213.

–: The nature of culture. Chicago 1952.

– (ed.): Anthropology today. Chicago 1953.

–, *Clyde Kluckhohn:* Culture. A critical review of concepts and definitions. Cambridge, Massachusetts, USA 1952.

Kroner, Ingrid: Genitale Lust im Kulturkonflikt. Eine Untersuchung am Beispiel der St. Pauli Nachrichten. Tübingen 1974.

Kruck, Alfred: Geschichte des Alldeutschen Verbandes 1890–1939. Wiesbaden 1954.

Kübler, Hans-Dieter: Abendschau. Unterhaltung und Information im Fernsehen. Tübingen 1975.

Kuhn, Walter: Deutsche Sprachinsel-Forschung. Geschichte, Aufgaben, Verfahren. Plauen i.V. 1934.

Kultur und Zivilisation. Europäische Schlüsselwörter Bd. III, hg. vom sprachwissenschaftlichen Colloquium (Bonn). München 1967.

Kulturpolitisches Wörterbuch, hg. v. H. Bühl u. a. Berlin 1970.

Kunst? Handwerk in Afrika im Wandel. (Roter Faden zur Ausstellung) Museum für Völkerkunde. Frankfurt/M. 1975.

Künzig, Johannes: Urheimat und Kolonistendorf. Ein methodisches Beispiel gegenseitiger Aufhellung. In: Jb. f. Volkskunde der Heimatvertriebenen 2, 1956, 109–140.

Kurz, Ursula: Partielle Anpassung und Kulturkonflikt. Gruppenstruktur und Anpassungsdisposition in einem italienischen Gastarbeiterlager. In: Kölner Zs. f. Soziologie und Sozialpsychologie 17, 1965, 814 ff.

Lange, Thomas: Idyllische und exotische Sehnsucht. Formen bürgerlicher Nostalgie in der deutschen Literatur des 18. Jahrhunderts (Scriptor Hochschulschriften Literaturwissenschaft 23). Kronberg/Ts. 1976.

Lawton, M. Powell: Planning environments for older people. In: Journal, American Institute of Planners 36, 1970, 124–129.

Le Bon, G.: Psychologie der Massen (Psychologie des foules, 1895) Zahlr. dt. Ausgaben.

Leeuwen, Hendrik van: Ecology of habitat. In: „de woning en haar bewoning" landbouwhogeschool wageningen 1970.

–: Ecological approach to the house-environment. In: „de woning en haar bewoning", landbouwhogeschool wageningen 1971.

Lefèbvre, Henri: Das Alltagsleben in der modernen Welt. Frankfurt/M. 1972 (La vie quotidienne dans le monde moderne, 1968).

–: Kritik des Alltagslebens. 3 Bde. München 1974/75 (Critique de la vie quotidienne, 1947).

Lenz-Romeiß, Felizitas: Die Stadt – Heimat oder Durchgangsstation. München 1970.

Lepenies, Wolf: Soziologische Anthropologie. Materialien. München 1971.

–: Geschichte und Anthropologie. Zur wissenschaftshistorischen Einschätzung eines aktuellen Disziplinenkontaktes. In: Geschichte und Gesellschaft. Zs. f. Historische Sozialwissenschaft 1, 1975, 325–343.

–, *Helmut Nolte:* Experimentelle Anthropologie und emanzipatorische Praxis. Überlegungen zu Marx und Freud. In: dies.: Kritik der Anthropologie. München 1972 ([1]1971), 9–76.

Lepsius, M. Rainer: Immobilismus: Das System der sozialen Stagnation in Süditalien. In: Jb. f. Nationalökonomie und Statistik 117, 1965, 304–342.

Lévi-Strauss, Claude: Strukturale Anthropologie. Frankfurt/M. 1972 (Anthropologie structurale, Paris 1958).

–: Das wilde Denken. Frankfurt/M. 1973 (La pensée sauvage, 1962).

–: Traurige Tropen. Köln 1974. (Tristes Tropiques, Paris 1955).

Levita, David J. de: Der Begriff der Identität. Frankfurt/M. 1971.

Lewis, Oscar: Life in a Mexican village. Tepoztlán restudied. Urbana, Ill., 1951.

–: Five families: Mexican case studies in the culture of poverty. New York 1959.

–: The children of Sanchez. New York 1961 (deutsch: 1963).

300

–: Pedro Martinez. A Mexican peasant and his family. New York 1964 (a) (deutsch: 1965).

–: The culture of poverty. In: Explosive forces in Latin America, ed. J. J. Te Paske and S. N. Fischer, Columbus, Ohio, 1964, 149–173 (b).

–: La Vida: A Puertorican family in the culture of poverty. San Juan, New York 1966 (a) (deutsch: Düsseldorf, Wien 1971).

–: The culture of poverty. In: Scientific American 215, 1966, 19–25 (b).

Lindesmith, A. R., A. Strauss: Zur Kritik der „Kultur- und Persönlichkeitsstrukturforschung". In: Topitsch, E. (Hg.): Logik der Sozialwissenschaften. Köln, Berlin 1965, 435–455.

Linton, Ralph: Gesellschaft, Kultur und Individuum. Interdisziplinäre sozialwissenschaftliche Grundbegriffe. Frankfurt/M. 1974. (The cultural background of personality, 1945).

Lion, Ferdinand: Romantik als deutsches Schicksal. Stuttgart 1963 ([1]1947).

Lippert, Julius: Kulturgeschichte der Menschheit in ihrem organischen Aufbau. 2 Bde. Stuttgart 1886/87.

Loiskandl, Helmut: Edle Wilde, Heiden und Barbaren. Fremdheit als Bewertungskriterium zwischen Kulturen. Mödlingen bei Wien 1966.

Lopreato, Joseph: Social stratification and mobility in a south italian town. In: American Sociological Review 1961, 585–596.

–: Italian Americans. New York 1970.

Löwenthal, Leo: Literature, popular culture and society. Englewood Cliffs, N.Y., 1961.

–: Die Entwicklung der Massenkultur [aus: Literature, popular culture and society, 1961]. In: Scheuch-Meyersohn 1972, 74–87.

Luther, Henning: Kommunikation und Gewalt. Erste Überlegungen zu einer Theorie der Politästhetik. Gießen 1973.

Lutz, Gerhard: Sitte und Infamie: Untersuchungen zur rechtlichen Volkskunde am Phänomen des Verrufs. Würzburg 1954.

–: Volkskunde und Ethnologie. In: Zs. f. Volkskunde 65, 1959, 65–80.

–: Volkskunde und Kulturanthropologie. Zur Frage der Ortsbestimmung unseres Faches. In: Zs. f. Volkskunde 67, 1971, 1–13.

–: Volkskunde, „Lehre vom Volke" und Ethnologie. Zur Geschichte einer Fachbezeichnung. In: Hess. Bl. f. Volkskunde 62/63, 1971/72, 11–29.

–: Johann Ernst Fabri und die Anfänge der Volksforschung im ausgehenden 18. Jahrhundert. In: Zs. f. Volkskunde 69, 1973, 19–42.

Lynch, Kevin: Das Bild der Stadt. Braunschweig 1975. (The image of the city, 1960).

Lynd, Helen M.: On shame and the search for identity. New York 1958.

Lynd, Robert S. and Helen M.: Middletown, A study in American culture. New York 1956 (^{1}1929).

–: Middletown in transition. A study in cultural conflicts. New York 1937.

Mahal, Günther: Der Wundertraum vom Liebesglück. Vorläufiges zum Schlager nach 1945. In: Zs. f. Volkskunde 71, 1975, 64–78.

Mahler, Elsa: Die russische Totenklage. Ihre rituelle und dichterische Deutung. Leipzig 1935.

–: Die russischen dörflichen Hochzeitsbräuche. Wiesbaden 1960.

Malamud, René: Zur Psychologie des Schlagers. Eine Untersuchung anhand seiner Texte. Winterthur 1964.

Malinowski, Bronislaw: Argonauts of the Western Pacific. New York 1950 (^{1}1922).

–: Eine wissenschaftliche Theorie der Kultur. Und andere Aufsätze. Mit einer Einleitung von Paul Reiwald: Malinowski und die Ethnologie. Frankfurt/M. 1975.

–: Recht und Ordnung bei den Primitiven. In: König, Schmalfuß 1972, 177 ff.

Mandelbaum, D. G., G. W. Lasker, E. M. Albert: The teaching of anthropology. Abridged edition. Berkeley, Los Angeles 1967.

Mannhardt, Wilhelm: Wald- und Feldkulte. 2 Teile. Berlin 1875 u. 1877.

Marcuse, Herbert: Kultur und Gesellschaft. 2 Bde. Frankfurt/M. ^{8}1968.

Marquard, Odo: Schwierigkeiten mit der Geschichtsphilosophie. Aufsätze. Frankfurt/M. 1973.

Marselli, G. A.: American sociologists and Italian peasant society. In: Sociologica Ruralis III, 4, 1965.

Martin, Gerhard M.: Fest und Alltag. Bausteine zu einer Theorie des Festes. Stuttgart, Berlin, Köln, Mainz 1973.

Martino, E. de: Sud e magia. Milano 1959.

Mauss, Marcel: Soziologie und Anthropologie. 2 Bde. München 1974/75.

Maxwell, Gavin: Wer erschoß Salvatore Giuliano? Hamburg 1963.

Mead, George H.: Geist, Identität und Gesellschaft aus der Sicht des Sozialbehaviorismus. Frankfurt/M. 1975. (Mind, self and society. From the standpoint of a social behaviorist, 1934).

Mead, Margaret: The art and technology of field work. In: Naroll–Cohen 1973, 246–265.

Meier, John: Bergreihen. Ein Liederbuch des 16. Jahrhunderts. Halle 1892.

–: Kunstlieder im Volksmunde. Halle 1906.

Meister, Richard: Die Zonengliederung der Kultur. In: Wiener Zs. f. Philosophie, Psychologie und Pädagogik 3, 1951, 164–202.

302

Meyer, Alfred G.: The use of the term culture in the Soviet Union. In: Kroeber-Kluckhohn 1952, 213–217.

Mezger, Werner: Schlager, Versuch einer Gesamtdarstellung unter besonderer Berücksichtigung des Musikmarktes der Bundesrepublik Deutschland. Tübingen 1975.

Milke, Wilhelm: Der Funktionalismus in der Völkerkunde. In: Schmollers Jahrbuch für Gesetzgebung, Verwaltung und Volkswirtschaft 62, 1938, 65–86.

Mitford, Jessica: Der Tod als Geschäft. The American way of death. Olten, Freiburg 1965 (¹1963).

Mitscherlich, Alexander: Die Unwirtlichkeit unserer Städte. Anstiftung zum Unfrieden. Frankfurt/M. ⁶1969 (¹1965).

Möller, Helmut: Untersuchungen zum Funktionalismus in der Volkskunde. Diss. Göttingen 1954.

–: Gemeinschaft, Folk Society und das Problem der „kleinen Gemeinde". In: Folk-Liv 1964/65, 135–145.

–: Itdeutsch. Ideologie, Stereotyp, Verhalten. In: Hess. Bl. f. Volkskunde 57, 1966, 9–30.

–: Die kleinbürgerliche Familie im 18. Jahrhundert. Verhalten und Gruppenkultur. Berlin 1969.

Moser, Hans: Vom Folklorismus in unserer Zeit. In: Zs. f. Volkskunde 58, 1962, 177–209.

Moss, Leonard W.: Prepared comments. In: Paredes, Stekert 1971, 58–60.

–, *Stephan C. Cappanari:* Estate and class in a South Italian hill village. In: American Anthropologist 64, 1962, 287–300.

Mühlberg, Dietrich: Zur marxistischen Auffassung der Kulturgeschichte. In: Deutsche Zs. f. Philosophie 12, 1964, 1037–1045.

Mühlmann, Wilh. E.: Geschichte der Anthropologie. Frankfurt, Bonn 1968.

–: Kosmas und Damian in Sizilien. In: Österr. Zs. f. Volkskunde 72, 1969, 15–25. .

–: Umrisse und Probleme einer Kulturanthropologie. In: Mühlmann, Müller 1966, 15–49.

–: Ethnologie als soziologische Theorie der interethnischen Systeme. In: König, Schmalfuß 1972, 266–284 (zuerst 1956).

–, *Ernst Müller* (Hg.): Kulturanthropologie. Köln-Berlin 1966.

Müller, Michael: Die ästhetische Dimension der Landschaft. Zur Bedeutung ihrer Wiedergewinnung und Erhaltung. In: Greverus 1976 (a), 57–80.

Munn, Nancy D.: Symbolism in a ritual context. Aspects of symbolic action. In: Honigmann 1973, 579–612.

Museumsdidaktik und Dokumentationspraxis. Zur Typologie von Ausstellungen in kulturhistorischen Museen. Hg. von Bauer, J., Gockerell, N. (= Veröffentlichungen zur Volkskunde und Kulturgeschichte Bd. 2). München 1976.

Museveni, Yoweri T.: Fanon's theory on violence. Its verification in liberated Mozambique. In: Shamunaria, N. M. (ed.): Essays on the liberation of Southern Africa. Studies in Political Science Nr. 3. Dar-es-Salaam 1972, 1–24. (zit. nach Stumann 1976).

Myrdal, Gunnar with the assistance of R. Sterner and A. Rose: An American dilemma. The Negro problem and modern democracy. New York, London 1944.

Nagl, Manfred: Science Fiction in Deutschland. Tübingen 1972.

Naroll, R., R. Cohen (ed.): A handbook of method in cultural anthropology. New York, London 1973.

Narr, Roland: Volkskunde als kritische Sozialwissenschaft. In: Abschied vom Volksleben 1970, 37–73.

Naumann, Hans: Primitive Gemeinschaftskultur. 1921.

–: Grundzüge der deutschen Volkskunde. Leipzig 1922.

–: Deutsche Nation in Gefahr. 1932.

Nestmann, L.: Zur Theorie einer allgemeinen und globalen Humanökologie und ihrer Stellung im System der Wissenschaften. In: Knötig 1976, 411–423.

Neumann, Siegfried: Soziale Konflikte im Mecklenburgischen Volksschwank. Berlin 1961.

Niederer, Arnold: Zur gesellschaftlichen Verantwortung der gegenwärtigen Volksforschung. In: Kontakte und Grenzen 1969, 1–10.

–: Jorge Dias 1907–1973. In: Ethnologia Europaea VII, 1973/74, 129–132.

Niemann, August Christian Heinrich: Schleswig-Holsteinische Vaterlandskunde. Verhandlungen, Bemerkungen, Nachrichten zur nähern Kenntnis der Herzogthümer Schleswig und Holstein und zum gemeinen Nuzen ihrer Bewohner. Erstes Stük. Hamburg 1802: „Skize zur Beschreibung eines Landdistrikts", S. IX–LII.

Nietzsche, Friedrich: Unzeitgemäße Betrachtungen. Aus dem Nachlaß 1873–1875. In: Werke, Bd. 2, Leipzig 1922.

Novak, Michael: The rise of the unmeltable ethnics. New York 1972.

Novalis. Gesammelte Werke in einem Band. Gütersloh 1967.

Nylén, Anna-Maja, Walter Hävernick: „Kulturfixierung" und „Innovation". In: Beiträge zur Volks- und Altertumskunde 9, 1965, 7–22.

Obrist, H.: Luxuskunst oder Volkskunst? In: Dekorative Kunst IX, 1902.

Oevermann, Ulrich: Sprache und soziale Herkunft. Ein Beitrag zur Analyse schichtenspezifischer Sozialisationsprozesse und ihrer Bedeutung für den Schulerfolg. Berlin 1970.

Ortega y Gasset, José: Der Aufstand der Massen (La rebelión de las masas, 1926). Zahlr. dt. Ausgaben.

Paasonen, H., P. Ravila: Mordwinische Volksdichtung. Bd. 2, 4. Helsinki 1939, 1947.

Paredes, A., E. J. Stekert (ed.): The urban experience and folk tradition. Austin, London 1971.

Park, Robert E., Ernst W. Burgess, R. D. McKenzie: The city. New York 1925.

Park, Robert E.: Human migration and the marginal man. In: American Journal of Sociology 33, 1928, 881–893.

–: Race and culture. Glencoe, Ill., 1950.

–: Human communities: The city and human ecology. Glencoe 1952.

Pelto, Pertti J.: Anthropological research. The structure of inquiry. New York, Evanston, London 1970.

–, *Gretel H. Pelto:* Ethnography: The fieldwork enterprice. In: Honigmann 1973, 24–288.

Peres, Yochanan: Ethnic relations in Israel. In: American Journal of Sociology, 76, 1976, Nr. 6.

Pflaum, Michael: Die Kultur-Zivilisations-Antithese im Deutschen. In: Kultur und Zivilisation 1967, 288–419.

Pike, Kenneth: Language in relation to a unified theory of the structure of human behavior. Glendale, Calif., 1954.

Pitt-Rivers, Julian A.: The people of the Sierra. Chicago, London 1961.

Pizzorno, Alessandro: Amoral familism and historical marginality. In: International Review of Community Development 1966, 3–15.

Prohansky, H. M., W. H. Ittelson, L. G. Rivlin (ed.): Environmental psychology: man and his physical setting. New York etc. 1970.

Prokop, Dieter: Massenkultur und Spontaneität. Zur veränderten Warenform der Massenkommunikation im Spätkapitalismus. Frankfurt/M. 1974.

Provinzano, James: Two views of ethnicity. In: Henry 1976, 385–404.

Psathas, George: Ethnotheorie, Ethnomethodologie und Phänomenologie. In: Alltagswissen 2, 1973, 263–284.

Quinn, J. A.: Human ecology. New York ²1955.

Radcliffe-Brown, Alfred R.: The Andaman Islanders. Cambridge ²1933 (¹1922).

Ranke, Kurt: Indogermanische Totenverehrung. Bd. 1. Helsinki 1951.

Rapoport, Amos: An approach to the construction of man-environment theory. In: Evironmental Design Research Association Conference, ed. W. F. E. Preiser, Bd. II, Strondsburg, Pa., 1973, 124–135.

– (ed.): The mutual interaction of people and their built environment. A cross-cultural perspective. The Hague, Paris 1976 (a).

–: Sociocultural aspects of man-environment studies. In: Rapoport 1976 (a), 7–35 (b)

Redfield, Robert: Tepoztlán. A Mexican village. A study of folk life. Chicago 1930.

–: The folk culture of Yucatán. Chicago 1941.

–: The little community. Viewpoints for the study of a human whole. Uppsala, Stockholm 1955.

–: Die „Folk"-Gesellschaft. In: Mühlmann, Müller 1966, 327–355.

Reimann, Horst: Kommunikationssysteme. Umrisse einer Soziologie der Vermittlungs- und Mitteilungsprozesse. Tübingen 1968.

– *und Helga:* Dichotomie einer Stadt. „Sviluppo dall' alto" im südsizilianischen Industrialisierungskern Gela. In: Entwicklung und Fortschritt. Soziologische und ethnologische Aspekte des sozialkulturellen Wandels. W. E. Mühlmann zum 60. Geburtstag, hg. v. H. Reimann u. E. W. Müller. Heidelberg 1969, 183–207.

Riehl, Wilh. Heinrich: Die bürgerliche Gesellschaft. (= Bd. 2 der Naturgeschichte des Volkes als Grundlage einer deutschen Sozialpolitik) [1]1851. [5]1858.

–: Die Familie (= Bd. 3 der Naturgeschichte des Volkes als Grundlage einer deutschen Sozialpolitik). 1855.

–: Die Pfälzer. Ein rheinisches Volksbild. 1857.

–: Die Volkskunde als Wissenschaft. Ein Vortrag 1858. In: Die Volkskunde als Wissenschaft. Berlin und Leipzig 1935, 9–22.

–: Culturstudien aus drei Jahrhunderten. Stuttgart 1862.

Riesman, David, Reuel Denney, Nathan Glazer: Die einsame Masse. Eine Untersuchung der Wandlungen des amerikanischen Charakters. Hamburg 1958 (The lonely crowd, 1950).

Risso, M., W. Böker: Verhexungswahn. Ein Beitrag zum Verständnis süditalienischer Arbeiter in der Schweiz. Basel, New York 1964.

Robins, Richard H.: Identity, culture, and behavior. In: Honigmann 1973, 1199–1222.

Roček, Roman, Oskar Schatz (Hg): Philosophische Anthropologie heute. Elf Beiträge. München 1972.

Rohan-Csermak, Géza de: The theory of ethnos today. Papers prepared for the IXth International Congress of Anthropological and Ethnological Sciences. Chicago 1973 (erscheint in der Reihe World Anthropology, ed. Sol Tax, The Hague, Paris).

Romein, Jan: Über den Konservativismus als historische Kategorie. Ein Versuch. In: Wesen und Wirklichkeit des Menschen. Festschrift für Helmuth Plessner. Göttingen 1957, 130 ff.

Rosander, Göran (ed.): Turisternas Dalarna. Falun 1976.

Rosenberg, Bernard, David M. White (ed.): Mass culture. The popular arts in America. Glencoe [8]1963.

Roszak, Theodore: Gegenkultur. Gedanken über die technokratische Gesellschaft und die Opposition der Jugend. Düsseldorf-Wien 1971 (The making of a counter culture. Reflections on the technocratic society and its youthful opposition, 1968/69).

Rothacker, Erich: Probleme der Kulturanthropologie. Bonn 1948.

–: Grundfragen der Kulturanthropologie. In: Universitas. Zs. f. Wissenschaft, Kunst und Literatur 2, 1957, 479–488.

–: Philosophische Anthropologie. Bonn 1964.

Rudofsky, Bernard: Architecture without architects. A short introduction to non-pedigreed architecture. New York 1964.

Rudolph, Wolfgang: Die amerikanische „Cultural Anthropology" und das Wertproblem. Berlin 1959.

–: Der kulturelle Relativismus. Kritische Analyse einer Grundsatzfragen-Diskussion in der amerikanischen Ethnologie. Berlin 1968.

–: Ethnologie. Zur Standortbestimmung einer Wissenschaft. Tübingen 1973.

Rühmkorf, Peter: Über das Volksvermögen. Exkurse in den literarischen Untergrund. Reinbek bei Hamburg 1967.

Rynkiewich, Michael A., J. P. Spradley (ed.): Ethics and anthropology. Dilemmas in fieldwork. New York, London, Sydney, Toronto 1976.

Sack, Fritz: Die Idee der Subkultur. Eine Berührung zwischen Anthropologie und Soziologie. In: Kölner Zs. f. Soziologie und Sozialpsychologie 23, 1971, 261–282.

Sahlins, Marshall: Culture and environment. The study of cultural ecology. In: Tax 1970, 132–147.

Sargent, S., W. M. Stansfeld-Smith (ed.): Culture and personality. Proceedings of an interdisciplinary conference. New York 1949.

Sarmela, Matti: Alltägliche Gruppensymbole und die Theorien der Anthropologie. In: Ethnologia Europaea 6, 1972, 186–192.

Scharfe, Martin: Evangelische Andachtsbilder. Studien zur Intention und Funktion des Bildes in der Frömmigkeitsgeschichte vornehmlich des schwäbischen Raumes. Stuttgart 1968.

–: Kritik des Kanons. In: Abschied vom Volksleben 1970, 74–84 (a).

–: Probleme einer Soziologie des Wandschmucks. In: Zs. f. Volkskunde 66, 1970, 87–99 (b).

–: Die Volkskunst und ihre Metamorphose. In: Zs. f. Volkskunde 70, 1974, 215–245.

Schenda, Rudolf und Susanne: Eine sizilianische Straße. Volkskundliche Beobachtungen in Monreale, Tübingen 1965 (a).

Schenda, Rudolf: Das Onuphrius-Fest in Sutera, Sizilien. In: Öster. Zs. f. Volkskunde 68, 1965, 151–167 (b).

–: Statik und Dynamik der aktuellen italienischen Volkskunde. In: Zs. f. Volkskunde 65, 1969, 251–263.

–: Volk ohne Buch. Studien zur Sozialgeschichte der populären Lesestoffe 1770–1910. Frankfurt/M. 1970 (a), München [2]1977.

–: Rez. von Laurence Wylie, Dorf in der Vaucluse, Frankfurt 1969. In: Zs. f. Volkskunde 66, 1970, 217 (b).

–: Einheitlich – Urtümlich – Noch heute. Probleme der volkskundlichen Befragung. In: Abschied vom Volksleben 1970, 124–154 (c).

–: „Populärer" Wandschmuck und Kommunikationsprozeß. In: Zs. f. Volkskunde 66, 1970, 99–109 (d).

–: Das Elend der alten Leute. Informationen zur Sozialgerontologie für die Jüngeren. Düsseldorf 1972.

–: Die Lesestoffe der Kleinen Leute. Studien zur populären Literatur im 19. und 20. Jahrhundert. München 1976.

Schenk, Annemie, Ingeborg Weber-Kellermann (unter Mitarbeit v. M. Motzer u. W. Stolle): Interethik und sozialer Wandel in einem mehrsprachigen Dorf des rumänischen Banats. Marburg 1973.

Scheuch, Erwin K., Rolf Meyersohn (Hg.): Soziologie der Freizeit. Köln 1972.

Schilling, Heinz: Kunstpopularisierung als volkskundliches Dokumentationsproblem. In: Zs. f. Volkskunde 66, 1970, 151–165.

–: Wandschmuck unterer Sozialschichten. Empirische Untersuchungen zu einem kulturalen Phänomen und seiner Vermittlung. Frankfurt/M. 1971.

– (Hg.): Aspekte der Freizeit. (= Hess. Bl. f. Volks- und Kulturforschung Bd. 7) Gießen 1978.

Schmidt, Leopold: Die Volkskunde als Geisteswissenschaft. In: Mitt. d.

Öster. Ges. f. Anthropologie, Ethnologie und Prähistorie 73/77, 1947, 115–137.

–: Volkskunst in Österreich. Wien, Hannover 1966 (a).

–: Volksglaube und Volksbrauch. Gestalten – Gebilde – Gebärden. Berlin 1966 (b).

Schmidt-Brümmer, Horst, Feelie Lee: Die bemalte Stadt. Initiativen zur Veränderung der Straßen in den USA. Beispiele in Europa. Köln 1973.

Schmidt-Relenberg, Norbert: Kunst als intellektuelle Gesellschaftskritik. Zur Situation der Kunst in der gegenwärtigen Gesellschaft. In: Kölner Zs. f. Soziologie und Sozialpsychologie 21, 1969, 474–483.

Schmitz, Carl A. (Hg.): Kultur. Frankfurt/M. 1963.

Schneidewind, Gisela: Herr und Knecht. Antifeudale Sagen aus Mecklenburg. Aus der Sammlung R. Wossidlos hg. Berlin 1960.

Schöck, Gustav: Sammeln und Retten. Anmerkungen zu zwei Prinzipien volkskundlicher Empirie. In: Abschied vom Volksleben 1970, 85–104.

Schöffler, Herbert: Kleine Geographie des deutschen Witzes. Göttingen 1955.

Schuhler, Conrad: Zur politischen Ökonomie der Armen Welt. München 1968.

Schusky, Ernest L.: The study of cultural anthropology. New York etc. 1975.

Schütz, Alfred: Das Problem der Relevanz. Hg. und erläutert v. Richard M. Zaner. Einleitung von Thomas Luckmann. Frankfurt/M. 1971.

–, *Thomas Luckmann:* Strukturen der Lebenswelt. Neuwied, Darmstadt 1975.

Schwedt, Elke: Volkskunst und Kunstgewerbe. Überlegungen zu einer Neuorientierung der Volkskunstforschung. Tübingen 1970.

Schwedt, Herbert: Moderne Kunst, Kunstgewerbe und Volkskunst. In: Zs. f. Volkskunde 60, 1964, 202–217.

–: Kulturstile kleiner Gemeinden. Tübingen 1968.

–: Gemeindeforschung in der Bundesrepublik. In: Forschungen und Berichte zur Volkskunde in Baden-Württemberg 1971–1973, hg. v. J. Hampp u. P. Assion, Stuttgart 1973, 245–256.

Schweitzer, Rosemarie von: Von den ökonomischen Schriften des Aristoteles zur Haushaltswissenschaft unserer Tage. In: Gießener Universitätsblätter 1. 1976, 74–83.

Schwendter, Rolf: Theorie der Subkultur. Köln, Berlin 1973.

Shelter. Bolinas/California, Shelter Publications, 1973.

Shils, Edward: Die Massengesellschaft und ihre Kultur (Mass society and its culture, 1960). In: Scheuch, Meyersohn 1972, 88–111.

Shirokogoroff, S. M.: Die Grundzüge der Theorie vom Ethnos (1935). In: Schmitz, Kultur 1963, 254–286.

–: Ethnographie und Ethnologie. In: Archiv für Anthropologie und Völkerforschung XXIV, 1, 1937, 1–7.

Shuval, Judith T.: Immigrants on the threshold. New York 1963.

Sieber, Friedrich: Die bergmännische Lebenswelt als Forschungsgegenstand der Volkskunde. In: Deutsches Jahrbuch für Volkskunde 5, 1959, 237–242.

Sievers, Kai Detlef: August Christian Heinrich Niemann, der Begründer einer wissenschaftlichen Volks- und Landeskunde in Schleswig-Holstein. In: Volkskunde im 19. Jahrhundert 1968, 38–41.

– (Hg.): Beiträge zur Frage der ethnischen Identifikation des Bundes deutscher Nordschleswiger. Hg. v. der Akademie Sankelmark 1975.

Silone, Ignazio: Fontamara. Frankfurt 1969.

Simmel, Georg: Soziologie. Leipzig ²1922.

Simpson, George E., Milton J. Yinger: Racial and cultural minorities: an analysis of prejudice and discrimination. New York, Evanston, San Francisco, London 1972 (¹1953).

Singer, M.: A survey of culture and personality theory and research. In: Kaplan (ed.): Studying personality cross-culturally. Evanston 1961, 9–90.

–: When a great tradition modernizes. An anthropological approach to Indian civilization. New York, Washington, London 1972.

Siuts, Hinrich: Bann und Acht und ihre Grundlagen im Totenglauben. Berlin 1959.

Snell, Helle G. and Tom: Samish responses to processes of national integration. In: Boissevain, Friedl 1975, 165–184.

Southall, A. W.: The illusion of tribe. In: Journal of Asian and African Stud. 5, Nr. 1/2, 1970, 28–50.

Spamer, Adolf: Um die Prinzipien der Volkskunde. Anmerkungen zu Hans Naumanns Grundzügen der deutschen Volkskunde. In: Hess. Bl. f. Volkskunde 23, 1924, 67–108.

–: Volkskunst und Volkskunde. In: Oberdeutsche Zs. f. Volkskunde 2, 1928, 1–30.

Spencer, Robert F., Leonard Kasdan (ed.): Migration and anthropology. Proceedings of the 1970 Annual Spring Meeting of the American Ethnological Society. Washington 1970.

Spengler, Oswald: Der Untergang des Abendlandes. Umrisse einer Morphologie der Weltgeschichte. 2 Bde., München 1918/1922.

Spickernagel, E., B. Walbe (Hg.): Das Museum: Lernort kontra Musentempel. Gießen 1976.

Spindler, George and Louise (ed.): Case studies in cultural anthropology. New York. Bisher ca. 100 Bände.

Stagl, Justin: Kulturanthropologie und Gesellschaft. Wege zu einer Wissenschaft. München 1974.

Statement on Human Rights, submitted to the Comission on Human Rights, United Nations, by the Executive Board, American Anthropological Association. In: American Anthropologist 49, 1947, 539–543.

Steig, Rudolf: J. Grimms Plan zu einem Altdeutschen Sammler. In: Zs. f. Volkskunde 12, 1902, 129–138.

Stein, Maurice R., Arthur J. Vidish, David M. White (ed.): Identity and anxiety. Survival of the person in mass society. Glencoe/Ill., 1960.

Steinitz, Wolfgang: Deutsche Volkslieder demokratischen Charakters aus sechs Jahrhunderten. 2 Bde. Berlin 1954/1962.

Steinthal, Heymann: Begriff der Völkerpsychologie. In: Zs. f. Völkerpsychologie und Sprachwissenschaft 17, 1887, 233–264.

Steward, Julian H.: Theory of culture change. The methodology of multilinear evolution. Urbana, Chicago, New York [2]1972.

Stoklund, Bjarne: Europäische Ethnologie zwischen Skylla und Charybdis. In: Ethnologia Scandinavica 1972, 3–14.

–: Zum Ansatz und theoretischen Hintergrund der Gemeindestudien in Skandinavien. In: Gemeinde im Wandel 1977.

Strack, Adolf: Volkskunde. In: Hess. Bl. f. Volkskunde 1, 1902, 149–156.

–: Der Einzelne und das Volk. In: Hess. Bl. f. Volkskunde 2, 1903, 64–76.

Strecker, Ivo: Methodische Probleme der ethno-soziologischen Beobachtung und Beschreibung. Diss. Göttingen 1969.

Strobach, Hermann: Bauernklagen. Untersuchungen zum sozialkritischen Volkslied. Berlin 1964.

–: Positionen und Grenzen der „kritischen Volkskunde" in der BRD. In: Jahrbuch f. Volkskunde und Kulturgeschichte 16, 1973, 45–91.

Studienordnung. Notizen Nr. 3, 1975, Hg. v. Institut für Kulturanthropologie und Europäische Ethnologie, Universität Frankfurt/M.

Stummann, Franz-Josef: Aktion Dritte Welt. Eine Fallstudie zur „entwicklungspolitischen Bewußtseinsbildung" der Jugend. Frankfurt/M., Berlin 1976.

Sturtevant, William C.: Studies in ethnoscience. In: A. K. Romney, R. G. D'Andrade (ed.): Transcultural studies in cognition (=American Anthropologist, Special Publications Vol. 66, Nr. 3, Part 2). 1964, 99–131.

Sturzenegger, Hannes: Volkstümlicher Wandschmuck in Zürcher Familien. Wesen und Funktion. Bern 1970.

Sundhausen, Holm: Der Einfluß der Herderschen Ideen auf die Nationsbildung bei den Völkern der Habsburger Monarchie. München 1973.

Suttles, Gerald D.: The social order of the slum. Ethnicity and territory in the inner city. Chicago, London 1970 (¹1968).

–: The social construction of communities. Chicago, London 1972.

Svensson, Sigfrid: On the concept of cultural fixation. In: Ethnologia Europaea 6, 1972, 129–134.

–: Einführung in die Europäische Ethnologie. Meisenheim a. Glan 1973.

Taft, Ronald: The shared frame of reference concept applied to the assimilation of immigrants. In: Human Relations 6, 1953, 45–55.

Talbert, Carol: The resurgence of ethnicity among American Indians: Some comments on the occupation of Wounded Knee. In: Henry 1976, 365–383.

Taylor, Robert B.: Cultural ways. A compact introduction to cultural anthropology. Boston 1969.

Tax, Sol (ed.): Horizons of anthropology. Chicago ⁷1970.

Thurn, Hans Peter: Soziologie der Kultur. Stuttgart 1976.

Thurnwald, Richard: Die Gemeinde der Bánaro. Ehe, Verwandtschaft und Gesellschaftsbau eines Stammes im Innern von Neu-Guinea. Aus den Ergebnissen einer Forschungsreise 1913–1915. Ein Beitrag zur Entstehung von Familie und Staat. Stuttgart 1921.

–: Die menschliche Gesellschaft in ihren ethno-soziologischen Grundlagen. 5 Bde. Berlin 1931–1935.

–: Gegenseitigkeit im Aufbau und Funktionieren von Gesellungen. In: Reine und angewandte Soziologie, hg. v. E. Jurkat, Leipzig 1936.

–: Die Psychologie der Akkulturation. In: Mühlmann-Müller 1966, 312–326 (¹1932).

–: Beiträge zur Analyse des Kulturmechanismus. In: Mühlmann-Müller 1966, 356–391. (¹1936/37).

Tillhagen, Carl-Herman: Finnen und Lappen als Zauberkundige in der skandinavischen Volksüberlieferung. In: Kontakte und Grenzen 1969, 129–143.

Tischner, Herbert (Hg.): Völkerkunde (=Fischer Lexikon 13). Frankfurt/ M. ⁴1969.

Tokarev, S. A.: Von einigen Aufgaben der ethnographischen Erforschung der materiellen Kultur. In: Ethnologia Europaea VI, 1972, 163–178.

–: The segregative and the integrative functions of cultures. Ms. Chicago

1973 (erscheint in der Reihe World Anthropology, ed. Sol Tax, The Hague, Paris).

Tönnies, Ferdinand: Gemeinschaft und Gesellschaft. Grundbegriffe der reinen Soziologie. Zahlreiche Aufl. seit 1887.

Toschi, Paolo: Invito al folklore italiano. Le regioni e le feste. Roma 1963.

–: Il folklore, Tradizioni, vita e arti popolari (= Conosci l'Italia XI). Milano 1967.

Toynbee, A. J.: Der Gang der Weltgeschichte. Bd. I, Zürich 1961.

Tränkle, Margret: Wohnkultur und Wohnweisen. Tübingen 1972.

Tullio-Altan, Carlo: Manuale di antropologia culturale. Storia e metodo. Milano 1971.

Turner, V. W.: Shism and continuity in an African society. Manchester 1957.

Tylor, Edward B.: Die Anfänge der Cultur. Untersuchungen über die Entwicklung der Mythologie, Philosophie, Religion, Kunst und Sitte. Leipzig 1873.

Uexküll, Jacob von, Georg Kriszat: Streifzüge durch die Umwelten von Tieren und Menschen. Ein Bilderbuch unsichtbarer Welten. Bedeutungslehre. Frankfurt/M. 1970.

Ungarische Notizen (= Notizen Nr. 6. Hg. Institut f. Kulturanthropologie and Europäische Ethnologie, Universität Frankfurt a. M. 1977).

Unterrichtsmodell Tourismus 1972. Ms. v. J. Eucker, I.-M. Greverus, H. Kämpf-Jansen und E. Weyl, Gießen 1972 (mit einer Schülerbefragung zu ihrem Alltagsbegriff).

Valentine, Charles A.: Culture and poverty. Critique and counterproposals. Chicago, London 1968.

Van den Berghe, Piere L.: Pluralism. In: Honigmann 1973, 959–977.

Vayda, Andrew, Roy Rappaport: Ecology, cultural and non-cultural. In: Clifton, Introduction 1968, 477–497.

Vidich, Arthur J., J. Bensman: Small town in mass society. Class, power and religion in a rural community. Princeton, N. Y., 1971 ([1]1958).

Vienna international meeting on human ecology 1977–05–16 . . . 21, organized by Society for Human Ecology, Programme.

Viest, Agnes: Identität und Integration. Dargestellt am Beispiel mitteleuropäischer Einwanderer in Israel. Frankfurt, Bern 1977.

Voget, Fred W.: History of cultural anthropology. In: Honigmann 1973, 1–88.

Volkskunde im 19. Jahrhundert. Ansätze – Ausprägungen – Nachwirkungen. Arbeitstagung der Vertreter des Faches Volkskunde an den deut-

schen Universitäten vom 9. bis 11. Oktober 1968 in Kiel. Protokoll-
manuskript bearbeitet von K. Köstlin, K. S. Kramer u. K. D. Sievers.
Als Ms. gedruckt.

Vollmar, Klaus B.: Landkommunen in Nordamerika. Berlin 1975.

Wahrlich, Heide: Ethnologie im Einsatz. Ein Frontbericht oder: Lehrgeld
einer wissenschaftlichen Reisebegleitung. In: Notizen Nr. 5. Hg. v. Institut für Kulturanthropologie und Europäische Ethnologie, Universität
Frankfurt/M. 1976, 12–49.

Wallace, A. F. C., J. Atkins: The meaning of kinship terms. In: American
Anthropologist 62, 1960, 58–80.

Wallace, A. F. C.: Identity processes in personality and in culture. In: Cognition, personality and clinical psychology, ed. R. Jessor and S. Fesh-
back, San Francisco 1967, 62–89.

–: Anthropological contributions to the theory of personality. In: The
study of personality: an interdisciplinary appraisal, ed. E. Norbeck
et. al., New York 1968, 41–53.

Wallace, Samuel E. (ed.): Total institutions. T A Book 20, 1971.

Wandschmuckforschung am Tübinger Ludwig-Uhland-Institut. In: Zs. f.
Volkskunde 1970, 87–150.

Waugh, Evelyn: Tod in Hollywood. Zürich 1960.

Wawrzyn, Lienhard (Hg.): Wohnen darf nicht länger Ware sein. Darmstadt,
Neuwied 1974.

Weber, Alfred: Ideen zur Staats- und Kultursoziologie. Karlsruhe 1927.

Weber, Karl E.: Materialien zur Soziologie Siziliens. Diss. Heidelberg 1966.

Weber-Kellermann, Ingeborg: Zur Frage der interethnischen Beziehungen in
der „Sprachinselvolkskunde". In: Österr. Zs. f. Volkskunde 62, 1959,
19–47.

–: Erntebrauch in der ländlichen Arbeitswelt des 19. Jahrhunderts, aufgrund der Mannhardtbefragung in Deutschland 1865. Marburg 1965 (a).

–: Der Berliner. Versuch einer Großstadtvolkskunde und Stammes-
charakteristik. In: Hess. Bl. f. Volkskunde 56, 1965, 9–30 (b).

–: Probleme interethnischer Forschungen in Südosteuropa. In: Ethnologia
Europaea 1, 1967, 218–231.

–: Deutsche Volkskunde zwischen Germanistik und Sozialwissenschaften.
Stuttgart 1969.

–: Spielzeug als Indikator eines sozialen Systems. In: Zs. f. Volkskunde 70,
1974, 194–209.

–: (Hg.): Zur Interethnik, Donauschwaben, Siebenbürger Sachsen und ihre
Nachbarn. Frankfurt a. M. 1978.

–, *Annemie Schenk:* Deutsche in Südosteuropa. Zur Erforschung ihrer interethnischen Lebenswelt. In: Zs. f. Volkskunde 73, 1977, 42–56.

Wein, Hermann: Zum Rationalismus-Irrationalismus-Streit der deutschen Gegenwart. In: Club Voltaire 1, München 1963, 96 ff.

Weinberg, Abraham D.: Migration and belonging. A study in mental health and personal adjustment in Israel. The Hague 1961.

Weingarten, E., F. Sack, J. Schenkein (Hg.): Ethnomethologie. Beiträge zu einer Soziologie des Alltagshandelns. Frankfurt/M. 1976.

Weinhold, Rudolf: Erkenntnisse aus der volkskundlichen Erforschung des gegenwärtigen Dorfes in den sozialistischen Ländern Europas. In: Lĕtopis C 11/12, 1968/69, 264–280.

–: Die volkskundliche Erforschung des neuen Dorfes in der DDR. In: Acta Ethnographica 5, 1956, 353–359.

Weiß, Richard: Volkskunde der Schweiz. Grundriß. Erlenbach-Zürich 1946.

–: Häuser und Landschaften der Schweiz. Erlenbach, Zürich 1959.

Weissel, Bernhard: Zum Gegenstand und zu den Aufgaben volkskundlicher Wissenschaft in der DDR. In: Jahrbuch f. Volkskunde und Kulturgeschichte 16, 1973, 9–44.

–: Über die Bedeutung der Kategorie Lebensweise für volkskundliche Forschungen. In: Jahrbuch f. Volkskunde und Kulturgeschichte 19, 1976, 55–70.

Welte, C. R.: Interrelationships of individual, cultural and panhuman values. Ms. Chicago 1973 (erscheint in der Reihe World Anthropology, ed. Sol Tax, The Hague, Paris).

Werk und Zeit. Monatszeitung für Umweltgestaltung. Hg. Deutscher Werkbund. 26, 1977, H. 2: Gibt es Alternativen zum heutigen Wohnungsbau?

Werner, Oswald, Joann Fenton: Method and theory in ethnoscience or ethnoepistemology. In: Naroll, Cohen 1973, 537–578.

White, Leslie A.: The science of culture. A study of man and civilisation. New York [9]1949.

–: The concept of culture. Minneapolis, Minnesota, 1973.

Whitten, Norman and Dorothea S.: Social strategies and social relationships. In: Annual Review of Anthropology 1, 1972.

Whyte, William F.: Street corner society. The social structure of an Italian slum. Chicago 1955 ([1]1943).

Wiegelmann, Günter: Reliktgebiet und Kulturfixierung. Zu einigen Begriffen und Modellen der schwedischen Ethnologie und der deutschen

Volkskunde. In: Festschrift f. Matthias Zender, Studien zu Volkskultur, Sprache und Landesgeschichte. Hg. v. E. Ennen und G. Wiegelmann. Bonn 1972, 59–71.

– (Hg.): Kultureller Wandel im 19. Jahrhundert. Verhandlungen des 18. Deutschen Volkskunde-Kongresses in Trier. Göttingen 1973.

–, M. Zender, G. Heilfurth: Volkskunde. Eine Einführung. Berlin 1977.

Wimmer, Wolf: Zu Rudolphs parapsychologischer Volkskunde. In: Zs. f. Volkskunde 72, 1976, 81–83.

Wintrob, Ronald M.: Acculturation, identification, and psychopathology among Cree Indian youth. In: Conflict in culture: Problems of developmental change among the Cree, ed. N. A. Chance, Ottawa 1968, 93–104.

Wiora, Walter: Das echte Volkslied. Heidelberg 1950.

Wirth, Louis: The ghetto. Chicago 1956.

Wissler, Clark: The American Indian. New York, London 1922.

–: Man and culture. New York 1923.

Wolf, Eric R.: Peasants. Englewood Cliffs 1966.

Wylie, Laurence: Dorf in der Vaucluse. Der Alltag einer französischen Gemeinde. Frankfurt/M. 1969 (Village in the Vaucluse, 1957).

Yablonsky, Lewis: The Hippie trip. New York 1970 ([1]1968)

Yinger, J. Milton: Contraculture and subculture. In: Arnold 1970, 121–134.

Yoder, Don: Pennsylvanian German folklore research: an historical analysis. In: The German language in America, ed. G. Gilbert, Austin, Texas, 1971.

–: Folk costume. In: Dorson 1972, 295–323.

–: Akkulturationsprobleme deutscher Auswanderer in Nordamerika. In: Wiegelmann 1973, 184–203.

Zender, Matthias: Zeiträumliche Betrachtung. Ergebnisse der Kulturraumforschung. In: Wiegelmann, Zender, Heilfurth 1977, 198–216.

Ziegler, Matthes: Volkskunde auf rassischer Grundlage. 1936 (zit. nach Emmerich, Volkstumsideologie 1971, 122).

Zivotić, Miladin: Proletarischer Humanismus. Studien über Mensch, Wert und Freiheit. München 1972.

Zur Geschichte der Kultur und Lebensweise der werktätigen Klassen und Schichten des deutschen Volkes vom 11. Jahrhundert bis 1945. Ein Abriß (= Wiss. Mitteilungen der Historikergesellschaft der Deutschen Demokratischen Republik) Berlin 1972.

Zwingmann, Charles: Das nostalgische Phänomen. In: Zur Psychologie der Lebenskrisen. Frankfurt/M. 1962, 308–358.